主办：中国闽台缘博物馆

主编：陈健鹰

编辑：（按姓氏笔画）

王　湛

庄小芳

庄清海

李照斌

林裕竣

黄晖菲

黄筱雯

西岸

文史集刊

第二辑

中国闽台缘博物馆 主办

海峡出版发行集团 THE STRAITS PUBLISHING & DISTRIBUTING GROUP ｜福建教育出版社

目录

一、历史纵横

二、田野札记

三、学术论谈

四、文博园地

五、文化图像

六、姓氏源流

七、文献梳理

八、读后有感

一 历史纵横

明代福建新县和地区中心的出现

——以县城筑城为中心

元廷植[*]

一

明朝中期新县设置以后，随着社会与文化的变化，县城的空间性也发生了变化。这篇文章就是对这部分相关内容的解读。[①]

明朝中期，福建新县的设置可以说是国家权力积极应对地方社会成

　* 作者单位：韩国江原大学。

　① 新县的设置在早期开始是以"地方统治"的政治观点被关注，以制度史和行政运行的研究为主。不过1990年以后地方、区域社会及社会经济史的角度重新呈现了县的重要性，并对有关县的设置和废止进行专门研究，积累了一些以地区为对象的具体事例研究，使县的政治、社会意义为大家所知。但新县的事例与全国性的相比，已进行的研究事例只是其一部分而已。从这方面看现在的实情是迫切需要对更多地区的事例进行研究，对多样的主题进行发掘，并且对同一地区的研究也应依据这样的观点和方法，在对比历史相近的方面进行新的方法研究和观点发掘，这也是很重要的。此时县的文化职能已经被关注，追溯新县登场以后的社会文化变化也是其中一部分。对于研究史，柏桦：《明代州县政治体制研究》（中国社会科学出版社，2003年）第1章，何朝晖：《明代县政研究》（北京大学出版社，2006年）第1章参照，以下已出文献的情况，以'柏桦，2003'的方式标记。

长的结果。① 即新县设置的地区总体上在人口增加和地域开发方面取得了进展。与此同时，其也成了社会不稳定的高危地区。

社会的不稳定出现了叶宗留及邓茂七的叛乱。这不但威胁到了国家政府和地方权贵阶级对地域的统治，还威胁到了地区居民的生存。此时明朝派遣兵力镇压叛乱，同时也促进了作为长久安定之策的新县设置及地方社会的支持。

在正常情况下，应该与新县设置同时建造县中心的县城。但是由于需要大量的物力，在 15 世纪设置的新县当中，也确实发生了未能建造完成的情况。16 世纪，由于以福建为首的中国东南部地区社会极其不稳定，没有城墙的县都修筑了城郭，以此来确保健全县城作为县的统治场所职能。如果说新县的设置在某种意义上使一个地区的政治、军事、经济、社会、文化出现了一个新的中心，那么可以说这个中心地的确立是在县城的修建以后。

那么这个中心地能给县城及周边地区带来怎样的社会文化改变呢？是谁主导了那些变化？百姓和国家权力该怎样去应对？这样的变化在地方志和地图上应如何表现，其意义又是什么呢？这些疑问既是对中国历史中国家权力安顿地方社会过程的理解，也是对地方社会的文化传播、扎根及变化的理解，并且最终为理解"中国"的历史融合过程及传承性方面可以提供基础资料。

从这些文字来看，是通过县城的重要设施及空间变化来追溯新县的社会文化变化。因为我认为这种社会和文化是理解"中国"历史性融合过程和传承方面的基础。另外，以物质空间变化为中心展开研讨是为了能更具体化分析那些抽象化的社会文化变化。不过构成县城的主要设施及空间的变化是非常多样的，所以为了便于分析新县的运作，可以以其中最重要的城墙、县厅、学校为中心进行分析。

---

① 明代福建新县没有特别的注释，请参照以下的研究。青山一郎：《明2明代の新县设置と地域社会—福建漳州府宁洋县の场合—》，《史学研究》101—2，1992；元廷植：《明代中期福建省建置新县的理想与现实》，《第九届明史国际学术讨论会暨傅衣凌教授诞辰九十周年纪念论文集》（陈支平主编，厦门大学出版社，2003 年）；元廷植：《15—16 世纪福建的新县设置和其意义》，《江原史学》19—20，2004；元廷植：《明中期福建的新县设置运营和宗族社会》，《明清史研究》27，2007。

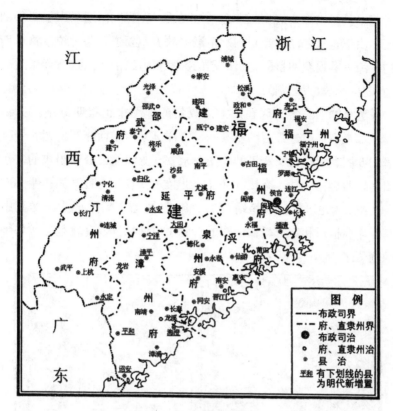

图1 明代福建新县

出处：郭红、靳润成：《中国行政区划通史》（明代卷），复旦大学出版社，2007年，第160页。

二

在福建，县被新设的地区是位于与现有县相距甚远的外围。15世纪后半期，有关漳平县的建设理由，吴仕典讲道：

漳郡据全闽之胜以控岭表，逮我皇明成化六载始辟漳平为郡属邑。按地志去郡四百里，东抵安溪，西界龙岩，南连南靖，北亘永安。山陆险塞辽阔，不时流寇莽伏其间。于是置县治以扼潮赣之栈道。①

---

① 道光《漳平县志》（蔡世钹修，林得震等纂，道光十年刊本，漳平市地方志编纂委员会整理，2002年），卷9，艺文志（上），第298~299页；吴仕典：《筑城记》（台湾成文出版社，1967年），卷9上，15b~16a，第342~344页。

漳平县是与漳州府相距甚远，与安溪、龙岩、南靖、永安毗邻的边缘区。由于这里是江西赣州到广东潮州的流寇要道，是为统治这里而设置的。漳平县设置的目的是对外围的国家权力统治，从这方面来看，与其他新县并无太大区别。

作为外围的新县地区在地方志收集的地图里也很明确地被标识出来。比如说明代福建最后的新县——宁洋县是由东西洋巡检司龙岩县集贤里的 5 图、大田县集贤里的 3 图及永安县分离一部分而组成的。东接大田县，西接龙岩县，南接漳平县，北接永安县，与各县城相距 200 余里。从图 2《龙岩县治（嘉靖三十七年）》来看，后来成为宁洋县中心的东西洋巡检司和集贤里在地图的右侧边角处标记，这就是证实外围存在的例子之一。

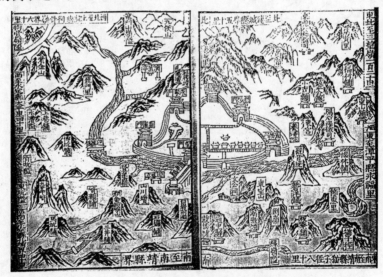

图 2　龙岩县治（嘉靖三十七年）

出处：嘉靖《龙岩县志》，汤相、莫亢纂修，嘉靖三十七年刻本。

另一方面，县设置以后地方志的地图上也将作为新的中心地的县城位相清晰地标识出来。例如在图 3《漳州府治图（万历元年）》中，新县宁洋县和龙岩县一样以府城为中心，把县治以城郭的样子明确标识出来。在漳州府志里，宁洋县以城郭明确标识是为说明由于县的新设，漳州府内部也是征收税金和徭役的地方，成为学生辈出、祭拜孔子和圣贤的单独教化的单位。还有从漳州府的立场意味着需要管理和考虑的单位登场了；从宁洋县的立场则是明示着在漳州府内作为单独的行政单位的位相能得以确保。这和图 4《漳平县境图（嘉靖二十八年）》、图 5《宁洋县治图（万历元年）》、图 6《平和县治图（万历元年）》一样，从各县治的地图上更加清晰地标示出来，县城位置被标示在地图的中心，与县城的周边区域相比，其在地图上所占的面积和醒目程度，较之两者的实际比例而言要大出很多。

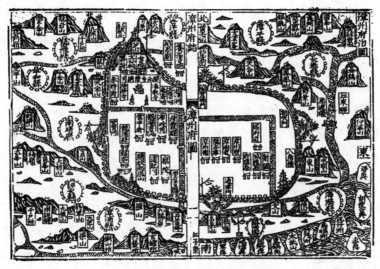

图 3　漳州府治图（万历元年）

出处：万历元年《漳州府志》，罗青霄纂修，万历元年刻本，台湾学生书局，1965 年影印本。

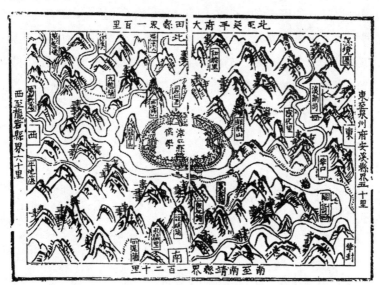

图 4　漳平县境图（嘉靖二十八年）

出处：嘉靖《漳平县志》，朱召修，曾汝檀纂，嘉靖二十八年刻本，《天一阁藏明代方志选刊续编》38，上海书店出版社，1990 年影印本。

从县整体来看，县城所占的比重根据各自县的情况多少有些差异。例如宁洋县是明代福建的新县当中最晚设置的，县的面积也比较小，县城成为县的中心地没有大问题。但平和县面积宽广，地区间隔绝严重，县城不仅向西偏近，而且管辖区域里还有明代以前县治设置的地区，所以集中度比宁洋县弱。图5《宁洋县治图（万历元年）》和图6《平和县治图（万历元年）》比较时，平和县在整体地图中占有的县城大小比重较小。还有虽然将县城放在地图的中心标记，但县东部以小溪（以前的南靖县治所在地）为主，收集了铜壶、坂仔、西山、五寨、河上、南胜、西林、大溪等重要的地区名称。这在大约是150年以后画制的图7《平和县图（康熙五十八年）》里更为清晰。从康熙五十八年的平和县图可以看出，在康熙年间，经过一段时期的社会发展，平和县的区域内除了县城之外，其他地区也得到了发展，变得更加重要了，这些地区在平和县所占的比重也变大了，相对而言，县城的比重却变小了。①

作为中心地的县城就是将县厅、县学各自的空间中心、政治中心、文化中心逐一展示出来。例如从图4《漳平县境图（嘉靖二十八年）》能看出，被层层高山包围的漳平县城巍然耸立。县城在地图的中心有四个门，里面虽然收集着"漳平县"和"儒学"这样名字，但县城外的里、司、铺等仅做了简单标注。此外城墙是保护居民的防御设施，县城可以说是保障人们安全的空间。其里面以"漳平县"和"儒学"标记，明示着统治者维系国家权力，是具体体现儒教理念的空间。因此城墙在政治、经济、社会、文化、军事等全方面起到将中心与外围、文明与野蛮划分的作用，以城墙环绕的县城对周边地区是文明的象征、文化的中心地、国家权力的体现、危难时的避难所。

---

① 从同一时期平和县的主要姓氏和土堡的分布也可以确认此现象。元廷植，2007，第122~123页，表2《平和县姓氏、土堡及功名》可供参照。

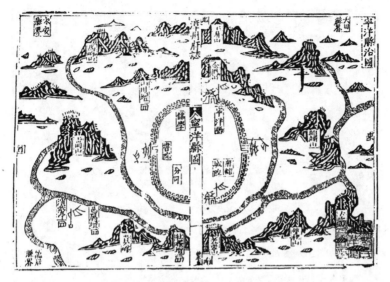

图 5 宁洋县治图（万历元年）

出处：万历元年《漳州府志》，罗青霄纂修，万历元年刻本，台湾学生书局，1965 年影印本。

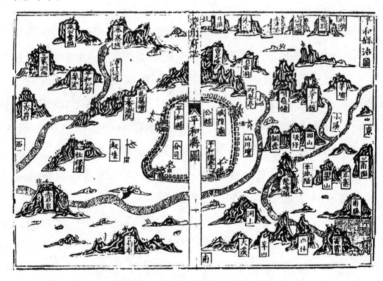

图 6 平和县治图（万历元年）

出处：万史元年《漳州府志》，罗青霄纂修，万历元年刻本，台湾学生书局，1965 年影印本。

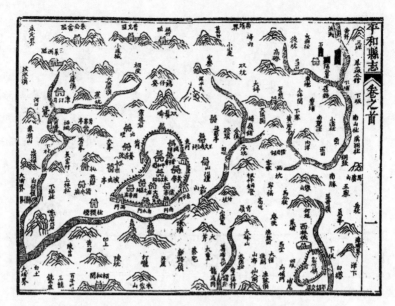

图 7　平和县图（康熙五十八年）

出处：康熙《平和县志》，昌天锦、蓝三祝、游宗亨等编纂，康熙五十八年刻本，台湾成文出版社，1967 年影印本。

由于城墙是县的设施当中最基本的设施，城墙建设是为了统治和人民的安全需刻不容缓，是国家权力和地区社会共同关心的要事，也就是说 15、16 世纪设置的福建的县都是在镇压叛乱的过程中设置的。大部分居民经受着叛乱和镇压的苦痛，最终也积极参与了县的设置。从国家的立场看，新县设置的目的是为了统治与现存的县城相距甚远的区域，起先是为阻止叛乱骤起，不得不致力于其中心地的县城筑造。

15 世纪设立的县当中，虽然也有来不及垒城墙而只建筑县厅和附属建筑物的事例，但没有城墙的县治还不能充分达成作为新县的目的，漳平县就是一个很好的示范。漳平县于成化六年（1470）7 月受皇帝的许可，次年在九龙乡设置县治。县设置初期，如图 8《漳平县地图（正德八年）》所示，只用楗柡标记，没有城墙。正德九年（1514）知县徐凤岐击退侵入县界内的流寇，推进了县城建设。① 对此在吴仕典的《筑城记》里做出如下叙述：

规制草创而城垣未设，弘治辛亥（1491）流寇突至，为民梗者屡。因循距今四十载，坏日以积。故指漳平为陋邑，舟楫罕到商旅不肯游，

① 道光《漳平县志》，卷 8《人物志·名宦》，第 230 页。

市区索寞，乡老吏民与邑著姓者，每有荷担之虞。正德癸酉秋，金华武义徐侯荐拜来嗣，下车与民休息，汰冗费，勤庶政，兴衰补敝，尤汲汲学校。越明年，寇复压境，侯跃马提兵骁勇直前，寇遂遁，民获全生。乃相地宜，集父老士夫告曰：王公设险以守其国，凿池筑城，此今日之急务。即命工具畚锸，筑城垣，甃以砖石；择耆宿陈文等，董其工役。城高二丈，襃几许里，设四门以通往来：南曰朝阳，北曰拱辰，东曰迎恩，西曰偃武，翼以楼宇，隐然形势之地也。兴工于甲戌（1514）春，落工于乙亥（1515）冬。①

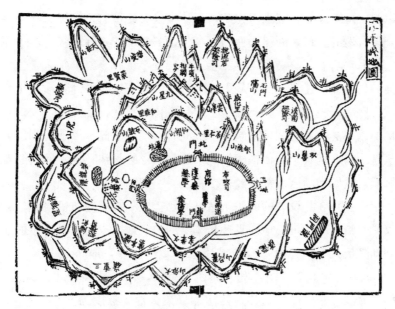

图 8　漳平县地图（正德八年）

出处：正德《漳州府志》，正德八年序刻本。

　　和漳平县一样在县设立相当长的时间以后筑造城墙的事例，还有归化县和寿宁县。归化县虽然设置新县，但没有城池，所以不时有山寇侵袭。弘治六年（1493），顺安御史陆完上奏筑城获准之后，在府和县筑造城墙。知府吴文度会同汀州卫指挥刘广环视县城，让归化知县姜凤实测，一切几乎就绪却获称"恰值地方发生很多事情"而停止了。此后正德八年（1513）知县杨缙向巡抚周南、汀漳兵备胡琏、顺安御史李如圭

---

　　①　道光《漳平县志》，卷9《艺文志》（上），第298～299页；吴仕典：《筑城记》，15b～16a，第342～344页。

提过，但没过多久一切全因任期期满而离开了。直到正德九年（1514）顺安御史张景旸上奏获准，最终带领着老察看地势，垒砌城堡。周长约 765 丈（高 1 丈 3 尺，厚 7 尺），设有水关 2 个（高 2 丈 6 尺），敌楼 2 个，门 4 个，窝铺 24 垛，眼 1 千 6 百余个，于正德九年 7 月开工，十二年 12 月竣工。此后嘉靖三十七年、嘉靖三十九年、万历二十八年也持续扩建修建。[1] 而寿宁县虽然也新设置了县，但却没有城。弘治四年（1491）知县郑铉初次对县城筑造展开了议论。由于县规模小，大动干戈施工饱受诉病。知县任期满离开后，有关筑城的论旨更加无法得以进展。之后弘治十八年（1505）按察佥事元宾来县察看，因领土往东和浙江以深山险壑连接，应当事先防备，让知县吴廷瑄监督筑城。知县吴廷瑄查看合适的土地，沥尽心血，不久城便竣工。总长 770 丈，高 1 丈 6 尺。此后嘉靖五年、嘉靖二十三年、隆庆五年、万历二十年、崇祯年间知县们也持续扩建修建。[2] 从以上归化县和寿宁县的事例看，由于没有县城，寇敌侵犯等使社会不安定，导致教化也不能正常进行，人口也不能增加以及县的设置和城墙筑造不能同时实现，由此可以了解到以后要想筑城是多么困难。明代福建最晚设置的宁洋县是在县设置的同时筑造了城墙，我们推断这些都是经验之果。

宁阳县是在县设置的同时筑造城墙，扩充了县城的防御设施。县城不仅是政治行政的中心地而且还是军事的中心地，成为危机之时的避难所。即隆庆元年（1567）筑造城墙（方 1 丈 8 尺，厚 1 丈 5 尺，周长 480 丈）、大门 4 个（东：翔凤，西：登云，南：瑞麟，北：佩玉）[3]、敌楼、城濠（东门一带是沟，西南北以溪为池，深度为 6、7 尺，宽为 1 丈或 7、8 尺）。并且万历元年（1572）增设窝铺 4 所，万历六年（1578）将北城濠至大溪疏通。此后顺治十一年（1654），由于土寇郑鹏的猖獗，东南两门和官民的住宅全部被烧，剩下的仅有城隍庙、分司、玄堂及鹤书几处，顺治十三年（1656）建造 2 门、敌楼 3 间，周城以椹

---

① 万历重修《归化县志》，周宪章修，陈廷诰等纂，《稀见中国地方志汇刊》卷 2，《建置志》，1b～2b，中国书店出版社，1992 年，第 743～744 页。

② 康熙《寿宁县志》，赵廷玑修，柳上芝纂，《中国地方志集成本》卷 2，《建置志·城池》，1b～2a，上海书店出版社，2000 年，第 346 页。

③ 万历十四年，知县陈德言（乐清人，恩贡，万历十四年就任）察看城池，城门的名称以不称为由变更为瑞应（东）、文明（西）、清派（南）、翔凤（北）。康熙《宁洋县志》卷 2，萧亮修，张礼玉纂，漳平市地方志编纂委员会办公室整理，香港天马图书有限公司，2001 年，第 68 页。

柜维修。而且为了防御还在沿垛一带增加窝铺8所，筑造各自的垛台，连修理的4所窝铺共计12所，便于监视和防御。除城墙之外，增设窝铺和城壕之类的防御设备，可以说是为展现县城的众多功能中躲避寇敌威胁功能的重要性，并且作为县城的军事和避难所功能，在和其他县相连接的要道和主要要塞增设关隘及窝铺，强化军事训练设备的教场整顿。

从图4《漳平县境图（嘉靖二十八年）》可以看到"漳平县"和"儒学"是将县城具体化为政治文化的中心地。"漳平县"作为县厅是知县掌管政务的地方；"儒学"是负责教育和文化的地方，通过二者名字的提示，可以看出它们是作为县城政治行政文化的中心地。这在其他县也一样，从图5《宁洋县治图（万历元年）》可以了解到宁洋县（县政府）和儒学的重要性。

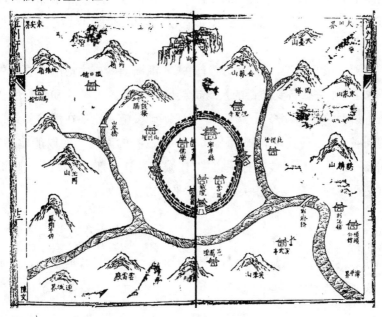

图9　宁洋县治图（万历四十一年）

出处：万历《漳州府志》，袁业泗修，刘庭等纂，万历四十一年刻本。

县城的设施和空间随着战乱、知县的意志、地区社会的要求等各种因素而变化，其形状从地图上可以确认一部分。从图8《漳平县地图（正德八年）》和图4《漳平县境图（嘉靖二十八年）》中可以确认出城墙以砖头替换桤栝。特别是将图9《宁洋县治图（万历四十一年）》和图5《宁洋县治图（万历元年）》做比较时可以发现几处变化：第一，宁洋县虽然是以2层最大规模地构画，显示出其依然是实质性的县中心地,但在县城的中心线反倒设立小规模的单层文庙,这意味着其理念中心是文庙。县设立后大概历时了 50 年左右,推断出宁洋县和儒教理念的扩散也是相关联着[1];第二,从画面整体来看县城所占的比重减小,在增加的空间里不仅能看到增加了岭头公馆、利溪铺、宁济桥、祝圣寺、隘口铺、马山公馆、凤翔千仞、云雷殿等新的设施和职能,而且公馆、铺、桥、寺这样的设施也变得重要了;第三,县城内外设施的增加及位置变化在地图上显现出来了。比如宁洋县城内将书院取消,把那个位置空置出来,而在府馆位置则加入分守道,在分司位置能看出府馆的移动。此外县城外邑旅坛左侧的演武亭向右移动,城西邑旅坛右侧的社稷坛向城南的麒麟山左侧移动。万历六年将分司(原来县治西门内,城隍庙右侧位置)移到城隍庙左侧,旧司以府馆替换,就像在县南 50 里去往漳平的地方设置岭头公馆、在县北 40 里建筑擢甲公馆那样,反映了万历年间各种设施的新设及再布置,可以大体看出县城社会变得体系化。

由于县城的建设,许多人搬迁过来,渐渐演变成为地区社会的中心地。[2] 与此相关联备受瞩目的是筑造县城的时候,为了人和财物的往来及经济活动的通畅,修建道路和桥梁等基础设施。比如在漳平县筑造城墙的同时,"知县发现有很多人都难以渡过县的南河,便以船建桥"[3]。这在漳平列传里徐凤岐曾称颂道:"在城南龙江以船当梁,为人们渡河提供交通便利。"[4] 与此相关联,在漳平县志里有如下记述:

> 浮桥在县南龙江潭。正德九年,知县徐凤岐造船二十四只,铺以木板,贯以铁索,民不病涉。正德十四年,推官胡宁道署县重造,又加铁索一条。嘉靖七年,知县王椿重造。至十八年,知县秦文昂改造。今

---

① 万历四十一年,被收集在《漳州府志》的地图,未统一文庙的位置。比如漳平县图虽然和宁洋县图类似,但也有像南靖县这样在地图里将城隍庙设在中心的文庙,却未设在中心线上的事例。后推断这些是随着作者、时期、地区等对地图的强调重点不同而导致的。

② 鹿新平:《嘉靖倭寇活动期における筑城□□中国浙江沿海地方を中心にして□□》,《东洋学报》75,1993 年;徐泓:《明代福建的筑城运动》,《暨大学报》3-1,1999 年。

③ 道光《漳平县志》,卷 9《艺文志》(上),第 298~299 页;吴仕典:《筑城记》。

④ 道光《漳平县志》,卷 8《人物志·名宦》,第 230 页。

（嘉靖二十八年）废，所遗两岸石基铁索，尚存其半。……龙江渡在城南，若有浮桥，停而不用，递年编渡子二名，即令看桥。①

在这里备受瞩目的是被称为浮桥的交通设施大约每5～10年被修补加固一次，地方官员安排渡子管理，以最大化程度关心。同样还有弘治元年（1488）在县城东门外修建的迎恩桥一被废弃就于嘉靖二十七年（1548）重新架桥等持续性地筑桥整顿的事实。② 可以说这样的交通基础设施对县城的繁荣是同样重要的，这在其他县也是一样的。例如宁洋县，从表1《宁洋县的桥、渡》中可以确认桥、渡的增加，这其中虽然也有建筑年代不明确的桥及渡口，但明末清初时许多桥和渡口的设立事实，表明宁洋县设立以后由于人口增加和往来频繁，对交通的需要也在增加，官民对此积极应对。

表1　宁洋县的桥、渡

名称	位置	内容	长度
太平桥	城南	万历五年知县邓于蕃募集筑造，当时名称是宁济桥。	长98丈
		万历九年因洪水崩塌，知县杨溪时重修。	
		崇祯十六年因洪水再次被破坏，康熙元年知县苏良募捐重建，取名"太平桥"。	
青云桥	城南	宁济桥上面以前有玉江桥，因盗贼破坏，于万历二十七年由知县黄梦宏改建为"青云桥"。	
		崇祯十六年因洪水崩塌，于顺治十五年由知县苏良募捐，指挥重建。	
永济桥	城东4里	康熙二年知县苏良新设。	
通济桥	城南15里	康熙年间知县苏良重建。	
西洋桥	城西效外	原来虽有小桥，于康熙二年由知县苏良新建。	

---

① 嘉靖《漳平县志》，朱召修，曾汝檀纂，嘉靖二十八年刻本，《天一阁藏明代方志选刊续编》38，上海书店出版社，1990年影印本，卷2《建置志·桥渡》，第998～1001页。

② 嘉靖《漳平县志》，卷2《建置志·桥渡》，第998页。

钱公桥	城北 40 里	顺治十七年知县苏良筑造。	
山谷桥	城北 20 里	康熙年间知县苏良筑造。	
利溪桥	城南 4 里	万历三十九年知县许一元筑造。	
岑兜桥	城北 20 里		
蚌口桥	城北 70 里		
金京桥	城南 7 里		
香山桥	城北 20 里		
城口桥	城东 50 里		
山中央渡	城南 30 里	编配渡夫 1 名。	
小溪渡	水口	没有编配渡夫。	

　　根据：康熙元年《宁洋县志》，卷 2《建置志·桥渡》，漳平市地方志编纂委员会办公室整理，2001 年，第 79～81 页。

　　县城的经济发展从街道和市场的增加、街道数字和长度及空间的扩大也能确认。比如虽然有宁洋县的康阜街（县前～南门）、云程街（学前～北门）、太和街（从县后转到街道南边）、新礼街（城隍庙前～后街）、安化街（西门的直达街道）、万通街（东门外的直达街道）、来远街（南门外的小溪对面），但万历年间将登云街（副馆旁，万历十年知县杨溪时至北门开通）和澄清街（万历三十五年知县秋溪元将云程～学校右侧重新开通）新修或延长就是其例。还有作为市的有永济桥市（康熙初废止）、青云桥市（每月 3、8 日交易，称为集墟）。对于宁洋县的经济发展和商贸兴盛，康熙元年当地文人的说法可供佐证：他们感叹战乱会导致商贸中断，但提及宁洋县时，却说由于"夹在五个县之间，商人不断涌进来，以前生意没有缺乏。"① 作为展现县城经济发展状况的事例，从对漳平县作出的如下叙述中可以看出：

　　始漳平为县，编户仅有三千六百。侯至，劳来安集，今几倍矣。地利之入视他壤为饶，山畲薯蕨苎葛，足以上贡而下给，遂为沃衍之胜而可处也。幸得贤令，为之树立生养，具防守暴客有待，使民得以就作息，室家无惊，且岁时嬉游，足为长治久安之役矣！予知邑赖侯以兴，

① 康熙《宁洋县志》，卷 2《建置志·街市》，第 81～82 页。

地益以人而重。廛者争欲归，梯航者争欲来，向之陋者日以减去，索寞者日以阜蕃，皆自侯始。计其兴作，洎于毕事，不独卫民防患可法也，而其变衰敝，就功效，亦何其果且速欤![①]

县城还是地区社会的福祉中心地。知县为贯彻国家权力以国家理念教化百姓，即便是最小化也要对他们的生计给予保障，通常将此称为"恤政"。恤政具体表现为社仓、养济院、济饥仓、义冢等。从宁洋县的事例来看如下：社仓是万历二十四年知县黄梦宏将大兴、水口、大淘、南玩四处一起建造的。济饥仓是在县二门左侧的迎宾馆后设置的，宁洋县原来没有济饥仓的。顺治十八年知县苏良拿出俸酬在荒地建造了 12 间屋舍，租给百姓，每年收取粜谷 74 石。在此建筑粮仓储备，选拔宁洋县的义民蔡瑄全权掌管出纳，以备荒年。养济院是在以前的演武亭之后，由知县杨溪时建立的。万历十四年冬，知县陈德言将狭窄倒塌的部分修缮，崇祯十五年因洪水崩塌，于顺治十三年由知县苏良出资重建，置办锅、床、器具帮助没有地方居住的人们。漏泽园在县治北门外，是知县杨溪时建立的。外围 150 丈，宽 68 丈，搭建用石头做的"义冢"碑，在碑阴部注明"此地风俗为火葬，风俗淡薄。我为使其优渥，设立义冢给无家可归者。万历九年 10 月 1 日"[②]。由于这样众多的福祉设施，形形色色人的涌入是致使县城人口增加的起因。

各种设施的整顿和人口增加使县城的人迹构成多样化。如上述所说，在漳平县筑城以前"舟楫罕到，商旅不肯游，市区索寞，乡老吏民与邑著姓者，每有荷担之虞"的事例中可以看出，乡老、吏、民、邑的著姓者、商人等是县城的重要组成部分，他们作为税赋的责任人，可能会对以后筑城也起到重要的作用。即在漳平县的建设中，徐凤岐招集"父老士夫"说明县设置的当为性，选择"耆宿陈文等监督施工"也是因为如此。还有因为县厅的登场，使吏胥、衙役等行政从事者增加，以及由于各种私塾及宗教设施的增加而引起的教师道士的增加，各种服务从业人员的增加也被认为是促进县城人口增加和构成多样性的原因。

---

① 道光《漳平县志》，卷 9《艺文志》（上），第 298～299 页；吴仕典：《筑城记》。

② 康熙元年《宁洋县志》，卷 2《建置·恤政》，第 83～84 页。

三

明朝中期，福建新县的县城成为与原有的县城相距很远的新中心地。新建置的县的县城是该县的中心区域，该县城在所在新建县区域内的区位，跟该县的面积大小和县域内其它重要地点的多少有关，由于各个新建县的情况不同，各个县城的区位也存在差异，在地图上就会以该县城所处县域位置中心与否以及所占面积比例大小来显示。此外在地图上和现有的县一样以城郭的形状标识记载县的名称和学校，明示着这个地方是独立的税役征收单位，学生辈出，是拜祭孔子和圣贤的教化单位。

在县城，城墙、县厅、县学展现了它各自的空间中心、政治中心、文化中心，意味着这是县城文明的象征、文化的中心地、国家权力的具体化、危难之时的避难所。并且这种象征和职能首先意味着以城墙作为界限的同时，也是保护其内部的防御手段。没有城墙时的县治缺乏防御能力，社会不安、人口减少，也不能实现教化，被称为"陋县"。筑城之后因道路和桥梁等基础设施的整顿、各种福祉设施的增设、街道和市场数量的增加，使其成为了经济中心地、福祉中心地。人口增加、人迹构成也多种多样，全部都展示出县城的特性。

县城社会的中心是县厅和学校，其总管者是知县。知县作为皇帝的代理人在政治、文化等方面发挥着重大的作用，但因定期调动和回避制及不足的财源，其统治力是受限制的。活用义民、绅士和同一地区社会的头面人物，振兴建筑土木事业及抚恤事业，为其免除兵役，让他们进入乡县社，并收录到地方志的列传加以称颂，诱导他们的自发性是一方面。另一方面头面人物凭借参与各种事业从国家权力获得权威，提高新县社会的指导地位，强化宗族集结，连国家权力都可以相对化。据此知县利用作为县厅象征的法和权威，通过抑制豪强和胥吏的强压政策和作为学校象征的教育的儒教文化扩散，以稳健之策贯彻安定统治。从各种文献可以看出知县的个人能力被重视，他们的人治及礼治被强调也反映出这些知县所面临的现实。

在新县社会，国家权力和地区社会的结合以绅士层的形成出现，绅士层作为基层社会的头面人物成为贯彻国家权力、扩散儒教文化的尖兵，扩散儒教葬礼、实践侍墓的这些人正是绅士层。从寿宁县的例子可以看出绅士层力量微弱的地区，其儒教文化的扩散也是微弱的。而从漳平县的事例中可以了解到，绅士层发达、儒教文化扩散是社会经济的安定和发展的基础。据此知县们致力于教育和教化的扩散、福祉的增进、治安的确立、税役的公正征收、社会秩序的整顿、建筑物和设施的整顿、经济基础的扩充。

学校培育官僚后备军，通过教育和前例，扩散儒教理念，是引导百姓们自发服从的中心地。从新县产生学校到向来连绅士辈出都很困难的外围也比较容易接近学校，使绅士能够辈出，可见礼仪在地区社会秩序发挥着重要作用。据此县设置后1～2世代后名门家族登场，拥有地区社会指导层的权威，引导了许多人走上学问之路的风潮，并且官僚替补人员集中为科举合格者，秀才们的相关进出被限制，学校渐渐成为了为获得科举考试的资格、获取奖学金、获得免服兵役资格的机构，书院、族塾、家塾等私人教育机关的重要性增大了。而这样的私人教育机关的增大也是教育重要性认识的扩散，可说是儒教文化向基层社会普及的结果。

清代福州工匠与台湾城市化的起步

徐晓望*

台湾主要汉族移民为闽南人，从晚清到民国初年，福州人开始进入台湾的城市，他们主要从事城市服务业和手工业。他们在台湾的发展，是近代台湾城市化的一个侧面。

一、清代福州的工商人口

福州是一个工商业发达的城市，构成福州市区核心力量的是各类商行。以牛皮行来说，据《闽产录异》一书，福州的皮革、角器、骨器都有自己的商行、"福州南台牛皮为一行、鞔鼓为一行、马革为一行、皮箱为一行、角器为一行、牛骨为一行、骨货为一行"，这些商行以统一价格批发各种产品，福州行商将它们运销各地，其中，牛角梳"盘运最广"。南台的行商常能控制全市乃至全省的行业。以皮箱业来说，福州皮箱历来有名，"市集向在市中心杨桥巷，有'十万家皮箱店'之称，其牌号多用'万字'，有'万福兴'、'万源'、'万全'、'万宝'、'万利'、'万成全'、'万福利'等十家。……别有'瑞华'、'成兴'、'茂实'、'金华昌'诸家，多世其业者。"① 这些皮箱所需原料，由南台的牛皮行从台湾购取，而其销售至外省外府，也由南台的皮箱行负责。南台的义洲为木行聚集之地，晚清著名的"林太和木行"即发迹于此。随

---

* 作者单位：福建社会科学院历史研究所。

① 郑丽生：《闽中广记·珍品特艺》，《郑丽生文史丛稿》，海风出版社，2009年，第255页。

着木材业的发展，民国初年，义洲的木行已经有 20 多家。① 行商的经济实力雄厚。《闽都别记》记载了台江的大行商吴光，他从国外输入无数的珍宝，仅一条船上即载有："奇楠香五百斤、人参六百斤、燕窝一千斤、珍珠大小三斛、珊瑚长短二十四树，其余珍奇珠宝无数。"②

福州人有经营工商业的习俗。不论是儒者还是大官僚，为了谋生，都开张商店。小市民从小在商店做学徒，或是学一门手艺，或是经商。福州许天放是翰林，他与亲家商量合伙做生意："现接开东街一间当店，本钱一万，汝来合伙，一人出银五千，汝再对三千，得息均分。"③ 有钱人家开大店，小市民开小店。福州城大街小巷分布着许多商店。福州的古代评话说道："横洋巷口酒米店，惠泽境内选棕毛"，"洋头口店铸铜锣，茶亭粉店多热闹"，"斗中街一派制头梳，月片池中铜钴店。"这些商店亦工亦商，前门卖货，内厅加工。如《闽都别记》第 359 回记载了一个油烛店，一日有一自称为老板娘表兄的人"闻表妹店中十分兴旺，欲来帮伙，带有些须银来帮搭店中，只学作烛手艺"。④ 可见，这家店在卖油烛的同时，还兼制油烛。又如第 287 回安泰桥的玉器古玩店，除卖玉器古玩之外，店内也制造各种玉器。这种类型的店很多，清代梁章钜说："省会之铜器店以百计。"⑤ 郭柏苍《闽产录异》也写道："福州有纸房三四十所，以扣纸染花笺，硎蜡则成蜡笺。"这类店都是亦工亦商的店铺。许多福州人年轻时便成为商店的学徒，而后渐渐成为商人。如《闽都别记》中的徐得兴、俞百均"二人都是十五六岁时，并在福州鼓楼前药材店学艺"，后来，俞百均得了一千两银子，即与故友徐得兴作伙计，"在福州鼓楼前开药材店"⑥。可见，普通市民将儿子送去当学徒，是一条最常见的谋生之路。

在这种风气影响下，福州人养成了跑码头的风俗。《闽都别记》第 31 回记载，福州人俞百均和莫姓朋友到建州开药店，另有徐得兴到邵武府建宁县药材店做生意。⑦ 商人樊凤鸣虽然发了财，仍将几个儿子打发去外地经商，"次子、三子去泉州开店"。泉州的市面上有不少福州

① 张鼐：《福州木帮公会概述》，《台江文史资料》（第 1～12 辑合订本），第 9 页。
② （清）里人何求：《闽都别记》（上），福建人民出版社，1987 年，第 333 页。
③ （清）里人何求：《闽都别记》（下），福建人民出版社，1987 年，第 587 页。
④ （清）里人何求：《闽都别记》（下），第 431 页。
⑤ 梁章钜：《归田琐记》卷二，中华书局，1981 年，第 30 页。
⑥ （清）里人何求：《闽都别记》（上），第 186、189 页。
⑦ （清）里人何求：《闽都别记》（上），第 180～181 页。

人，"两边街有长乐、福清人开光饼店，亦有连江、罗源人合开老酒店，古田人开红曲米店"①。研究清代以来的福建城市，我发现，凡是稍有规模的城镇，都有福州人的社区，这是因为，福州自宋以来就是一个发达的工商业城市，城市居民有钱的开商店，没钱的学手艺，几乎每一个人都有其谋生方式。以闽北的洋口镇来说，最早是福州大商人到这里做茶叶、木材、纸张生意，而后是福州各种小商人也到洋口开店，如药材店，再后是福州工匠云集洋口，此地裁缝、厨师、理发皆以福州人为多。他们在异地谋生，想念家乡，建造了洋口天后宫，即三山会馆，时常请来闽剧团演戏，自己也学唱闽剧，迄今为止，洋口仍有闽剧团在活动。实际上，福建山区各城镇往往有福州人开的会馆。福州古称"三山"，所以，福州会馆多以三山会馆为名。我在浦城县、邵武县、建瓯县等地都见到过三山会馆，最令人惊奇的是，在邵武和坪镇、顺昌洋口镇及武夷山市的下梅村与星村镇，都有规模不凡的三山会馆，说明当时的福州商人深入闽北的市镇，并在当地很有影响。理解了这一点，就可以明白，为何台湾的城市会有那么多福州人，因为清代台湾作为福建的一个府，它也是福州工商者活动的地盘。福州人既可深入闽西北小镇，当然更会到台湾港市一展身手了。

二、清代进入台南的福州人

清代台湾以闽南人和客家人居多。如《海东札记》所云："台湾本岛夷境，只今林林总总，皆漳、泉、潮、惠之人占居于此。"②晚清两岸交通的发展和经济关系日益密切，促使福州人也到台湾谋生。不过，福州人大批进入台湾较迟。这是因为，早期台湾经济规模不大，而且其经济区主要集中于南部，这些地方与福州的联系不太方便。其次，就行业而言，福州人的行业以工商业为主，而台湾南部的商业多在泉州人手中，外地人很难插足。至于城市手工业和服务业，因清初台湾城镇不多，福州人施展工艺的机会也不多。所以，清代前期，台湾的福州人不多。除了台南因是台湾府驻地，福州籍政务人士较多外，台湾的其他地方，从福州来的，主要是班兵制度下的福州兵。

---

① （清）里人何求：《闽都别记》（下），第564～565页。
② 朱景英：《海东札记》卷三，台湾省文献委员会，1996年，第27页。

台南是台湾最早发展的城市，早在清代初年即有一定规模。首先进入台湾的是福州师爷。明清时代，每一个地方官都会聘请一批幕僚，同时会有许多尚未成名的书生以当幕僚为生。这些在官府衙门起重要作用的幕僚，被人尊称为师爷，在民间有很高威信。在江浙一带，幕僚多由浙江绍兴人担任，他们对朝廷的制度十分娴熟，起草文件驾轻就熟，加上各衙门的绍兴人相互照顾，以致形成"无绍不成衙"的局面。但在福建，因省级衙门一向设于福州，福州话外人难懂，因此，福建各衙门的师爷，一向由福州人垄断。即使是外省来闽做官的官员，也要聘请一些福州人，以便与福州的省级衙门往来。清初台湾府初建，福州籍师爷也进入了台湾各级衙门，尤其以台湾府所在地台南市的福州师爷为多。有他们在，台湾衙门与福州衙门的往来自有方便之处。他们长期定居台湾，也将福建人的一些习惯带到台南。例如，福州人做菜放糖，因此，福州菜以甜为特征。在台南的福州师爷将福州厨子带到当地，影响了当地的制菜方式，迄今为止，台南菜在台湾各地的菜式当中，仍以甘甜闻名，说明它保持了较为浓郁的福州菜风格。[①] 众所周知，台南是一个以小吃闻名世界的城市，福州厨师在这样一个城市居于食物加工的顶端，其地位可想而知。事实上，台南的"意面"、"鼎边锉"都是著名的小吃，而追根究底，它们都是属于福州风格点心。在台湾其他地方，福州小吃也很流行，台湾人云："鱼丸、燕丸、扁肉燕，男女老少吃不厌。"福州制作肉燕的同利老店至今在台湾亦有影响。而福州人爱吃的光饼，最后在台湾发展成胡椒饼等多种光饼。

除了厨师之外，其他各行业的福州师傅也进入台南谋生。2004年，我在台南大学做兼职教授，有一次在街头看到打着"福州师傅"牌子的一家刺绣店。聊起来，才知道店主的刺绣技术传自福州师傅，因此，当他知道我来自福州，对我十分热情，介绍了该店的成就，以及他们在台湾多次得奖的情况。后来知道，台湾人所讲的"福州师傅"，或是简称"福州伯"，即是指手工艺十分精巧的师傅。这家刺绣店以福州师傅为招牌，等于向路人宣示：本店是技术高超的刺绣店，流传正宗的福州师傅手艺，因而会有最好的产品。台湾的神庙会挂刺绣的匾额、条幅，所以，刺绣店的生意不错，从清代一直繁荣至今。除了刺绣之外，福州其他行业在台南市发展亦好，所以，台南市的老市区多有福州老店。今台

---

① 徐晓望：《台南看福州》，《福州晚报》2007年10月29日A27版。

南市东部，尚有属于福州人的墓地，当地学者言，仅这片墓地就有上千个福州人的坟冢。各地工匠来到台南，促成台南市面的繁荣："匠作冶金范银，钗笄钏珥之属，制极工巧。凡鹙冠服履袜者，各成街市，阗然五都，奢可知已。"①

福州人在台南的成功是很重要的。它开创了一个模式，其他各地城市若要请一些技术好的工匠，也会考虑福州师傅，或是他们带出来的徒弟。这就使福州师傅在台湾的影响越来越大。

三、晚清民初台湾城市的福州师傅

台湾民间有一句俗语："福州伯，三把刀"，或作"福州师，三把刀"，是说福州人在台湾城市的三大行业里的垄断地位。这里所说的三大行业，即是福州人擅长的三大服务业：以剪刀为主的福州裁缝业，以剃刀为主的福州理发业和以菜刀为主的福州厨师业。以我的体会，一直到数十年前，福州人在福建城镇的这些行业中，都占有统治地位。例如，厦门是一个闽南人的城市，但其理发业的老师傅多为福州人。此外，厦门裁缝、厨师两大行业，曾经也是福州人的天下。理解这一背景，我们就会知道，为何福州人会到台湾谋生。厦门与台湾的关系最深，清初定厦门为对渡台南的唯一口岸，清代初期的台厦道，管理厦门与台湾，其长官长年驻扎厦门，遥控台湾。因此，历史上台湾受厦门影响极深。这也是台湾闽南话声调较接近厦门话的原因。因厦门与台湾的密切关系，厦门的风俗影响到台湾的各个方面。以厨业为例，台湾的衙门要聘请好厨师，只能从厦门一带寻找，而他们找去的厨师，肯定是福州师傅。台南的福州师傅，应是在清代前期就进入了台湾。他们跟随福州籍师爷来到台南，而后在当地扎根发展，从而影响了当地厨业的风格。福州厨师进入台南，只是一个例子。因城市服务业的需要，福州的裁缝业、理发业都在台南有其影响。在三大行业的影响下，福州其他各行业的师傅，也会到台南寻找发展机会。

台南是台湾发展较早的城市，从整体而言，台湾城市的发展是在清代中后期。城市化意味着从农业社会转向工业社会，城市的兴起，需要大量的手工业和服务业，这就给福建各地人口进入台湾提供了机会。例

---

① 朱景英：《海东札记》卷三，台湾省文献委员会，1996年，第28页。

如，台北县的莺歌是台湾陶瓷业兴盛之地，清嘉庆九年，晋江磁灶的吴敦等陶工在此地开设窑厂，从此开创了莺歌的陶瓷业。清代，当地的陶瓷师傅多从泉州和福州聘请，例如，莺歌人制造陶缸方法有福州式和泉州式，用手挤出陶泥胚，这是福州式，适宜做大缸；而泉州做陶的方式是拉胚，适宜做小件的碗盘。莺歌生产的大型陶缸数量很大，从福州挤胚方式在莺歌的重要性来看，当地福州师傅是很多的。[1] 福州陶师李二妹在当地传播陶艺技术，对莺歌陶业发展起了重要作用。

福州人擅长的手工业不少。在台湾城市化进程中，福州人进入台湾城市谋生。清代乾隆年间，台北北部的竹堑城内已经有了彩帛铺等 31 种商店。道光至光绪年间，竹堑又多了船头行、皮箱店、铸户、糖行、糖间、苎麻行、洋药店、客店、脑栈[2]，在我看来，其中干果店、药材店、纸箔店、金箔店、银店、鞋帽店、锡店、饼店、皮箱店都是福州人擅长的店铺。

以皮箱业来说，福州以制皮为特色的手工业一向很发达。从清朝到民国，牛皮箱成为许多时髦人士出门的基本配备。据郭柏苍的《闽产录异》一书，清代福州即以皮箱业闻名，而其原料牛皮，多来自台湾。如《海东札记》对台湾的记载：“内山多野牛，千百为群。欲取之，先置木城，一面开门，驱之急则皆入，入则扃而馁之，然后徐施羁靮，豢之以刍，驯则役同家畜矣。其革制衣箧甚坚，台物以此为最。”[3] 野牛多，是台湾盛产牛皮的原因。随着台湾城市的发展，一些福州师傅来到台湾制作牛皮箱，竹堑市内多了皮箱店，正是福州师傅在当地发展的表现。清末，台湾皮箱业大发展，“台南郡治之皮箱，制之极牢，鬃漆亦固，积水不濡。次为鹿港。售之外省，称曰台箱”[4]。到台湾谋生的还有福州的鞋匠。清代末年，从西洋传来的皮鞋开始流行，福州制皮行业专门派人到上海学习皮鞋制作技术，因福州人原有牛皮制作技术，他们学做牛皮鞋轻车熟驾，很快，福州的制鞋业发展起来。2011 年 12 月，台湾“中研院”谢国兴研究员在“三坊七巷与台湾”会议上说：“台湾制鞋产业早期技艺多传自福州，是台湾业界公认的说法。”在台南市与台北市，

---

① 陈新上：《莺歌福州陶师李二妹》，《台湾文献》2010 年第 6 期。

② 林玉茹：《清代竹堑地区的在地商人及其活动网络》，台湾联经出版公司，2000 年，第 110 页。

③ 朱景英：《海东札记》卷三，台湾省文献委员会，1996 年，第 43 页。

④ 连横：《台湾通史》下册，卷二十六《商务志》，第 454 页。

都有不少福州师傅开张的皮鞋店,这些店,多为前面是店,后面是作坊,台湾人俗称"架仔场"。1917年来到台湾的大陆制鞋工112人,其中福州师傅50人。① 从皮箱制作到皮鞋流行,福州师傅在台湾都占有一定的市场。清末,台湾人口约300万,据1926年的统计,台湾原籍福州的人口共有27 200人② ,考虑到此时清廷驻台湾的军队和官员都已经撤回大陆,而且福州人主要分布于台湾的城市,这些福州移民,应当多为工匠之类的人物。除此之外,还有不少持中国国籍的福州人在台湾谋生,他们的总数在数千人至数万人之间。因故,日据时期台湾的中华会馆会长一职一向由福州人担任,他们因抗日救国,多死于日本人的狱中。

由于福州人大举进入台湾是在台湾城市兴起的清代中后期,所以,台湾各城市的老城区,多有福州人的社区。清代福州上层社会崇拜泰山祠、城隍庙,下层社会崇拜五福大帝、齐天大圣、陈靖姑,因此,台湾福州人社区多有这些庙宇。③ 例如,彰化与台南市的白龙庵崇拜五福大帝,而白龙庵的祖庙在福州台江区的"海防前"一带,此地原为清代绿营水师的驻地,这些绿营兵往往兼营各种手工业,他们到彰化及台南驻扎,带去了福州的手工艺,也带去了白龙庵的五福大帝信仰。清同治年间以后,彰化白龙庵周边有不少福州工匠,因而白龙庵又成为福州会馆,故有三山会馆之称,又称"榕兴堂"。白龙庵在台湾的重要性在于:它是台湾"宋江阵"的发源地。晚清的台湾流行游神,而白龙庵的流行队伍最受人欢迎,这是因为,白龙庵出游的队伍之中,每每有扮演各路神明,他们的化装奇特,边走边舞,其中核心人物是白龙庵庙壁上的"八家将"。这种习俗在清代的福州十分流行,而后又影响了台湾。"八家将"及"宋江阵",现在是台湾庙会上最流行的舞蹈,他们出发时,锣鼓喧天,参与者边舞边唱,已经成为台湾民俗最热闹的一个组成部分。可见,虽说台湾文化以闽南文化为主,但其中也有不少福州文化的

---

① 张建忠:《闽都风情:台湾制鞋业的福州渊源》,中国新闻网2011年12月10日电。

② 廖汉臣等:《台湾省通志稿》卷二《人民志·语言篇》第一章,第8页。

③ 刘大可:《台湾的福州移民与民间信仰》,《福建论坛》2003年第6期。徐晓望:《论台湾文化与闽都文化》,载叶圣陶研究会主编:《中华传统文化研究与评论》第三辑,人民教育出版社,2009年;此文又载于徐晓望:《闽台文化新论》,中国书籍出版社,2012年。

成分。它们是在清代台湾城市化的进程中，由福州籍的士兵、工匠带到台湾的。

　　清代前期的台湾经济结构以农业为主，主要人口都是农民。清代晚期，台湾城市开始发展，尤其以台湾北部的城市发展最为突出。在晚清台湾的城市化过程中，福州人起了重要作用。大批福州工匠进入台湾城市，将技术传授于台湾市民，造就了台湾城市兴盛的手工业。这对台湾的城市化也起了一定作用，要注意的是，这种影响其实不限于工商业，还延及文化领域。

荷据后期台湾汉人长老何斌的家世及事迹

刘彼德[*]

何斌是荷据后期台湾显赫的富商及汉人长老，是郑、荷双方信任的中间人，1656～1657 年郑成功禁航大员期间，何斌为荷兰人做说客，成功地说服郑成功解除禁航令，重启台海两岸间的贸易，并献策协助郑成功收复台湾。何斌可能是荷据后期台湾最重要的汉人长老。虽然很多论文都谈到何斌，但是可能因为史料不足，似乎还缺少全面讨论何斌的专文。2011 年 5 月《热兰遮城日志（四）》中文版发行，涵盖 1655 到 1662 年荷据台湾的细节，提供许多有关何斌的第一手资料。本文试图利用中荷史料，比较全面地讨论何斌的家世、事业、地位、逃亡经过、对收复台湾的贡献和最后的境遇，并检视史料中若干有关何斌事迹的说法，提出笔者的看法。

一、何斌的家世

何斌不是白手起家，而是来自一个富裕的家庭，他的父亲何金定于 1640 年代活跃在大员，是华商、公司翻译和汉人长老。《热兰遮城日志》中有关何金定从事岛内贸易的记载不少。例如，1643 年 5 月 21 日，何金定的戎克船载着 200 罐中国麦酒由大员驶往鸡笼和淡水贸易，搭载 27 人；[①] 1644 年 6 月 11 日，何金定的戎克船从新港仔抵达大员，载有 1500 枚鹿皮；1644 年 9 月 19 日，何金定的一艘 fregat 船前往淡水

---

* 作者单位：厦门大学台湾研究院。
① 江树生译注：《热兰遮城日志（二）》，台湾台南市政府，2002 年，第 135 页。

载运硫磺；[1] 1644 年 10 月 14 日，何金定的 petache 船出发到澎湖，去拖拉一艘失事的暹罗船的苏木，于 11 月 15 日才成功地载运回到大员。[2]

何金定同时从事远洋贸易，例如，1643 年 5 月 27 日，何金定的一艘戎克船载粗货，到菲律宾的 Kachajen 交易黄金。[3] 根据《巴达维亚城日记》1644 年 12 月项下记载，由于"中国人在巴纳斯兰及卡卡烟受虐待，最近又受损失，故不愿前往该地购买黄金"。然而因为荷兰人需要黄金，因此在台湾长官卡伦（F. Caron）的鼓励之下，何金定答应前往贸易，购回黄金。[4] 1648 年 3 月初，一艘何金定的船载有 100 吨硫磺、两担茶叶和 2000 捆粗瓷器，从大员出发到广南贸易。[5]

何金定拥有农地，从事甘蔗和稻米种植，其中一块耕地是荷印公司赠予。何金定曾经向所有到大员跟荷印公司交易的华商抽取百分之五的佣金，后为荷兰人发现，于 1646 年 11 月下令禁止，同时授给何金定 400 摩肯土地以为补偿，并允诺何金定任职公司期间，该土地上的作物均免缴作物十一税。[6] 何金定去世后，该笔土地由何斌继承，并继续享有免除十一税的优遇。1646 年，大员商馆以现金或胡椒借贷给汉人土地开发者，汉人以生长中的甘蔗作为担保品，藉此鼓励汉人开发农业。其中 Samsiack 贷得 958 里尔，Jansoe 贷得 2385 里尔，何金定获得最多，为 4447 里尔。[7] 依此推测，何金定耕作的蔗田面积最大，产量最多，是当时最重要的农业开发者之一。

何金定被荷兰人视为台湾汉人代表。1644 年 9 月 21 日，大员议会决定成立一个委员会，每周二、四聚会，处理跟汉人有关的民事案件。委员会由四个荷兰官员和三个汉人长老组成，何金定是三个汉人委员之

---

① 江树生译注：《热兰遮城日志（二）》，第 298、341 页。

② 江树生译注：《热兰遮城日志（二）》，第 349、377 页。

③ 江树生译注：《热兰遮城日志（二）》，第 142 页。

④ 村上直次郎日译：《巴达维亚城日记（二）》，郭辉中译，台湾省文献委员会，1970 年初版，1989 年再版，第 431 页。村上原注：即吕宋岛之班卡西南及卡卡阳。

⑤ 江树生译注：《热兰遮城日志（三）》，第 4 页。

⑥ 韩家宝（Pol Heyns）：《荷兰时代台湾的经济、土地与税务》，郑维中译，台湾播种者文化有限公司，2002 年，第 107～108 页。

⑦ 韩家宝（Pol Heyns）：《荷兰时代台湾的经济、土地与税务》，第 106 页。

一。① 何金定在 1646、1647 年间，是赤嵌八位汉人长老之一。② 1647 年 5 月 24 日，大员议会讨论一个议案，何金定请求议会允准 6 个汉人在太麻里（Tavalij）村居住，以便从事跟该村及卑南原住民的贸易。议会认为汉人居住在太麻里可以受到监督，让他们跟当地原住民交易也有助于帮助原住民，因此同意所请。③ 荷印公司一向不愿汉人和原住民接近，早在 1641 年 4 月 3 日就明文禁止汉人在卑南或附近村庄滞留，违者罚款。④ 在此案例中，却为了何金定的请求破例允准，可见荷兰人相当重视他的意见。

《热兰遮城日志》记载，何金定于 1648 年 7 月 21 日在大员去世。⑤ 两三个星期后，1648 年 8 月 7 日，何金定的儿子何斌才从一艘何金定所有的商船自广南返回大员，当时何斌的职务是何金定商船的船长，说明何斌是在何金定去世之后，才开始担任公司翻译。⑥

何金定最早出现在荷兰文件中大约是 1643 年 5 月，当时何金定已经任职公司翻译，拥有船只从事岛内运输和远洋贸易，并于 1644 年获选为汉人长老。从以上的记载判断，何金定移居台湾之前，已经是财力雄厚，具备外语能力，具有远洋贸易经验的商人。

至于何金定和何斌何时移居台湾，从 1657 年郑成功禁航台湾期间，何斌和郑成功幕僚的一段谈话记录中，可以得到一些线索。当时郑成功的幕僚很清楚透露何斌在华商韩布安（Hambuan）活跃台湾期间，还是少年人，且还没有移居台湾。⑦ 韩布安是 1630 年代在大员活跃的华商，于 1640 年 11 月 2 日从大员乘船到中国大陆，在台湾附近海域遇海

---

① 江树生译注：《热兰遮城日志（二）》，第 342 页。另外两个汉人委员是商人 Jockthay 和 Peco。

② 中村孝志：《荷兰时代台湾史研究（上）》，吴密察、翁佳音、许贤瑶编译，台湾稻乡出版社，1997 年，第 289 页。其他的包括 Jocktaij、Boijko、Sansou 和 Lacko 等人。

③ Leonard Blusse, N. Everts. The Formosan Encounter Vol. Ⅲ，台湾台北顺益原住民博物馆，2006 年初版，第 183 页。

④ 韩家宝，郑维中著：《荷兰时代台湾告令集、婚姻与洗礼登录簿》，台湾曹永和文教基金会，2005 年初版，第 163 页。

⑤ 江树生译注：《热兰遮城日志（三）》，第 64 页。

⑥ 江树生译注：《热兰遮城日志（三）》，第 70 页。该船属于"已经去世的中国人 Kimtingh（即何金定）遗产继承人的"，该船船长何斌是何金定的儿子。

⑦ 江树生译注：《热兰遮城日志（四）》，第 190～191 页。

难身亡。① 因为韩布安在世时何斌还没有移居台湾，因此可以确定何斌是 1640 年底之后才迁入台湾定居的。何金定在台湾的活动在 1643 年才出现在荷兰文件中，可以支持何氏父子在 1640 年代才移居台湾的说法。另外，1647 年 1 月大员华特长官（P. Overwater）的一份报告中称，几位汉人长老的妻子已经在前些时移居大员，通事何金定也已经在等候他的家属，② 也跟何氏父子在 1640 年代移居台湾的时间点契合。由于何斌在 1630 年代还是一个少年人，可以推估他的年龄和 1624 年出生的郑成功相仿，1640 年代移居台湾时大约二十岁，何金定的年龄则跟郑芝龙相当。有一说称"通事何斌"在郑芝龙被明朝招抚那年，在澎湖遇见海盗李魁奇围击，返回台湾。郑芝龙被招抚时何斌大约还是婴儿，不可能是通事，也还没有移居台湾，以上的说法应该是错误的。③ 又有一说谓："何斌亦从思齐于台。"④ 1625 年主掌台湾事务的荷兰长官韦特（de Witt）有一封写给巴达维亚总督的信中，提到颜思齐于 1625 年 10 月 23 日在台湾逝世。⑤ 当时何斌还是个婴儿，因此何斌"从思齐于台"的说法同样不确。

何氏父子从何处移居台湾的呢？根据《台湾割据志》记载，何斌是"日本甲螺"。⑥ 因为何斌移居台湾时年纪大约二十岁，他的父亲在四十岁左右，何金定曾经在日本经商，是"日本甲螺"的可能性比较大。再看何氏父子担任公司翻译，他们熟悉的外语是哪一种。1656 年 8 月 12 日，萧辰爷携带郑成功的委任状到大员执行禁航令。荷兰人首先将该委任状交由何斌等翻译成葡萄牙文，再由荷兰人翻译成荷兰文。⑦ 由此可见何斌熟悉的外文是葡萄牙文。依此推测，何金定熟悉的应该也是葡萄牙文，并传授给何斌。又，《热兰遮城日志》中有记载何斌佩戴神父使

---

① 村上直次郎日译：《巴达维亚城日记（二）》，第 241～242 页。

② 郑维中：《荷兰时代台湾社会》，台湾前卫出版社，2004 年，第 264～265 页。

③ （清）江日升撰：《台湾外记》，《台湾文献丛刊》第 60 种，第 36 页。"不料至澎湖遇李魁奇，奇即挥船围击。陈衷纪、杨天生、陈勋等原虽猛勇，终是新病才好，安能敌奇新出之犊，随为所伤。仅存李英同通事何斌一船，仍回台湾"。

④ 连横：《雅言》，《台湾文献丛刊》第 166 种，第 67 页。

⑤ 江树生译注：《荷兰台湾长官致巴达维亚总督书信集 1622～1626》，台湾南天书局，2007 年，第 201 页。

⑥ 川口长孺撰：《台湾割据志》，《台湾文献丛刊》第 1 种，第 53 页。"日本甲螺何斌与红毛酋长有隙"。

⑦ 江树生译注：《热兰遮城日志（四）》，第 113、116 页。

用的念珠，判断他可能是天主教徒。① 十七世纪时，中国人中已经有信奉耶稣基督的教徒。根据荷兰人 1644 年的记载，郑芝龙是受洗过的天主教徒，家中每日举行天主教仪式。② 因此何斌是天主教徒之说可信。

根据《台湾通纪》的说法，何金定、何斌父子跟郑成功同乡，也是南安人。③ 综合以上的叙述，可以发现何金定、何斌父子，跟郑芝龙、郑成功父子有很多类似的背景：一、何氏和郑氏父子都是福建南安同乡，年龄也相当；二、郑芝龙和何斌都信奉天主教；三、郑成功的幕僚对何斌的少年时代背景相当清楚，显示何氏父子在移居台湾之前已经跟郑氏集团有来往；四、何氏父子和郑芝龙都曾经在日本经商。从以上的分析判断，郑氏和何氏父子出身背景类似，郑、何两个家族早已熟识，并有相当密切的联系，是一个合理的推测。

自明朝于崇祯元年（1628）九月招抚郑芝龙之后，郑芝龙收编福建沿海海盗，控制中国东南沿海海域，向商船收取保护费。④ 此后直到荷印公司撤出台湾，郑氏父子一直控制中国东南沿海海权。如前所述，何金定曾经在大员向前往贸易的华商收税。何金定虽然是一个大员的富商，如果没有实力强大的靠山，肯定没有华商愿意支付百分之五的佣金给他。本文认为，以郑、何两个家族的关系，何金定在台湾为郑氏父子收税，是合情合理的推测。也唯有在郑氏父子的命令和支持之下，才有可能成功地向赴台华商收税。

综合本节的说明，何氏父子和郑氏父子是同乡，年龄相仿，曾经在日本经商。何金定自 1640 年代移居台湾后就受到荷兰人的重视，他的财富、经验和外语能力可能只是部分原因。另外一个原因很可能是何氏父子跟郑氏父子关系密切，可以为荷兰人居中联系郑氏集团，化解摩擦。从荷印公司发现何金定向赴台华商抽税，不但没有严厉处罚，只是

---

① 江树生译注：《热兰遮城日志（四）》，第 454 页。1656 年就派驻在塔楼社担任学校教师的 Steven Jansz 于 1661 年 5 月 17 日到热兰遮城，提起一个为郑成功家中工作约 12 年的英国人，跟"挂着念珠的"何斌经常来往。江树生注明这里提到的念珠是天主教神父佩戴的念珠，因此推测何斌可能是天主教徒。

② 村上直次郎日译：《巴达维亚城日记（三）》，程大学中译，台湾省文献委员会，1990 年，第 72、104 页。

③ （清）陈衍纂辑：《台湾通纪》，《台湾文献丛刊》第 120 种，第 52 页："（通事）何斌者，南安人。"

④ 《海滨大事记》，《台湾文献丛刊》第 213 种，第 10 页。"芝龙与李魁奇俱就抚。芝龙授游击，盘踞海滨，上至温、台、吴淞，下至湖广近海州郡，皆报水如故。同时有萧香、白毛并横行海上，后俱为芝龙所并"。

禁止，还赠予耕地作为补偿的做法，可见荷兰人对何金定不止敬重，而且有所顾忌。由此可以旁证何金定跟郑氏父子关系密切，使得荷兰人不得不厚待何金定。何金定死后，事业由何斌继承。由于何斌也通外语，做事能干，跟郑氏集团关系良好，因此也同样受到荷兰人重视，贵为汉人长老。何斌在台湾的事业和地位将于下一节说明。

二、何斌在荷据台湾的事业及社会地位

何金定于 1648 年 7 月 21 日去世，何斌继承何金定的事业。虽然何金定在荷据台湾活跃的时间只有短短五年左右，但已经打下很好的事业基础，何斌接手后，积极经营并扩充事业，包括承包赡税、从事贸易等，说明如下：

何斌是一个重要的赡商，曾经承包多项税收业务。首先，人头税是一个重要的税目，在 1640 年开征后大抵占内地诸税的 30% 到 40%，到荷据末期更占内地诸税的 50% 左右。以 1656～1657 年度为例，何斌以全年 47880 里尔承包汉人人头税，[1] 占当年内地诸税总额 87880 里尔的 54.4%。[2]

其次，公秤税是为了改善大员华商秤重偷斤减两的问题，由何斌于 1650 年建议由官方设立收费公秤，大员议会同意，交由何斌负责设立，并无偿授予何斌垄断公秤税权。[3] 1653 年 7 月 10 日，大员长官维堡（Verburgh）将大员热兰遮市的磅秤业务，以一年 2000 里尔的价格交由何斌承包，为期两年。维堡离职后，大员议会推翻维堡的决定，于 1654 年 4 月 30 日将热兰遮市的公秤业务重新发赡，由 Gienko、Juko 和 Sisia 以一年 5350 里尔的代价承包，5 月 1 日开始实施。[4] 不过，根据 1655 年 4 月 26 日《热兰遮城日志》记载，1654 年公秤业务仍然由公司交由何斌以 5350 里尔价格承包。[5] 1657 年 6 月 30 日出赡，何斌再次

---

[1] 江树生译注：《热兰遮城日志（四）》，第 57～60 页。1656 年 5 月 5 日大员举行出赡。

[2] 中村孝志：《荷兰时代台湾史研究（上）》，第 319 页。

[3] 韩家宝（Pol Heyns）：《荷兰时代台湾的经济、土地与税务》，第 179 页。

[4] 江树生译注：《热兰遮城日志（三）》，第 322、325 页。

[5] 江树生译注：《热兰遮城日志（三）》，第 472 页。

以 3000 里尔标得大员的公秤业务。① 1658 到 1660 年没有出瞨的详细资料。可以确知的是，公秤业务自 1650 年至 1657 年，多半由何斌承包。1648 年 7 月何金定去世，不过两年的时间，何斌设立公秤的建议已经于 1650 年获得荷印公司采纳，可见荷兰人对青年何斌的重视不亚于他的父亲何金定。

另外，何斌承包的其他税务包括：1654 年 4 月 30 日何斌承包了大Takapoulang 的村社税和鲫仔潭的渔捞税。② 1657 年 6 月 30 日何斌标得虎尾垄的村社包税等。③ 何斌是荷兰人信任的华商，手中又握有船只和人力资源，时常承包其他工作。例如，1654 年 3 月何斌曾获准到鸡笼海湾打捞一艘西班牙沉船上的货品。④

何斌在 1650 年代频繁地以大员为基地从事远洋贸易，贸易的港口包括长崎、巴达维亚、马尼拉、东京、巨港（Palimboangh）等地，可能是荷据后期以台湾为基地从事远洋贸易最主要的华商，以下是从荷兰文件中摘录的相关记载：1650 年 7 月初，一艘何斌的船，前往巴达维亚贸易后返回大员。⑤ 1651 年 5 月 10 日，何斌的两艘船，载运 2000 块cangan 布、9400 个粗制瓷盘、1400 包中国烟草等货物，从大员出航到马尼拉贸易。⑥ 1651 年 7 月 5 日到 9 日之间，两艘何斌的船从马尼拉回到大员，其中一艘是与施老（Silao）等人合伙的。⑦ 1653 年 8 月 23 日，《出岛商馆日志》记载，一艘何斌的船于 1653 年 1 月 23 日由长崎出航，已经跟郑成功的一艘船双双抵达东京。⑧ 1654 年 7 月 18 日，《热兰遮城日志》记载，驻扎日本的荷兰商务人员，得知船主何斌将于 20～25 日内从大员出发到日本，期望从何斌处得知台湾的情况。⑨ 1654 年 8 月 30 日，一艘何斌的船由巴达维亚返回大员。⑩ 1655 年 3 月 19 日，何斌的一艘船从大员出航，载运粗瓷器、烟草、大蒜等商品，到巨港贸易。⑪

---

① 江树生译注：《热兰遮城日志（四）》，第 202 页。
② 江树生译注：《热兰遮城日志（三）》，第 324、325 页。
③ 江树生译注：《热兰遮城日志（四）》，第 201～203 页。
④ 江树生译注：《热兰遮城日志（三）》，第 295 页。1654 年 3 月 21 日记载。
⑤ 江树生译注：《热兰遮城日志（三）》，第 146 页。
⑥ 江树生译注：《热兰遮城日志（三）》，第 212 页。
⑦ 江树生译注：《热兰遮城日志（三）》，第 228～229 页。
⑧ 村上直次郎日译：《巴达维亚城日记（三）》，第 8～9 页。
⑨ 江树生译注：《热兰遮城日志（三）》，第 362 页。
⑩ 江树生译注：《热兰遮城日志（三）》，第 392 页。
⑪ 江树生译注：《热兰遮城日志（三）》，第 456 页。

1657 年郑成功禁航大员期间，何斌两次到厦门为荷兰人做说客，获得郑成功同意解除禁令。何斌于 1657 年 8 月 23 日返航大员时，顺便载运货物，应该是郑成功解除禁航大员令后第一批从中国大陆到大员的商品，得到荷兰人免除十一税的优惠。① 1657 年 9 月 22 日，荷兰人同意何斌三艘戎克船进口的货物免缴十一税。② 从以上的资料可知，何斌从事远洋贸易范围很广，拥有的商船数目不少，资金也相当雄厚。

何斌不但是荷据后期台湾数一数二的大商人，并至迟在 1650 年 7 月初，已经开始担任荷印公司翻译。③ 荷兰官方文件称何斌为"公司的第一翻译"，可见相当受到公司的器重。④ 何斌也因此获得特权，例如，他的农地多年获得免缴稻米十一税的优遇；包括 1652 年、1654 年、1655 年、⑤ 1656 年都有何斌获得免除稻米十一税优待的记载。⑥ 何斌继承自他的父亲位于高雄梓官附近 400 摩肯的土地，是台湾数一数二的大地主。根据已知的资料，当时荷兰官员拥有的土地面积多半在一百多至两百摩肯，只及何氏父子土地面积之半。⑦ 再以米作地总面积比较，何氏父子拥有 400 摩肯土地占 1655 年台湾米作地面积 4978.4 摩肯的 8%，占 1657 年米作地总面积 5409.3 摩肯的 7.4%。⑧

何斌早在 1651 年就贵为大员汉人长老之一。1651 年 8 月 19 日到 11 月 16 日之间，巴达维亚派特使佛士特跟（Verstegen）到台湾，调查并调解分别由长官维堡和副长官揆一为首的大员官员之间派系对立的事件。⑨ 荷兰特使离台前，接受由何斌和 Boycho 代表汉人长老出面邀请，于 1651 年 11 月 11 日周六和荷兰长官到 Jock Tay 在大员的大房子中饮宴。当天中午，荷兰人抵达时，屋前有几个乐师打鼓吹笛迎接。席中汉人长老准备的是荷兰式的菜色饮料，并演出类似皮影戏，可能是闽南的

---

① 江树生译注：《热兰遮城日志（四）》，第 244 页。同船还载有平叔（即郭平，Pinzik）的一批商品，一样获得免税待优惠。

② 江树生译注：《热兰遮城日志（四）》，第 265 页。

③ 江树生译注：《热兰遮城日志（三）》，第 146 页。何斌被称为"中国人翻译员"。

④ 程绍刚译注：《荷兰人在福尔摩莎 1624～1662》，台湾联经出版社，2000 年，第 491 页。

⑤ 江树生译注：《热兰遮城日志（三）》，第 419、576 页。

⑥ 江树生译注：《热兰遮城日志（四）》，第 145 页。

⑦ 韩家宝（Pol Heyns）：《荷兰时代台湾的经济、土地与税务》，第 117～118 页。

⑧ 中村孝志：《荷兰时代台湾史研究（上）》，第 305～306 页。

⑨ 江树生译注：《热兰遮城日志（三）》，第 241～242、282 页。

布袋戏以娱乐宾客。宴会一直进行到深夜才结束。① 汉人在荷据台湾时期属于次等居民，荷兰高级官员到汉人长老家中做客的例子很少，可见何斌在荷兰人心目中具有相当重要的地位。

荷兰人信任何斌，在跟中国联系方面时常托付何斌。例如，1655年10月8日，何斌的仆人为大员的荷兰人带信给在广州洽请清政府开放通商的荷兰使臣哥耶尔（Pieter de Goyer）和克耶尔（Jacob Keyer）。1656年3月6日，该仆人返回大员，并携返上述两个荷兰人的回信。② 何斌也为荷兰人提供有关中国的情报，例如：1656年7月16日，何斌告知大员的荷兰人，清政府的一万五千部队，已经将郑成功的根据地安海完全烧毁。③

何斌受到荷兰人重视，除了他的外语能力、财富和事业基础之外，本文认为，跟他的父亲一样，何、郑家族的关系密切，也是荷兰人重视何斌的一个重要的原因。郑成功曾经多次请托何斌传达信息或者请求给在大员的荷兰殖民政府，包括私人事务。例如，1654年4月4日，派人送信大员长官问候，同时委托何斌请求公司，派医生到中国帮他治疗梅毒，公司医生白耶尔前去，郑不敢服太多荷兰药，医生三个月后徒劳无功返回。④ 1655年7月8日，郑成功一个重要部将抵达大员，带来一封郑成功给何斌的信，请何转请荷兰医生帮忙给这个郑军部将医疗腿伤，获得荷兰长官同意，由驻台的主治医生为该官员验伤治疗。这个官员就住在何斌的家中养伤，直到7月30日才郑重地跟荷兰长官辞行后返回中国。⑤ 荷兰人高规格接见郑成功的官员，并准许该官员居住在何斌家中，可见荷兰人重视跟郑成功的关系，而且和郑成功一样信任何斌。1657年8月23日何斌从厦门返回大员，带回郑成功解除禁航大员的告示，和一封郑成功给荷兰人的信。信中除了说明开放大员贸易的决定之外，郑成功还说明，他付钱给何斌，委托他在台湾收购牛脚筋、羽毛等制作弓箭的材料，请求荷兰人同意。⑥ 荷兰人未置可否，应该是默许此事。

---

① 江树生译注：《热兰遮城日志（三）》，第279～280页。
② 江树生译注：《热兰遮城日志（四）》，第18～19页。
③ 江树生译注：《热兰遮城日志（四）》，第101页。
④ 程绍刚译注：《荷兰人在福尔摩莎1624～1662》，第421页。
⑤ 江树生译注：《热兰遮城日志（三）》，第511、522页。江树生推测这个重要部将可能是吴豪。
⑥ 江树生译注：《热兰遮城日志（四）》，第239页。

除了私事相托，郑成功跟荷兰人的商务来往也多次请托何斌居中转达。1655 年郑成功不满巴达维亚新来的荷兰官员刁难他的商船，并将要限制郑的船到南洋贸易，于 1655 年 9 月写信给何斌和大员的汉人长老，请他们转告大员的荷兰人，若不改善，将要禁航台湾。[①] 荷兰人置之不理，于是郑成功于 1656 年 6 月 27 日发布禁航台湾令。[②] 从 1656 年 11 月到 1657 年 7 月，果然没有任何中国船来往台海两岸。[③] 荷兰人感受到极大的压力，因为如果没有中国船前去，大员就失去存在的意义了。[④]

何斌受到郑成功和荷兰人的信任，在郑成功禁航期间发挥了最大的效能。他受到荷兰人的委托，两度到中国大陆跟郑成功洽商解除禁令。第一次是 1657 年 3 月 25 日去，6 月 13 返回。[⑤] 第二次是 1657 年 7 月 6 日去，8 月 23 日返回大员。[⑥] 在郑成功已经同意解禁后，有一艘郑成功的船从柔佛返回中国途中遭到荷兰人劫夺，郑成功大为震怒，令人将解禁的告示撕下。当时在厦门的何斌极力劝说，并担保该船会送返给郑成功，郑才允许重新开放通商。[⑦] 1657 年郑成功解除禁航大员令之后，大员商馆赢利逆转了自 1650 年以来的下降趋势，由 1655～1656 年度的 16.3 万荷盾赢利，骤然升高到到 1657～1658 年的 40.1 万荷盾。[⑧] 何斌居间折冲，对大员商馆贡献重大。

总之，何斌在荷据台湾后期是大员重要赎商、大地主、最重要的远洋贸易商、公司的第一翻译、汉人长老。同时，由于何斌受到郑荷双方信任，担任双方的中间人。郑成功禁航事件中，何斌担任的调解人角色，可能无人可以取代，可以说，何斌是荷据后期台湾最重要的汉人长老。

---

① 江树生译注：《热兰遮城日志（三）》，第 558～560 页。
② 村上直次郎日译：《巴达维亚城日记（三）》，第 152 页。
③ 中村孝志：《荷兰时代台湾史研究（下）》，吴密察、翁佳音、许贤瑶编译，台湾稻乡出版社，2002 年，第 215～216 页。唯一的例外是 1657 年载何斌到中国谈判的船。
④ 程绍刚译注：《荷兰人在福尔摩莎 1624～1662》，第 459 页。"中国与大员的贸易完全停滞。这一事件对公司极为不利，最终将导致大员和福尔摩莎成为废墟。因为那一地区没有贸易，也就失去其存在的意义"。
⑤ 江树生译注：《热兰遮城日志（四）》，第 166～167、188～192 页。
⑥ 江树生译注：《热兰遮城日志（四）》，第 219、235～236 页。
⑦ 江树生译注：《热兰遮城日志（四）》，第 237 页。
⑧ 中村孝志：《荷兰时代台湾史研究（上）》，第 326 页。

三、何斌被荷兰人解职及逃亡经过

何斌出逃的直接原因是他在台湾替郑成功收税，为荷兰人发现，拘禁并解职。何斌为郑成功在台湾收取出入口关税一事，早在 1657 年 9 月间，何斌自厦门返回不久，荷兰人就从大员汉人居民中风闻。但是何斌否认，荷兰人没有继续追究。① 根据《被忽视的福尔摩莎》的记载，何斌是接受郑泰的付托，接下这个为郑成功抽税的工作，以获取优厚的待遇。在为荷兰人发现之后，何斌还是暗中执行这个工作。1659 年 2 月底，荷兰人收集到何斌在 1657 年底签收税款的单据，将何斌拘禁，进行审判，于 1659 年 4 月 21 日宣布撤销何斌在公司的职务和长老的地位，罚款三百里尔。由于债主追索，何斌破产。②

何斌甘冒风险为郑成功收税，以致为荷兰人拘禁判刑，应该和他 1655 年的一桩远洋贸易损失有关。何斌虽然财力雄厚，但是经营远洋贸易，风险很高。1655 年，何斌一艘商船在柬埔寨交易完成，驶往日本途中，遇到强风失去大桅杆，到清廷控制下的 Saubou 停泊，船货都被当地人劫夺。何斌和为这艘船担保两万五千荷兰银元的汉人长老们，都濒临破产。③ 当时两万五千荷兰银元约合六万两千五百荷兰盾，是一个惊人的数字，④ 相当于荷兰驻大员长官十七年多的薪资所得。⑤ 何斌遭到这样巨大的损失，濒临破产，暂时只能以借债拖延缓解，等待时机。1657 年何斌得到为郑成功在台湾收税的机会，虽然风险极大，但是报酬也很高。本文认为何斌为了偿债，甘冒极大的风险，接下这个任务。但是由于何斌为郑成功收税，只有一年多就为荷兰人发现，偿还的债务不多。何斌带着家眷和妹夫出逃中国后，荷兰人清点，何斌在大员

---

① 江树生译注：《热兰遮城日志（四）》，第 265 页。1657 年 9 月 22 日。

② C.E.S.：《被忽视的福尔摩莎》，载《郑成功收复台湾史料选编》，福建人民出版社，1982 年，第 126～127、190～191 页。

③ 江树生译注：《热兰遮城日志（三）》，第 534 页。1655 年 8 月 17 日记载，这艘商船原先获得荷兰人许可到巨港贸易，后改往柬埔寨。

④ 江树生译注：《热兰遮城日志（四）》，第 629 页。当时一个荷兰银元约合 2.5 荷兰盾。

⑤ 程绍刚译注：《荷兰人在福尔摩莎 1624～1662》，第 177、491 页。台湾最高长官月薪大约在 200 到 300 荷盾之间，如最高长官勃尔格（van der Burg）月薪 300 荷盾，换一任台湾副长官时月薪 200 荷盾。

留下欠荷印公司一万七千余里尔及欠荷兰人和汉人私人五万里尔的债务。①

何斌虽然自 1659 年 2 月底就被荷兰人拘禁，但是仍然找到机会携眷逃脱，实在是令人难以想象，除了有汉人相助，其中有荷兰人受贿纵放的可能性很高。难怪揆一等在返回巴达维亚后受审，何斌出逃一事被批评"为其无可宽恕之罪行"。② 何斌如何逃离，荷兰史料中没有记载。《台湾外记》记载，何斌得到小通事郭平的帮助，乔装钓鱼，"顺鹿耳门至赤崁城边，打探水道"。探得鹿耳门有一通道，涨潮时水深四尺，可以直通赤崁。何斌即循此水路，携带家眷脱逃至中国。③ 至于出逃时间，由于东印度事务报告 1659 年 12 月 16 日已经记载何斌逃回中国一事，④ 因此他应该是 1659 年 4 月 21 日被判刑，到 12 月 16 日之间逃离大员。《台湾外记》所载何斌于"元夕"脱逃，⑤ 对照荷兰文件，可知不正确。

四、何斌对郑成功收复台湾的贡献

何斌自 1640 年代移居台湾，1659 年投奔郑成功，鼓吹攻台，并引导郑军船队通过鹿耳门登陆台湾，是郑成功收复台湾的功臣，他的贡献可以分为以下四点说明：

（一）何斌鼓吹并说服郑成功攻取台湾：根据《从征实录》记载，郑成功攻台的决定跟何斌的游说关系密切。何斌投奔郑成功阵营后，呈献台湾地图，并报告台湾土地肥沃，税收很多，荷兰人军力不过千人，可以取代之。当时郑的部属反对攻台的居多，但是郑成功赞成，部属虽然面有难色，但是不敢违逆。只有去过台湾的吴豪出言反对，日后招致

---

① 程绍刚译注：《荷兰人在福尔摩莎 1624～1662》，第 513 页。
② C.E.S.：《被忽视的福尔摩莎》，第 218 页。
③ （清）江日升撰：《台湾外记》，第 165～166 页。
④ 程绍刚译注：《荷兰人在福尔摩莎 1624～1662》，第 513 页。
⑤ （清）江日升撰：《台湾外记》，第 190～191 页。"适台湾通事何斌侵用揆一王库银至数十万，惧王清算，业令人将港路密探。于元夕大张花灯、烟火、竹马戏、彩笙歌妓，穷极奇巧，请王与酋长卜夜欢饮。斌密安双帆并艍船一只，泊于附近。俟夜半潮将落，斌假不胜酒，又作腹绞状，出如厕，由后门下船。飞到厦门，叩见成功。"

杀身之祸。① 从这个记载说明，郑成功阵营对攻台一事先前并没有形成共识。郑成功是在何斌献策攻台之后，才做出攻台的决定。

（二）何斌带领郑军船队通过鹿耳门登陆赤嵌：郑成功船队驶入大员时，命令何斌按图带领，"令何斌坐斗头，按图转舵，成功下小船，由鹿耳门登岸"。② 此事荷兰文件也有相关的记载，1661 年 5 月 24 日，荷兰人从一个说北方话的郑军少年战俘得知何斌是郑成功攻台的向导和领路人。③ 何斌投奔郑成功，就是通过鹿耳门出逃，因此何斌引领郑船队通过鹿耳门之说可信。

（三）何斌为郑成功治台初期提供咨询建议：首先，郑成功军队登陆后，何斌即建议保护粮仓，以免为荷兰人烧毁。④ 何斌为荷兰人工作多年，熟知荷兰人的伎俩。果然，郑军登陆赤嵌当天（1661 年 4 月 30 日），驻守普罗文萨城的荷兰地方官法兰廷（Valentijn）就派六十人到普罗文萨市镇放火，以烧毁储粮。结果因为郑军有所准备，以武力阻止，该市镇只有约四分之一的房子烧毁。⑤ 郑军得以保存部分荷兰人存粮："繇（由）是各街米粟看守完全，无敢侵扰。次日，即令户都事杨英将街中米粟，一尽分发各镇兵粮，计匀足半个月。"⑥ 由于何斌熟悉大员情况，5 月下旬，郑成功命杨英会同何斌到各村社查察是否有荷兰存粮，查到大量米粮和蔗糖，作为军粮。⑦ 以上的记载说明何斌在登陆初期郑军的粮食供应上做出了贡献。

（四）何斌襄助郑成功劝降荷兰人：郑军登陆初期，郑成功跟荷兰人接触时，相当依赖何斌居中联系。例如，1661 年 5 月 1 日，郑军俘虏了几个荷兰士兵。当晚，何斌请他们饮宴，目的可能是想探听情报。⑧ 5 月 2 日和 3 日，荷兰代表去见郑成功，都是由何斌陪同接见。⑨

① （明）杨英撰：《从征实录》，《台湾文献丛刊》第 32 种，第 184～185 页。
② （清）陈衍纂辑：《台湾通纪》，第 53 页。
③ 江树生译注：《热兰遮城日志（四）》，第 466 页。
④ （清）江日升撰：《台湾外记》，第 195 页。"斌请曰：'急围夺仓廒，然后列阵进兵，恐其焚毁'。"
⑤ 江树生译注：《梅氏日记》，台湾汉声杂志社出版，2003 年，第 24 页。
⑥ （明）杨英撰：《从征实录》，第 186～187 页。
⑦ （明）杨英撰：《从征实录》，第 188 页。"二十二日，遣杨戎政并户都事杨英，同通事何廷斌，查察各乡社有红夷所积粟石及糖麦等物回报，发给兵粮，计粟六千石，糖三千余石"。
⑧ 江树生译注：《热兰遮城日志（四）》，第 423 页。
⑨ 江树生译注：《热兰遮城日志（四）》，第 424、429 页。

5月4日，普罗文萨城荷兰人派代表梅氏（van Mei jensteen）去见郑成功时，何斌也在郑成功身边，居中传话。① 5月7日，郑成功透过何斌，劝荷兰地方官法兰廷写信给热兰遮城堡中的荷兰人劝降。② 5月9日，何斌陪同欧赛瓦叶（Ossewayer）送地方官法兰廷的劝降信到热兰遮城，乘机探问欧赛瓦叶是否愿意为郑成功工作。何斌此举显然经过郑成功同意。③ 5月25日，郑成功对热兰遮城发动攻击未成后，下令清扫普罗文萨城堡，准备搬入居住。④ 5月29日前，郑成功入住普罗文萨城堡，何斌也陪同迁入城堡中。⑤ 可见当时郑成功相当倚重何斌，随时将何带在身边。

从本节的叙述，可见何斌在郑成功收复台湾的行动前后都扮演了重要的角色，首先，献图供策，坚定了郑成功攻台的决定；其次，带领郑军通过鹿耳门入港登陆；最后，郑军登陆之初，以他对大员和荷兰人的了解，何斌襄助郑成功保存米粮，并居中跟荷兰人谈判。何斌在攻取台湾一事上是一个功臣。

五、何斌的最后境遇

何斌投奔郑成功后，因为郑何两人本是同乡，本文推测两家早有密切的关系，郑成功多次委托何斌处理在台事务即为例证，加以何斌献策献图攻取台湾，得到郑成功认同，被郑成功接纳为亲信，在台荷兰人早在1660年3月已经获知此事。当年11月，揆一进一步从一个从厦门返台的汉人居民处证实，何斌已经成为郑成功身边"显要的人"了。⑥ 1661年5月底，荷军捉到两批郑军俘虏，都异口同声地说，何斌是劝诱郑成功攻台的人。⑦ 说明郑成功接纳何斌建言攻台是郑军中人人皆知的事。

---

① 江树生译注：《梅氏日记》，第36页。

② 江树生译注：《热兰遮城日志（四）》，第438页。

③ 江树生译注：《热兰遮城日志（四）》，第443、446页。当时 Ossewayer 拒绝为郑成功工作。

④ 江树生译注：《梅氏日记》，第45页。

⑤ 江树生译注：《热兰遮城日志（四）》，第483页。

⑥ 江树生译注：《热兰遮城日志（四）》，第381页。

⑦ 江树生译注：《热兰遮城日志（四）》，第489、490页。1661年5月30日和5月31日项下。

何斌在郑军登陆台湾之初，受到郑成功重用，但是大约在 1661 年 8 月中，事情起了变化。8 月 12 日，卡乌（Jacob Cauw）率领十余艘荷兰救援船队达大员，大出郑营意料之外。郑成功立刻请荷兰地方官法兰廷前去，以盛宴款待，探询荷兰舰队此来的用意。梅氏的记录称，郑营上下都大为紧张，害怕荷兰人前来反攻。同时，郑营大军滞留台湾，缺少粮食。① 当初何斌献策攻台时称，台湾"粮米不竭"，"城中夷伙，不上千人，攻之可垂手得者"。② 现在不但久攻热兰遮城不克，而且郑军粮食缺少。加以荷兰救援舰队意外前来，郑成功攻台一役有可能功败垂成，不只引起郑军上下普遍不满，连郑成功本人也归咎于何斌。荷兰人于八月中获悉，何斌已经失去权势，住在普罗文萨的一个小房子中，跟 Maiko 一起做翻译的工作。9 月 3 日，荷兰人获得证实，何斌已经被囚禁了 20 天了。③ 9 月 14 日，荷兰人得到进一步消息，郑成功不见被囚禁的何斌，也不准任何人服侍他。④ 1662 年 1 月 2 日，荷兰人从中国俘虏口中得知，赤嵌的中国人都恨何斌。郑成功告诉他的儿子，他被何斌欺骗误导，自觉惭愧，不能返回中国。⑤ 1662 年 1 月 28 日，有荷兰人看见何斌住在第二渔场一个高地上的帐篷中，还在跟 Maiko 一起做翻译工作。⑥ 1662 年 2 月 4 日，荷兰人从台湾撤退之前，何斌奉郑成功的命令跟荷兰土地测量师梅氏一起翻译荷兰仓库中的存货单。⑦ 因此，有荷兰人记载称何斌被令斩首之事，肯定只是臆测之词。⑧

何斌失宠于郑成功后，和进言反对攻台的郑营大将吴豪的命运大为不同。吴豪被斩首，何斌自 1661 年 8 月失宠后，只是被拘禁在一个小屋子里，继续担任翻译的工作。何斌受到厚待并不是因为郑营中缺乏翻译人员，另外一个翻译 Maiko 就跟何斌一起工作。郑成功厚待何斌，合理的解释就是郑何两家是世交，关系深厚，郑成功不忍给予何斌更严厉的处罚。

---

① 江树生译注：《梅氏日记》，第 55～57 页。
② （明）杨英撰：《从征实录》，第 185～186 页。
③ 江树生译注：《热兰遮城日志（四）》，第 584、602 页。
④ 江树生译注：《热兰遮城日志（四）》，第 625～626 页。
⑤ 江树生译注：《热兰遮城日志（四）》，第 736、738 页。
⑥ 江树生译注：《热兰遮城日志（四）》，第 778 页。
⑦ 江树生译注：《梅氏日记》，台湾汉声杂志社出版，2003 年，第 76 页。
⑧ C. E. S.：《被忽视的福尔摩莎》，第 225 页。

六、小结

　　根据本文的分析，何斌的事业和在荷据台湾社会中的地位是继承自他的父亲何金定。何金定在 1640 年代移居台湾时已经是一个成功的商人，为何斌在台湾的事业和地位打下坚实的基础。从何斌的家世背景、事业和跟郑成功的关系推测，本文认为何金定跟郑芝龙早年认识，甚至是贸易伙伴。何金定和何斌父子受到荷兰人器重，本文认为主要原因之一是，荷兰人知道何郑两家关系密切，希望利用何家父子作为中间人跟郑氏父子打交道。由于何斌从台湾叛逃，投奔郑成功，并协助郑收复台湾，改变了台湾的历史，可以说是荷据后期台湾最重要一个汉人长老。

清代台湾土地开发者的特质及其对资源环境的影响

蒋宗伟[*]

清代台湾的土地开发任务主要由渡海而来的大陆沿海百姓承担，在垦首制为主的土地开发政策之下，开发者的心态及其特质直接影响着开发方式的选取。由于在土地开发过程中采取粗放式的开发经营方式，忽视对周边资源环境的保护，这给资源开发与生态环境带来了严重隐患和后果，造成清末台湾的资源环境问题比较突出。

一、清代台湾土地开发的主体及其特质

清统一台湾之初，台湾的土地开发区域仅限于府治附近的百余里范围（在今嘉南平原之南部与高雄平原之北部），其余地区均为亟待开发的荒芜之地。凤山、诸罗二县"县治草莱，流移开垦之众，极远不过斗六门（今云林）"。"崩山、后垄、中港、竹堑、南嵌各港商贾舟楫未通，虽入职方，无异化外"。[①] 鉴于此，台湾府按照大清《户部则例》上所规定的"各直省实在可垦荒地，无论土著流寓，俱准报垦"[②]，宣布将郑氏时代的"官、私田园，悉为民业；酌减旧额，按则匀征。既以伪产

　＊　作者单位：深圳职业技术学院台湾研究所。
　①　周钟瑄：《诸罗县志》，卷七《兵防志·总论》，《台湾文献丛刊》第141种，第110页。
　②　［日］临时台湾旧惯调查会编印：《台湾私法》，卷一（上），1900年版，第248～249页。

归之于民，而复减其额以便输将"①。即将明郑时期已开垦过的土地转让给官吏、地主耕种。如当年施琅手下参将陈致远即将所赐赏银一千三百两用于田地开发，先后开垦田园二万余亩。② 至于其它未开垦之地，则先由"有力之家，视其势高而近溪涧淡水者，赴县呈明四至，请给垦单，召佃开垦。"③ 这些"有力之家"在取得垦单之后称为垦首（或称垦户）。他们要依据垦单（或称垦照、垦谕）中与当地官府所签订的开发协议，在规定期限（通常是三年）之内投资招募数量不等的佃户（或称佃人）将其所承揽的"四至"土地全部开垦完毕，并及时将该垦单上缴，官府便可从法律上正式确认垦首对该片土地的所有权，并称其为业主或业户，而此时已开成的田园要按则升科，业主一方面向官方缴纳正供，另一方面则向佃户收取大租，这中间可获得丰厚的差额利润。而一旦在限期内没有完成开发任务，垦单即被官府没收，转而向其它"有力之家"再次招垦。④ 这即是清代台湾土地开发中所谓的垦首制。

从时间上来看，垦首制在康熙、雍正、乾隆三个时期最为流行，而台湾的绝大多数地区却正是在这一时期开发完成的。台湾东北部的宜兰是台湾唯一不实行垦首制的地区。此地由于"番"害严重，前来开发者不得不相互联合并武装起来，结成一种类似半军事化的大集体进行合伙开发，即所谓的结首制。"昔兰人之法，合数十佃为一结，通力合作。以晓事而赀多者为之首，名曰小结首。合数十小结中举一富强有力、公正服众者为之首，名曰大结首。有事，官以问之大结首，大结首以问之小结首。然后有条不紊，视其人多寡授以地，垦成众佃公分，人得地若干甲，而结首倍之或数倍之，视其资力。"⑤ 因而才有"台中独兰无业户"⑥ 之说，显然，土地开发中的结首制形成是由于台湾特殊的社会、地理条件所造成的。因此，清代台湾的土地开发主要以垦首制的形式进行，开发主体可分为两类：一类是以承垦者为代表的间接开发者，主要

---

① 黄叔璥：《台海使槎录》，卷四《赤崁笔谈·赋饷》，《台湾文献丛刊》第4种，第20页。

② 刘良璧：《重修福建台湾府志》，卷十七《人物（流寓、隐逸、孝义、列女附）·陈致远》，《台湾文献丛刊》第74种，第445页。

③ 连横：《台湾通史》，卷八《田赋志》，《台湾文献丛刊》第128种，第170页。

④ 周宪文：《清代台湾经济史》，《台湾研究丛刊》45种，第13页。

⑤ 姚莹：《东槎纪略》，卷一《埔里社纪略》，《台湾文献丛刊》第7种，第37页。

⑥ 柯培元：《噶玛兰志略》，卷十四《杂识志·禁充业户谕》，《台湾文献丛刊》第92种，第203页。

包括垦户或业户，他们承担开发风险，先期投入资金获取对某一地区的开发权，之后则负责向官府交纳田赋。不直接参与具体的开发活动；一类是以开垦者为代表的直接开发者，主要包括佃户或佃农，他们被承垦人所雇佣，处于开发的第一线，靠出卖劳动力维持生计，并向承垦人缴纳田租。从总体上来看，清代台湾的开发主体具有以下几个特质：

（一）承垦者贪多求大

清代台湾统一之初，台湾面临"地广人稀，萧条满眼，蕞尔郡治之外，南北两路一望尽绿草黄沙，绵邈无际"的状况①，地方官府为了加速土地开发，对于垦户申请开发的土地范围不加限定，但对开发结果和完成开发时限却有明确约定。"凡有赴官衙请垦者，不问贵贱，悉行照准，只以速成为效。官将原禀照抄，批示许可，字据盖用县印，给付垦户执凭，听其备资招佃兴工开垦，三年之后，照例禀报成科，配纳供课。"② 在这种情况下，承垦者往往倾向于多包、多占。"台湾地经初辟，田尽荒芜，一纸执照，便可耕耘；既非祖父之遗，复无交易之价。开垦止于一方，而霸占遂及乎四至，动连阡陌，希遂方圆。"③ 甚至出现了"日久玩生，垦首亦不自知其地之所在"的情况。④ 因此，雍正年间巡台御史索琳、尹秦即上书建议："毋许以一人而包占数里地面，止许农民自行领垦，一夫不得过五甲；十夫连环互保，定限三年，比照内地粮额起科。"⑤ 但实际上，整个清代台湾的土地开发仍是由垦户以较大面积承包。道光初年台湾知府方传穟在其所写的《开埔里社议》中即提到：在淡水地区"其地南自大甲，北至鸡笼，绵长三百余里；自山至海，其腹内宽者四、五十里，较诸台邑，固倍之矣。考其正供，仅一万有奇；盖台邑四分之一而已。业户无多，入征册者仅数十名。"从而形

---

① 蒋毓英：《台湾府志》，厦门大学出版社，1985年，第73页。

② 《台湾私法物权编》，卷一《总论·物权之得失》，《台湾文献丛刊》第150种，第193页。

③ 高拱乾：《台湾府志》，卷十《艺文志公移·劝埋枯骨示》，《台湾文献丛刊》第65种，第250页。

④ 《台湾土地制度考查报告书》，《土地制度之沿革·清代·改赋》，《台湾文献丛刊》第184种，第19页。

⑤ 《雍正朱批奏折选辑》选辑（一），《巡台御史索琳、尹秦访陈台郡田粮利弊折》，《台湾文献丛刊》第300种，第44页。

成了"千万人垦之，十数人承之，业户一人，而所给垦照或千数百甲者"的局面。① 而承垦人之所以大肆承包土地搞开发是有其用意的。首先是便于匿田，少向政府交纳田赋；其次是便于推脱责任，尽量减少土地经营的成本损失。"业户一人，而界广甲多，既易于隐匿，及赋已定之后，或十余年、或数十年，遇有水旱偏灾，冲崩坍坏，亦可任意影射。"②

（二）开垦者游移不定

清统一台湾之后实行时禁时弛的渡台政策，大陆沿海百姓渡台者多数没有携带家眷，在岛内从事直接土地开发的佃户多为没有家室的单身汉，性别比例严重失调。康熙年间《诸罗县志》中记载："各庄佣丁，山客十居七、八，靡有室家；漳、泉人称之曰客仔。客称庄主，曰头家。头家始借其力以垦草地，招而来之，渐乃引类呼朋，连千累百，饥来饱去。"③ 雍正初年，蓝鼎元在诸罗县哆啰嘓东堡一带考察时发现："今居民七十九家，计二百五十七人，多潮籍，无土著，或有漳泉人杂其间，犹未及十分之一也。中有女眷者一人，年六十以上者六人，十六以下者无一人。皆丁壮力农，无妻室，无老耆幼稚。"④ 数量众多的大陆沿海单身男子通常选择在开春之际结伴渡海来台开垦土地，年末时则将租种垦户田地所得的粮谷变卖后再返回大陆。"广东潮惠人民，在台种地佣工，谓之客子，所居庄曰客庄，人众不下数十万，皆无妻孥，……往年渡禁稍宽，皆于岁终卖谷还粤，置产赡家，春初又复之台，岁以为常。"⑤ 他们辗转抵台后，以临时打零工为生，随时应召作佃，处于一种居无定所，四处劳作的游移不定状态。"耕作之时，一庄数十人，或数百人。收获之后，忽然散去。"⑥ "譬之饥鹰饱则扬去，积

① 周玺：《彰化县志》，卷十二《艺文志·议·开埔里社议》，《台湾文献丛刊》第156种，第409～410页。
② 周玺：《彰化县志》，卷十二《艺文志·议·开埔里社议》，《台湾文献丛刊》第156种，第409～410页。
③ 周钟瑄：《诸罗县志》，卷八《风俗志·汉俗·杂俗》，《台湾文献丛刊》第141种，第148页。
④ 蓝鼎元：《东征集》，卷六《纪十八重溪示诸将弁》，《台湾文献丛刊》第12种，第83页。
⑤ 蓝鼎元：《平台纪略》，《粤中风闻台湾事论·壬子》，《台湾文献丛刊》第14种，第63页。
⑥ 《清经世文编选录》，《治台湾私议》，《台湾文献丛刊》第229种，第9～10页。

47

枭数岁，复其邦族。"① 也即快速追求一时一地的劳动成果，以便在较短时间内获取经济回报后尽快返乡。

（三）开垦者的素质良莠不齐

清代大陆沿海的渡台百姓，尤其是前期的偷渡者大多为无家无业的游民，他们的土地开发技能和经验并不强，综合素质较低，文献上多称其为"无赖"。如康熙末年在台湾北部的开垦者，"多内地依山之犷悍无赖，下贫触法亡命，潮人尤多，厥名曰客；多者千人、少亦数百，号曰客庄。朋比齐力，而自护小故，辄哗然以起，殴而杀人、毁匿其尸。"② "今流民大半潮之饶平、大埔、程乡、镇平、惠之海丰，皆千百无赖而为。"③ 雍正十一年（1733）三月，满御史觉罗柏修在其奏折中也说："窃台湾孤悬海外，五方杂处，土著之民少，而流寓之民多。盖土著者知有室家，产业为重，自不敢妄作匪为，轻身试法。至流寓之人，非系迫于饥寒，即属犯罪脱逃，单身独旅，寄寓台湾，居无定处，出无定方，往往不安本分，呼朋引伴，啸聚为奸。"④ 到乾隆三十四年（1769），此时清廷已许可大陆百姓携眷来台，理应有家室的开垦者比例会比以往较多一些，素质也应高一些，但实际上，前来者仍以游手好闲之徒居多。当时福建巡抚崔应阶所上的奏折对此作了陈情："台湾流寓内，闽人约数十万、粤人约十余万，而渡者仍源源不绝。此皆穷困逋逃之辈，性情狡悍，不能安分；结伙连群，势必滋生事端……此等渡台民人，多属内地素无恒产、游手好闲之徒；一经潜渡海洋、窜迹台地，日积日多，必致引类呼朋，毫无顾忌。"⑤ 一直到道光年间，闽浙总督孙尔准、福建巡抚韩克仍对在台佃户的基本素质和工作能力微词颇多："素有内地游民，偷越私渡，此等游手好闲之人，既无艺业可守，又无田地可耕，且懒惰性成，即佣工力作，亦复不耐辛劳，非匿迹于赌场，

---

① 周钟瑄：《诸罗县志》，卷八《风俗志·汉俗·衣食》，《台湾文献丛刊》第141种，第139页。

② 周钟瑄：《诸罗县志》，卷八《风俗志·汉俗·杂俗》，《台湾文献丛刊》第141种，第136页。

③ 周钟瑄：《诸罗县志》，卷七《兵防志·水陆防汛·陆路防汛》，《台湾文献丛刊》第141种，第121页。

④ 《台案汇录己集》，卷四《巡台御史觉罗柏修等奏折》，《台湾文献丛刊》第191种，第131页。

⑤ 《清高宗实录选辑》（二），《台湾文献丛刊》第186种，第198页。

即潜踪于鼠窃，异乡飘泊，无可稽查。"① 即使到了清末，丁日昌在台东开山抚"番"时，通过汕头招垦局组织和招募而来的开发者也多半缺乏农耕经验，好不容易渡海来台之后却又不能满足需要。"三年春间，巡抚丁公日昌派员在广东汕头设局招募潮民二千余名，用官轮船载赴台湾；先以八百余名拨交吴统领安插大港口及埤南等处开垦。闻所招募，半系游手好闲之徒，不能力耕。"② 丁日昌在失望之余，撤销了汕头招垦局，将这些赴台者安插在大庄、客人城等地，不让他们参与台东开发。为此，中路招垦委员何瑹在其所写的禀启中解释到："外地之人，有身家者安土重迁，概有畏难观望之风；游手好闲之徒，不能勤苦，益且虑其遁逸。以故招勇则易，招农则难。……现在欲领承垦者虽不乏人，而求的实保承殊为难得。"③ 何瑹的说辞可看出当时的来台务工人员多半技术水平不高，难以胜任如此艰苦的拓荒任务。

总之，在清代台湾以垦首制为主要形式的土地开发制度之下，官府在颁发垦照时主要看重开发的速度和结果，并不过问具体的开发过程。承垦者为了迅速完成开发任务，以便及时取得业主地位，收回前期投入的成本，常常大规模地招募雇工。而直接参与土地开垦的则是渡台而来的沿海百姓，他们的劳动技能较低，整体素质较差，开发的盲目性和随意性很大，处于一种不稳定的工作心态，缺乏土地认同感。此外，承垦者还存在贪多求大的倾向，缺乏土地开发的合理正确规划，规模过大的领垦土地使得他们不顾惜土地经营的后期维护。然而，清代台湾的土地开发却正是由这些开发主体一起完成的。

二、清代台湾土地开发的主要方式及效率

台湾从康熙年间"蛮烟瘴雨昼亦暗，谷寒砌冷鸣霜蛩"的荒野之地，到道光年间已转变为"溪南溪北草痕肥，山前山后布谷飞。叱犊一声烟雨细，杏花村里劝农归"，可以说土地开发成果斐然。从清代台湾土地开发的区位选择上来看，开发主体总是首先考虑资源环境好、投入

---

① 《台案汇录丙集》，卷六《礼部"为内阁抄出闽浙总督孙尔准等奏"移会》，《台湾文献丛刊》第 176 种，第 223 页。

② 胡传：《台东州采访册》，《垦务》，《台湾文献丛刊》第 81 种，第 42 页。

③ 《台湾私法物权编》，卷一《总论·土地开垦之沿革》，《台湾文献丛刊》第 150 种，第 2 页。

小而回报率高的地带，其次再选择那些相对条件差一些的区域进行开发，呈现出自发的资源开发效率最优原则。这正如史料上所说："夫农民之胼胝，原择膏腴之地，岂有舍膏腴之地抛荒，而尽力于下则之地乎？无是理也。"① 后人的研究也表明："移民初入殖时，自然先开拓肥沃之平原。待肥沃地带开尽之后，始开拓较瘦地区，而渐及山麓；山麓开尽以后，再开发交通不便之隔离地方。"② 而这种特点也影响了开发者对生产方式的选择，即过于注重土地自身肥力，忽视田间管理，土地开发普遍采用资源铺张型的粗放式经营。

清统一台湾之初，岛内土地肥沃，"农业颇易，布苗于田，不事耘耔，非凶年岁可以无饥。"③ 处在开发一线的佃农尽享地力之便，展开所谓的游耕式开发，"小民所种，或二年，或三年，收获一轻，即移耕别地，否则，委而弃之。故民无常产，多寡广狭亦无一定之数。"④ 在台湾土地开发最盛的雍正、乾隆时期，这种粗放式开发随处可见。如雍正年间即有"田不耕耔，但知广种薄收，不知深耕易耨，农工之惰，亦由是焉"的记载。⑤ 一直到清末，台湾的土地开发仍然停留在广种薄收的快速扩张状态。1878 年打狗海关税务司赫博逊（H. E. Hobson）在其所写的贸易报告书中记录到："我在最近的一次报告中已经提到过，台湾的农夫们很少重视农作物的间作，这造成了土地的大量浪费。而从肥料的利用来看，土地的回报率也很低。"⑥ 这种开发方式固然会加速土地开拓，在短时间内造就非常可观的开发成果，但由于忽视田间管理和农业技术的合理使用，也造成了土地资源的严重浪费。

清末同治年间，台湾的安平、淡水、打狗及鸡笼四港相继对外开

---

① 周元文：《重修台湾府志》，《行豁吴国琛、薛云树沙压无征赔累正供粟一千七百八十三石四斗五升零就各里报垦升科田园匀摊稿》，《台湾文献丛刊》第 66 种，第 320～321 页。

② 台湾省文献委员会：《台湾省通志稿》，卷二《人民志·人口篇》，台湾捷幼出版社，1999 年，第 148 页。

③ 蒋毓英：《台湾府志》，卷五《风俗》，陈碧笙校注，厦门大学出版社，1985 年，第 55 页。

④ 《福建通志台湾府》，《诸罗县知县季麒光条陈台湾事宜文》，《台湾文献丛刊》第 84 种，第 156 页。

⑤ 《清经世文编选录》，《治台湾私议》，《台湾文献丛刊》第 229 种，第 10 页。

⑥ 黄富三等：《清末台湾海关历年资料》，卷一（1867～1881），"中央研究院"台湾史所筹备处，1997 年，总第 357 页。

放，台湾的茶叶出口急剧增长，利润率高达50％，[①] 从事茶叶种植与生产的经济回报变得非常丰厚，大量的开发者纷纷将砍伐树林后的荒埔拓垦为茶园，或将农地上原来的稻谷、甘蔗、蓝靛等作物除去，改种植茶树，茶园的增加速度很快。光绪年间的《新竹县志初稿》记载："由淡北递及新邑内山一带蔓延数十里，皆锄杂谷而种茶叶。"[②] 然而，开发者在一味追求茶叶的种植时常常忽视山坡的水土保持和周边的环境保护。他们往往不论坡度的大小，由山麓一直开垦到山顶，实行全方位种植，再加上茶园的排水沟多是呈自上至下的垂直渠沟，这就必然会加大地表径流，造成山地间极其浅薄的表层土壤流失。关于这一点，淡水海关税务司韩威礼（Willam Hancock）于1882年所写的贸易报告书中即作了明确的记载："台湾的茶园很少注意排水问题。这里的排水沟通常是在最陡峭的山坡上沿同一个水平面开挖的，而并没有呈一定的倾斜角度，这种作法当然会更加直接地阻挡了暴雨的下泻，在一些土壤质地坚实的地方，雨水滞留了下来，但在其他一些地方，松动的土壤却被雨水挟带冲刷掉。我非常了解茶园的这种情况，这里的茶树与美洲红树相似，根部的土壤被完全冲蚀掉，它们就像一排排螺旋堆灯塔一样矗立在山坡上。"[③] 光绪十五年（1889）以黄南球为首的广泰成垦号在苗栗一带搞开发，栽种甘蔗、甘薯、黄麻等作物，当地山林被随处砍伐，即使在高达二三千尺左右、倾斜面达45度以上者的山腹地也被开发殆尽。[④] 这种唯利是图、涸泽而渔式的掠夺式开发缺乏维护山坡地水土保持的观念，很少顾忌由此给周边环境带来的隐患。

三、清代台湾土地开发对资源环境的影响

清代台湾的土地开发由于过多采取了资源铺张型的粗放式模式，开发者的毁林烧荒、破坏植被行为也使水土流失变得越来越严重。台湾中

---

① 林满红：《茶、糖、樟脑与台湾之社会经济变迁（1860～1895）》，台湾联经出版事业公司，2000年，第97页。

② 郑鹏云、曾逢辰：《新竹县志初稿》，《台湾文献丛刊》第61种，第85页。

③ 黄富三等：《清末台湾海关历年资料》，卷一（1867～1881），台湾"中央研究院"台湾史研究所筹备处1997年，总第562页。

④ 《明治四十二年八月通知苗栗厅有关詹阿定哀诉开垦地案》，参见王学新：《日据时期竹苗地区原住民史料汇编与研究》（下），台湾文献馆2003年版，第1223～1224页。

部的浊水溪本来就水流浑浊，当其上游地区的生态环境破坏后，这一状况日趋严重。据清末光绪年间吴子光记载："其水泥沙居十之二、三，终年水浑浑，不见有澄清之日。"其原因乃是："沿溪水土最恶，粗沙大石与风水相击撞、迁徙无定所致。"① 可谓一语道破其中缘由。一些耕地由于土壤反复冲刷，根本无法再种植农作物，不得不任其荒芜。如道光年间《噶玛兰志略》中即提到："噶玛兰初辟之时，土壤肥沃，不粪种，粪则穗重而仆。种植后听其自生，不事耘锄，惟享坐获。加以治埠蓄泄，灌溉盈畴，每亩常数倍于内地。惟近年如汤围、辛仔罕、大湖口、白石山脚诸地，经有沙压水冲，土脉渐薄，亦间需培补之法。"② 在鹿港地区也有"屯埔一带的土地，而水冲沙压、瘦薄抛荒，亦复不少"的报告。③ 由于土壤肥力不断下降，"土脉渐薄"，农作物的复种指数开始降低。清统一之初，台湾的水稻种植可以达到一岁三熟，但到清末光绪年间时，开发时间相对早一点的安平县，土壤肥力竟不能支持一年两熟，再加上当地人口持续涌入，百姓的口粮居然还要靠其它地方调入支援，当地居民生活相当艰难。"安平县地属窄狭，又迫郡邑，开垦年久，地硗不肥，岁不再熟，端赖南北运入。男有耕而女无织，以刺绣为工，视疏若亲，穷乏疾苦相为周恤。"④ 农作物产量的逐渐减少，对开发者的积极性也产生了消极影响。康熙末年《诸罗县志》中提到："新垦土肥，一甲之田，上者出粟六、七十石，最下者亦三、四十石。"⑤ 到咸丰年间，则因"久垦，土田渐成硗瘠，每甲出粟上者不过三、四十石，每石价不过六、七角；一年所入，除各色费用外，不足以供赋。追呼之惨、称贷之艰，有不忍言者矣。田地昔值百金者，今仅及半焉；鬻之则亏资，存之则受累，民亦何乐求田耶？"⑥ 也即台湾土地经过一百多年的开发，咸丰年间的上田产量只能与康熙年间的下田产量

---

① 吴子光：《台湾纪事》，卷一《台事纪略》，《台湾文献丛刊》第36种，第17页。

② 柯培元：《噶玛兰志略》，卷十一《风俗志·农事》，《台湾文献丛刊》第92种，第114页。

③ 《台案汇录甲集》，卷一《福建布政司饬造查过屯地册图详送札》，《台湾文献丛刊》第31种，第67页。

④ 佚名：《安平县杂记》，《风俗》，《台湾文献丛刊》第52种，第9～10页。

⑤ 周钟瑄：《诸罗县志》，卷六《赋役志·户口土田考》，《台湾文献丛刊》第141种，第87页。

⑥ 王凯泰：《台湾杂咏合刻》，《海音诗》，《台湾文献丛刊》第28种，第7～8页。

相当，佃农租种土地的收益减少了一半，再扣除各类杂税等消耗后所剩无几，从事土地开发的意愿不断降低。

当然，资源环境受到破坏之后，最严重的后果还是自然灾害。从清代台湾水灾的发生频率来看，清代台湾平均每1.3年就发生一次规模较大的水灾。嘉庆以后，全岛几乎平均每2年就发生一次水患，特别是在光绪年间，几乎不到半年即有一次水灾。"清代十八次有宫中档案记载的水患，光绪朝即占七件，几近一半。显然，时代越晚近，随着土地开垦的饱和，人口越多，水土保持破坏愈甚，一遇台风暴雨发生水灾的可能性不但越大，水灾的规模往往也不小。"①

清代台湾水灾发生频率表

朝　代	康熙	雍正	乾隆	嘉庆	道光	咸丰	同治	光绪
水灾次数	12	11	35	14	24	5	8	43

资料来源：林玉茹：《清代台湾的洪水灾害》，载《台湾文献》第49卷第3期，第88页。

清代台湾水灾的频繁发生直接侵蚀着开发者的劳动成果。在清代台湾方志中，有关良田被大水毁于一旦，无法再重新垦种而废弃的记载相当多。如在噶玛兰厅西势地区，原来已开发好的近两千甲土地在嘉庆十六、十七年（1811～1812）两次遭洪水淹没，导致当地佃户纷纷四处逃荒。虽然后来在政府的招集下，于嘉庆二十一年（1816）再度开垦完成，但不久又连遭水灾侵袭，百姓不得不再次弃田逃荒，最终导致这一带大量良田被撂荒。"噶玛兰西势原报荒埔二千零六十九甲，先经民人占定分垦，……嘉庆十六、七年，屡遭水淹，各佃逃亡。通判翟淦令结首另招新佃。嘉庆十九年，佃户始集，复定以二十一年开透，二十二年……又为浊水溪流涌决，屡筑堤堰，皆遭淹没。本年八月大雨，田禾颗粒无收，佃户纷纷退垦。"② 台湾被割占后，由日本殖民政府所修的《台湾总督府公文类纂》之《浊水护岸工事书类》里，则专门记载了清代浊水溪泛滥而引发田毁人亡的严重后果："光绪十六年，（东螺溪）泛滥，七张犁（今田中沙仑里，旧浊水溪东岸）、过圳墘（今二水过圳村）新厝仔各庄田园漂流八十余甲；光绪十九年，番仔园（今二水修仁村）

---

① 林玉茹：《清代台湾的洪水灾害》，载《台湾文献》第49卷第3期。
② 姚莹：《东槎纪略》，卷二《筹议噶玛兰定制》，《台湾文献丛刊》第7种，第52～53页。

兴化各庄，村民死亡四十余名，田园流失二百余甲。"① 由此观之，由于开发者的不合理开发导致资源损耗和环境破坏，进而诱发自然灾害，而自然灾害反过来则直接威胁着开发者自身的生命安全及其开发成果。

四、结语

无庸置疑，大陆沿海百姓是清代台湾土地开发的主力军。正是这些源源不断、不畏艰辛的开发者给台湾带来了经济持续繁荣和社会快速发展，并由此奠定了台湾近代化发展的经济基础。在日本割占台湾之前，台湾已经成为中国最先进的省份之一。"夫台湾固海中荒岛尔，筚路蓝缕，以启山林，至于今是赖。"② 然而，这些渡海来台的开发者多数以单身男子为主，他们的整体素质不高，开发心态不稳定，缺乏对当地的认同感。在以垦首制为主的土地开发制度之下，他们的开拓带有明显的谋利色彩，贪多求快，主要采用资源铺张型的掠夺式开发和粗放式经营，较少顾惜对周边环境的影响，从而造成清末台湾的资源环境问题比较突出，不仅给开发者自身带来灾患，也损害了他们辛勤劳动的成果。因此，尽管区域社会经济发展要靠资源开发来推进，但在这个过程中要因地制宜，妥善把握好开发的方式和强度，走一条人口、资源与环境相协调的可持续发展之路。

---

① 转引自张素玢：《历史视野中的地方发展与变迁》，台湾学生书局有限公司，2004年，第57～58页。

② 连横：《台湾通史·自序》，《台湾文献丛刊》第128种，第15页。

厦门厦港沙坡尾海洋聚落形成的历史背景分析

张敏[*]

一

厦门岛自唐已有开发的记录,从唐神龙二年（706）起,本岛启动陆岛之间的水上交通。宋元时期,因为泉州港的兴盛,嘉禾屿（厦门因产嘉禾而得名）成为海上交通的一个重要节点。直至明末清初,郑成功为利用厦门岛抗清而大力发展对外贸易并最终确立了本岛海洋性文化的特质。16世纪至17世纪初期,厦门港曾以闽南沿海的民间私商港口而闻名。1684年,厦门设立海关,厦门港成为合法的对外交通口岸,又逐渐繁荣起来。1727年,厦门又为福建出洋正口。1796年,成为"通九译之番邦","远近贸易之都会",是海上商贸之路的重要基地,与厦门有往来的东西洋国家和地区达30多个。1832年,英国东印度公司的胡夏米等乘坐"阿美士德号"轮泊厦门,还看见"七天内进港的1～200吨级不等的帆船不下400艘"。直至今日,厦门作为中国东南重要的海港也非常繁荣。可见厦门海洋经济发展的繁荣是有很深刻的历史背景的。

本文所论述的沙坡尾地区则是整个厦门历史发展变迁的缩影。梳理这个地点的历史脉络,对掌握整个厦门岛的发展有重要意义。

---

[*] 作者单位：厦门大学人文学院历史系。

二

厦港沙坡尾避风坞，位于厦门岛东南岸滨海地区。东侧为厦门大学，南向环岛路，西侧为鼓浪屿。所涉及的范围为北纬 24°26′21.26″至北纬 24°26′49.47″；东经 118°04′46.45″至 118°05′05.98″。避风坞距市中心区约 3 公里，70 年代前海岸线长达 2000 米，锚地面积 47.5 万平方米，水深 12～18 米。（图 1）

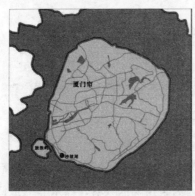

图 1　厦港沙坡尾在厦门中位置及俯瞰全景

统观沙坡尾避风坞开发的历史时期，大体可以分成四个阶段：唐至明中叶、明末清初、清末至民国、中华人民共和国成立后。

第一阶段：唐至明中叶

发展与整个厦门岛的开发同步，这一阶段有关厦门地区经济开发的记载更多的还体现在农业耕作的方式上，清薛起凤《鹭江志》："鹭岛者，⋯⋯唐宋以来，并为村墟⋯⋯"、"宋太平兴国时，产嘉禾、一茎数穗⋯⋯"的记载；[①] 《厦门志》："（厦门）宋名嘉禾里，以产嘉禾得名⋯⋯"[②]从厦门曾经的名称就可以看出这个岛与农业生产的密切关系。但因既往经济发展模式的限制，其经济发展的潜力未全面展现。2005年春，在厦门岛中部禾山镇后坑村，考古部门就唐代陈元通夫妇的墓地进行了发掘。[③] 通过这次考古发掘，将隐藏在明清港市与海洋文明形成

---

①　（清）薛起凤：《鹭江志·卷一·总论》，鹭江出版社，1998 年。

②　（清）周凯：《厦门志·卷二·分域略·沿革》，台湾大通书局，1984 年。

③　厦门市文化遗产保护中心发掘成果；龚小苑：《八大唐墓之一陈喜墓开挖》，《厦门晚报》2004 年 12 月 31 日。

之前的早期农耕开发史翻了出来。[1] 重建了由唐至明中叶厦门港海洋聚落形成之前的以"南陈北薛"为核心的海岛早期农耕聚落形态为特点的空间格局。唐宋开发厦门之初，厦门属同安嘉禾里，于现在的东渡设立对应的官渡；北侧的刘五店港则是当时的出口港。元朝，刘五店及五通成为泉州与厦门的官渡。明代中晚期则是在水仙港查验后于曾厝垵出海。这时的水仙港成为厦门最大的港口。厦门港也仅仅是作为泉州安海港与漳州月港的一个补充，不过这种候补港的功能也是本地海外贸易的开端。

第二阶段：明末清初

这一阶段即郑氏海商集团雄踞厦门直到乾隆年间。此时郑成功以厦门为抗清基地，因本岛地狭人稠，粮草供应困难，故采取"通洋裕国、以商养兵"的战略。在厦门与杭州设立"金、木、水、火、土"与"仁、义、礼、智、信"这五商行进行商品流通。此时厦门港的海外贸易迅速发展，从一个中转港的小角色而一跃成为中国东南海外贸易的中心。后因清军占领厦门，海洋经济被破坏。直到康熙二十二年（1683）"甲子复界"，在厦门设立闽海关正口后，厦门港空前发展，并被设立为大陆与台湾之间海运唯一通航港口。此时，厦门东南又增加多个渡头。渔船卸货的码头就在沙坡头一带，附近还有行政税务管理、商业街道。再往沙坡尾方向，就有大量居民住宅和寺庙，圆山宫、福海宫等是其中较大的几个。即使在康熙五十六年（1717）至雍正五年（1727）间海禁的这段日子里，整个厦门因受禁发展暂缓，但因台运而继续发展。当时官府规定，横洋船船身梁头在2丈以上的，往来贸易需配运台谷，以充兵饷。这些船"工料坚实，船身宽广，大者可载六七千石，小者二三千石，贩运一次，获利数千金"。[2] 在巨大利益的驱动下台运也成了厦台地方官员的一项要政。雍正六年（1728）复定厦门港为福建对外贸易的唯一港口，复为重要商贸之地。

成书于乾隆年间的《鹭江志》载："玉汝（沙）在厦港。环抱如带，长数百犬（丈），上容百家，税馆在焉。风水淘汰，毫无所损，每商船出港，取数百作重，终岁不竭，宇宙中异事也。"同时还记载聚集在这

---

① 王新天、吴春明：《从唐墓考古看厦门海岛早期农耕开发史》，《中国社会经济史研究》2006年第1期。

② （清）周凯：《厦门志·卷六·台运略》，台湾大通书局，1984年。

个区域的其他机构：如清初原建在厦门水仙宫附近的"军工造船厂"到乾隆元年（1736）复建，厂址迁到现在的厦门港沙坡尾一带；用以祭祀天后的园山宫、福海宫；建于雍正年间用以祭祀风伯之神的风神庙；用以稽查金门、烈屿、安海及浯屿、岛美等渡货物的闽海关小馆（小口）；用以巡防查验的文汛口、武汛口、炮台汛口；发挥赋税征收、查验监管职能的厦防同知署、前营守备署、后营守备署；① 用以存储兵米、眷米的泉防厅仓以及台湾官府设立专管台运的配料馆②。至乾隆二十二年（1757）"港中舳舻罗列，多至万计"、③ "厦门人民商贾，番船辏集，等诸郡县"。④ 据雍正三年（1725）的定额计算，厦门关每年上缴税银 105000 两，占闽海关上缴总额的一半以上。⑤ 而当时查验征税之地就集结于沙坡尾地区。由此可以想象当时在沙坡尾一带商船云集、贸易繁荣的景象。那些依托于沙坡尾而设立、运营的商贸机构是当时最活跃的经济元素，充分反映出这一地区在当时海洋经贸的发达。这也说明了本地区在清前期（至乾隆年间）依然是一个以商业活动为主的港区。就乾隆元年搬迁此地的军工造船厂而言，应当是当时玉沙坡的海滩上最大体量的景观建筑。根据现在在福建沿海还保留的一些传统造船工场施工情况推断，⑥ 当时军工造船厂的施工区应当是在玉沙坡的沙滩上搭棚修造船只（图 2）。而当时在这个海滩上更多的则是供渔民居住的低矮紧凑的船厝。

---

① （清）薛起凤：《鹭江志》（整理本），鹭江出版社，1998 年，第 34、35、41、183、184 页。

② （清）周凯：《厦门志·卷二·分域略·仓廒》，台湾大通书局，1984 年。

③ （清）薛起凤：《鹭江志·卷一》，鹭江出版社，1998 年。

④ （清）周凯：《厦门志·卷十五·风俗记》，台湾大通书局，1984 年。

⑤ （清）《泉州府志》（乾隆版）卷二十一《田赋》，上海书店，2000 年。

⑥ 福龙中国帆船发展中心许路研究员，曾在福建地区长期从事船舶民族志的调查，本图是他和东南卫视电视台制作一期有关仿古帆船的节目，根据其调查材料进行相关复原。本文有大量图片由其提供，特此感谢。

图2 福建沿海地区仍然在使用的传统造船场样式。(许路研究员摄)

第三阶段：清末至民国

作为一个传统的农业帝国，清朝即使在前期进行开放，也是一种用以安抚地方反抗的临时策略，并没有从发展海外贸易、提升国力的层面上认识这个问题。对外开放被视作对外施舍的中央帝国心态造成了无视其他海洋列强蓬勃的海上贸易，并最终被叩开大门，备受欺凌。此时的厦门正是这个心态所引发悲剧的直接受害者。当时外洋商船不得进厦门进行贸易，而能进来的夷船则是在朝贡体系下进行。据记载英国船只曾多次试图进入厦门港贸易，均被驱离。

另外，虽然厦门港是清代唯一对台港口，这使厦门的航运盛极一时。但因厦门自身地域不广、市场狭小的影响，自乾隆四十九年（1784）开放泉州蚶江口对台航线；乾隆五十三年（1788）又增开了福州闽侯五虎门对台航线，形成三口对渡的局面。厦门港对台航运的垄断地位被打破，使厦门港的台运逐渐衰落并在与福州、泉州的竞争中被削弱，直至道光七年（1827）厦门港的台运结束。[①] 再加上封建王朝的腐败，对各船苛敛无度，对各船的需索除了海关税之外，每年还要求他们进贡督抚、将军、福建水师等各级衙门燕窝160斤、黑铅40321斤、银子以万两计。其他各色的敲诈勒索就更无从计数了，这无异于增加了数倍的成本。商家在这样的环境下无利可图，一部分被迫外迁至广州，厦门的洋行也先后破产。在这一系列的原因下，厦门港又一次陷入了沉

---

① 厦门港史志编纂委员会：《厦门港史》，人民交通出版社，1993年，第65页。

寂。聚集在此的商民生意受到很大冲击，离开"利高本更高"的商业贸易圈转而进入渔业生产，就成为转型最简单最直接的选择。

据出生于 1928 年的林老先生和出生于 1929 年的庄老先生回忆[1]，他们 1940 年到厦门时，避风坞四周就已经是驳堰，渔船和商船都可以停，但大部分时候停的是渔船。根据他和其他受访者回忆，其上辈有位老乡在 17 岁时到这里载沙作驳堰，可知建成距今已有一百多年。在更早没做驳堰的时候，钓艚渔船可直接停靠至鱼行口，因为在现鱼行口以南的这一片区域内都是海，而现在鱼行口巷的位置就是当时进行鱼货交易的场所，渔民在此下鱼货，鱼商在此汇聚形成了很多鱼牙行。而在沙坡尾避风坞的东南角则聚集着四五家修船厂，后发展至十余家。当时没有船台，仅各自围起一个角落，便开始在沙滩上修造。用工很少，技工一般 1 至 3 个，工人 5 到 10 个；技术水平较低，多以建造木质渔船为主，兼有少量商船；资本较少，格局比较混乱。其中汪三九造船厂是这个港里面最大的一家，可以造轮船，其他的只能造规模较小帆船。至于小规模的修理则直接在沙坡尾外面的沙滩上完成。另据调查得知帆、铁、染料、粮米等服务性质的行业集中分布在现在的大学路一带，在当时一进入这个街区都可以方便找到。

根据受访者回忆并结合史料，可知把沙坡尾避风坞一带垫高造船坞应该是在民国 15 年至民国 22 年间（1926～1933）厦门市政大建设时期。从当时规划设计者周醒南的规划方案中看到，码头、港口的改造是放在整个厦门市建的重要位置的。同时为了扩大厦门的面积就开山填海，因此修筑了一条从担水巷到打石子的沿海海堤，并取高填低，开辟出蜂巢山、粪扫山（今蜂巢山沿海一带）、厦门港一带。[2] 从上述情况来看沙坡尾避风坞的近现代雏形是在这个时期奠定的。据此我们复原从民国 22 年到日本占领厦门之前本地区的面貌：以大学路、民族路为界，其南部主要为生产区，分布有船坞、船厂和用以船舶属具生产销售的商店、打铁铺、染帆场所等，其中当时沙坡尾的沙滩上（现在为石砌的船坞、演武大桥）分布有大量的造船工场和一些贫穷渔民栖身的船厝。这一时期沙坡尾的沙滩上应当是一片密集低矮的建筑。大学路和民族路北部则主要分布鱼市场、商业街市和居民区，同时也因为渔民的汇聚，当

---

[1] 本文所引用的调查材料均来自本人与同事的田野调查。
[2] 民国《厦门市志稿》，方志出版社，1999 年，第 95 页。

时渔业生产的发展，又有一些学校、娱乐场所陆续建立。

抗日战争爆发后，日军占领厦门，推行"三光"政策，烧毁沙坡尾渔民居住区 105 间小船厝，拆毁民族路渔民居住区的铁板厝，烧毁渔民小学、渔民国术馆、渔会和渔民娱乐部；烧杀枪杀渔民，接着把厦门港钓艚 64 艘集中在浯屿沙滩焚毁，其余船只赶到鼓浪屿泰安集中停靠。[①]根据当时汪三九船厂厂主之子汪景树先生的回忆，当时他家船厂附近的一片民房被日军以"方便管理"为由放火烧毁，他们的船厂也被抢走，为日军修理船只。日本人还在现鱼肝油厂的位置盖了一座银行，旁边盖有盐库、水库；现中华儿女美术馆当时是鱼市场，有来自琉球、澎湖、台湾，也有来自温州、海南等地的商船、渔船进行交易。他们在鱼市场交易完成后就去日本人开的银行兑现，之后去盐库买盐用以存鱼，并到水库补充淡水，然后离开。据汪先生回忆，那水库供应自来水，且只给船只使用，附近的居民要用只得去别处挑。抗战结束后本地区的格局并没有什么大的变化，原来被破坏的地方也未能恢复，根据 1946 年厦门市政府对沙坡尾地区造船厂的统计，仅剩源成、三九、集升、义盛、源记、台顺、源胜、源兴、珍记、祥记十家，最大的两家源成和三九用工数不超过 12 人。这个地区陷入了最萧条的阶段。

第四阶段：中华人民共和国成立后

中华人民共和国成立后沙坡尾渔港开始翻新，并在原有基础上扩建形成了当时厦门三大工业聚集区之一。我们现在看到的最终景象大多是在建国后建成，现存的主要设施包括如下：

避风坞：因在民国修建的整个避风坞受到战争的损坏，港内淤塞不能满足发展的需要，在 50 年代进行清淤加固。1969 年以民办公助的方式扩建，使总面积从原有的 2.1 万平方米扩大为 2.8 万平方米，坞口黄海标高－2.2 米，坞底黄海标高－1.2 米，退潮时干露，满潮时水深 5 米，可停泊 100 吨位的渔船 120 艘。80 年代又经过 2 次整修，四周加石砌驳岸，留有宽 3.5 米的环坞通道，并有系桩、环等设施，坞口南侧修建一条长 40 米的防浪堤，堤顶设灯标一盏，以保证渔船安全进出。不过坞口这些设施在修建环岛路的时候又被拆除。

充冰补给码头：为解决渔船充冰、补给问题，70 年代末，在海岸线西北侧（冷冻厂附近），修建充冰、补给码头一座，渔船可停靠充冰、

---

① 厦门渔业志编委会：《厦门渔业志》，鹭江出版社，1995 年，第 5～6 页。

加油和补给生产、生活资料。

驳岸码头：80年代前，渔船返港，分散停靠在沙坡尾沙滩、避风坞内，或在附近锚地上抛锚卸鱼，经计算，每小时起卸鱼货仅5吨，不但影响渔船出海，且经常造成鱼货变质。1987年由国家投资在沙坡尾修建驳岸码头，全长167米，设有50吨级泊位4个，日卸鱼能力提高到400吨，改善了渔船装卸的落后状况。也就是在驳岸码头修葺一新至2001年，沙坡尾作为台湾渔轮停泊点，共有5000余艘次的台湾船舶、20000余人次的台胞经停靠沙坡尾避风坞修船、避风、补给、劳务和旅游探亲，创汇逾千万美元，在两岸经济交流和平发展的历史进程中发挥了重要的作用。

交易场：中华人民共和国成立前，水产品交易场设立在避风坞附近，因建设鱼肝油厂，于50年代初在东南侧新建交易场1800平方米。1989年决定由国家投资，在沙坡尾驳岸码头内侧修建2500平方米的交易场一座，目前正在施工中。厦港沙坡尾渔港除上述设施外，还有一批为渔业服务的工厂，包括水产造船厂、水产冷冻厂、水产加工厂、海洋仪器厂等。①

三

通过对整个厦港沙坡尾地区这一具有典型意义海洋聚落的历史演进、空间变化、内部格局演变的阐述，我们可以看出，在整个东南地区海洋文化发展变化的历史过程中，厦门逐渐走向历史的前台。而这出以海洋文化为中心的大戏正是在沙坡尾地区上演的。这里由一个最初古代先民渔耕而足的小岛向以海为田的海上基地转变。东南地区由移民带着自己家乡特有的文化因子汇聚于此，构成了厦港海洋聚落景观。

厦门开放、包容，充满生机，又持重、古朴、尊重传统。通过发扬本地区历史悠久的海洋文化传统，吸收海外先进经验，自然而然成为了研究中国海洋文化的极好范本。而厦门港沙坡尾避风坞则可以说是厦门港市发展的一个具体表现，并有着无可替代的典型性，通过对沙坡尾各个功能区域历史地理的复原、不同时期政府机构设置的变化以及对厦港沙坡尾经济的影响分析、本聚落内人口来源的变化和本地区文化的形成

---

① 厦门渔业志编委会：《厦门渔业志》，鹭江出版社，1995年，第48页。

可以对整个厦门岛乃至整个闽南地区海洋文化的形成有一个直观的认识,具体表现在以下几点:

第一,商业发展是沙坡尾避风坞一带港区形成的最主要推动力。在传统中国重农抑商的氛围中,这里有着不一样的人文风情,行商作贾成为主流,并且成为厦港的主要生产模式。这也是生活在这里的人民根据本地自然资源状况进行选择的反映。正如《鹭江志》所说:"以僻露海隅而富甲天下,则太平景象之征也。"① 从沙坡尾一带聚落的功能分析来看,其聚落形态的变化均是为最大限度地满足当时对东西两洋及台湾海上贸易的需要,因此各种牙行、商行林立。与此相伴而生的还有修造船业和配套产业。整个港区在明末清初这段历史中达到顶峰。同时也通过这个港口的中转,满足了本岛大部分生活物资的进口,同时成就了一大批成功的商人、企业家。清末至民国再到今日,厦港一带商业贸易的活动减少,但工业生产和渔业生产逐步增多,这就形成了现在我们看到的工业聚落。这样的一种发展过程隐约展现出资本主义萌芽中由小生产者变为资本家、商人从而直接支配生产的特点。所以统观整个厦港的历史演变,可以窥见当时东南沿海乃至整个中国经济发展的趋势。

第二,外部政治环境对本港区的较强影响。自明末郑氏集团雄踞厦门抗清到清代将文武汛口、海关、同知署、军工造船厂等一系列重要机构设置于此,再与本地区民间商业贸易行为共同推进整个厦门岛的蓬勃发展。不过,厦港的衰落,驻岛衙门的腐败也是重要原因,正是由于不能重视海洋经济对国家发展的意义,在当时的政策法律下,海上贸易从业者成为了弱势群体。各级官吏更是视之为可以随意敲诈的唐僧肉。从更大的国家政策层面上看,海禁与解禁对避风坞的兴衰有直接关联。海禁时,处于合法层面的对外贸易减少,但并不意味着所有贸易行为的终结。本地商民通过多种贸易渠道继续进行,因为利润极大,一些官员也参与其中。因此就沙坡尾港区而言,海禁政策的实际影响并不明显,而且由于这里本身的经济模式灵活,既可以从事商业,又可以进行渔业。在面对外部的压力时能够做出适当的反应,这种灵活的适应能力应当是本地区能够自开发以来不断发展的内在动力。

第三,周边较早开发的海洋社群人口的汇聚成为这一地区开发的主力。泉州、漳州在厦门之前就已经进行了卓有成效的海洋经济开发。通

---

① (清)薛起凤:《鹭江志》,鹭江出版社,1998年,第43页。

过调查发现，厦港地区是外来人口汇聚的重要地带，这里能够迅速成为闽南重要的贸易集散地，也是因为此地自开发伊始，那些带有技能和经验的外来人口到来并有一个很高的发展平台。同时也因本地的包容，各地人民能够和睦相处，并最终融合在厦门这个美丽的地方，成为厦门人。加之在民间信仰上的包容，为此处文化的发展奠定了基础。厦门港的民间信仰发达，信仰作为生产生活方式的一种意识形态表达，使我们可以更多地了解当地社会经济的发展。不同行业的人，有着不同的祭祀对象。但在厦港一带，因为经济行为的联系，彼此之间不得不相互依靠。信仰上的融合就成为达成共识的重要步骤。因而，在一个庙宇当中供奉多个神明的现象在此地区尤为普遍。

厦港的发展不仅是厦门岛开发历史的缩影，也是中国东南沿海地区港市发展的缩影，其形成发展是一系列自然与人文因素互相作用的结果。本地区的港市与腹地开发一道成为闽南经济发展的引擎。这就是一个港口的巨大作用，厦门本地文化的形成和整个沙坡尾的繁荣、四通八达有着密切的关系，在这里能够找到很多本岛文化最初的人文景观。因此通过研究厦港沙坡尾的发展，我们就可以对整个地区的发展有一个直观的认识。这一地区的调查还有更大的拓展空间，随着后续研究的深入，相信更多有价值的信息将被发掘出来，这对于复原更为完整的沙坡尾地区的人文社会发展过程有着更多的帮助。

日据时期台湾泉籍士绅与日本官绅的交流

——以万华洪氏家族与木村匡为例

卞凤奎[*]

一、前言

　　1895 年日人开始占据台湾，此时的日本政府为了解决日本国内自明治时期开始，因人口快速增长所衍生的大量过剩人口问题，积极鼓励日本国内人民来台移民。对于过剩之人口，认为只需移民至中国大陆、满洲（中国大陆东北）、朝鲜半岛、台湾、南桦等地，即可解决问题。[①]不仅如此，更深信奖励国内人民赴海外移民，就政治面而言，可宣扬日本"国威"，提升日本国际地位；就经济面而言，移民者会将移住地所获得之薪资报酬等，寄回日本使母国赚取大量外汇，[②]此为当时日本国内之人口政策及政府处理过剩人口之态度。日人渡海来台的情况如何，这可从日人据台时期，在台湾总计有七次之国势调查内容中得知。从表 1 可看出在台之日人有逐年增加之现象，此说明日本在统治台湾时期对于日人渡海来台移民的态度是非常积极的。

---

　　* 作者单位：台湾海洋大学海洋文化研究所。

　　① 吉田忠雄：《日本人口をめぐる平和的政策論議》，南亮三郎、石南国编：《世界平合と人口政策》，1986 年，第 48 页。

　　② 吉田忠雄：《日本の人口政策の展開》，南亮三郎编：《世界の人口政策と國際社會》（千仓书院，1977 年 12 月），第 45 页。

表1 日据时期台湾历年人口数一览表①

年别	总人口	本省人	外省人	日本人	朝鲜人	其他
1905 年 （明治三十八年）	3,123,302	3,055,461	8,223	59,618	—	—
1915 年 （大正四年）	3,569,842	3,414,388	18,225	137,229	—	—
1920 年 （大正九年）	3,757,838	3,566,381	24,836	166,621	—	—
1925 年 （大正十四年）	4,147,462	3,924,574	33,258	189,630	—	—
1930 年 （昭和五年）	4,679,066	4,400,076	46,691	232,299	—	—
1935 年 （昭和十年）	5,315,642	4,990,131	53,900	269,798	1,604	209
1940 年 （昭和十五年）	6,077,478	5,682,233	46,190	346,663	2,299	93

注：本省人中之人口数含原住民。

再者，根据1930年（昭和五年）的国势调查可知（表2），在台日人的职业分布之状况，其中官吏、军人、教育、交通等项，所谓军公教人员是45.8%，约占去日人在台人数的一半。

表2 日据时期日人在台职业别一览表 (1930 年 10 月 1 日)②

职业	人数	百分比
农业	4,449	5.41
水产业	1,620	1.97
矿业	418	0.51
工业	14,784	17.97
商业	18,135	22.05

---

① 《台湾省通志》卷二《人民志·人口篇》，台湾省文献委员会，1972年，第149～162页。另外，日据时期外省籍人口，日人称之为"华侨"，见前揭书，第154页。

② 《台湾五十一年来统计提要》，台湾省政府主计处重印，1994年，第139页。

交通业	9,063	11.02
官吏	17,380	21.13
军人	6,987	8.49
教育	4,247	5.16
家事使用人	1,546	1.88
其他自由业	701	0.85
其他有业	2,920	3.55
计	82,250	100

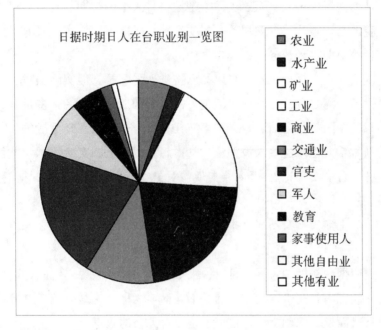

图1　日据时期日人在台职业别表百分比图（1930年10月1日）

　　但日人据台初期，渡海来台的动机为何，这可从在当时担任第二任总督桂太郎时代下的台湾法治局参事官、日后被任命为第十三任台湾总督的石冢英藏，在1896年（明治二十九年）7月向日本首相伊藤博文提出之报告书中看出，其报告书云：

　　或谓台湾官吏中无熟练、诚实、严正者，其根据之一为以军政中之杂乱无章测断现在，再则为以诸多收贿事件概评一般官吏社会，所言虽有过于夸张之处，然部分却为事实。盖台湾官吏中，固然有以经营台湾自任，决心埋骨此地而前来者，然而有如下分子，亦为事实。

一、于内地无成为官吏之资格而改向此地取得任官之荣誉为目的者。

二、暂时成为官吏而以此身分达到发大财愿望者。

三、以在俸禄及退休金上获得晋升为目的而前来者。

四、以储蓄（或偿还债务）为目的而前来者。

五、以在台湾获得职阶晋升，而后转任内地为目的者。

由此而观，台湾官吏之采用，于其出发点就有错误之处。以现今之状态期望熟练、能干、诚实之官吏前往就任，殆无异于待百年河清。[①]

从前揭报告可知，石冢英藏清楚地将日人据台初期从日本渡海来台者之企图心，表达得淋漓尽致，想要有熟练、能干、诚实三者兼具的官员来台湾协助推动政务，是非常奢望的。

确实，日人据台之初，自以为已挤进列强之林，但实际上对于第一个殖民地台湾之统治方法并不清楚。甚至于初期来台湾者，多是背景雄厚，只是企图染指台湾者，弄得第三任总督——日后在日俄战争一举成名的乃木希典也拿这些人没办法，气得想要以一亿圆卖给法国，这就是著名的"台湾卖却论"。乃木希典就曾对这些不当官员有如是的指责：

剿灭土匪固然是必要之事，但，更重要的急务在于剿灭官匪。[②]

说明据台初期的官界，可以说极端腐败芜乱，关说、包庇之事公然横行，高官因收贿嫌疑而被逮捕并不是稀罕之事。这是第三任总督乃木希典有感而发的讽刺之语，也可说是出自无奈的叹息。

另外，日本据台期间，担任长达8年民政长官的后藤新平，对此亦有极深刻的体会，他认为在殖民地统治，最基层的官吏是不可缺少的，特别是从事治安工作的巡查一职，因此在台政府非常积极地投入在日本募集巡查的工作，期望能藉由在台湾所成立的巡查练习所，经由该所的设备训练和培训后，能担任此重责大任，但当时来到台湾的日人所表现

---

① 伊藤金次郎原著，（财）日本文教基金会编译：《台湾不可欺》，台湾文英堂出版社，2000年，第206～207页。

② 伊藤金次郎原著，（财）日本文教基金会编译：《台湾不可欺》，台湾文英堂出版社，2000年，第204页。

的样貌，却让后藤新平大失所望，遗憾至极，他指称：

> 起初招募巡查之时，是如何情况？巡查志愿者从日本内地出发之际，携带着木匠、水泥匠等用具。进入巡查教育所学习，因犯错而遭到遣散时，也不在乎，因为当初来台湾时就是企图以政府的钱做旅费而来，一旦遭到遣散，就以木匠、水泥匠为生，真是不成体统。[①]

描述从日本内地来台者之样貌，连日本人自身都无法认同他们来台湾的目的。更遑论其他如在台湾知识分子对这些日人来台所留下恶质印象。[②]

但吾人以为，昔日渡海来台之军公教层次的日本官绅，仍有相当多者，是怀有崇高的理念与理想，企图在台湾投入心力，建设台湾，并与台湾士绅维持友好的互动，且彼此之间均留下良好的印象。以下就日据时期在台日人木村匡与万华洪氏家族为例，对于彼此之间的交往和影响等，作一说明和探讨。[③]

---

① 后藤新平：《台湾殖民政策一斑》，东京都：拓殖新报社，大正十年，第26页。

② 洪以南从泉州返回台湾之后，为了维持家业，认识一些早期来台的日本人，其中也有一些不是很正派的日人。参见洪启宗：《从家传文献看洪以南的交友关系》，《台北文献》第166期，2009年3月25日，第202页。

③ 有关日据时期日台之间官绅之交流与互动为中心之相关研究并不多见，目前笔者所见到者，是高野史惠：《日据时期日台官绅的另外交流方式——以木村匡为例（1895～1925）》（台湾成功大学硕士论文，2007年度），但作者多着重木村匡在台湾的各种活动为中心探讨，与其他家族之间的互动较少探讨；其他似乎多以台湾近代历史通称的五大家族为中心探讨，其中又以雾峰林家史料与相关论著最丰，例如黄富三所撰写之《雾峰林家的兴起：从渡海拓荒到封疆大吏（一七二九～一八六四）》等多种；板桥林家次之，如许雪姬：《板桥林家：林平侯父子传》（台湾省文献委员会，2000年）和《日据时期的板桥林家——一个家族与政治的关系》收录于《近世家族与政治比较历史论文集（下册）》（台湾"中央研究院"近代史研究所编印，1992年）；基隆颜家有陈慈玉：《台湾矿业史上的第一家族——基隆颜家研究》（台湾基隆市文化中心，1999年），以及唐羽：《基隆颜家发展史》（"国史馆"台湾文献馆，2003年）分别为其撰写家族史，鹿港辜家则比较少，多以近代为主，如司马啸青：《台湾世纪豪门：辜振甫家族》（台湾玉山社，1998年）；再如戴宝村在作高雄历史相关研究时，因受到高雄陈家之委托，完成《陈中和家族史：从糖业贸易到政经世界》（台湾玉山社，2008年）一书，但各家族史的撰述中，对于与日本在台湾官绅之间的互动以及影响等，多围绕在维系或拓展家族企业为中心讨论。

二、木村匡简历及其教育理念

（一）木村匡简历①

木村匡其父木村景直是旧仙台蕃士，木村匡为其次子，出生于1860年（万延元年）2月19日。幼时聪明颖悟，颇为好学，且素有大志。九岁开始受到严格家教之管理并研修经书，长大成人后担任小学教师，之后进入三菱商业学校就读，学成之后返回故乡在师范学校执教。似乎木村匡并不以担任师范学校教师为满足，他期望能有更宽广的发展空间，未几即辞去教职，游走于都门，发表文章于报章杂志，稿费薪资虽然不定，但他却以此薪资学习英文，藉由外文能力，了解到他国的动态以及更多的国外知识。1885年（明治十八年）担任东京高等商业学校教授，因是担任高等教育教师，其教育家之性格自此养成。1889年（明治二十二年）跟随男爵久保田让赴欧洲游学，亲眼目睹欧洲现代化过程，对于欧洲各国现代化发展之过程及其内涵，有更进一步的认识与了解。

1895年（明治二十八年）中日甲午战争日本占据台湾，此时的木村匡在台湾第一位民政长官水野遵来台就任之前，经永井禾原之介绍后于该年的6月应邀来台，担任台湾总督府秘书官。② 由于水野遵是委任于第一任总督桦山资纪担任此重要职务，对于总督府内要员之采用与否，当然也是战战兢兢，慎重其事，不敢有丝毫之马虎。至于木村匡本人方面，亦深感犹豫，除考虑自己的健康因素外，行政理念是否契合当然也是重要原因之一③。是年5月5日水野遵在京都对木村匡劝说后，二人对于来台后的行政方针的计划等详谈并达成共识，旋即在次月11

---

① 《河南町誌下》（河南町誌編纂委員會，三友社，昭和四十六年），第95~96页；《河南町史下卷》（河南町史編纂委員會，ぎょうせい出版，平成十七年3月），第7页；内藤素生編纂：《南國之人士》（台湾臺灣人物社，大正十一年[1922]）；上村健堂編纂：《臺灣事業界と中心人物》（台湾新高堂书店，大正八年[1919]）；台南新报社编：《台湾大观》（台湾成文出版社，1985年）；台湾总督府情报部编：《新台湾》（台湾成文出版社，1985年）。

② 木村匡：《予が臺灣に赴きたる由縁並懷舊談》，《台湾日日新報》（明治四十年6月17日，第2735号，第1版）。

③ 木村匡：《予が臺灣に赴きたる由縁並懷舊談》，《台湾日日新報》（明治四十年6月17日，第2735号，第1版）。

日搭乘萨摩丸从宇品出发，经过 5 天的航行时间，于 6 月 15 日抵达基隆港，展开他们在台湾的各种活动。①

1895 年木村匡来到台湾后，历经桦山资纪、桂太郎、乃木希典三任总督，在总督府内所担任的工作，均为行政方面的文书职务，与教育工作并无关系。直到儿玉源太郎担任第四任总督，任用后藤新平为民政长官后，木材匡的工作性质才与教育事业有关。② 历经台湾总督府所属之文书课长、殖产课长、学务课长等要职，1901 年（明治三十四年）因故挂冠离职，进入株式会社三十四银行，担任该银行台湾支店之负责人。1905 年（明治三十八年）转入该银行京都支店长，之后担任该银行会所所属学员讲习所之教官。1911 年（明治四十四年）任职于台湾贮蓄银行取缔役、台湾商工银行监查役、株式会社台湾贮蓄银行。

（二）木村匡教育理念

日据初期来台之主事者民政长官后藤新平以"生物学原则"、"无方针主义"为统治方针，不把台湾视为日本一部分，因此在后藤新平的心中对所统治的殖民地百姓，给予无条件式的平等是不可能的。③ 将近代教育导入台湾，只不过是企图对殖民地经营，为获取经济上的利益而已。④ 依泽修二、持地六三郎等人，虽然认为有在殖民地推动教育之必要性，但均主张以推动"国语教育"为途径，以达到教化台湾人进入日本化之目标。⑤ 但木村匡认为日本在台政府仅是推行"国语"政策不足以摆脱台湾人昔日之旧观念，因此他在 1899 年（明治三十二年）11 月发行的《台湾协会会报》第 15 号中陈述己见：

> 人心的感化有如语言交通一般，倘若语言互相不通仍期求感化，是极为困难之事，台湾纳入我版图后，虽然设有语言学校，但是对于全台二百五十余万人口的当地人，数十个学舍只算是九牛一毛，不容易期待

---

① 木村匡：《予が臺灣に赴きたる由緣並懷舊談》，《台湾日日新報》（明治四十年 6 月 17 日，第 2735 号，第 1 版）。

② 吉野秀公：《台湾教育史》，台湾日日新報社，昭和二年，第 223～229 页。

③ 陈培丰：《"同化"の同床異夢　日本統治下臺灣の國語教育史再考》（东京：三元社，2001 年），第 72 页。

④ 陈培丰：《"同化"の同床異夢　日本統治下臺灣の國語教育史再考》（东京：三元社，2001 年），第 78 页。

⑤ 駒込武：《植民地帝国日本の文化統合》，京都：岩波書店，1996 年，第 44 页。

其成功，难道置之不顾吗，如此感化迟迟不进的状况到底应如何处理呢？①

从上述内容可清楚看出，木村匡对于当时台湾总督府如依泽修二、持地六三郎所推行之"国语"同化教育并没有抱着很大的期待，甚至质疑其效果。木村匡更认为"国语"并非教化台湾人的唯一工具，为了快速教化台湾人而使用汉文比较方便。因此他的教育观与其说具有强烈的同化构想，不如说比较注重于台湾的经济发展，并期望能将实业与教育相结合。② 此亦充分说明，木村匡较积极致力于台湾的文明化，因为他认为日本具有拓展台湾各项事业之责任。他如下指出：

若没领有台湾此岛就罢了，但既然领有了，就视为国家之义务不可不施行此地之拓殖、交通、国防、教育、卫生等其百般之事业。③

可见木村匡认为日本领有台湾殖民地后，台湾总督府应有更辉煌之气魄，积极拓展拓殖、交通、国防、教育、卫生等各项事业，并非仅局限于"国语"政策之推动。

另外，木村匡对于教育之理念也主张以平等教育为施政目标，不应采高压的殖民者之统治姿态，于是他在1906年（明治三十九年）1月25日所发行的第46号《台湾教育会杂志》中，以极谦虚的态度指出：

台湾之教育事业，虽然在众人的努力之下已就绪，因此不得不在各行政工作上采同一步调。由于对于新版图地区之教育事业并无经验，因此必须对此投入研究，特别是在教育事业方面，应积极推进，不可退缩，如是才愈能展开教育推展工作。……身为教育者，应研究台湾之真相，采取一步一步地促进此社会进步之方针。再者，有人认为台湾人比内地人次等之民族，这是错误的想法，台湾人也有优秀之处，内地人往

---

① 木村匡：《木村匡氏の意見書》，《台湾协会会报》第15号，明治三十二年11月，第69页。

② 高野史惠：《日据时期日台官绅的另外交流方式——以木村匡为例（1895～1925）》（台湾成功大学硕士论文，2007年），第20页。

③ 木村匡：《覆酱随行》，东京：东京印刷株式会社，明治三十四年，第4页。

往以语言不通为理由而轻辱台湾人，教育工作者当然不可有如此误解，且平常就应注意。①

从上述可看出，木村匡并未因日本占据台湾而对台湾百姓给予轻视，认为应采取相互尊重的态度待之，特别是从事教育工作者，在日常生活当中就应给予台湾百姓尊重。

再者，对于台湾当地人民的教育施政方针，木村匡在其"关于教育令的公布'教育令の公布に就いて'"一文中也提出其四点看法：

第一、原则认为应采义务教育。

第二、义务教育之实施以渐进方式为宜。

（一）初期采三年或是四年时间。

（二）初期在都会实施，随着设备逐渐的进步，依据台湾总督的命令实施改善。

第三、大学筹备会之设立是必要的。

第四、设置大学及高等诸学校教员的养成规则，采用优秀之人才，派遣至海外或日本内地，以培养教员是有其必要。②

从上可知，木村匡对于日本所统治殖民地——台湾，深感日本在台之主事者在此地所投入之教育政策，应是自小学至大学的完整教育制度。而且，对于优秀的台湾子弟，应由公费支持其更深度的培训政策，将台湾子弟送往国外或是日本内地进行学习。

从以上可知，木村匡认为日本占据台湾之后，对于台湾的开拓是日本所应有的责任，把日本所学习到的现代文明带给台湾是日本之义务。并且，教育方针也比较重视商业、实业教育等方面。但是，木村匡所主张之台湾人初等教育应是同等主义，对于台湾总督儿玉源太郎与民政长官后藤新平所主张的殖民者统治之同化主义之教育方针是不见容，因此造成木村匡所担任之总督府学务课长未满一年即在 1901 年（明治三

---

① 木村匡：《本島教育者に一言》，《台湾教育会杂志》第 46 号，明治三十九年 1 月 25 日，第 30 页。

② 木村匡：《教育令の公布に就ついて》，《台湾教育》第 238 号，大正十一年 3 月 10 日，第 35 页。

十四年）2 月被迫辞退。① 这也许是他辞去教育工作内心有所遗憾之后，在翌年 1902 年（明治三十五年）筹组"大正协会"之故。而 1904 年（明治三十七年）后藤新平与总督府学务课长持地六三郎共同完成公学校制度之制定。② 但也由于木村匡在台湾并非采高姿态的殖民者统治者自居，而采亲和之途径与台湾人民接触，因此能深受台湾各界之好评，这也促成木村匡日后推动任何活动时，台民均热烈参与之结果。

三、木村匡与洪氏家族互动关系

因万华洪氏家族为泉州人，因此在介绍洪氏家族之前，谨将泉州人来台情况略为概述。泉州开港于唐代，迨宋、元两代，中外海舶来往频繁，为海上贸易荟萃之区；历代名人辈出，夙有"海滨邹鲁"之称。③自南宋以后，泉州所属各县居民即纷纷向海外求发展。泉州人对于海上之冒险生活颇能习以为常；明季平倭闻名之俞大猷及抗清复台之民族英雄郑成功均系泉州府人。泉郡各港澳距离澎湖与台湾本岛亦较他郡为近，因此迁移到台、澎之汉人，以泉郡各县之居民最早，人口数亦最多。④ 日据时期，台湾总督府为了解台湾人口结构，特于 1926 年（昭和元年）举办"台湾在籍汉民族乡贯别调查"，⑤ 当时本省籍汉人共有 375 万人，占总人口 88.4%；其中福建省系人口为 312 万人，占汉族人口 83.1%；广东省系人口为 59 万人，占汉族人口 15.6%；其他汉人仅有 5 万人，占 1.3%。⑥ 福建省系人口中又以泉州人 44.8% 为最多，说明其在台开发之盛况。

---

① 吉野秀公：《台湾教育史》，台湾南天书局复印版，1997 年，第 130 页。
② 驹込武：《植民地帝国日本の文化统合》，京都：岩波书店，1996 年，第 73 页。
③ 《台湾省通志》卷二《人民志·人口篇》，台湾省文献委员会，1972 年，第 188 页。
④ 《台湾省通志》卷二《人民志·人口篇》，台湾省文献委员会，1972 年，第 188 页。
⑤ 台湾总督府官房调查科编纂：《台湾在籍汉民族乡贯别调查》，台湾时报发行，1928 年（昭和三年），凡例 1 页。
⑥ 《台湾省通志》卷二《人民志·人口篇》，台湾省文献委员会，1972 年，第 186 页。

表3　1926年台湾地区各祖籍人口占汉人总人口数之百分比[①]

祖籍别	汉人合计	福建省系								广东省系				其他汉人
		合计	泉州府人	漳州府人	汀州府人	福州府人	永春州人	龙岩州人	兴化府人	合计	嘉应州人	惠州府人	潮州府人	
全省百分比	88.4	83.1	44.8	35.2	1.1	0.7	0.6	0.4	0.3	15.6	7.9	4.1	3.6	1.3

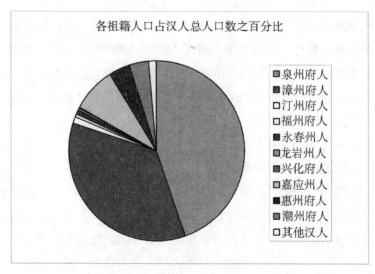

各祖籍人口占汉人总人口数之百分比

图2　日据时期各祖籍人口占汉人总人数百分比图

（一）洪以南家世简介

洪以南原名源集，又名文成，字逸雅，号墨樵，别署无量痴者[②]。其祖父是艋舺慈善家洪腾云，其父洪辉东曾捐官浙江候选同知。

1824年（道光四年），洪腾云六岁时随父亲汝玺[③]渡海来台，初到台湾时，原居于沪尾街（淡水），后迁到艋舺土治后街（今贵阳街二段

---

①　《台湾省通志》卷二《人民志·人口篇》，台湾省文献委员会，1972年，第187页。

②　据洪启宗对笔者指出，有关洪以南先生的名、字、号等，因时代的不同而有多种称谓，如有无量痴者、心秀散人、依岚、逸圆主人等。

③　一般文献记载汝玺先生名玉辉，惟据家谱记载应是"私谥"玉辉。

75

底）。长大后学习做生意，接掌其父亲的店号"洪合益"① 行米店，由于颇具经营之长才，加上自身的勤奋努力，再者，当时台湾生活水平已逐渐提升，人民生活亦趋安定，台湾岛内除生活用外，亦有足够之米粮运往中国大陆贩卖。而此时中国大陆正受到人口过剩、粮食缺乏等因素之影响，急需外界供应足够粮食，以供民众所需。由于清代资本雄厚之企业家与大陆往来经商多会采自备船只、自运自售之有利方式，② 于是洪腾云先生将大台北地区生产的米谷以帆船（即戎克船）运到泉州、厦门等地贩卖，经营海峡两岸之间的贸易。由于经营有道，信用好且船运顺利，没几年便成为万华地区之富商。洪腾云先生虽然经营致富，但却不因此而骄纵傲慢，不但为人乐善好施、热心公益，对奉献社会的功业，更是义不容辞。从长辈的口中得知，洪腾云先生对地方的贡献极多，除了大家耳熟能详的因捐出私有土地给清廷以兴建台北考棚之用而获颁"急公好义"牌坊之殊荣外，亦有相当多之热心事迹，常见于文献和书籍上。

1899 年（明治三十二年）8 月 7 日，洪腾云溘然逝世，其子孙也不忘延续父祖之德业，长子辉东曾捐官浙江候选同知。洪辉东三子洪以南先生，1871 年（同治十年）4 月 7 日，生于艋舺土治后街。洪以南 15 岁时，受业于晋江孝廉龚显鹤。显鹤先生是位极为博学之士，对洪以南之教学可谓不遗余力，极为投入，对洪以南日后影响极大。洪以南之所以能在诗、书、画三艺方面在当时得到极高的评价，实基于龚老师的教导，再加上自己的天分和努力。③

1894 年（光绪二十年）中日甲午战争爆发，中国不幸战败，并被迫于 1895 年（光绪二十一年）签订《马关条约》，依据该条约规定，中国得割让台湾全岛及附属岛屿包括澎湖列岛给日本。这样，住在当地的居民就自然而然地变更国籍，归属日本。但又依同条约规定，自条约批准日起二年内，亦即 1897 年（明治三十年）5 月 8 日止，当地居民可

---

① "洪合益"为北郊著名之行号，其他著名郊商有王益兴、张德宝、庄长顺、吴源昌、德泰、何大昌、安记、吉泰、白棉发、德记、老顺德、吴成兴、荣德、建发、永成、源吉、晋源、江万和等。有关清代行郊之研究，请参见卓克华：《清代行郊研究》，福建人民出版社，2006 年。

② 吴逸生：《艋舺古行号概述》，《台北文物》第九卷第一期，1960 年 3 月 31 日，第 2 页。

③ 洪启宗口述、卞凤奎记录：《万华洪氏家族与台北发展之关系》，《台北文献》直字第 141 期，台湾省文献委员会，2002 年 9 月，第 145 页。

以自由变卖所有不动产，搬离台湾，前往希望之住地。倘若年限已到而未离去者，依该条约第五条规定，得成为日本国民，因此台湾居民均有选择权，在二年内决定自己的去留。①

由于当时台湾动荡不安，政局不稳，社会混乱，于是洪腾云与洪以南避居泉州原籍。洪以南翌年应试取进晋江县秀才，后因家业在台，遵从洪腾云之命，当年即回台管理家业。当时仍居土治后街二十九番户，1908 年（明治四十一年）前后迁居考棚南侧新北门街一丁目二番户，②1913 年（大正二年）迁居淡水。日据时期曾任台北县办务署参事、艋舺保甲局副局长、台北厅参事、淡水区长、街长等职。

关于洪以南的作品，从黄美娥在《日治时期台北地区文学作品目录》所做的调查得知，日据时期洪以南的诗词保守估计约 280 首之多，属于多产量的文学家。③ 在 1909 年（明治四十二年）瀛社成立时，众人共同推举洪以南担任诗社之社长。④ 除因洪以南地位崇高与人广结善缘外，与其作品丰富不无关系。⑤

（二）洪以南与木村匡之互动

洪以南何时开始与木村匡交往，并无明确的史料记载，但根据洪以南曾孙洪启宗指出，应是经由冈本要八郎的介绍而认识。冈本要八郎于1899 年（明治三十二年）4 月，24 岁时来到台湾，以第一期教育者的身份开始教育台湾的子弟，在位于艋舺祖师庙的第一附属学校任教。早期在艋舺出身的名人都是冈本老师的学生，包括洪长庚，以及王祖派、陈赞煌、吕阿昌、吴秀三、杨海盛、王受禄、陈逢源、黄丙丁、王洛、

---

① 参见《台湾总督府警察沿革志》（二），台湾南天书局有限公司二刷发行，1995 年 6 月，第 653～654 页。

② 洪腾云捐赠之土地涵盖新公园、今台大医院旧院区之北段、北区健保局（旧公保中心）、青岛西路及原文献会一带。

③ 参见黄美娥：《日治时期台北地区文学作品目录》（上），台湾省文献委员会出版，2003 年，第 270～286 页。

④ 瀛社成立于 1909 年，洪以南为首任社长，成立大会即在新北门街之洪腾云宅（由洪以南继承），后因房舍年久失修，且据日本友人告知台北病院将扩建，将征收此片土地，因此才迁居淡水三层厝街 28 番地即今红楼现址。

⑤ 瀛社成立的时间是 1909 年（明治四十二年）春天，据保守估计此时洪以南之作品已有 78 首之多。参见黄美娥：《日治时期台北地区文学作品目录》（上），台湾省文献委员会出版，2003 年，第 270～273 页。

陈华洲等。[①] 1897 年（明治三十年）洪以南开始担任办务署参事，同年授佩绅章，由于职务等关系，洪以南因儿子洪长庚的关系认识冈本老师，进而与木村匡先生有进一步的交往是很有可能的事。[②]

限于管见，洪以南与木村匡开始有正式的交往与互动应是 1912 年（大正元年）由木村匡所筹组之"大正协会"。大正元年 10 月 9 日的《台湾日日新报》对于该协会成立之目的有如下报导：

> 大正协会之成立，起于时势之要求。顾台湾自归帝国治下，十有星霜矣。其间百废咸兴，庶政备举。而至于内地人及本岛人间，则意思往往疏隔。由疏隔而生误会，由误会而至接触不能圆滑，识者之遗憾也。大正协会之组织起于内地人间有志者木村匡氏等，及本岛人间有志者李延禧外数氏之发起。经数次慎重会议，去七日夜，又假李氏宅开发起人会议。[③]

说明木村匡有鉴于台湾人与日本人之间因彼此之间意见疏隔而产生种种误会，为避免误会与冲突之发生，特由木村匡发起，并结合台湾有志者如李延禧等多人担任发起人。

大正协会为能推动当时台湾人与日本人之间的交流，其协会所订定之规则除附则外，另外有以下八条：

> 第一条　大正协会台湾绅士协同，审究内地情状。图与母国人接触圆滑，发挥帝国最先新领土臣民之名誉及本分为目的。
>
> 第二条　会员以百人为限。
>
> 当初发起人悉为会员。尔后每会出席会员，无记名选举投票。定五名之会员候补者，得出席会员二分以上之票款者，劝诱入会，至百人而始止。内地绅士能为本会助力者，准用前规。投票选定候补者，劝诱入会，内地人绅士定员以五十人为限。会员欲退会者具理由经会长认可，会长于次回之例会报告其氏名。

---

① 洪启宗：《从家传文献看洪以南的交友关系》，《台北文献》第 166 期，2009 年 3 月 25 日，第 201 页。

② 洪启宗：《从家传文献看洪以南的交友关系》，《台北文献》第 166 期，2009 年 3 月 25 日，第 201 页。

③ 《大正协会成立》，《台湾日日新报》(1912 年 10 月 9 日，第 6 版，第 4439 号）。

第三条　本会置役员如左：

会长一人。

会长总口本会，对外部代表本会。副会长一人，辅佐会长。会长有故，代理其事务。干事二人，担当本会庶务、会计。评议员若干人。

关于会务应会长之咨询。

会长副会长由总会选举。干事评议员会长嘱托之。

役员任期满一个年。

第四条　每月开例会一次。行会员随意谈话会。聘适当讲师而讲演之。每年开总会一回，报告会务、经费决算认定、役员改选，会长认为必要之时，或开临时总会。

第五条　会费每月金五十钱。一时征收半年分。

第六条　规约施行纲则。会长经评议员评决定之。

第七条　会则改正，总会或临时总会，得出席会员三分之一以上赞成为之。

第八条　会员苟有不尽会员义务，或有污辱绅士体面之行为者，会长经评议员之咨问，得命其退舍，斯时会长于次回例会，报告其氏名。

附则　暂时不置第三条之役员，由发起人中置委员七名，整理一切事务。侯至本岛绅士及内地人绅士会员达七十五名以上，斯时开临时总会，定第三条之役员。①

虽然大正协会入会之要求颇高，且有本岛会员 50 名以内之严格限制，但由于洪以南为台北万华地区之望族，有秀才之功名在身，在当地颇有名声，最能符合会则第一条"图与母国人接触圆滑，发挥帝国最先新领土臣民之名誉及本分为目的"的标准。

至于会则第二条"内地绅士能为本会助力者"之规定，可在 1916年（大正五年）4月，第 79 号的《台湾时报》，以"大正协会之热诚"为题的以下报导看出：

大正协会主开之关于今次开设劝业共进会讲演会，既如志诸前号，开会屡次，每见听众满座，静肃无哗，侯讲了后欣然而散，似为始了解主旨，而满足者矣。该协会长木村氏，仍风闻未普及僻陬，引为缺憾，

① 《大正协会成立》，《台湾日日新报》（1912 年 10 月 9 日，第 6 版，第 4439 号）。

乃使人传言淡水区长洪君基隆区长许君及颜云年君，以自当发起人，而得其欣然赞成，于是，去十九日，于淡水廿七日于基埠，各行开会，助成共进会目的之效果，盖可不轻少也，先以淡水开会状况，略纪如下：当日午后二时，假该地公学校雨天操场，而开会，听者约三百名，多系属管内保正，贺来专卖局长，首讲共进会大纲及所望，次野吕技师，演述其内容，并须知各项，详详细细，会计许、汪两君前后各为通译，最后洪区长起席，谢讲演者及主开者之劳，中间支厅长亦训示数语，始行散会云。①

指出时任淡水区长之洪以南，为协助木村匡所举办之演讲活动，愿意担任该地区之活动发起人。并在淡水公学校举办演讲，民众参与热烈，到场聆听之民众多达 300 人，足见洪以南对此演讲活动的支持与配合会务推动之程度。木村匡成立该会之目的是为能解决台湾人民与在台日人之间的冲突，具有影响力之台湾士绅如洪以南当然也是木村匡极欲吸收之重要会员，因此应契合会长木村匡所中意之会员人选。

除因大正协会会务之需要而推动运动外，其它日本在台政府所推展之运动，为能迅速普及于台湾各地，洪以南也会率先带动。例如日人据台初期，日人即将吸食鸦片、辫发、缠足等视为社会三大陋习。因此，日人舆论"标榜以严禁鸦片、断台人之辫发、解放妇女之缠足，做为台湾统治上之三大主义，若不断行此三大政策，则虽然领有台湾，亦无用处"，然而总督府鉴于风俗习惯改变不易，以及台人武装抵抗正风起云涌，故对禁革上述习俗抱持审慎态度，不希望因遽行禁革而刺激台人。但台湾总督府也深信缠足和辫发等陋习，必会是在台湾推动同化的障碍，因此仍是透过学校教育或报章杂志的倡导，鼓励台人放足、断发。

例如第六任台湾总督安东贞美对大正协会之会员就提出以下训示：

本日承大正协会会员来访，欣幸曷胜。大正协会，曩者大昨年之戴冠式，及去冬之立储典礼。去春官民协同共进会，屡次宏开讲演，非常鼎力，实属可嘉。会由木村君知悉大正协会，意谓内地人本岛人二者，宜互相研究，图彼我意思疏通，以为目的。夫意思疏通，兴不疏通，于台湾之统治攸关巨大，二十年来，忧心许多阴谋事件、土匪事件，胥基

---

① 《大正协会之热诚》，《台湾时报》（1916 年 4 月，第 79 号），第 11～12 页。

于意思不疏通，酿成巨祸。意思苟能疏通，则此种种不鲜事件，自然消灭。诸君当如我帝国，国运隆昌，有如晓日瞳瞳之现象者，我关民应上载万世一系之皇室，具忠君爱国之信念而刚结之，我国国体系世界无比之国体，诸君当晓然了解，相与戴万世一系之皇室，其忠君及关信念而团结，并祈传达一般人民。又过渡的之新哲思潮出冲突，必不能免。日本过去五十年间，实具有此苦经验也。余年较长，亦曾经历此苦经验，台湾如诸君者可称为受新教育，具新思想，特诸君之家庭及社会，恐未必尽然。望君善为调停，俾不致冲突，遂健全着实之发扬。其它上有俟于诸君努力，勉勖大协会之旨趣良佳。今日访问，余心甚满足，欢喜十分，不惮缕述，大有厚望云云。[①]

指出安东贞美期望能透过受过新思潮教育的大正协会之会员，达到疏通并传达日本在台政府对台湾人民施政之理念，对于大正协会所推展的各项努力，也深表满意。

现存的史料与洪以南相关记事并不多见，但从洪以南的家书中却可见到此记事。1911年（明治四十四年）6月17日夜晚，洪以南发信给在日本京都府立中学校读书的洪长庚，告知其母亲参加放足会的情况。信中内容如下所示：

前五月十二日，汝母实行解缠，与会倡议众人会长推举自己实行解缠矣，此布。[②]

此信虽是寥寥数语，但也可得知洪以南于1911年（明治四十四年）5月12日，参加解缠大会时，洪长庚之母亲被解缠大会推举为解缠运动的会长，协助台湾总督府推行放足政策。此也可看出洪以南人际关系良好，不但被台湾人民所尊崇，也被台湾总督府视为具有影响力之士绅。

从上可看出洪以南对于木村匡所推动之活动，是相当支持与配合的。而木村匡对洪以南家族之照顾，也可谓无微不至。例如木村匡虽离

---

① 小野西洲：《安东总督对大正协会员训示》，《台湾时报》1917年10月，第10页。

② 感谢台湾矿工医院洪启宗院长提供此明信片。

开主导教育要职，但提携台湾子弟就学之心、推动教育的热忱，并未受到仕途的不遂而减少。洪以南之子洪长庚，出生于 1893 年（明治二十五年）5 月 26 日。8 岁起入第一附属学校就读，1908 年（明治四十一年）15 岁时，洪长庚经木村匡的鼓励，赴日留学，并寄宿其寓所，[①] 接受明治维新后日本模范式家庭之生活，以替日后之台湾医界培育人才。而洪长庚经过多年的努力，先于 1920 年（大正九年）3 月毕业于大阪医科大学，获得医学士。再于 1927 年（昭和二年），提出其博士毕业论文，题目为《日本人二於ケル脈終及膜及被ヒ網膜色素ノ胎生組織的研究》（《日本人脉络网及网膜色素胎生组织学的研究》），次年 2 月 25 日获得通过，由东京帝国大学授予博士学位，成为台籍人士第一位眼科学博士。[②]

再如，由于家世、财力、功名、才气以及万华人的地理优势，台湾传统文人推选洪以南任瀛社社长。但或许是家境优渥之关系，洪以南对于金钱的借贷，总是无法拒绝。[③] 洪以南在《大正五年日记》中记有：

> 一月二十四日　谢汝铨兄向三十四银行借金千円，限至三月二十四日还。来信嘱为保证，已盖印由邮寄去矣。[④]

值得注意的是，1916 年（大正五年）台北地区已有台湾银行、华南银行、新高银行的设立。谢汝铨为何舍弃前述银行借款，而寻求三十四银行借贷，并且委请洪以南作保，此似乎可看出与昔日担任三十四银行京都支店长的木村匡有些许关系。

再者，洪以南家族在台北地区拥有不少土地，有时会因政府之关系

---

① 根据洪启宗指出，在木村匡于 1937 年（昭和十二年）10 月所著《村长十年》一书中，夹有洪以南之孙洪祖恩手书云："先父长庚受木村先生鼓励，留学日本，高等小学及中学时代住木村先生家，受木村先生的照顾及管教。木村先生喜寿时，先父长庚先生赠祝寿礼金，本书是回赠品，先父长庚在世时，视本书如宝。一九八四年二月三日（农历元月二日）祖恩记。（注）木村先生系先父长庚之恩人，祖恩一九八九、三、二"。可知洪长庚从小学至中学都寄宿在木村匡家中，此也说明洪以南与木村匡交情匪浅。关于洪长庚多年寄宿在木村匡家中一事，亦可参见《台湾日日新报》（1920 年 8 月 10 日，第 7245 号）第 6 版。

② 《台湾人士鉴》，台湾新民报社编，1937 年（昭和十二年），第 501 页。

③ 根据洪启宗所提供之洪以南日记，内有记载相当多知名人士的借贷。但因洪氏家族有所顾虑，许多借贷内容不便公开。

④ 洪以南：《大正五年日记》。感谢洪启宗提供此日记。

而被征收。但据洪启宗指出，家人多会因友人事先的告知，使得土地问题处理得宜，不会遭到重大损失。例如洪以南位于新北门街的房屋土地，于1916年（大正五年）被台湾总督府有价征收，事前已经有台湾总督府内的友人告知这项征收计划，显然木村先生的关系在这期间有一定的作用。[①]

四、结语

从以上的分析可知，1895 年（明治二十八年）日本占据台湾后，对台湾的教育政策是主张殖民者统治同化主义之教育方针。而木村匡则认为日本占据台湾之后，对于台湾的开拓是日本所应有的责任，把日本所学习到的现代文明带给台湾是日本之义务。这种主张当然是不见容于台湾总督府之主政者，因此木村匡在台湾总督府工作时期并不长久，也无法展现其教育理念。

虽然木村匡被迫离开公职，无法一展其来台前的各种抱负，并受到不同理念者之批判，但他所组成的"大正协会"却也受到安东贞美等人的认同与推崇。再者，由于万华洪氏家族有着泉州人"海纳百川，有容乃大"的开放性、包容性，因此能与木村匡的理念相结合，进而造就了台湾第一位眼科博士洪长庚，让更多的台湾百姓能得到良好的医疗技术。

日本因甲午战争胜利而占据台湾，洪以南从泉州返回台湾之后，为了维持家业，认识一些早期来台的日本人，其中恐怕也有一些不是很正派的日人。这充分看出日本当时统治台湾的心态。但日本统治时期渡海来台湾的日本人，并非完全是处于在位之高姿态者，而木村匡就是其中最具代表的知识分子之一。透过他个人的教育理念以及情感诉求，让泉州籍的万华洪氏家族深深感受到他的诚意，不仅降低了台湾人与日本人之间的摩擦与冲突，更促进了彼此之间的深厚友谊。这一点，恐怕不是日本据台初期主政者所能理解的吧。

---

① 洪启宗：《从家传文献看洪以南的交友关系》，《台北文献》第 166 期，2009年 3 月 25 日，第 202 页。

航道变迁与港市社会经济发展的关系研究

——以日据时期台湾新港为例

陈永江 *

　　台湾为一海岛，且河流多为东西向，除了将地表分割外，亦造成了陆路交通的不便，所以岛上的居民使用船只往来台湾南北各地、互通有无可谓是司空见惯之事，而文献上也多有记载。但海上交通，一个很大制约因素就是是否有一良港，一个良港不但有利于交通，而且还能带动周边地区经济的发展。在日本殖民台湾初期，就苦于陆路交通不便，于1897年正式以命令书的形式，委托大阪商船株式会社开设台湾沿岸命令航线。于是，台湾原有的航线被打乱，一条航线的变迁，不但可以改变货物的运输成本，还能决定某些港口的命运。新港（今成功渔港，位于台东县成功镇境内），是日据时期海上航线变迁的产物。作为花东地区第一个启用的现代化港口，该港从日本总督府指定停泊到兴建现代化港口竣工启用，仅仅用了12年（1920～1932）时间，可见政策在港口兴起的过程中所发挥的作用。其实，新港从清朝时期直至1920年改称新港之前，均称为"麻荖漏社"，由此可见该地原本并不是前往东部拓垦之汉人习惯于停泊的港口，这与日本在该时期改建使用的在清朝的时候就为当地重要的吞吐港的情况大不相同。因此，本文试图从新港筑港的背景及其过程出发，考证一下政府政策之下航线的改变对港口的影响以及对该港所在地区的影响。

---

　　* 作者单位：福建师范大学。

一、日据以前的新港

早在荷兰殖民台湾时期，荷兰殖民者就在花东地区的卑南族原住民的配合下，逐步深入花东纵谷和东海岸地区，虽然就财政效益而言所获不多，但荷兰人以武力为后盾，逐渐深入东部地区昔日不为人知的所在，却使得这些地区逐渐为人所知，其意义却是不小。[①] 随后的明郑清朝时期，汉人大量移民入台，使得西部地区成为来台汉人最先进行农业垦殖之处；而东部地区，由于1721年（清康熙六十年）朱一贵事件后，清政府为防范汉人宵小潜藏深山作乱影响社会治安，颁布封山禁令，划定"番界"，严禁汉人越界入山。这样的禁令执行度虽然可能不是绝对认真，但其对于东部地区发展的影响还是很大的，造成了台湾西部与东部之间发展出现明显的差异。

首先，在社会发展上，当台湾西部社会逐渐转型为以汉人为主的土著社会时，东部地区人口仍是以原住民为主体，汉人社会则处于初步的转型阶段。其次，在政治上，清政府长期将东部地区视作"化外之地"，其结果就是19世纪中期以后，外国人屡次以清政府所辖区域不及东部为借口而挑起事端。再次，在经济发展上，西部地区除了农业发展之外，亦因开港之后糖、樟脑、茶叶、鸦片等贸易，逐步进入世界经济圈，而东部地区则农业发展有限，渔猎与采集仍为原住民主要的生活方式。

总而言之，在1874年清政府因牡丹社事件改变治台政策（"防内乱"改成"防外患"，并积极将国家力量伸入原本视为"界外"的东部以及恒春半岛地区）之前，整个东部地区可说是全方位落后于西部地区。而位于该地区的新港，其历史轨迹与上述情况大体相符合，该港所在地区，基本上只是个阿美族原住民的聚落而已。而当时从大港口（今秀姑峦溪出海口）至卑南（今台东）之间，最重要的港口则为成广澳（今成功镇小港）。成广澳为一直径约六七百公尺的半圆形小海湾，以低矮的礁岩为屏障，可容纳百石以上的船只停泊，其南端三仙台呈半岛状深入海以为屏障，在西南风强劲的夏季，为卑南溪以北少数较为平静可

---

① 孟祥翰、王河盛：《成功镇志·历史篇》，台东县成功镇公所，2003年，第31页。

供停泊的港湾。^① 在港湾的南北分别居住着平埔人部落与阿美人部落，而自从康熙年间废止"赎社"制度以后，民间商人可自由与原住民部落进行贸易，其中许多商人前往东部地区进行贸易，而随着贸易的频繁，部分汉人也开始在东部地区开垦拓荒，这就为成广澳港湾的兴盛提供了机遇，它利用有利的腹地条件，吸引很多汉人在此定居，由此也形成了当地唯一的汉人聚落。^② 光绪以后，在"开山抚番"的政策下，汉人陆续迁入，大幅改变了东海岸的人文风貌，成广澳作为向外沟通联络的窗口，地位更加重要，而其本身也成为东海岸一带具有领导性的聚落。^③台湾建省刘铭传主政台湾时期，不但在东部地区设卑南抚垦局，更于1889年将东部汉人聚落地区分为五乡征税，其中广乡更是以成广澳为中心，包括自卑南大溪以北至大港口的海岸各庄，这更加突显了成广澳此时作为卑南到大港口之间的领导性聚落的地位，再加上该地原本即为军事、经济中心，已有大批汉人居住，从而使得该地成为东部地区人口主要集中之地。相比之下，此时的新港基本上只是个小小的原住民部落而已。

二、日据初期的新港

1895年台湾被日本割占后，日本在台湾除了武力扫荡抗日势力之外，也开始针对台湾各地进行调查，以作为殖民统治的参考。台湾总督府技师田代安定于1896年奉命前往花东地区进行调查，其目的是为日本日后经营台东方针政策提供参考，其内容涉及地理、族群、土地、交通、农林渔等多个方面。田代安定在其提交的报告中指出土木事业的重点在于"道路的开凿、河道的整治、港口的修建"^④，而三项规划中交通建设就占了两项，可见当时东部的交通状况之差劲。

在关于港口修筑的问题上，田代安定实地考察了当时花东地区三个

---

① 田代安定：《台东殖民地豫察报文》，台湾成文出版社，1985年，根据日本明治三十三年排印本影印，第113页。

② 孟祥翰、王河盛：《成功镇志·历史篇》，台东县成功镇公所，2003年，第36页。

③ 孟祥翰、王河盛：《成功镇志·历史篇》，台东县成功镇公所，2003年，第37页。

④ 田代安定：《台东殖民地豫察报文》，台湾成文出版社，1985年，根据日本明治三十三年排印本影印，第108页。

主要港湾：花莲港、卑南港、成广澳（广湾），并就三个港湾的优劣进行了一番比较：花莲与卑南两港直接面对大海，在天气晴朗时，汽船虽然可以接近岸边停泊，但是由于海岸波浪激荡，导致接驳小艇装卸货物时极为困难，而遇上风浪汹涌时，则往往无法装卸货物，并且即使陆运开通，海运的存在仍是必须的缘故，需要专家多方位考察后因地制宜地建设适当的港湾。而位于花莲港稍北处的三栈溪海湾受到海浪冲击较少，或可充作礼宛平原的一个进出港；而成广澳则因为地势缘故，可使停泊于此的船只免受强劲西南季风的影响，只要近岸的海底地形适当，或可作为汽船的停泊港。① 由上可以看出，在田代安定的意识里，成广澳与三栈溪海湾相对于花莲与卑南来说更合适建港。另外，在田代安定的报告中还有两条关于新港（麻荖漏社）的记载"……又麻荖漏社大湾边南北风均可泊船……"，"自麻荖漏社至成广澳石雨伞等处住民皆无船"。② 这两条记载虽然不一定能完全肯定，但也能部分说明一是成广澳一带的原住民的生产行业与海洋关系不大，二是麻荖漏社这地的泊船条件较成广澳为佳。当然，这些小记载并未引起该书作者田代安定的重视。

真正将新港（麻荖漏社）筑港提上台面的是鹿子木小五郎。1908年1月，台湾总督府通信局长鹿子木小五郎奉命前往东部地区考察，比较分析花莲、卑南、三栈溪湾、大港口、加走湾、都峦等港湾后认为，成广澳"仅为南北约三町、东西约一町（一町约109公尺）的小港口，仅能停泊中国式帆船而已"③，可见对该港的潜力与前景并不怎么看好。反倒是距离成广澳以南二哩十二町（约9.162公里）的麻荖漏社让其欣喜不已，据其记载，该社沿岸海底不深，船只可于此抛锚，而且该处有一向东南延伸出去的岩礁岬角如可充作防波堤使用，便可在东北季风时期作为屏障；虽然尚未计算该地筑港费用，但是投入较少的经费，在东北季风时期使沿岸航线汽船得以停泊该港的话，可说是台东第一个安全的港口。再者，麻荖漏社南距卑南12日里（47.124公里），沿着海岸

① 田代安定：《台东殖民地豫察报文》，台湾成文出版社，1985年，根据日本明治三十三年排印本影印，第110～114页。

② 田代安定：《台东殖民地豫察报文》，台湾成文出版社，1985年，根据日本明治三十三年排印本影印，第115页。

③ 鹿子木小五郎：《台东厅管内视察复命书》，台湾成文出版社，1985年，根据明治四十五年石印稿本影印，第72～96页。

北上可从新社越过猫公岭抵达马太安，或者从麻荖漏社以北 5 日里石宁普的邻村彭仔存到璞石阁对岸的红座，两条路均可通花东纵谷内部。所以如果能在麻荖漏社筑建港口的话，不但可以解决卑南与花莲两港在冬季难以使用小艇运送客货的难题，也可以在东北季风强劲时为船舶提供避难，可谓是一举多得。① 可惜的是，由于各种主客观的原因，筑港计划并未能得到施行，但好在是好事多磨。

三、新港的开港筑港及其效果

新港筑港计划提上日程的时候，已经是 1920 年，但即使到了这时候，计划的执行也并不是一帆风顺的，好在在台东当地官民联合请愿的呼唤下，事情有了最终结果。1921 年 4 月份，因火烧岛的浮浪者收容所关闭，大阪商船于是向台湾总督府提出请求，将原本每月停靠该岛 2 班的航次减为 1 班。递信局海事课将该案知会台东厅时，时任台东厅厅长的市来半次郎建议，将减少的航次转用于停泊该厅所属的成广澳支厅。而大约与此同时，成广澳当地的在台日人与本地人士联合，透过台东厅向总督府请愿，指出当地产业近年来快速发展，输出物产日增，但因交通不便，不仅物产无法顺利输出，连食物、日常用品也时常缺乏，且在暴风雨来袭、卑南大溪泛滥时，电报电话不通、邮件无法送达的状况，常常持续一月有余，因而强烈要求沿岸命令航线船只停泊于此。同时建议以"キィハウ"为停泊港，该建议获得总督府的正面回应，递信局开始与大阪商船讨论增停该港事宜。5 月总督府命令大阪商船会社所属的长春丸临时停泊"キィハウ"；6 月递信局海事课行文台东厅，认为该港确实为一适当的停泊港，对于先前的提议并无异议，同时将"キィハウ"更名为"麻荖漏社"，并要求相关港口设施的建设要跟上，而台东厅方面还为此成立广运输组合，表示积极配合总督府的要求。6 月 21 日，总督府正式行文大阪商船，命令自 7 月开始，每月增停麻荖漏社 1 回。② 自此，新港作为一个港口正式登上历史的舞台，而随之进行了大

---

① 鹿子木小五郎：《台东厅管内视察复命书》，台湾成文出版社，1985 年，根据明治四十五年石印稿本影印，第 97～98 页。

② 《沿岸甲线火烧岛及麻荖漏往复寄港变更ノ件》，《台湾总督府公文类纂》，1920 年，6904—14，第 1～34 页；转引自游智胜：《日据时期台湾沿岸命令航线（1897～1943）》，台湾成功大学硕士论文，第 45 页。

规模的配套设施建设，且 1921 年台东厅还将成广澳支厅改为新港支厅，总之该港市随后发生了地覆天翻的变化。

东部沿岸命令航线自增停新港以后，便逐渐形成附近沿海地带以及隔着海岸山脉隶属于花莲港厅的玉里庄等地区的人员与货物出入该港。到 11 月时，为了解决新港连接外地的道路问题，由台东厅与贺田组联合勘探新港与玉里间的道路，并计划铺设轻便铁道以利于货物运输，而该计划受到玉里地方产业界人士的全力支持，并提出了"新港筑港的先决问题是解决陆上交通的不便"的看法。而总督府方面，配合日本国内的内外政策，以获取东部资源的目的，大力改善东部投资环境，进行了修建台东线铁路等一系列基础性举措。[①] 总之，在台湾总督府的带动下，台东尤其是新港周边交通环境大为改观，从而带动了其他行业的大发展。新港也开始了其筑港计划，从 1920 年筹划开始，到 1932 年竣工，历时十二年，新港成为了台东的新门户，而其效益，也很是可观。

首先是输出入货物量以及价额的明显增加。根据台湾总督府交通局的统计，新港在未筑港之前的 1925～1929 年之间，输出品平均价额为 81,337.8 圆，输入品为 138,230.6 圆，总额为 219,568.4 圆，明显输入大于输出；而完工后启用后的 1933～1937 年之间，输出品平均价额增加至 254,729.6 圆，相比先前 1925～1929 年的增长率为 213％，输入品为 212,948.4 圆，增长率为 54％，总额为 467,688 圆，增长率高达 113％。[②] 这样的情况，在新港未筑港的情况下是难以想象的。

其次是渔业的大变化。虽然台东渔业也是新港筑港的推动因素之一，但是反过来，新港筑港后又推动了渔业的发展，不但增加了鱼本身的价值，而且引进了新的养鱼措施，这些不但提高了渔民们的收入，而且带动了更多的人投入渔业，带动了周边地区经济发展和社会面貌改观。如该地区人民就因鲣鱼业而衍生出了鲣节（柴鱼）加工场：当地人民将鲣节成品大部分经由基隆外销到日本，再加工削片成商品；若渔获量大于加工量，则会把过剩原料制成腌制品，供岛内消费，而以上这两类产品都是依赖东沿岸线运往基隆再卖至日本或本岛中南部。总而言

---

① 夏黎明：《国家在东台湾历史上的角色》，《东台湾研究》第五期，第 165 页。

② 根据总督府交通局：《台湾的港湾》，1930 年（昭和五年）版，第 146 页，1938 年（昭和十三年）版，第 140～141 页整理。

之，在新港未筑港之前，该地区虽然渔业可观，但是无奈巧妇难为无米之炊，体现不出渔业的应有价值，且由于缺乏良好港湾，在附近海域作业船只容易发生船难，从而限制了当地渔业的发展，新港的出现正好解决了这些难题。

除了上述这些产业之外，该地区的人口结构也发生了大变化。由于该地区在新港开通的带动下，交通环境以及社会经济发生了大的变化，从而不但吸引了大批台湾汉人资本家前往投资、大量汉人农民前往开垦居住，而且也吸引了大批日本商人前往投资、农民前往居住，更有甚者，还有大量西方人士慕名前往，从而使得新港从最初只有原住民、产业以农业为主的部落，转变成为一个人口有原住民、汉人、日人、西方人等复杂人群的城市，产业虽然农业还占大多数，但也发展了渔、牧、工、商以及服务业等多方面产业，从而成为了该区域的中心市镇。

四、小结

新港的发展始于 1920 年 7 月总督府命令的东沿岸线增停麻荖漏社，之后台东厅又于 1921 年为配合总督府的决策将成广澳支厅改为新港支厅，并于 1922～1926 年间着手进行新港市区规划。虽然 1926 年蓬勃发展的新港筑港请愿运动主要目的是在促进整个台东地区交通状况的改善，但最终直接受益最大的还是新港地区，1932 年 10 月正式启用后，大大改变了周边的社会经济和环境。在道路建设上，完成了新港台东间马太鞍道路的拓宽以及卑南大桥的修建，使得新港对外陆上交通更为便捷，虽然也有遗憾如新港玉里间的联系道路最终并未开凿，使得花东纵谷无法成为新港的腹地，但这并不影响新港的腹地延伸到台东厅治所所在，也不影响该港成为日据时期台东唯一的现代化港埠，相比之下，早期的港口如成广澳等则显得是那么的萧条。

从新港一例可知，海岸航线的规划、运营与改变对于那些港口城市而言，无异于其命脉，幸运女神降临了，就可以一飞冲天，否则就会走向衰亡，当然这一切都是有前提的：一是港市自身拥有那个金刚钻——区位条件良好；二是港市周边有丰富的可供发掘的资源，二者缺一不可。新港正是具备了这两个条件，才在开港的 12 年间，由一个小村落急速发展成为地方行政中心。总之，这既是自身实力实现的结果，更是航线变迁所给它带来的福音。

清季台湾士绅转型与台湾盐业

——以施士洁为例

郭权*

清季台湾社会历史的发展与大陆联成一体，同处中国近代化轨迹范围内，大陆政治社会变化的触角直接延伸到台湾社会的方方面面。19世纪50年代爆发的太平天国起义，各地士绅主导的团练走上历史舞台。士绅权力的日渐扩大和对地方事务的全面介入，极大地改变了清朝的政治格局和社会架构，正如王先明所说的："由团练而引发近代农村社会组织的一系列变动，不论其变动形式与特征如何复杂多样，它的历史走向及其结局却是：绅士阶层成为基层社会控制的主体。"[①]

道光至咸丰年间，台湾连续出现林恭、戴潮春等事件，清廷无暇顾及，遂要求地方士绅举办团练，协助维护台湾社会稳定。郑用锡、林占梅、施琼芳等台湾著名士绅先后就地招募乡勇，开办团练，在襄助清军的弭息动乱活动中屡立战功，成为地方社会的头面人物，台湾社会的上层精英也由此发生变化，由地方豪强逐渐转向士绅阶层。据蔡渊洁的研究，在台湾清代103个权力家族中，有35个产生于嘉道时期，占三分之一多，可见这一时期台湾社会转型之一斑。[②] 19世纪60年代出现台湾士绅阶层的崛起，也与台湾社会自身发展分不开。成功的移垦开发，日臻繁荣的经济，日渐丰裕的社会财富，不断改善的生活条件，日益昌

---

*　作者单位：福建师范大学社会历史学院。

①　王先明：《近代绅士——一个封建阶层的历史命运》，天津人民出版社，1997年，第107页。

②　蔡渊洁：《清代台湾的社会领导阶层（1684～1895）》，台湾师范大学历史研究所硕士论文，1980年，第167页。

盛的文教事业，都为士绅阶层登上历史舞台奠定良好的经济和社会基础。[①] 同时，清政府有意识的扶持，也推动了台湾士绅阶层的成长。台湾"牡丹社"事件发生后，清廷开始从战略高度认识台湾在国际地缘政治中的重要意义，特别是台湾建省后建设步伐大大加快，刘铭传抚台"重用士绅"，[②] 一些巨绅如林维源、林朝栋、黄南球、沈鸿杰、郭春秋、陈福谦、李春生等由此发迹。

从宏观的角度看，社会的历史变化像流动的时间立体柱，切开每个横断面，纵观其间可以看到或平行、或交叉、或大、或小的小柱体。在清季台湾社会结构的巨大变化中，即使是名进士、曾任内阁中书的施士洁也不能置身其外。在外界的推动下，他开始由清望极高的台湾最高学府——海东书院山长转入台湾经济支柱的盐业发展，掌管台湾南部第一总馆——安嘉总馆，实现人生社会角色的巨大转变。可以说，施士洁从商的经历由掌管安嘉总馆开始，此后便介入商业领域，转圜于绅、商、官、学之间，是清季台湾士绅转型的一位代表人物。

在今人的视野中，施士洁大多作为古典名诗人出现，对闽台两岸旧文学影响巨大，而其从商经历特别是介入台湾盐业经营的历史史实，一直以来罕有文章涉及，下面笔者就此历史事实进行考证钩沉。

1895 年内渡之初，施士洁《迭前韵答氅丈》云"海天南北晤无因，□□□□□劫尘（君榷北茶，仆课南盐，先后入唐帅幕）"，将自己"课南盐"的经历与林鹤年的"榷北茶"经商相对应，可见早在内渡以前施士洁即进入台湾盐业，侧身于台湾商界之中并在商海获得一定的实战经验。至于施士洁在当时官府垄断的盐业界负责什么，其诗《台北唐维卿方伯幕中补和台南"净翟园"韵》云：

> 鲰生活计旧牢盆（公命予司安嘉盐筴），鹿耳鲲身袭客魂。
> 不是公门桃李树，在山小草亦沾恩！
> 小人有母慰饥寒，膝下莱衣一了单。
> 今日板舆铃阁里，为公献颂赋斯干。

---

① 纪志霞：《清代台湾士绅阶层研究》，厦门大学硕士论文，2001 年，第 19 页。
② 李国祁：《中国现代化的区域研究：闽浙台地区，1860～1916》，台湾"中研院"近代史研究所，1982 年，第 191 页。

此处明确指出，施士洁"司安嘉盐筴"，负责的是掌握台湾南部盐业分销的最大总馆——安嘉总馆。"公命予司安嘉盐筴"，施士洁能获得此职是唐景崧对他的恩宠和奖励，因此他感激不已，大倡"在山小草亦沾恩"、"小人有母慰饥寒"等语，为唐氏歌功颂德，表示感恩之意。施士洁出任安嘉总馆一职，对他的生涯影响较大，从此他开始与经济界结缘，不再是单纯的文人与名绅了。

一、掌管安嘉总馆的缘由

施士洁能掌任安嘉总馆，就是因与唐景崧有特殊交情，得到唐景崧的提携和照顾。《台湾通史》载："灌阳唐景崧以翰林分巡台湾道，方奖掖风雅，岁试文生，拔其尤者，读书海东书院，厚给膏火，延进士施士洁主讲"①，"景崧雅好文学，聘进士施士洁主讲海东书院，庠序之士，礼之甚优。"② 共同的文学爱好，促使唐、施二人交情甚深，唐景崧在台时每有觞酒雅会，都会延请施士洁出席陪同；施士洁每逢海东书院课日则会邀请唐氏作诗钟之会，两人唱和极为尽兴。"消寒坐上小炉红，满院吟朋集海东（海东书院课日，予每邀公作诗钟会）；怒骂笑嬉无不可，骚坛公是滑稽雄"③，就是唐景崧与施士洁在台南畅饮吟唱的写照。

唐景崧看重施士洁的文才，"十七年升布政使，驻台北"④，至光绪十八年（1892）进京陛见时特地迎施士洁为幕友，共同晋京协助处理庶务。施士洁云："会唐公入觐，不佞橐笔与偕"⑤，就是指唐景崧京华之行。此次陪伴唐景崧入觐，施士洁应是十分出力，给唐氏留下很好的印象，归台后他积极为施氏谋求"优缺"。当时台湾全省职缺中，"全台差使，以盐务为最优"⑥，恰好盐政又归台湾布政使督办，因此唐景崧有机会为施士洁谋得这一"优差"。

---

① 连横：《台湾通史·丘逢甲传》，华东师范大学出版社，2006年，第540页。

② 连横：《台湾通史·丘逢甲传、唐景崧传、刘永福传》，第544页。

③ 施士洁：《台北唐维卿方伯幕中补和台南"净翠园"韵》，《后苏龛合集》，台湾银行经济研究室，1965年，第58页。

④ 《台湾历史人物小传——明清暨日据时期》，台湾"国家图书馆"，2003年，第359页。

⑤ 施士洁：《郑毓臣上舍师友风义录序》，第370页。

⑥ 刘铭传：《严劾刘璈折（十一年五月二十六日）》，《刘壮肃公奏议》，台湾大通书局，1987年，第428页。

台湾曾设有"台湾盐道库大使"一职,但因失考无从得知其盐政任职人物始末。① 陈凤虹《刘铭传在台盐政改革(1886~1888)》一文介绍:"刘氏将全台盐务分成南北两地管理,于台北府设置全台盐务总局,以巡抚总理全台盐务,布政使出任督办委员,下设会办、提调数名。原先的台南盐务总局则改为盐务分局,以台湾道出任督办委员一职,监督管理南部盐务各馆业务,下设督办委员、文案委员、支应委员等。"② 据此可知,在刘铭传推出的台湾新政中,虽由巡抚"总理"全台盐政,但实际上其具体事务是由布政使承担和监督,这与"清代的布政使品级与巡抚同,是从二品官,掌一省之行政和财赋之出纳"③ 所规定的职责相吻合。刘铭传在批评台湾盐政时认为:"盐务则督销、分销,局卡林立,……其数不可胜计。所有专管之藩、运两司,转以循例画诺为了事"④,也反证台湾盐务归"藩司"即布政使管理。正因为台湾布政使督办盐政,所以胡传《台湾日记与启禀》⑤ 记录他出任提调台盐务总局兼办安嘉总馆一职时,首先拜访的就是其上司——布政使唐景崧:

> (光绪十八年壬辰)秋九月初一日,上辕销假;禀谢奉委提调台盐务总局兼办安嘉总馆。谒唐方伯;蒙谕知盐务积弊颇详。⑥

据陈茂同《历代职官沿革史》:"布政使,一般称'藩司',又称'方伯'。"此处"唐方伯",即刚升任台湾布政使不久的唐景崧。从此条记录中可知,第一,唐景崧对台湾"盐务积弊"了解"颇详"。他在台湾道任上就曾参与盐政管理,熟悉台湾盐政的沿革和利弊,胡传《台湾日记与启禀》录:"(光绪)十六年二月,台南盐局因无存款,未能解

---

① 刘宁颜等:《重修台湾省通志》,卷八《职官志》,台湾文献委员会,1993年,第28页。

② 陈凤虹:《刘铭传在台盐政改革(1886~1888)》,台湾"中央大学"历史研究所《史汇》第十期,2006年9月,第167页。

③ 陈茂同:《历代职官沿革史》,百花文艺出版社,2005年,第507页。

④ 刘铭传:《覆陈台省初分各局骤难裁并折(十五年二月十三日)》,《刘壮肃公奏议》,台湾大通书局,1987年,第298页。

⑤ 胡传(1841~1895),原名守珊,字铁花,号钝夫,安徽绩溪县人,曾任台湾台南盐务提调、台东直隶州知州,胡适之父。

⑥ 见胡传:《台湾日记与启禀》,《台湾文献史料丛刊》第九辑,台湾大通书局,1987年,第123页。

局，复由道宪唐商由善后局先于协台防费项下先行划抵"，其中"道宪唐"就是唐景崧。第二，分管盐政是台湾布政使的职责之一，由此唐景崧对下属的盐务总局和安嘉总馆等的负责人选有较大的指导权和发言权。从这个角度看，他后来任命施士洁掌管安嘉总馆，以较为丰厚的收入回报自己的至交，既是职责范围内的一种通融，也是对好友的一种关照。内渡之后，唐景崧虽备受世人诟病而蛰伏广西桂林一带，但施士洁仍眷念旧情，与他时时鸿雁传书互致友情。唐氏去世后，施士洁《唐维卿中丞挽诗》云"孤寒八百受恩深"，依旧念念不忘唐景崧当年对自己的知遇之恩。

同时，按清末盐政习俗，大多例由当地候补人员或士绅出任盐馆"正办"、"帮办"职务。刘铭传《严劾刘璈折》就将刘璈任命其亲属为各地盐馆"正办"、"帮办"捞取利益列为一条罪状[1]，提及"刘璈始将正办改委本省候补人员"，即台地盐馆"正办"按规定本来就是要由当地士绅出任。由此，施士洁出任掌管安嘉总馆，也是唐景崧遵循旧例在职责范围内所作的合理任命。

二、掌管安嘉总馆的时间

前文提及施士洁掌管安嘉总馆，在他陪唐景崧晋京入觐之后。唐景崧觐见的时间，据《清代官员履历档案全编》之"唐景崧"履历记载：

> 唐景崧，现年四十九岁，系广西灌阳县人。……（光绪）十三年四月初九日到任（福建台湾道兼按察使衔），十六年十二月二十三日奉旨："台湾科试事宜着唐景崧暂行代理"。十七年四月，署理布政使篆务，十一月二十四日奉旨补授台湾布政使。旋经具摺谢恩，并吁恩陛见。本年二月二十日，奉朱批："着来见"，遵即起程北上，现在到京。[2]

---

① 刘铭传：《严劾刘璈折（十一年五月二十六日）》："从前正办、帮办，俱用亲戚、本家、妻父、妻舅，后经前督臣何璟查出，逐名开单驱逐，有案可稽。刘璈始将正办改委本省候补人员，帮办仍用私人。凡盐局委员出息一千两者，提出四成分归帮办。"见《刘壮肃公奏议》。

② 秦国经主编：《清代官员履历档案全编》第五卷，华东师范大学出版社，1997年，第398～399页。

所录"本年"即光绪十八年（1892），可知唐景崧入京觐见的时间为1892年上半年。由此判断，施士洁出任安嘉总馆的时间一定在1892年后。另据胡传《台湾日记与禀启》，其任职"提调台盐务总局兼办安嘉总馆"的时间为光绪十八年（1892）九月至十九年（1893）四月，期间没有他卸任"兼办安嘉总馆"的任何记录，且这段时间内他多次与施士洁接触，皆称呼施氏为"山长"，可知到光绪十九年（1893）四月为止施士洁还未任职安嘉总馆。今录胡传《台湾日记与禀启》如下：

光绪十八年（1892）十月初一日，奉臬道宪派令火神庙、文昌宫、延平王庙三处行香。谒臬道宪。施韵篁、雷子明来见；董巡捕来见。

十月初七日，包哲臣太守、疏禹门司马、施韵篁山长枉顾。

十一月初九日，臬道宪遣赴镇台署谒万军门询副营事。答拜邱山长。是夜，臬道宪招陪邱仙根、施韵篁二山长饮，并嘱明晨赴副营察看。

十二月十五日，施韵篁来谈。

光绪十九年（1893）二月二十五日，施韵篁山长过访。

三月十七日，施韵篁和台湾杂感诗八首送至。

三月二十三日，拜唐观察；访疏司马。作书复吴鼎卿。得顾月樵书；即复。施韵篁山长枉顾，送再造丸一圆；询知予右臂酸痛，云可以此丸治也。

五月初一日，是夜，台南府唐轉之观察招饮。施山长过谈。①

本文第二章提到，"施韵篁"即施沄舫，是施士洁的字。胡传于光绪十八年（1892）九月十四日抵达安平，在他任职"台南提调盐务"②短短八月期间，光《日记》就八次记录施士洁与他交往的经历。尤其是施士洁得知胡传"驰驱于炎蒸瘴毒之中"导致右手手指"受风"、右臂"痛风"等病症，特地赠送"再造丸"一枚为其疗病，足见施士洁与胡传交往亦属匪浅。在这段交往中，胡传皆称呼施士洁为"山长"，从未涉及盐务之事。可见，施士洁掌管安嘉总馆必是在胡传之后，也就是光绪十九年（1893）五月后。

---

① 胡传：《台湾日记与启禀》，第77～145页。
② 胡传：《复袁行南（大化）》，见《台湾日记与启禀》，第97页。

另外，施士洁《台澎海东书院课选序》提及："今方伯唐公、廉访顾公、郡伯前护道唐公嘱检近年课艺，重为评定，付之手民。""方伯唐公"即时任布政使的唐景崧，"廉访顾公"即按察使衔分巡台湾兵备道顾肇熙①，"郡伯前护道唐公"即台南知府唐赞衮，唐赞衮因为曾"署理台湾道兼按察使衔"，故称为"前护道"。据《重修台湾省通志》卷八《职官表》"按察使衔分巡台湾兵备道"条：

唐赞衮，字韠人，湖南善化人，同治十二年癸酉举人。光绪十七年以补用台南知府署，七月二十二日到任。十八年闰七月二十日卸，赴台南知府任。

顾肇熙，字鼎臣，号缉庭，江苏苏州府人，光绪十八年（1892）任按察使衔分巡台湾兵备道。二十年（1894）九月升署福建台湾布政使。②

可知，唐赞衮"护道"的时间是光绪十七年（1891）七月至十八年（1892）闰七月，顾肇熙任台湾道的时间是光绪十八年（1892）至二十年（1894）九月。施士洁在《台澎海东书院课选序》中称呼"今方伯唐公、廉访顾公、郡伯前护道唐公"，也证明在光绪十八年闰七月后一段时间施士洁还在担任海东书院山长，这与胡传记录他为"山长"是相吻合的。

由以上考证得出，施士洁出任安嘉总馆在胡传卸职之后，担任的时间范围大约从光绪十九年（1893）五月至光绪二十一年（1895）五月，即施士洁掌管安嘉总馆最多不超过两年时间。施士洁任此职的时间虽短，但却为他积累一定的商业流通经验，熟悉了与盐业相关的钱庄业业务，为他后来进入商界奠定了基础。

三、安嘉总馆的概况与职责

经刘铭传整顿盐政后，台湾盐务大抵分成产销两大部分。生产部

---

① 顾肇熙因有"按察使衔"故称"廉访顾公"。
② 刘宁颜等：《重修台湾省通志》，卷八《职官志》，台湾文献委员会，1993年，第28页。

分，台盐产地大约有洲南场、洲北场、濑北场、濑南场、濑东场等场；销售部分，则有总馆、分馆、贩馆三个层级网络。"全台十地分设十个盐务总馆，总馆之下又设立多处小馆，掌管官盐的运售批发，并招各地地方士绅担任出售官盐的业务。"① 在台南盐务分局之下，设有安嘉、凤山、恒春、澎湖四个总馆，其中又以安嘉总馆业务量最大。据胡传《台湾日记与启禀》记录：

台南盐务全年收支款目（波按：总数大多不符。）

收款：

安、嘉二属全年共销盐七万七千石零，应缴正溢课银九万五千元零。（按各馆分数详核应共九万九千五百三十二元。）

凤属全年共销盐四万二千石零，应缴正溢课银四万九千六百元零。

澎湖全年共销盐一万二千石，应缴正溢课银一万零四百元。

恒春全年共销盐一千二百石，应缴正溢课银一千二百元。

以上总共销盐十三万二千石零，应缴正溢课银十五万六千元零。

根据胡氏记录，光绪十八年（1892）胡传到任时，安嘉总馆"全年共销盐七万七千石零，应缴正溢课银九万五千元零"，其销盐量和课银量分别占台南盐务分局的 58.3％ 和 60.9％，均居台南盐务分局首位。如安嘉总馆之下的盐水港、朴仔脚二馆每年的"额课万余金"②，几乎与澎湖总馆等量齐驱。

关于安嘉总馆及其下辖各分馆、贩馆的关系结构，如下图：

---

① 刘振鲁：《台湾先贤先烈专辑——刘铭传传》，台湾文献委员会，1979 年，第 203 页。

② 胡传《致邓季垂》："敝局盐水港、朴仔脚二馆皆在贵治境；……该二馆额课万余金。"见《台湾日记与启禀》，第 109 页。

分馆
|
嘉城分馆、斗六分馆、笨港分馆
|
贩馆

关帝庙街、岭后街、大目降、白沙墩、安平口、湾里、朴仔脚、麻豆街、他里雾、打猫堡、店仔口、大莆林、水窟头、布袋嘴、盐水港、铁线桥、萧垄①

如上图所示，安嘉总馆结构颇大、人员纷杂，下辖分馆3处、贩馆17处，所经销的食盐区域是台南最为富庶的地区，由此总馆负责人需有较好的协调能力和经营能力。施士洁以台南名绅出任此职，确实是对他个人商业能力的一种锻炼和提升。施士洁担任安嘉总馆职务期间的事迹因无史料记录而隐晦不详，恰好胡传曾兼办安嘉总馆，从其日记可窥豹一斑。今就胡传的记录，略述安嘉总馆的职责：

1. 沟通官商。盐业事关民生，是民众的重要消费品，一直以来由官府垄断，清代各地设有专门的管理机构——盐法道等进行管理。台湾沿袭内地制度，"十四年整饬盐务，南北两府各设总局，以揽其事。南归兵备道，而北归布政使。基隆、艋舺、宜兰、新竹、大甲、鹿港、嘉义、凤山、恒春、澎湖各设总馆，各地仍置小馆，由民揽办。"② 安嘉总馆位居台南销盐第一，其"正办"与官府自然有着极为密切的关系。无论胡传、施士洁都与当地主政者关系良好，时常聚会往来，酬唱不已，其性质就是发挥官商之间的桥梁纽带作用。

2. 充裕财政。清代盐业经销属官府垄断，是各地财政的主要来源。"台湾销盐约按人口，每人日用三钱，年须六斤十二两，以三百万人计之，则当盐二千二十有五万斤。斤匀银一分，为二十万二千五百两，实岁入之一大宗也。"③ 据胡传日记所载，台湾盐局每年为各级官员提供津贴七万元，为本地公益事业拨款七千两，是当地财政支出的重要

① 转引自陈凤虹《刘铭传在台盐政改革（1886～1888）》，台湾"中央"大学历史研究所《史汇》第十期，2006年，第169页。

② 见连横：《台湾通史》卷十八《榷卖志》，第267页。

③ 同上。

补助:

津贴:督宪四千两,京官二千五百两,道宪一万二千两,台南府一万两,台东州七千两,澎湖镇三千两,澎湖厅二千两,恒春营五百四十两,恒春县四千六百两,各佐杂三千元:每年应支津贴银七万元。

拨款:义塾经费二千一百元,洋医二百元,道辕胥役一千元,冬防费一千元,又澎湖育婴堂、化善所经费二千元:每年应支银七千元。

安嘉总馆一年就上缴"课银"九万五千元,在台南道的财政收入中占据重要位置。同时,这些"课银"又与当地金融机构——主要是钱庄发生存贷关系,这又将总馆的负责人施士洁带入金融领域,促成他后来与钱庄业者关系密切,甚至参与到近代金融产业经营之中。

3. 督促"盐银"。胡传在日记中多次提到督促"盐银":

每月课厘有无积欠,解支若干,仍欠若干,必须月月结清实数,使总馆、子馆均一目了然,无复丝毫可以隐蔽,而月报清册乃为有用之清册,不致等于具文。……林君旧欠尚钜,万望代为格外留意为祷!(胡传《复何芝生》)

(盐水港、朴仔脚二馆)额课万余金;承办者为臬辕董苰臣巡捕,疲玩甲台南,欠课七千之多。……弟禀请缉宪立法自近者始,撤委而严追。……国帑攸关,似亦不得不尔。(胡传《致邓季垂》)

办馆者,委员少而司事多;司事必有保家具结保欠,欠则勒保赔偿。押保而追赔,不知凡几。……弟现严催各馆,下月缴清上月之课,不许其多欠者,虑其将来交卸受累不堪也。(《致翁子文、程玉堂》)[1]

清代各地盐务大多实行"官督商销"制度,"官督商销是政府监督下的商人运输、包销的模式,即商人向官府缴课领取盐引后,到指定的地点买盐,按照指定的路线运到指定的地点销售。"[2] 其中,"盐课是清

---

① 胡传:《台湾日记与启禀》,第 101、113、138 页。
② 参见刘经华:《中国传统盐务管理体制的制度分析——以清代官督商销制为中心》,《江汉论坛》2003 年第 4 期。

政府向盐商征收的各种盐税，是强制性的。"① 台湾建省后也沿袭这一制度，台南盐务按一定地域和人口比例向包销的盐商层层摊派一定数额的"课银"，各总馆的负责人作为官府与商贩之间的沟通者，理当负责督促"盐银"上缴情况，保证盐课准时足额进入官府。

4. 管理物流。总馆作为食盐分销的一个中间管理环节，对食盐在地方物流的畅通负有直接责任。总馆负责人要对食盐的运输工具、包装装卸、经营销售等环节十分了解，同时还要关注气候、自然灾害、人为因素等引起食盐价格的波动，当本地食盐不足时还负责由外地调运物资的任务。

如，激发各地船户的积极性，雇船运盐降低流通费用，胡传日记载：

此次改章（鹿港总馆章程）以妥筹雇船之法为第一要义，须使船户乐于运盐，知有利而无累，庶事可集而弊可永除。……今仿其法而分雇于淡、彰各港，不专藉安、嘉二属之船，意在择可靠之船也。如果明年船户无苛索之累，得久运之利，则各港之船必皆有羡心；此后必争来承揽，不但不须强封，且不须往雇矣。一劳永逸，其机括在此一事。（胡传《复翁子文》）②

再如，回收装运食盐的麻袋以降低包装成本，胡传日记载：

每次袋皮请饬收盐之馆，务于下次一律交轮船带回以便再装。敝局原购袋万条。运北路者只淡属回空三千，除去已破，仅二千余条可以复装。运宜属者无便回空，不知何时始能寄到贵处。需盐为数尚巨；若不挨次回空，必难周转。倘因无袋稽候，稍延迟，则彼此必均误矣。此亦利运之一端也。（胡传《致吴鼎卿》）③

施士洁作为安嘉总馆负责人一定参与物流管理，通过挖掘各种潜力节约流通环节的成本，达到降耗增效的商业目的。

---

① 宋良曦：《清代中国盐商的社会地位》，《盐业史研究》1998 年第 4 期。
② 胡传：《台湾日记与启禀》，第 114 页。
③ 《台湾日记与启禀》，第 112 页。

此外，总馆的负责人还需配合地方防卫军队、盐务管理部门参与食盐缉私等工作。由此，施士洁与一些武官也有联系往来。

盐务在清代的国计民生中占有相当重要的地位，"鹾务虽是霸者之遗法，然下不能便民，而上尚可以足国"①，究其本质，仍属于经济产业，须依赖一整套的商业系统维持"课盐畅销"。施士洁介入盐务管理，是他接触商业的开始，为其熟悉清末商业领域的机制体制、运作方式、人脉关系提供了很好的机遇。内渡之后，施士洁在《鹭门午日次何劲臣贰尹韵》中提及原濑南、洲北盐场场员何棠（字劲臣）："濑南、洲北今何处（皆劲臣司鹾地）？到此相逢别有天"，对共同的从事盐务经历有着美好的回忆。同时，他对有盐务经历的朋友似乎也别有感情，往往在诗作中给予注释，如在《姚澧珊封翁暨金太君七十双寿》点出："渔亭市隐葛天民，（□筦渔亭鹾务）玉杖光生四坐春"②，在《重九日别毓臣》点出"樽无萸酒寻新约；鼎有梅羹策旧勋（君司新竹鹾务）"等等，可见他对从事盐务的特殊感情。

掌管安嘉总馆为施士洁打开一扇通往商业领域的大门，改变了一位科举士绅对商业的认识，奠定他从士绅向绅商转型的基础。首先，安嘉总馆为施士洁提供了优渥的回报。"基隆、艋舺、宜兰、新竹、大甲、鹿港、嘉义、凤山、恒春、澎湖各设总馆，各地仍置小馆，由民揽办。其馆主多乡绅宦戚，获利不少，大者岁盈万金，小亦一二千圆。"③ 这种丰厚的岁入远远超过之前他在海东书院山长位置上的收入，海东山长的社会地位虽高，但收入却略显微薄，"山长束修四百圆，加考小课一百二十圆，⋯⋯由学租支之"④，一年岁入在 520 圆之谱。安嘉总馆虽属"候补人员藉差糊口"⑤，但掌握台湾南部主要盐务销售并管辖 17 个贩馆，有些馆主"岁盈万金"，作为总馆负责人的收入应是不低的。可惜，施士洁掌管安嘉总馆的时间不超两年，在这一职位上并没有获取更多的收入，但商业经济领域的丰厚收益一定对施士洁的思想产生极大的触动，当一些士绅还蛰伏书屋终老邺架时，施士洁已然实现转型走出书城，融入清末"实业救国"洪流之中。其次，安嘉总馆为施士洁接近和

---

① 胡传：《台湾日记与启禀》，第 125 页。
② 姚礼珊，安徽黟县人，乡绅，曾负责渔亭镇盐务。
③ 连横：《台湾通史》卷十八《榷卖志》，第 267 页。
④ 连横：《台湾通史》卷十一《教育志》，第 151 页。
⑤ 胡传：《台湾日记与启禀·致邵班卿》。

后来参与金融业提供了基础。清代盐业资本历来与金融业的钱庄、票号有着紧密联系，"钱庄、票号在一定时期成为了当地金融的调剂中心和结算中心，较为成功地解决了盐业经济发展中货币资本的集中、投放、流转、划拨、调剂、平衡的问题"①，总馆的经营性款项成为当地钱庄、票号的稳定存款，是金融业服务和依赖的大户，由此，施士洁有机会借由盐业经销熟悉钱庄的经营模式，这又为他内渡大陆之后从事金融业和侨批业奠定了良好的基础。

总之，掌管安嘉总馆是施士洁进入商业之嚆矢，为其后来由士绅向绅商转型解决了经济和思想上的障碍，具有基础性意义。

---

① 宋良曦：《自贡地区的钱庄、票号和盐业发展》，《盐业史研究》1994 年第 2 期。

略论清末民初泉州士绅群体与地方文化的构建

庄小芳[*]

在中国历史研究的各个领域，"乡绅"、"绅士"、"士绅"等概念常贯穿其中，历史学家、人类学家、社会学家对其也常有不同范围的界定。与"乡绅"、"绅士"相比，"士绅"一词出现较晚，内涵更宽，更符合清末民初的历史背景，同时定义更为明确，越来越多被学术界采纳。学者指出："所谓'士绅'，主要是指在野的并享有一定政治和经济特权的知识群体，它包括科举功名之士和退居乡里的官员。"[①] 而对于士绅阶层的文化特征，美国传教士何天爵在 1895 年出版的《真正的中国佬》一书关于"士绅"的界定也较常被提起，认为他抓住了这一阶层的本质特征："这一阶层的人都是在他们所居住的地区受过教育的读书人，他们一般都完成了读书人所必读的内容，而且已经通过了一两级通过仕途的科举考试。如果把这一类人与西方社会的各阶层作一比较的话，他们非常类似于我们西方国家不在政府中任职的大学毕业生。"[②] 明清以来，士绅阶层分布在中国的乡村和城镇，成为一个特殊的知识群体，充当着社会权威、文化规范的角色。有学者指出："明清两代，国家赋予士绅诸多政治、经济与社会特权，士绅阶层因之发育得最为成熟。至于清末，随着西潮的涌入，观念的革新，新政的推行，科举的废除，传统的社会结构也在发生着巨变，士绅阶层则因为科举的废除而蜕

---

　* 作者单位：中国闽台缘博物馆。

　① 徐茂明：《明清以来乡绅、绅士与士绅诸概念辨析》，《苏州大学学报》2003 年第 1 期。

　② 徐茂明：《明清以来乡绅、绅士与士绅诸概念辨析》，《苏州大学学报》2003 年第 1 期。

变，附着于科举制度的显性文化权力也随之消失殆尽，而隐形的文化权力则因为封建专制政体的废除而获得更大的发展空间。"① 本文即是以泉州的士绅群体为中心，分析清末至民初，其在地方所发挥的隐形文化权力。

本文所要讨论的泉州士绅群体，包括两部分，一即清末主要生活在泉州城内外，考取或捐得一定功名，但随着科举的废除及封建社会的解体和变革，无渠道再谋得官职而在泉州地方长期活动的这一类读书人。他们出身各不相同，或来自书香世家、官宦之后，或是通过自身努力取得一定功名的平民子弟，共同点即拥有举人、进士等科举身份，且相互之间通过结社等方式联系紧密，形成一个具有鲜明特征的群体。二是之前因科举到外地当官，后退居家乡的官员，这一部分士绅较少，但他们在地方影响甚于前类士绅，且也与前类士绅来往密切，在地方上，这两类士绅为紧密联系在一起的群体。在清末及民国的一段时间，他们活跃于泉州地方，主要从事地方教育等工作，同时参与地方种种公共事业，虽然没有官职，但因为拥有一定的学识和头衔，在地方有着举足轻重的影响。考量这一群体在地方的影响，一是要考虑到泉州这个城市本身特有的文化传统和城市特征；二是在清末民初这个特定的历史时期，这些士绅们在面对社会变革时的分化和转型。由于清末至今时间并不算长，这些士绅们的诗集、文集部分被整理保存了下来，部分人的故居尚存、族人亦能回忆起他们的种种往事，关于他们的人生轨迹尚有迹可寻。本文正是试图通过泉州士绅们的诗文，还原在时代变革中群体的心理轨迹，同时也试图通过个体士绅的人生轨迹，探讨在时代变革中，社会对个体产生影响的同时，这个特殊的知识群体发挥其特殊的文化权力，对地方社会产生的影响。

一、清末泉州的士绅群体

泉州历史学家陈泗东先生的父亲陈砥修，字仲瑾，为光绪二十八年壬寅（1902）科举人，之后又参与光绪三十年（1904）甲辰科会试，未中进士。陈砥修参加的是属于科举废除之前的最末两科科举考试，甲辰

---

① 黄纯艳主编：《中国古代社会经济史十八讲》第十八讲《明清以来士绅的文化权力》，甘肃人民出版社，2010 年。

科未中之后便也没有再参加科举的机会。之后他便一直留在泉州，秘密参加同盟会，为总务股长，和许卓然、叶青眼、傅维彬等同盟会员创办西隅学校，作为同盟会秘密组织，密谋革命，辛亥革命后光复泉州。由于父亲为清末举人，故与泉州最后的这一批举人进士们都有往来，陈泗东先生追录成《清代末科泉州的举人进士遗闻录》一文，详细地列举了清末科举废除前这些举人进士的名录，这一些人，也便是本文所要探讨的士绅的主体，摘录如下：

壬寅年（1902）科泉州举人名录：

宋应祥、庄鸿泽、黄鹤、余焕章、杨家栋、苏镜潭、郑星湖、施乾（以上泉州府人）

林文龙、李国佐、陈砥修、林骚、吴曾、许行简、曾道、陈育才、吴国藩、陈天球、陈寅垓、王冠群（以上晋江人）

陈泽津、吴增、林辉鹏（以上南安人）

赵巽、汪煌辉、陈蓉光（以上惠安人）

林培松、林逢春（以上安溪人）

黄翰（同安人）

郑翘松、林子鳌、周腾云（以上永春人）

副举人：

吴钟善、伍乔年（以上晋江人）

陈炳南（同安人）

癸卯年（1903）科泉州举人名录：

洪锡畴、吴锡璜、胡廷机、叶蓁（以上泉州府人）

黄抟云、黄孙垣（以上晋江人）

张时觉（惠安人）、王光张（德化人）

副举人：

王英、王文焕、胡廷清（以上泉州府人）

张为栋（惠安人）

黄鸿基（同安人）①

---

① 陈泗东：《清代末科泉州的举人进士遗闻录》，《幸园笔耕录》，鹭江出版社，2002年，第467页。

甲辰年（1904）科进士有林乾、林翀鹤、林骚、吴增四人，但其中只有林乾参加了殿试，为殿试二甲廿五名，点翰林，而随着科举废除，林翀鹤等三人也失去了再次殿试的机会，成为末科进士。随着科举之废除，这些末科的进士和举人们，便都失去了依靠科举取士进一步谋取官职的机会，大多数人都留在了泉州，在泉州地方活动。

依据陈泗东先生的遗闻录，这些士绅们出身并不相同，如苏镜潭出身官宦之家，其曾祖父翰林出身，曾官至四川总督，又开有大当铺，为泉州有名的"元祥苏"的后裔；黄孙垣为两广总督黄宗汉的曾孙，泉州旺族"观口黄"的后人；吴钟善则为状元吴鲁的儿子。而如吴增等人则出身较为贫穷，在上京赴试时泉州举人便是较富有的结成一伴，较贫穷的结为一伴。但为同科举人之后，身份相当，他们的关系则颇为密切，通过结成儿女亲家等方式，构成社会关系网。"据我所知，壬寅、癸卯、甲辰这几科的泉州绅士，结成亲戚者不少。陈育才和黄孙垣是同门，两人的妻子都是翰林张端的女儿。吴增和陈育才，曾遒和洪锡畴，汪煌辉和张时觉都是儿女亲家。"[①] 这些关系，使得士绅群体联系更为密切，也更为稳定。另有不在这两科的一些士绅，也都具秀才等身份，如有名的苏大山，科举废除之时为秀才，后应民初袁世凯的"选士"中了进士，但由于袁倒台后其进士资格不被承认，也就一辈子只是秀才资格。但这一类读书人中的有学问者，也被具科举功名的士绅群体所接纳，这在他们直接参与清末各类结社活动便可见端倪。以上具科举头衔的士绅，在清末常以教文授徒为生，但民国之后却常担任地方各类官职，虽然社会变革，他们依然因为有文化的标签而被重新起用，也可见他们在地方的影响力。

原由科举取士在京城或外地当官，而后或因年老、或因政治时局变化而回乡的士绅，则有陈棨仁、龚显曾、龚显鹤、黄贻楫、黄谋烈、黄抟扶等人，因为曾在朝为官，不论是在政治地位还是经济实力上，都不是前类士绅所能比拟的。以黄贻楫、黄谋烈两位士绅为例，两人为泉州著名的"观口黄"世家大族人士。观口黄氏居住在今泉州城元妙观口一带，黄贻楫父黄宗汉为道光年间进士，进入翰林院，在京历员外郎、郎中、迁御史给事中、内阁学士等职，在外历山东、浙江按察使、甘肃布政使、浙江巡抚、两广总督等职，奠定了黄家的政治地位和经济基础。

---

① 陈泗东：《清代末科泉州的举人进士遗闻录》，《幸园笔耕录》，第482页。

黄贻楫为黄宗汉长子，同治十三年（1874）探花，授翰林院编修，充国史馆协修，后改授郎官，分刑部主事。后因母殁家居不出，在泉州地方活动，历掌泉城清源、崇正两书院讲席，且倡办地方公益。黄谋烈为黄宗汉侄孙，同治二年（1863）进士，以进士授内阁中书，后转礼部。光绪二十一年（1895）告归，至民国去世，家居二十年，为泉州地方著名士绅。贻楫、谋烈叔侄在泉州地方颇有影响，"贻楫、谋烈叔侄，蜚声翰苑，历任京卿，先后家居二三十年，更成为泉州乡绅的班首，地方官遇事必造府请教，当地绅士也唯他们的马首是瞻，地方公益业必请其主持，霁翁（贻楫字霁川）和佑翁（谋烈号佑堂）的大名，在那时候几乎泉人皆知。"① 这一类曾为朝廷命官而后回乡的士绅，在地方上的影响远超空具举人进士头衔的素衣士绅，他们往往出自科举世家，政治和经济实力雄厚，在地方与官府的联系也更为紧密，更能顺应时代变局谋自身及家族的出路。两类士绅群体虽然有一定程度的差距，但在地方上却彼此往来密切，互相帮扶，也常互缔婚姻，如举人吴国藩的长子即与观口黄女结亲，且为泉州首次新式婚礼。②

　　清末民初在泉州地方活动的士绅群体，活跃在泉州各个领域，在政治、经济及文化上均具有很强的影响力，也常因此被冠以"绅商"等名词，陈桂炳的《略论晚清泉州绅商》、吴鸿丽的《近代闽南士绅阶层的社会流动——以泉州为例》等文章也多是以士绅们在商业和社会上的活动等为研究方向。本文则注重这些士绅们对于地方文化的影响，余略为不谈，可以说，这些士绅们不管是在对于传统文化的保持，还是对于新学的推进，均有自己的作为，他们保留下来的诗文书籍，也见证了清末民初泉州社会的变迁。

二、士绅的结社

　　清末至民国，泉州城有两个较有影响力的诗社，一为桐阴吟社，一为温陵弢社，便都是泉州士绅们的结社。桐阴吟社创建于同治年间，曾出版过《桐阴吟社》甲编、乙编两本诗集。桐阴吟社由当时泉州著名士

---

　　① 陈盛明：《晚清泉州一个典型的世家——黄宗汉家族试探》，《泉州文史》1983年第8期。

　　② 陈泗东：《清代末科泉州的举人进士遗闻录》，《幸园笔耕录》，第475页。

绅陈棨仁、龚显曾、黄梧阳等人发起，据计，桐阴吟社甲编社员有二十八人，乙编又增加社员十三人①，当时泉州较能作诗为文的士绅均包含在内。陈棨仁为同治年间进士，翰林学士，以回乡不仕，主掌闽南各地书院。龚显曾亦为同治年间进士，曾任翰林院编修，后亦退隐回乡，著书为乐。有清一代，泉州都未有诗社，桐阴吟社的成立，对于泉州地方文化，尤其是诗歌的发展具有积极的促进作用。龚显曾在《桐阴吟社》诗集甲编同治三年甲子（1824）花朝龚显曾序文云："我泉自'温陵五子'、'泉山'、'云洲'诸社之后，坛坫久寂，其流风遗书蔑如。是编之刻，非敢追踪古作者流，亦聊以志一时翰墨因缘云尔。"② 泉州地方素有的诗歌结社传统得以通过吟社得以进一步保留和发展，虽然在清末堪称昙花一现，但也可看出士绅们对于传统文化的坚持和用心。

根据桐阴吟社现有诗集咏题所见，都为一些缅怀先贤、观景怀古之作，缅怀泉州地方先贤、怀古的景点也多为泉州城内外，诗文中具有浓厚的地方文化情结。如以"不二谒欧阳行周先生"为题的组诗，即是以缅怀"开泉州科举之先"的泉州先贤欧阳詹为主要内容的；以"南安杏田村拜韩冬郎墓"为题的诗即是缅怀唐末入泉文士韩偓为主要内容的；又如以"鲤城竹枝词"为题的组诗，则描述了时年泉州城的风土人情、社会百态；又有一批描述泉州民风民俗的组诗，如"冬至搓丸"组诗等。桐阴吟社在泉州的成立，聚集了清同治年间一批士绅，他们组织访古探幽，挖掘地方传统文化，而陈棨仁还与龚显曾合纂《温陵诗纪·文纪》数十卷，对于延续和保存地方文化资源具有极大的意义。

与桐阴吟社相比，温陵耆社成立于民国二十二年（1933），主要成员为苏大山、宋应祥、林骚、吴增、吴钟善、曾遒、王冠群、汪煌辉、洪锡畴、苏镜潭等前面提到的空具科举头衔的晚期士绅，与桐阴吟社组社者多为退职官员相比，温陵耆社成立于社会变革之后，而成员多为已失去科举特权的士绅，这使得这两个诗社所收录的诗文，在风格上有着许多差异，也可见在不同历史时期这两个士绅阶层之间的不同心态。与清前中期的士绅相比，他们空具头衔而无实际的权力，与民国中后期的新知识阶层相比，他们又对新学显得保守和无知。苏菱槎为《温陵耆社初稿》作序云："他日竹素论勋，莫管洛阳之贵。桐阴嗣响，幸开温陵

---

① 何世铭辑：《温陵近代诗钞》，1986 年。
② 转引自何世铭辑：《温陵近代诗钞》，1986 年。

之先。定本尚传，看一辈辛酸面目。生涯太淡，留儿个寒瘦姓名"，便与龚显曾为桐阴吟社作序之心态不同。废除科举对于士绅阶层的影响，学者多有论述，有学者指出"废除科举就是断绝了士绅阶层法定的上升仕进之途，剥夺了士绅既得的政治、经济、文化特权，因而科举之废导致整个士绅群体的职业分化与阶层瓦解，给士绅带来长久的迷茫和幽怨的群体情绪"①，这种情绪在温陵弢社留下来的诗文中颇有体现，体现了一个时代一个特殊阶层的心理轨迹。

从温陵弢社留下来的诗集可见，温陵弢社常组织各类集会及集体出游活动，并以此为题留下同题诗歌。这些寻幽访古之诗作，便具有强烈的新旧更迭之感慨。如以"浯江竞渡词"、"甲戌中秋双江泛月"、"乙亥重阳登高"等为主题的组诗，因为是旧文化传统与新时代的结合，诗文中便强烈地体现了社会兴废交替及个人在历史中沉浮的感慨。在这些诗文中，他们也都有纪念末代孤臣的诗句，如以"九日山吊韩冬郎"、"石井谒郑延平王祠"为题的组诗，也常借此发身世之感。当然，伴随着这种情绪的宣泄，便是对时年社会现象的描述，这也使这批残留下来的诗文具有了重要的时代意义，士绅们对传统文化又爱又恨的心态，对新思潮、新政局有所保留的接纳，也在这些诗文中时有流露。

温陵弢社存在于解放前，可以说是泉州旧传统文化最后的余温，清末的秀才举人们，在民国时期成立此社，或许也可看作是他们渴望在新社会中发挥最后一点文化的余力，起到对社会教化的作用。

尤值得一提的是，时年泉州桐阴吟社和温陵弢社的成员与厦门鼓浪屿"菽庄吟社"联系密切，桐阴吟社的陈棨伦等人为菽庄吟侣，温陵弢社的主要成员中，苏大山、林骚、吴增、曾遒、王冠群、汪煌辉、洪锡畴、苏镜潭、黄悟曾、李钰、杨家栋、杜唐、张大藩、黄玉成、欧阳桢、胡巽、施随、杨昌国等都曾为菽庄吟侣，苏大山、吴增、苏镜潭、欧阳桢、杨昌国等还是菽庄吟社的核心吟侣，吴钟善还是菽庄吟社衍生社团——寄鸿吟社与碧山词社的成员②。因为此种机缘，1895 年之后，虽然台湾已被割让，但泉州部分士绅仍因此机缘往返于泉台两地，他们

---

① 黄纯艳主编：《中国古代社会经济史十八讲》第十八讲《明清以来士绅的文化权力》。

② 黄乃江：《东南坛坫第一家——菽庄吟社研究》，武汉出版社，2009 年，第 424 页。

的书法在台湾被广泛收藏，也留下了很多歌咏台湾的诗歌文章，如苏镜潭《东宁百咏》即为描述台湾诗文集，吴钟善《守砚庵诗稿》、《荷华生词》及苏大山《红兰馆诗钞》等也有大量描述在台旅居期间所见所闻的诗篇。这些诗篇见证了泉台两地密切的关系，也可视为泉州地方文化在台湾的延伸。同时诗社成员广泛的社会活动力和影响力也可见一斑。

三、士绅文化力量在民间社会的渗透

除了组织诗社以聚集泉州士绅，形成文化核心力量之外，在旧有士绅群体解体，民国新兴知识阶层尚未形成力量之时，泉州士绅的隐形文化力量也同时渗透到泉州民间社会的各个方面。

与退居乡里的士绅相比，空具科举头衔的士绅们因出身及时代不再赋予其政治经济特权等关系，使得他们空有一身才学无处发挥，为了生存或是因为少却优越感使然，便更多地服务于民间，也因此在清末民初的泉州地方留下了很深的文化印记。陈泗东遗闻录中提到的几则遗闻，颇能说明问题：

> 林骚曾于光绪戊戌进泉州府学第一名秀才（称为"案首"）。……没有田地，也不经商，又没担任教员或有经常的工资收入，而生活尚称不错。……当时基层土改队工作人员对此十分不解，特向他查问经济情况，以便确定他的成份。他坦白对土改队说："我替人家写祭文、墓志、寿序等，人家送我的笔资。有时人家请我去点主、主祭、祀后土，也有大笔红包。我就靠这些收入维持生活。"[①]

> 陈寅垓，字秀琅，南安莲塘附近一小村人，迁泉州北门居住，落籍晋江。他早于光绪十七年辛卯（1891年）就考中副举人，任寅才中正榜。他好与乡邻的红白丧喜事应酬，有请必到。当时有人就以他"陈秀琅拜（寿）、吊（丧）、点（主）阵阵出"，作为"苏菱槎□、□、□件件全"的上联对偶。[②]

> 曾道，字振仲，别号升文山人，郡城新门人。历任泉州府中学教员。……他不当官，不交纳官府，独立做地方上正派的绅士。他比较守

---

① 陈泗东：《清代末科泉州的举人进士遗闻录》，《幸园笔耕录》，第471～472页。
② 陈泗东：《清代末科泉州的举人进士遗闻录》，《幸园笔耕录》，第475页。

旧，泉州的祭孔，祭关公，每年正月涂门街关帝庙抽"公签"——新年初四日接神后抽的第一支签，预卜全年泉州情况好坏的签，也是他主持抽的。他善堪舆之术（看风水），科举废了，换了民国，他一时感到旧士人没前途，要靠自力谋生。据我父亲说，他一度和四个朋友组织一个叫"四友堂"的店铺，要以山、医、命、卜谋生，故称"四友"。①

可以说，这些活跃在地方的旧式文人，对于地方的民间信仰、风俗等方面都产生自己的影响。目前，泉州的各大寺庙，仍保留着很多当年这些士绅们的诗联、匾额等，他们参与各大寺庙的重修工作，并被邀请为这些寺庙留下墨宝，在地方上，寺庙以此相沿成风，也可见这一阶层的文化权力在民间信仰领域的积极渗透。诸如泉州通淮关帝庙、城南富美宫、紫帽山金粟寺等，都有这群士绅的诗联、国画等。

于地方传统文化的优秀部分，士绅们抱有积极的维护心态，他们热心奔走于地方优秀文化的发扬和相关古迹的维护，如位于丰州镇九日山东北环山村杏田自然村葵山之麓的韩偓墓，便是民国时期在士绅们的积极奔走下重修起来的，1936 年吴增向著名华侨黄仲训募 800 金修葺，而墓碑"唐学士韩偓墓"，亦曾遒所书。曾遒并著有《桐阴旧迹诗纪》，对泉州的文物古迹多所咏怀，并表达了对文物湮没、古迹毁坏及至传统文化断层的惋惜之情。

而对于传统的地方习俗，在新思潮的影响下，这些士绅们也渴望按照新的标准来进行教化和规范，最典型的莫如吴增的《泉俗激刺篇》及杨介人的《畅所欲言》，这两本成书于清末的讽刺世俗社会的书籍，其作者的用意便是以此来讽刺社会和时局，以唤起人们的警醒。《泉俗激刺篇》的作者吴增为壬寅年（1902）科泉州举人、甲辰年（1904）科进士，他出身微寒，故也更为关心社会百态和下层百姓的生活。《泉俗激刺篇》全文收诗歌四十六首，描写当年的政治黑暗、社会问题及迷信恶习等，他希望借笔发出疾呼之声，以塑造新的地方风俗面貌。而《畅所欲言》一书，署名杨介人所书，杨介人的声名在泉州不如吴增，但书前有黄鹤及苏大山等人序言，也可见非等闲之辈，汪毅夫先生收集有民国年间的印本，并对其书有详细的描述，他指出："杨介人，号雾园居士，

---

　　① 陈泗东：《清代末科泉州的举人进士遗闻录》，《幸园笔耕录》，第 474～475 页。

泉州人。'生有夙根，幼多奇慧。'为府学或县学出身的生员（俗称'秀才'）。"① 此书前"刊刻大意"指出书本的用意在于"俾老妪都解而闻者于倾耳之余如喝当头之棒"②，可见其用意也在于希望借助笔端来改造地方的社会风貌。

四、士绅与新学的兴起

虽然面对社会的变化与时局的更替，士绅群体整体出现了迷茫的情绪，但退居回乡的士绅们和空具科举头衔的士绅们也都在积极寻求新的生存方式。学者指出："士绅群体的分解使一部分士绅转向近代教育与新式经济事业，成为'学绅'和'绅商'，从而使学、绅、商界均无明显的'边界'，呈现交叉重叠现象。"③ 可以说，科举制度废除，传统仕进方式被切断后，地方士绅由于其具有知识的特点，也常被委以参加新政及兴办新学堂等，他们由此也重新掌握了地方部分公共文化资源及财源。这一社会时局带来的变化，也在泉州士绅群体身上得以体现。在面对新学的态度上，士绅群体出现了分化，有部分士绅对新学持保留态度，并不参与其中。如举人杨家栋，"在家中开设一所私塾，即使在三十年代泉州新式学校林立之时，他这家专授国文的私塾仍然学生甚多，郊区外县的华侨子弟都慕名而来"。④ 而曾道"对新式学堂不太好感，所以子弟都改行为商，不甚栽培读书"。⑤ 但是另一方面，由于这群士绅即便在当时的泉州地方，也属于较有知识和威望的人群，又较有能力从华侨那里筹资，故一方面资于社会变革的需要，一方面资于地方民众的推举，也常出来兴办新式学堂以及编修各类现代报纸、书籍等。同时兴办新式学堂的士绅，又常聘用别的士绅前来担任各种学校职务及教员，也使得清末至民初，泉州的教育资源仍掌握在士绅群体手中。所以可以说，在推进新学方面，当时的核心力量便是以上提到的士绅群体中的部分人士，他们身体力行，为泉州新式教育的开展和推进做出了自己

---

① 汪毅夫：《〈畅所欲言〉与 1897～1928 年间泉州的市井文化》，《东南学术》2004 年第 6 期。

② 转引自汪毅夫：《〈畅所欲言〉与 1897～1928 年间泉州的市井文化》，《东南学术》2004 年第 6 期。

③ 贺跃夫：《晚清士绅与中国的近代化》，《中山大学学报》1993 年 03 期。

④ 陈泗东：《清代末科泉州的举人进士遗闻录》，《幸园笔耕录》，第 472 页。

⑤ 陈泗东：《清代末科泉州的举人进士遗闻录》，《幸园笔耕录》，第 475 页。

的努力和贡献。

泉州最早创办的新式学堂，即是光绪二十七年（1901）由翰林陈棨仁、进士黄谋烈、黄传扶等积极倡议创办的，当时的吴增、宋应祥、龚显鹤、曾振仲、王冠群、王文焕等科举出身的士绅都曾在此任教。宣统元年（1909）十月，泉州教育会成立，亦是推举进士黄谋烈、黄传扶为正副会长。而清末泉州的四隅小学，也都由这些举人进士们筹办，如南门的立成小学即由进士黄传扶与举人王伯楷、黄师竹等人兴办，聘举人宋应祥为首任。这些士绅在泉州办学的情况，陈笃彬与苏黎明《泉州古代教育》一书"清末一批名儒成为新式学堂的先驱"小章节及一部分文章中已有概述，不一一列举。

在这群士绅中，较为有时代精神如吴增、陈砥修等人，便在泉州近代新式学堂的创建和新式教育的探索中作出诸多贡献。学堂筹办需要经费，这些士绅亦不惜远赴南洋各地筹措经费，如陈砥修（仲瑾）倡立西隅学校于小开元寺，"适西隅学校此际经费无着，即抽身携眷走印尼，历星洲、惹班、口望引诸埠而达泗水"。[1]"岁辛酉（1921），游菲律宾再为西隅筹募资金，归而添设师范部及幼稚园，规模大备"[2]。同时这些士绅虽出身科举，却积极探索新式教育的理念和实践，如对于旧式教育的弊端，吴增在《泉俗激刺篇》的"村塾"篇写道："鲁读鱼，帝读虎，塾师自叹教书苦。一日暴，十日寒，村童犹泣读书难。怒骂日几许，先生如猫徒如鼠；夏楚挞一场，先生如狼徒如羊。束修薄，馆地恶，勉强相束缚。学者以学为桎梏，教者以教为牢狱。呜呼私塾不改良，何怪读书种子亡！"[3] 这也可看作是对旧式教育弊端的反思。

除了创设新式学堂以启发民智之外，士绅们也身体力行以推行新思潮，如陈泗东先生回忆吴国藩"民国初年，他的长子和观口黄结亲，双方都是旧家，但却实行'文明结婚'——新式婚礼，这是泉州的首次结婚，值得一提"。[4] 陈砥修"思想进步，反对宗教迷信，所以我家从清末起就没有任何迷信，不敬神、不信鬼、不普度，甚至连春节也不贴红

---

[1]　陈泗东：《先父仲瑾陈公事略》，《幸园笔耕录》，第 640 页。

[2]　陈泗东：《先父仲瑾陈公事略》，《幸园笔耕录》，第 640 页。

[3]　吴增：《泉俗激刺篇》《泉州旧风俗资料汇编》泉州市民政局泉州志编纂委员会办公室。

[4]　陈泗东：《清代末科泉州的举人进士遗闻录》，《幸园笔耕录》，第 475 页。

联"。①

五、结语

　　背负着儒学传统的泉州士绅群体，在清末民初新与旧的交替中，保守旧学的一派与舍旧趋新的一派都在地方文化中扮演着各自的角色，成为地方文化构建的中坚力量。每个士绅个体的经历都见证了时代的某一侧面，也囿于时代和地方环境而呈现整体的局限性。同时，清末民初的泉州士绅群体为近代中国士绅整体的组成部分，将地方士绅群体作一研究，作为近代整个中国士绅群体研究的个案，以观其共性与独特性，亦是本文意图努力的最初愿望。

　　---

　　① 　陈泗东：《清代末科泉州的举人进士遗闻录》，《幸园笔耕录》，第473页。

二　田野札记

闽南视域下之大陆高山族浅析

——以邓州与华安两个家族为例

施沛琳 *

作为中国五十六个民族之一的大陆高山族（原住民），为少数民族之较少民族，这些高山族同胞的源流来自宝岛台湾。据 2000 年第五次全国人口普查数据显示，大陆的高山族人口有 4461 人；第六次全国人口普查有 4009 人居住在大陆。这些来自台湾的高山族同胞是何时、为何、通过何种方式迁移到大陆，他们在岁月洪流中如何定居与生活等内容，成为两岸学术研究领域的重要议题。台湾高山族自明清两代大量福建与广东汉人进入岛内后，即不断与之融合并受其汉化影响；而现居国内之高山族自台湾来到了大陆，部分又再与闽南人有着频繁与密切之互动。本研究主要从闽南视域下，以河南省南阳市辖之邓州市与福建省漳州市华安县两个家族为例，探讨其在大陆生活之现况，以及从其所存在之闽南习俗，理解这两个家族闽南化过程。

一、邓州市高山族的由来与概况

位居豫西南的邓州市为全国高山族聚居较多之县市之一，其具有"高山族成分"之人口，1990 年第四次全国人口普查时为 100 人；2000 年第五次全国人口普查时增加至 830 人[①]。至 2013 年 3 月，邓州市的高

---

* 作者单位：闽南师范大学闽南文化研究院。

① 邓州市地方志办：《邓州市志（1990~2000）》，2000 年，第 91 页。

山族人口数下降至 199 人①。人口数骤减乃因 2006 年有一批自报"高山族"人士在更改民族身份之程序与规定不符，又被改回为"汉人"，导致"高山族"人口数与前一次之普查结果悬殊。②

邓州市高山族人口集中最多的在张村镇上营村、下营村、冠军村（又称"尖兵营"村）等三个村。据人口普查之统计，张村镇高山族人口为 609 人，③ 约占全邓州市的 73.37%，占大陆高山族人口总数的 13.65%；1990 至 2000 年的十年间人口净增 101.5 倍。前述原因被撤回高山族民族成分之人口被学界称为"自报高山族"，2004 年张村镇"自报高山族"人口 1270 人，2005 年为 1902 人，净增多达 632 人。④

从地名与历史发展看，张村镇这三个带有"军事"色彩地名之高山族聚落，为中原地区"闽营"之一部分。"闽营"为清代初期形成的屯兵聚落，相传由原郑成功降清之部将黄廷率领闽南人将士至邓州屯垦，黄廷去世后葬在张村镇。⑤ 一些文献中均有相关记载，如《广阳杂记选》中记载："黄庭（廷），漳州人。善战、持重，百战不败。赐姓之攻金陵，庭留守厦门。于康熙二年以五千铁甲投诚，封慕义伯；后令其开垦于邓州。"⑥

又如《靖海志》："甲辰（康熙三年）……三月，郑经同冯锡范、陈永华等率余众回东宁。……洪旭以二十舟候黄廷同行。时黄廷部下兵将多不欲行，议欲使其子而辉、婿吴朝宰率众投诚，而自己带家眷与洪旭往东宁。适黄梧遣陈克竣来招降，黄廷遂入漳投降，后封慕义伯。……

---

① 本研究者 2013 年 3 月 13 日～17 日于河南省邓州市进行访问；该数据为 3 月 15 以电话访问邓州市民宗局长鲁教得知。

② 当地一位具"高山族"成分之人士向本研究者透露，他本人虽被认定为"高山族"，然家族中另一位原具高山族成分之父叔辈，已被改回"汉族"。

③ 邓州市第五次人口普查领导小组办公室：《邓州市第五次人口普查资料汇编》（2002 年）。

④ 陈建樾：《"台湾村"：一个移民村落的想象、构建与认同——河南邓州高山族村落田野调查报告》，《民族研究》2005 年第 5 期，第 38 页。

⑤ 2013 年 3 月 15 日本研究者于邓州市访问具有"高山族"民族成分之陈朝虎，他记得在大约 10 岁左右（1970 年代初期），当地进行整地还农运动，黄廷墓被炸开，好奇的他和另一位小朋友跑下去见到了墓里情景，至今难忘。陈朝虎堂兄陈相富也表示，曾经在那次运动中，搬运炸开的土泥与砖石去填附近一个湖，现今那个湖与黄廷墓已变成大片大片麦田。

⑥ （清）刘献廷等：《广阳杂记选》，《台湾文献丛刊》第 219 种，台湾大通书局有限公司、宗青田书出版有限公司，1995 年，第 32 页。引自杜世伟：《河南邓州高山族"闽营"背景初探》，《民族研究》2005 年第 5 期，第 62 页。

丁未（康熙六年）部议分拨海上投诚兵移驻外省。先拨慕义伯黄廷驻河南邓州，随召承恩伯周全斌入京。"①

《河南省邓州志》中亦指："黄廷字华明，福建人，明末聚兵海上，唐王封为永安伯，投诚，本朝封慕义伯，屯长乐。康熙七年，迁廷于邓，带领本标兵丁垦荒，因家焉。十三年从征吴三桂，十五年杨烈嘉据谷城征粮于邓，廷与战二狼冈，败之，邓以无恐。二十一年从平台湾，二十三年剿罗岔，俱有功。"②

清康熙七年（1668），清廷对郑氏投诚官兵采取了遣散内地的屯垦政策，其中，黄廷本部主体被遣派至河南，落籍屯田于现今之文渠乡与张村镇一带。祖籍福建漳州之黄廷部下多为闽南人，故其抵达邓州屯垦所形成之聚落被称"闽营"，文渠乡与张村镇也被当地人称"闽营五里四十八村"。③

近年来被传媒称为"台湾村"的张村镇上营村，位于邓州市西北方，村内自报为高山族后代者约有一千三百多人，是全国"高山族"聚居地之一，④张村镇的三个高山族村内，有七姓八家（陈、周、林、蔡、黄、张、许、谢）大约一千九百多人自报为"祖先来自台湾之高山族"；分别为台湾邹族（陈氏）、布农族（周氏、林氏）、曹族（蔡氏）、阿美族（张氏、许氏，为两姓一家）、泰雅族（谢氏）之后代。⑤

1996年，时任邓州文渠小学校长的陈氏家族成员陈堂三自卧病在床的母亲手中接过《邓州台湾土番垦屯陈氏家乘》，并于2002年向族人公开。此后不久，上营村自报高山族者家人相继发现族谱，加上陈氏家乘，共计七部载有"台湾土番"字样之族谱面世。据称，这些族谱被发现时，有的藏在家中什物中，有的包着绸布，有的贮存在木匣、竹箱或瓷坛中；随谱物品尚有：地契文书、木制姓名图章、黑色刻花陶瓶、

---

① （清）彭孙贻：《靖海志》，《台湾文献丛刊》第35种，第69～71页。

② （清）姚子琅纂、蒋光祖修：《河南省邓州志》，清乾隆二十年刊本，中国地方文献学会印行，1975年。

③ 杜世伟：《河南邓州高山族"闽营"背景初探》，《民族研究》2005年第5期，第62页。

④ 《上营村基本情况》，张村镇人民政府网站，http://www.dengzhou.gov.cn/zcrmzf/zjgc/webinfo/2012/11/1352338400165500.htm（2013年4月28日浏览）。

⑤ 本研究者2013年3月14日上午于邓州市张村镇上营村，与七家八姓之高山族代表进行座谈。

《论语》和《孟子》、玉石扳指和银元"袁大头"等等。①

尽管这七家八姓"自报高山族"人士家中"出土"之族谱中所载家族事迹，与各明清文献史料中相关邓州张村镇高山族的源流等，尚待考证者诸多，不过整理各家族谱之记载，加上民间所流传的说法，有关其来源的传说故事，均不脱其第一世祖为三百四十多年前跟随黄廷来到邓州屯垦之"台湾土番"说法，各族人士亦肯定地认为其先祖来自台湾高山族。② 族谱面世后，透过热心女台商于台湾寻找各族后代族人，其中居住台湾阿里山之陈姓人家被认定是邓州陈氏家族之后代，两岸随后展开一段对接族人相见欢之举，媒体中亦刊载不少相关跨海寻亲报导。

二、邓州市陈姓高山族家族简介

本研究以邓州陈姓家族为个案探讨，主要着眼于其家族一位成员为全国第一个自报并获准更改民族成分为"高山族"者，同时，另一位家族成员为第一个发现并公开记载着"台湾土番"字样的族谱，因而掀起邓州"台湾村"寻根风潮。

1981年，由国务院人口普查领导小组、公安部与国家民族事务委员会等发布的《关于恢复或改正民族成分的处理原则的通知》中明白规定："凡属少数民族，不论其在何时出于何种原因未能正确表达本人的民族成分的，都应当予恢复。"③ 1982年，邓州市市民陈朝虎率先自报并获准在民族成分上更改为"高山族"，随后另一位同姓家族成员陈堂三亦更改为"高山族"民族成分。④ 陈朝虎与陈堂三均向本研究者表

---

① 陈建樾：《"台湾村"：一个移民村落的想象、构建与认同——河南邓州高山族村落田野调查报告》，《民族研究》2005年第5期，第39页。本研究者前往邓州访问高山族人士代表时亦见到这些族谱之影本。

② 见《邓州台湾土番垦屯陈氏家乘》、《皇清台湾土番邓州慕义垦兵周氏宗谱》、《大清台湾土番邓州冠军垦兵林氏家乘》、《台湾曹族冠军蔡氏家传》、《台湾卑南族邓州冠军黄氏家志》、《台湾阿美族邓州垦兵籍冠军尖兵营许氏家谱》、《台湾泰么族邓州垦兵籍曲河官兵里谢氏族谱》。

③ 《国家民委民族政策选编》(1979~1984)，中央民族学院出版社，1988年，第257~258页。

④ 陈朝虎先生，1960年生，第11代高山族，现为邓州市红十字分会秘书长，为首位自报更改民族身份者。陈堂三先生，第12代高山族，现任文渠乡汤庄小学校长，是陈朝虎之堂侄，当地第一本出土之族谱《邓州台湾土番垦屯陈氏家乘》即出自他家中。

示："从很小的时候，爷爷和父亲就同我们小孩子说，我们不是这里人，祖先是从海的那边，也就是说从台湾那过来的。"①

据陈氏家族之《邓州台湾土番垦屯陈氏家乘》记载，修谱时间为清同治丁卯（同治六年，1867）8 月 16 日，由第一世祖依那思罗（汉名"陈年"）于邓州繁衍之七世孙陈道平所修；距离依那思罗落籍屯垦时间近两百年。

根据《邓州台湾土番垦屯陈氏家乘》中所述，② 陈姓家族之第一世祖依那思罗，台湾诸罗县阿里山土番猫地干社猎户籍，"……生于丙戌（顺治三年，1646）8 月 19 日，自幼颖敏骁勇，常伴番童游汉区，以鹿脯、鹿茸、熊皮、达尔纹换取珠盐铁器，尤喜铅子火药，通汉语、谙汉俗。……"其父实叮依那，于南明永历六年（1653）在参加台湾郭怀一秘密策划的抗荷斗争中阵亡。1661 年，依那思罗与兄依那吐拉加入郑氏大军，驱逐红毛收复台湾。不久，其兄回到山社，依那思罗仍留在郑军，编入周全斌麾下，舟师遇海登厦门，途中受周全斌侮辱，遂择机改投郑成功另一部将、右都督黄督，是为马夫。

康熙戊申（康熙七年，1668）腊月，从慕义伯黄廷所率闽营垦兵抵邓州，入垦兵籍。依那思罗受黄廷关照，娶当地汉女岑氏为妻，以妻姓谐音改姓"陈"，抵邓时正逢腊月小过年，故取汉名"陈年"，育有四子：陈元珍、陈元勋、陈元杰、陈元珠。甲寅（康熙十三年，1674），邓州垦兵奉命参加平定吴三桂反叛，依那思罗负伤，且因功被提升为黄廷的亲丁卫士。戊辰（康熙二十八年，1688）随襄镇总兵蔡元平息湖广之乱，依那思罗因军功被提升为五品参军副将。戊戌（康熙五十七年，1718）9 月26 日，依那思罗于第二故乡邓州去世，享年 72 岁，葬于家宅。

《陈氏家乘》记载，壬戌（康熙二十一年，1682）福建水师提督施琅集结兵力讨台湾，饬令黄部从征；黄廷允依那思罗携二子（陈元勋、陈元珍）返阿里山探亲。准备离开返邓时，"太祖母腋掩二孙泣留，依那思罗遂携二子按番社传统登库巴、行祭拜礼、付赎金"，将陈元勋、陈元珍两个儿子留在了家乡。自此，依那思罗四个儿子分散在海峡两岸的河南邓州与台湾诸罗阿里山。

---

① 2013 年 3 月 15 日本研究者于邓州市访问陈朝虎；同年 4 月 10 日，本研究者以电话访问陈堂三。

② 见《邓州台湾土番垦屯陈氏家乘》。

《陈氏家乘》中又道出：同治丁卯六年（1867）4 月 24 日酉时，捻军中一人寻入陈家家室，"……操闽南语且黥面诉称系台湾阿里山土番陈氏族人也，述始祖公身世，字字相投……"这位在《家乘》中述及"操闽南语且黥面"的捻军人叫"陈阿让"，称是依那思罗三子陈元杰五世孙。"……族叔陈阿让者涉险万里，行军假道，来去匆匆，奔询吾族，认同祭祖，方晓彼岸个叔二祖家事无几矣。……"

陈氏家族成员闻讯，"惊喜相告，款诚待之，并引其入祖茔致祭，陈阿让蹲下合掌念念有词，与吾族遗礼仪无异矣……"由于这位自称"来自阿里山"之陈氏族人因有军务在身无法久留，邓州陈姓家族乃竟凑盘费，嘱其日后回岛要代祭祖灵。在陈阿让造访隔日，修谱人陈道平写下《觅亲祭祖记》，同时于三个多月后修了此一被后代认为可资证明其为台湾阿里山邹族的《邓州台湾土番垦屯陈氏家乘》。

目前，邓州张村镇陈氏高山族共繁衍约四十余户、二百余人。家族成员中有部分人士仍留在上营村老家经营当地的主要行业——废塑料收集外，其第 11 代、12 代成员的职业不乏有地方中高级公务员与小学校长。①

陈氏家乘中所记载之家族与历史事件，曾通过相关专家学者考证，亦提出一些辨析。② 不过就现行家族成员之成长记忆所及，其长辈对于祖先来自台湾之"土番"说法是一致的。尤其，在族谱被发现前将近二十年，即由其中一位家族成员自报为"高山族"成分，显见家族记忆仍然存在。

三、华安县高山族由来与概况

福建省高山族人口 416 人（不含家庭中其他民族人口），为高山族在大陆人数较多的省份之一。主要居住在漳州、南平、三明等 8 个设区

---

① 本研究者与陈氏家族多位成员访谈结果。

② 郝时远：《河南〈邓州台湾土番垦屯陈氏家乘〉考辨》，《民族研究》2005 年第 5 期，第 49～60 页；陈建樾：《"台湾村"：一个移民村落的想象、构建与认同——河南邓州高山族村落田野调查报告》，《民族研究》2005 年第 5 期，第 37～48 页；杜世伟：《河南邓州高山族"闽营"背景初探》，《民族研究》2005 年第 5 期，第 61～68 页；赵广军：《清初台湾"土番"屯垦河南邓州考述——兼论小聚落移民民俗之变迁》，《广东社会科学》2012 年第 2 期，第 120～126 页。

市，其中漳州市 69 户 175 人、南平市 34 户 75 人、三明市 31 户 74 人。他们居住分散，人口成分构成多样，经济收入不一。①

福建省高山族同胞来源主要来自三个方面：一是 1945 年前后，从台湾被国民党征召从军，而后在解放战争时期加入中国人民解放军，这部分约占总数的百分之八十。解放后，大部分高山族人士由政府分配到机关、工厂或事业单位工作，还有一部分由于文化程度低，自己要求政府给些土地，自食其力，因他们语言和习俗等方面与闽南相似，所以大多安排在漳州市华安县定居务农。二是日据末期、1949 年前，闽台两岸经商往来密切，来到了大陆，主要从事经商、行医等。三是近二十年来由台湾来大陆投资办厂以及学者、艺人等在福建定居的，这部分人数较少。根据第五次人口普查统计，全省高山族从事农、林、牧、渔的劳动者约占 29.3％；企业生产工人、运输工人约占 39.1％；商业、供销人员的占 3.5％；国家机关工作人员的占 7.1％；无固定职业、临时打工 21％。②

以华安县为例，目前，高山族居住最多者在仙都镇。居住于该县之第一代高山族共 9 户，包括：噶玛兰族（平埔族）高玉兰（女）；阿美族刘阿休（女）、高文贵、黄清发；排湾族林忠富、严谷长、范金华；布农族林富；卑南族田大作。这 9 户第一代高山族有的是在日据末期随着经商的汉人丈夫或父母来到大陆，如刘阿休、高玉兰；其他则是在光复后之 1946 至 1947 年间被国民党 70 军召征来到大陆，后参加中国人民解放军，退休后转辗到了福建。这 9 户共繁衍为 34 户，是福建省内高山族较多之县份。

四、华安县陈姓高山族家族简介

本研究另一个选取之个案家族——华安县陈姓高山族，是来自阿美族母系社会，于日据时期嫁给了大陆汉人陈树烈之刘阿休女士后代；目前，刘阿休后代共繁衍了 5 代近百人，多数居住在华安、漳州市区，少

---

① 《福建省高山族的基本情况》，http://www.fjmzzj.gov.cn/View_News.asp? news_type=127&id=3946（2012 年 10 月 24 日浏览）。

② 林芳：《高山族与定居在华安的族民》，华安县民宗局编：《华安县少数民族族谱》，第 119 页。

数在广东汕头、晋江，部分在台湾。其中，其第二代陈赐添仍住在华安仙都镇云山村后垄之陈家老宅，第三代陈汉文及其子孙住在邻近的下林村。其家族成员有的在华安仙都行医或从事茶叶种植，有的在漳州市区教职退休，有的在泉州公家机关任职。① 不同于河南省邓州张村镇上营村之陈姓家族，由于刘阿休是在日据末期到大陆，距今也不过七十余年，其来源背景与家族成员世系较能掌握。

刘阿休，1894 年 8 月出生于台湾花莲县玉里镇大庄村，为该村"头目"之女，能歌善舞。1910 年福建省漳州北溪人士（华安县仙都镇）陈树烈先在厦门经商，接着到台湾花莲县玉里乡边经商边学行医。② 经玉里镇的柯家与吴家介绍，陈树烈认识了刘阿休公主。陈氏多才多艺，据后代追忆，陈树烈不仅经商行医，且擅缝纫、打猎、种田，尤其能为刘阿休公主量身订制漂亮衣裳，深得刘阿休的酋长父亲赏识与欢心，将其"入赘"为婿。③

1913 年陈树烈与刘阿休结成夫妻，在台湾生育子女有 5 女 2 男、童养媳 1 人。抗日战争爆发，为了避开战乱，陈氏夫妇于 1937 年携部分子女回到大陆，之后刘阿休在大陆的生活比较坎坷，其本人所持有高山族歌舞也失去传人。陈树烈于 1953 年病逝，终年 63 岁；刘阿休于 1957 年病逝，终年 64 岁。

五、两个高山族家族闽南化现象之探讨

（一）与闽南人的关系

若从邓州市张村镇上营村《陈氏家乘》中细思，可见其存在着浓厚的闽南思维。首先，陈氏家族于邓州第一世祖依那思罗"……自幼颖敏

---

① 本研究者于 2012 年 10 月 23 日与 2013 年 4 月 12 日，两度造访居住在华安县仙都镇云山村、下林村与县城城关之刘阿休后代之陈氏家族第二代陈赐添，第三代陈汉文、陈金木，以及第四代陈俊明、陈俊辉等成员；2013 年 4 月 30 日访问居住在漳州市芗城区之另一位陈氏家族第三代成员陈汉强。

② 本研究者与陈赐添等家族成员访谈得知，陈树烈当时主要作"哗玲珑卖什细"生意，从福建带了中草药、珍珠、玉石来到台湾销售，再从台湾带回腹内藏有黄金之鸡鸭鹅等禽类，以及糖、香蕉等，到厦门贩售，赚了不少钱，在厦门厦禾路买了房子开店。

③ 阿美族为母系社会，刘阿休酋长父亲虽以"入赘"形式招了陈树烈，然其子女均沿父姓。

骁勇，常伴番童游汉区，以鹿脯、鹿茸、熊皮、达尔纹换取珠盐铁器，尤喜铅子火药，通汉语、谙汉俗。……"其二，依那思罗之父实叮依那，于南明永历六年（1653）在参加台湾郭怀一（汉人）秘密策划的抗荷斗争中阵亡；其三，自1661年依那思罗为报父仇参与围攻赤嵌城开始，即与以汉人为主的郑军一起参与战事；其四，1668年随黄廷来到了邓州，更生活在"闽营"族群中，显示陈氏第一世祖自小即处于以闽南人为主体的群体之中。

继之，《家乘》中又提及，约两百年后清同治年间，来自宝岛之叔祖陈阿让也操着"闽南语寻人家室"。从《家乘》中显然得知，于17世纪中期后，陈氏族人不仅能说以闽南语为主之汉语，又与汉人经常交易。明清时代，台湾汉人基本接触以居住丘陵之熟番（平埔族）为主，距离西部嘉南平原不算近的阿里山邹族人竟已过着与闽南人杂居之生活，若《家乘》所云确实，此现象将为研究少数民族与汉人互动提供另外的视野，似值得深入探讨。

而华安县刘阿休与陈树烈家族史中呈现的，福建漳州华安人渡海跑到了台湾东部花莲，不仅从商、行医，同时与阿美族人通婚。日据时期，两岸人民交往互动密切，通婚之情形亦为常见；于明清时期入台湾本岛移垦定居之汉人与高山族之友善互动也于日据中末期后逐渐展开，然通婚现象存在于日据时始从祖国大陆前往台湾之汉人与高山民族之间并不多见，华安陈氏之家族历史反映了时代背景与两岸人民交流史，似可作为近代台湾汉人与少数民族融合实例，值得予以深入探讨。

（二）语言

以台湾高山族之语言而言，与汉族或平埔族之间的差异不小，即便在各高山族群间的差异亦相当大，"番族平埔与高山不同，此社与彼社亦异，南、北、中路尤为大相径庭"；[1] 由于番族语言各族不同，一族之中复再歧分，故其种类甚多。甚至于，会产生因言语不通使用手语而造成彼此误解乃至酿成斗争者情形。[2]

本研究者实际拜访邓州"台湾村"，包括陈姓高山族成员在内的各

---

[1] 台湾纂修通志总局：《修志事宜十四条》，转引自（清）卢德嘉纂辑：《凤山县采访册》，《台湾文献丛刊》第73种，第14页。

[2] 林惠祥：《台湾番族之原始文化》，林惠祥著、蒋炳钊编：《天风海涛室遗稿》。

自报"高山族"人士，其所使用的语言，可说完全地道河南化了，所持普通话明显带着"河南腔"。但在亲属称谓发音方面，基本与闽南语接近。① 例如：祖父称"公"或"zo"（音为"祖"的闽南语发音）；祖母称"马"、"玛"或"嬷"；父亲为"嗲"（dia）；母亲称"娘"、"呢"或"nia"（尼牙）；姑称"goh"。可以这么说，这些自报为台湾"土番"后代的居民，受到当地福建人后代"闽营"的影响甚多；若为来自台湾"土番"祖先流传下来，可假设其在台时即已受到闽南人影响了。

华安陈氏因长期居住地隶属漳州汉人聚集较多之处，所使用之方言非闽南语莫属。不过，第一代刘阿休生前使用语言以阿美族母语、日语与闽南语穿插，而刘阿休之汉人丈夫陈树烈、第二代长子陈龙福生前亦懂阿美族母语。② 然其后代已地道闽南化，主要以普通话与闽南语为主，其家族成员对父亲之称谓为"阿爸（音为'八'）"，母亲为"阿母"或"阿娘"，祖父为"阿公"，祖母为"阿嬷"，叔公为"二公"（二老爷），曾祖父为"阿祖"；唯有一房之家族成员表示，③ 其称呼母亲为"姨"，系因童年时期不易抚养而不作正面之母亲称谓。

（三）饮食

邓州"高山族"陈氏家族之饮食习惯已完全当地化，尽管上营村四周麦田片片，不见稻田，家族成员中喜食米饭与面食者各有之。接受本研究者访问之第 11 代陈姓成员中，有两位表示以米饭为主，尤喜食东北大米；而一位第 12 代成员则说是以面食居多。④ 另据其他学者之田野调查结果，"台湾村"包括陈姓家族在内的"高山族"的饮食习惯与当地汉人大抵相同，都饮白酒，喝绿茶，还会根据当地特产制作出各自

---

① 根据郝时远、杜世伟、陈建樾、赵广军等多位专家田野调查，以及本研究者于当地之访谈结果。

② 华安陈家第二代陈龙福之么男陈金木回忆说，小时候常听祖母、父亲和另一位同为台湾高山族阿美族之林忠富谈天时讲母语，叽里呱啦地，不知在说什么，他每每问父亲，总是得到这样的回答"你们不懂啦！"父亲年老临终前很后悔没教他们母语。

③ 第四代陈俊明（第三代陈汉文之长男）表示，当地有此"偏叫"习俗。此亦为闽南习俗。

④ 本研究者与陈氏家族第 11 代成员陈相富、陈朝虎及第 12 代陈堂三访谈所得。其中，本研究者在陈相富家中厨房里看到其使用的炉灶为传统农村炉灶，以土、砖，侧贴磁砖、上铺大理石之单孔炉台，据陈相富家人说系专门来煮米饭用。厨房外另一处专门置放捡拾来之枯枝、树叶与木柴。

喜爱的特有食品，例如：喜食一种由新鲜芝麻叶揉制后煮就的芝麻叶热汤面。[①]

与华安陈氏家族成员访谈结果，各成员们之生活饮食主食米饭，有成员表示其早餐与晚餐主要吃稀饭，[②] 口味已基本闽南化了。然而，多位家族成员回忆提及其第一代刘阿休生前之饮食习惯，则仍保留有高山族打猎后烧烤，以及将食物腌制与生食习惯。[③] 成员们各有记忆，譬如：第二代么男陈赐添及其长子陈艺斌（第三代）提及，刘阿休会从山沟或河里抓来小鸟或鱼，然后在田里挖个洞，放上一片大叶子和石头，烤得热热的，再将小鸟或鱼放上去烧烤；有时，打猎来的鹿，会将内脏挖出来，放在一个大缸里，用盐腌制约六个月生食。[④] 第二代长男陈龙福的长男陈汉强记得奶奶喜吃生猪肉和鱼，切后沾盐巴或酱油直接食用；有时，叫他们砍一种树藤中间的心，或去抓蚱蜢，除去翅膀后火烤了吃。陈龙福二男陈汉文记得，奶奶常常把生肉加点糖和盐稍为腌制后直接食用，有时也生食猪肝或蛋，生吃后在田埂边挖个小坑煮火锅。陈龙福么男陈金木记得，农作时肚子饿了，刘阿休会在田里或河边钓青蛙，会直接将青蛙生食。[⑤] 同时，她也爱喝红粬作的小米酒。[⑥] 不仅刘阿休有生食习惯，后代中包括其第二代陈龙福生前也喜欢生食；[⑦] 第三代陈汉文之五男陈俊辉也表达自己有生食（如鱼片）之倾向。

（四）宗教信仰

邓州张村镇之高山族大多信奉妈祖，有些还将妈祖塑像置于正屋祖先牌位正中供奉，在学者陈建樾、杜世伟等之田野调查中，看到在祖先牌位后的墙上贴有介绍妈祖的报纸复印件。但在其实地走访和入户调查

[①] 见郝时远、陈建樾、杜世伟等学者之田野调查报告。

[②] 第三代陈汉文访谈结果。

[③] 与华安陈氏家族不同代之成员访谈结果。

[④] 陈赐添与其长男陈艺斌不认为刘阿休会直接生食，而是腌制六个月后食用。

[⑤] 第三代成员陈金木记得他在 10 岁左右见到祖母生食青蛙，"当时祖母叫我也吃，但我不敢"。

[⑥] 刘阿休后代都记得她生前爱喝酒，高兴、悲伤时都离不开酒，酒后不是唱歌就是乱丢东西或骂人。陈汉强记得，平时强势的刘阿休常为细故生气，喝酒后曾抓起火球一扔，也扔过温酒的酒壶。

[⑦] 第三代长子陈汉强表示，父亲陈龙福常说自己是"番仔底"，而说刘阿休"更番"。

中，则发现一些高山族家庭因生病、无嗣等原因转而信奉基督教和佛教。① 流行于闽南地区和客家族群的妈祖崇拜，显然与高山族的原有宗教信仰不相符合。这些习俗应为"闽营"文化生活环境和邓州本地习俗作用的产物。经本研究者访问与观察陈氏家族之宗教信仰，以目前年纪最长、第11代成员之陈相富先生家中，除父母之照片与书有"陈氏世系尊君"之世系表外，并未见有特别祭拜之神明牌位。而在另一位第11代成员陈朝虎位于邓州市区家中，亦见到与陈相富相同之父母照片与世系表，不同的是还供奉着观世音菩萨、关公与祖师爷等三尊神像。② 至于第12代之陈堂三在受访时指称他家没有任何宗教信仰。③

台湾高山族各族多有图腾与拘邪圣物崇拜。在华安定居的排湾、阿美、布农和卑南族等高山族，其第一代和第二代的族民均保留其民族图腾和拘邪圣物，每年必祭，其虔诚之心笃信无二。阿美族的陈氏家族于"文革"期间，红卫兵曾在其家中搜出蛇图腾，诬说刘阿休是牛鬼蛇神，要抢走图腾圣物，刘阿休以死抗争，誓死保护其民族图腾；宁愿接受批斗、戴高帽游街，也不让红卫兵带走图腾。据陈氏家族成员说那张图腾是母亲从台湾带到大陆的，全家都奉为民族圣物，每次丰年祭时，全家人都跪拜在图腾下，口念民族祥语表述慎敬，祈赐子孙好德行善，能读书、会做事，后来那张图腾也毁在那场祸乱中。④

不过，现代华安陈氏家族中已不见有关祖灵信仰或拘邪圣物，其宗教来源主要是民间信仰与外来之基督教。刘阿休、陈树烈第二代⑤长男陈龙福之二男、第三代陈汉文与其第四代陈俊明、陈俊辉这一房没有特别之宗教信仰，然祭祖时会持香膜拜；而居住在漳州市芗城区之同一房第三代成员陈汉强家中则供有"南无观世音菩萨"之佛祖挂像与佛灯。⑥ 该房第三代成员中排行最小之陈金木则是信奉基督教。据陈金木回忆，他信奉基督教是受到同为教徒之奶奶、爷爷和父亲影响，父亲从

---

① 见陈建樾、杜世伟等学者之田野调查报告。

② 陈朝虎先生向本研究者表示，那是家人买来纯摆饰用的。不过，三尊神像前之香炉虽未见香火，却供着水果与干果。

③ 2013年5月4日再度以电话补充访问陈堂三先生。

④ 林芳：《高山族与定居在华安的族民》，第120页。

⑤ 刘阿休、陈树烈育有八个孩子，两男六女，长男陈龙福（已殁）排行老二，次男陈赐添排行老么。

⑥ 第三代陈汉强为陈汉文之兄，为第三代最长者，与第二代目前仍健在之陈赐添同为1936年出生；陈汉强称自己无宗教信仰，此为其配偶所信仰。

小向他说："家里是信礼拜的，不用和人家一样烧香。"① 刘阿休、陈树烈第二代么男陈赐添家中没有供奉任何神像，但墙上挂着写有"观音佛祖"与"福德正神"之书画，该书画前放置有香炉与烛台，并残留着香火残迹。陈赐添长男、第三代成员之陈严辉则表示自己没有任何宗教信仰。②

从上述看，不论邓州或华安两个高山族家族，现代之成员均已无高山族所具有之祖灵信仰，主要的宗教信仰仍来自于当地之习惯与个人实际依托与需要，虽各处豫与闽两省，却不约而同地受到闽南信仰之影响。

（五）婚丧之俗

婚俗方面，高山族与汉人通婚情形相当普遍。以张村镇上营村来说，因地处河南省且位居有"闽营"所在之邓州市，高山族后代通婚的对象主要有当地河南人或"闽营"后代。据张村镇老人回忆，60年代以前，当地婚俗新娘步入夫家时头顶一个柳条编就、贴有八卦图案的草筛子，脚踏红毯，以避邪保佑平安，当地俗语称"八卦罩顶，红毡铺地"。新人拜天地的"天地桌"置于院内，桌上放一只斗，斗内分别装入镜子、秤和黄豆（或包谷），斗外四角分别放置青皮鸭蛋以象征"胆"。待拜过天地后，新人要把草筛子悬挂在堂屋房顶上，过三天后取下，把上面的八卦图烧掉，以求红红火火。60年代后，这习俗不再延续。③ 而在闽南婚俗中，新娘也会用一个筛子；新娘下轿时，脚不踏地，要踩着铺在地面上的米筛、红布袋或草席进入厅堂，以免带有"邪煞之气"。牵新娘入门者用米筛或雨伞遮盖新娘头面，使其不见天日，有"避煞之效"。④ 这习俗在台湾闽南人较多之农村社会也常见。

上营村高山族有"跳棺"之丧葬习俗，据较早之调查报告显示，⑤家有丧事时，棺椁横放于中堂之前，尸体头部朝左。出殡当日夜里，孝子要一手执纸制雨伞，一手执纸船（船上写有较早去世的撑船艄公名字）；如逝者是女人，则手执纸制轿子（轿上写有较早前去世之轿夫名

---

① 陈金木1957年生，现居住华安县城城关，本研究者于2013年4月12日在其住家附近经营之杂粮店进行访问。

② 2013年5月5日以电话访问定居于泉州之陈严辉，他说在农村信仰较多元，供奉土地公、妈祖、观音菩萨很常见。

③ 陈建樾：《"台湾村"：一个移民村落的想象、构建与认同——河南邓州高山族村落田野调查报告》，《民族研究》2005年第5期，第44页。

④ 林剑华：《"有理有数"与"有年有节"》，九州出版社，2002年，第41页。

⑤ 沙海波：《"台湾村"情况简介》，邓州市委统战部，2005年。

字），身背装有冥币的纸制包袱，冥币上写有孝子名字，包袱上写有
"背包袱人×××"（本族内稍早去世者名字，此人应与棺内人关系良
好）。孝子装扮好后要从棺材上跳来跳去，嘴里念念有词道："嗲（娘）
呀！回去吧！回到大洋（海峡）彼岸，那里有阿里山！那里有日月
潭……"①当地高山族也会在丧仪后逢七上坟敬香、烧纸，坟前摆供点
有红色颜料的"红顶膜"，请戏子唱戏或请和尚、道士念经超度亡灵。②
上述所提之"红顶膜"即类似于福建与台湾闽南社会中祭祠拜拜所使用
之"红龟粿"。

　　华安陈氏家族成员通婚对象明显以闽南人居多，③其婚丧习俗亦趋
于闽南化，多数简单且现代化，找对象时多透过媒妁，男性成员娶妻时
是否需付聘礼视对象家庭之需，访谈各成员，有付聘也有未付聘礼之情
形。④结婚时，新娘由媒人撑着伞带到男方家里，在祖先牌位（照片）
前行拜祭之礼。唯仍保有高山族习俗者为"招赘"，前述阿美族为母系
社会，以华安陈家为例，则仍遵循不"嫁"女之习，⑤女性成员找配偶
成家以"招进来"形式，或称"凑和"，而非"嫁"女；但不收聘金。
原生家庭若有任何需要子女承担之义务，如：照顾生病之父母等，即便
已成家之女性成员亦同样付起与男性成员相同之义务，也可按父母意愿
继承财产。⑥

---

　　①"阿里山"有两个社，一是特富野社，一是达邦社，"阿里山"之名是在 17
世纪末期才有的。安倍明义编：《台湾地名研究》，昭和十三年日蕃语研究会版影印
本中指，阿里山地名的由来不可考，引《诸罗县志》之记载：阿里山距离县治大约
10 里（华里），山广深峻，原住民剽悍，嘉义（诸罗山）的哆咯嘓番（现今之太鲁
阁族）都很害怕，一旦遇上了，立即逃避。阿里山系玉山西峰延伸支脉山汇之总
称，而占据该山地的邹族亦因而又名阿里山蕃。"另有一说认为，凤山平埔蕃称呼
该地山地生番为"Kali"，汉名则取谐音，称之为"傀儡蕃"诸罗平埔蕃亦与其为
同一语族，遂以此称呼该地之山地蕃。Kali 相传之后，Kali 便转为讹音 Ali。在
《陈氏家乘》中亦提及其祖依那思罗源自"阿里山土番猎首族"。而"日月潭"古称
"水沙连"，清同治年间为何称该两地为"阿里山"、"日月潭"，尚待深入考查。
　　②王复战主编：《邓州市志》，中州古籍出版社，1996 年，第 659 页；中共邓
州市委党史研究室编：《中共邓州市历史》（第 1 卷），中共党史出版社，1997 年，
第 10 页。
　　③华安其他高山族家族成员亦有与同为高山族之后代结婚之实例。
　　④第三代陈金木表示他没付聘金，然第四代之陈俊明则称娶妻有付聘金，与
当地闽南人一样。
　　⑤第三代陈金木称，"嫁女儿是不嫁也不娶"，女儿生下来的孩子一定要"套
母姓"。例如：他的长女陈小丽"嫁"了李姓男子，生的儿子取名"李陈广"。
　　⑥第四代陈俊明访谈结果。

在葬俗方面，陈树烈与刘阿休去世时是 50 年代，陈家生活困苦，后代成员回忆，陈树烈于 1953 年过世，当时是将其抬至老家后垄附近一处山头埋葬；然而至 1957 年刘阿休往生时，几乎就是用几片简单棺木，潦潦草草地在陈树烈坟前一座小山之山底下埋葬。[①] 显示华安陈家已无较多类似邓州陈氏家族之高山族习俗，基本与当地闽南人相同，甚至因当时家道情况可以"简陋"二字形容。

（六）岁时祭仪

本研究者于邓州访问之陈氏与各"高山族"家族代表均称，上营村"高山族"以腊月二十四为小过年。在陈氏家族的传说中，是因其第一世祖随黄廷部队抵邓屯垦时，正好是腊月二十三晚，故不仅将依那思罗改汉名为"陈年"，自此也将腊月二十四这一天作为小过年，和北方以二十三日为小过年不同。不过，根据《重修台湾府志·风土志·岁时》记载："腊月二十四日，各家拂尘。俗传百神将以是夕上閭阖谒帝，凡神庙及人家各备仪供奉，并印幡幢、舆马仪从于楮上焚而送之，谓'送神'。……凡岁时所载多漳、泉之人流寓于台者；故所尚，亦大相似云"；"汉人用此礼，土番无也"。[②] 学者赵广军之田野调查亦显示，[③] 口碑所传说的"土番"后裔二十四祭灶的特殊遗俗，在福建、台湾、邓州的地方文献中都能找到根据，并非番俗，实为汉俗。也就是说，腊月二十四小过年应为闽南人习俗，至少在清代时的高山族是没有这习俗的，却在邓州之"高山族"中体现了。从另一角度看，也可以这么说，此亦为移迁至河南省邓州之台湾"土番"后裔不断闽营化、本地化的结果。

此外，据陈姓第 11 代成员陈朝虎表示，他们会于每年农历三月九日过寒食节。家族中的传说是在荷据时期，台湾有一家高山族为挽救整个部落而牺牲了全家八口的性命，此后其他高山族人在这一天不在白天开伙吃饭，以为纪念。在此一邓州高山族的特殊节日里，族人们聚会团圆，燃放鞭炮，烧香祭祖，同时各家族共同摊钱延请剧团在墓园搭台唱

---

① 陈金木回忆，奶奶走的时候家里穷，因此只简单埋葬，并未将两人合葬。

② （清）周元文纂辑：《重修台湾府志》，《台湾文献丛刊》第 66 种，第 242、244 页。

③ 赵广军：《清初台湾"土番"屯垦河南邓州考述——兼论小聚落移民民俗之变迁》，《广东社会科学》2012 年第 2 期，第 124 页。

戏，附近的小商小贩也聚到这里贩售商品。① 不过，一些介绍中国传统民俗节日之书籍上均记载，寒食节是汉人习俗，闽南人也会在这一天扫墓祭祖。

华安陈氏家族中，在早期第一代刘阿休在世时，仍多有保留高山族习俗，例如：舞蹈与歌唱，第二代陈赐添记得刘阿休在农活之余喜手舞足蹈，跳一些舞步；而第二代陈龙福之么男陈金木表示，父亲会在一些年节时教他们跳高山族舞蹈。显然，在第一代与第二代间仍保有着高山族舞蹈，到了第三代之后，虽较不涉猎，不过因有着民族传统文化恢复意识，成员们乃与同为福建高山族之其他人士合作组织了高山族舞蹈队伍。传统节日方面，华安陈家过年从除夕夜开始，各家在各自家里拜祖先、围炉，而第二代陈龙福房下之第三代及其家族成员则在农历初一至初五选择一天相约见面，或走春或聚餐相会话家常，联络感情。②

对祖先之扫墓习俗，则依土坟埋葬年限等状况不同而各在冬至或清明为之；针对第一代刘阿休和陈树烈，其后代是在冬至扫墓，而第二代陈龙福则在清明扫墓。③ 在扫墓时，亦因宗教信仰不同也有不同之进行方式。刘阿休二男陈龙福之家族成员是大家相约前往墓地，由信奉基督教成员先进行默哀、放圣诗、祷告等形式，接着才由信奉佛教或民间信仰者，依闽南习俗以果品、纸钱，放置墓周围，并烧香祭拜。④

台湾高山族多行丰年祭之俗，然在华安陈氏家族之第一代在世时还保存着丰年祭，⑤ 在邓州陈家则已不复见。不论在冬至或清明扫墓，两地之祖先祭仪仍以烧香、奉果品与纸钱等为主，其俗均与闽南人相同。

六、结论

从两个陈氏家族为例的探讨中，对于高山族"闽南化"的现象已显

---

① 陈建樾：《"台湾村"：一个移民村落的想象、构建与认同——河南邓州高山族村落田野调查报告》，《民族研究》2005年第5期，第45页。陈朝虎先生亦向本研究者提及过寒食节之习俗。

② 陈龙福房下第三代成员，有女性成员现居住广州及晋江者。

③ 第二代陈赐添访谈时表示，父母墓是在冬至扫；第三代陈金木亦表示，爷爷奶奶是在冬至扫墓，父母亲是在清明扫墓。第三代二男陈汉文之长男陈俊明补充说这是当地习俗造成，人死埋葬后七年捡骨，找风水师重作新墓地，墓之规模较正式。不过，定居在漳州芗城区之第三代长男陈汉强则不认为有捡骨之习。

④ 第二代陈赐添与第二代陈龙福房下第三代么男陈金木访谈结果。

⑤ 林芳：《高山族与定居在华安的族民》，华安县民宗局编：《华安县少数民族族谱》，第120页。

现无遗。历史上，河南邓州张村镇之高山族从台湾迁移到大陆后，经过了两次与闽南人同化过程：早期，其祖先在岛内先与台湾汉人同化，继之随着郑成功降清部将黄廷所领"闽南人居多"之军队来到邓州屯垦，不论在军队或移居至邓州，均与"闽营"人产生频繁互动，再度进行着闽南化过程。经过三四百年过程，又与当地邓州人或河南人融合，虽然亦有着"河南化"或"邓州化"情形，但从邓州陈氏家族所流传之习俗中可知其仍保有着浓厚的闽南风俗，尤其在婚丧嫁娶的一些形式内容上，还掺杂着一些不同于地道河南人的闽南习俗。至于其成员所强调之"番俗"痕迹已非常薄弱，如：亲属称调等，可谓与闽南人接近，甚而完全"闽南化"了。虽然作为一个移民群体，近年来，落籍垦邓且经历多重在地化过程的高山族不断强调其为高山民族之文化特征，然在诸多史书与文献尚未获得佐证前，对于一些"来自大海那端土番"之说法，也仅止于是传说而已。

华安陈氏家族则因迁移年代较为近代，根据后人之记忆，其高山原住民习俗在其第一代中尚保有，后因与当地闽南人相处、通婚，生活习俗等均完全"闽南化"，华安家族的"闽南化"过程是单一的，在台湾，其第一代为汉族和高山族通婚，到了大陆亦然，并没有像邓州之高山族，中间夹杂着与外省（河南人）之互动与融合。

费孝通先生"一体多元论"之论述，中华民族由多元民族所组成，汉人进入少数民族地区而与之融合和同化，或少数民族进入汉人地区亦与之融合和同化，如此之互动是何时开始，已无从考究，大约不同民族的人一有接触，便会发生互相学习、互相通婚、互相融合、互相同化之现象，不仅在一些动荡或改朝换代时期，在个别人或家庭的移动，随时都有的现象。[①] 此现象亦在邓州与华安两个高山族家族中获得印证。不论在三四百年前之清朝或者在近代日据时期，在中原地区之河南，或在大陆东南之福建，少数民族与汉人在各种情况下都有产生融合同化之可能，而此正是多元民族形成一体之基础。

---

① 费孝通：《中华民族多元一体格局》，中央民族大学出版社，1999年，第193页。

金门陈坑南方宗祠奠安仪式

汪春春[*]

一、前言

　　在金门汉人为主的社区中，庆祝宗祠修缮的奠安仪式为宗祠祭典中的重要内容。此时，必以全族之人力财力举行盛大的醮事，以求阖族平安，丁财两旺。

　　按照醮事的分类，宗祠奠安属于庆成醮的一种。刘还月对其予以界定，"庆成醮顾名思义，乃为庆祝某建筑落成而举行的醮典，一般以庆祝寺庙本身落成最为普遍，也有庆祝某公路、桥梁或者重要公共设施落成启用而启建醮典者，显示此型醮本身含有浓厚的庆祝与欢乐的意义。除了全新的建筑物落成，旧建筑破损后重修完成，或者新加盖某一部分，也都可以建醮以示庆祝，取舍的标准视它和人民是否有重要而直接的关系"。因宗祠在村落信仰中处于核心地位，且关系到族中各家各户的福祉，因而宗祠的奠安仪式为最慎重之事。

二、陈坑宗祠

　　陈坑因陈姓人家聚居而得名，又称上坑、尚卿，行政规划上称成功村。村内共有两座宗祠，分别称"北方宗祠"和"南方宗祠"。北方宗

　　　* 作者单位：厦门大学人文学院。

祠坐南朝北，始建于乾隆二十年（1755），乾隆二十六年（1761）落成，初建时为单进祖厝，后于 1964 年扩建为二进大厝。南方宗祠坐北朝南，为一座一进式建筑，始建于康熙二十八年（1689）。据可查记录，南方宗祠曾于 1974 年重修，1975 年奠安。2009 年在距前次修缮 34 年后再次修缮南方宗祠，工程结束后择吉日于 2011 年 12 月 2 日至 5 日（辛卯年十一月初八至十一）举行奠安仪式。

三、奠安准备

奠安仪式关系到全村人的福祉，比每年的春秋两祭更为盛大，因而准备工作耗时较长，考虑更精细，通常包括择日、人员的组织和动员、祭品的准备以及奠安科仪的准备。

（一）择日

王建成指出"因为每一座建筑物的座山面向，要经过六十年的轮转，才有机会碰到四字利的大利年。因宗祠的奠安活动关系到整个家族的兴替，是所有族人的安身立命的利害问题，所以大意不得，一定要找到方位和流年合乎四字利的利年才会举行"。此次奠安时间的确定亦经过周详的考虑，先经由奠安委员会派遣专人前往台北择日馆挑选良辰吉时，初定日期为农历十月下旬和十一月上旬，后再问神，由陈坑常驻苏府王爷最终定夺，将奠安时间确定为十一月初八至十一。

（二）人力财力的准备

"在筹备该项奠安的祭祖活动时，往往要经过一年以上的筹备，并且动员族中所有运作的人物力，甚至远在台湾或海外的宗亲也都是在被动员的范围之内，其费用往往都是在数百万元之上"。为举行此次南方宗祠奠安仪式，成功陈氏男丁每人交纳 10000 元新台币丁钱，作为仪式筹备，订制统一服装，宴请，邀请道士、戏班等经费开销，结余的金额将用于北方宗祠的修缮。此次奠安的统一服装为红色棉衣，左胸口绣着"陈坑陈氏"字样；黑色棒球帽，上绣祥云、太阳纹样和"陈坑"字样。

人力的准备更是一次全族的集体大行动，宗亲会在其中起着巨大的作用。首先，由宗亲会组织成立"陈坑陈氏宗祠奠安委员会"，分配各自的任务，下设负责全体任务的总务组、负责接待工作的接待组、负责祭礼的司礼组，祭拜时的正献官、陪献官等。司礼组成员为村中辈分较高，有一定声望，在文、商等方面有一定成就者；正献官要能够代表宗祠的声望和成就。献礼中，献官各有分工；"引"为引导官，即仪式中引导主献官、姻亲献礼官、宗亲献礼官的司礼人员；"赞"为赞礼官，即在献祭时贺赞词的司礼人员；"通"为司礼官，具有指导整个仪式的职责；"仝"意为引赞仝，即引导官和赞礼官同时高声喝彩；读祝官职责为宣读祝文，祝文书红纸黑字，通常包括献礼的目的、时间、献礼者，随后附上吉祥之语，有向所祀神明禀告、祈求祥瑞之意，同时也告之乡老。正献官、陪献长老均着黑色长衫马褂，引导官、赞礼官、司礼官在仪式中着青布长衫，读祝官衣着无特别的规定。

其次，告之相关人员参加此次宗祠奠安仪式，包括成功陈氏男丁、金门各宗亲姻亲、在台湾工作的男丁以及远在海外的宗族成员。在此次奠安中，便有从海外归来参加此次活动的族人，新加坡一行约二十人、越南一人。

此外，各房祧各家户也需要积极配合，促成奠安仪式的顺利举行。根据陈坑陈氏宗祠委员会印发的《陈坑陈氏宗祠奠安庆典各家户配合事项》（详见附录一）对各房祧各家户祭品的准备、粿粽的排列都有具体的规定。各家户的有关活动均须配合仪式的进程，如敬宅神、地基主时各家户须携带自家预备好的祭品至宗祠指定地点祭拜；恭送玉皇时须在门口置供品香案；奠安接近尾声时，各家户至祠堂参加分灯、领灯仪式等等。

为了烘托欢乐祥和的氛围，环岛南路三段经过陈坑的路段，沿途张灯结彩，并插红、黑、黄三色彩旗，上印"金门陈坑陈氏南方宗祠庆成奠安，国历：十二月二、三、五日，农历：辛卯年十一月初八、九、十一"字样；因奠安第二日关闭宗祠后，宗祠门一日内不得擅自打开，故12月4日无任何科仪。

（三）祭品的准备

陈坑南方宗祠奠安中祭品多种多样，依祭祀的对象或献祭者的不同而有差别。

宗祠内祭祖香案两旁的长案上，依次摆放着各房祧排列的粿粽，粿为以糯米粉制作的发糕，直径大约三十厘米、厚度大约为十厘米，以塑料膜包裹表面以免灰尘污染，再在上面用红纸黑字贴上制备者的名字。粽子则以二十至三十结串，以示人丁兴旺、添子添福之意。粿粽均盛在篮中，摆放在桌上，一天仪式完毕后，可自行取回。祭祖香案上则依据献礼时的顺序依次摆放三牲、鲜花、茶点、烟、洗漱用品和红白二色汤圆。按照闽南人的待客之道，在香案桌上摆放着洗漱用品和茶点，洗漱用品依性别而有所分类，有供女性使用的补妆用品。此外，在香案桌上还有专供观赏的看牲和看碗。看牲，顾名思义，就是只用来看的牲醴。此次奠安中，有用面粉制作的狮、象等动物造型，用干银耳制作的虎，再在这些造型的周围饰以鲜花。看碗相对于看牲来说，外观更小巧、制作更精致，也更具巧思。此次奠安的香案上的看碗有用面粉制作的章鱼、螃蟹等日常所见的食物，还有花鸟虫鱼等观赏性动物，另有精致雕花，糖果点心等。

用于祭天的全猪、全羊则摆放在宗祠外的香案两旁。宗亲、姻亲前来参加祭祖时也须自备所有供品，其中包括用于祭天的全猪、全羊，用于祭祖的各类牲醴，祭祀完毕后自行取回。祭拜地基主时，备牲醴一副，包括鱼一条、肉一块、面若干；各家户准备的供品通常为碗菜、糕点等日常所见所食之物。

除食物外，金帛纸钱也是必不可少的祭品；将金帛按照所敬奉神明的不同摆放整齐，并附上神明名号，如敬地基主、宅神，送玉皇、六宿、山神、土地等。各家户所准备的金帛通常有所规定，敬梁神、龙神时为寿金千二，敬地基主和宅神时需要备金帛二份、尺金六千、二五金一万。

（四）科仪的准备

陈坑此次奠安邀请的道士团来自古宁头，在金门也小有名气。道士团中通常包括主持祭典的道士及其乐队，乐队所用乐器为北管乐，有唢呐、铙钹、三弦、笛、鼓。

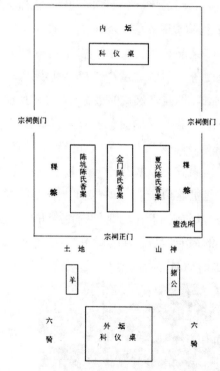

图1　宗祠内外布置图。图中所示香案为第二日香案布置图；第一日祭拜则撤去中间香案，左右分别为"颜氏姻亲祭拜香案"和"陈坑陈氏祭拜香案"；第三日祭拜则只保留中间香案，为"陈坑陈氏祭拜香案"。

图2　斗灯

道士团根据奠安的需求在宗祠内设立道坛，所设道坛宏伟、壮观，通常将宗祠背面的墙壁完全遮挡，包括玉皇坛、龙吟霄汉、法灯永耀等，同时悬挂玉皇大帝、元始天尊等神明像，再在周围饰以精美的刺绣图案，如"金玉满堂"的字样。祭坛上供奉着果品、肉类祭品和一盏标有"陈氏宗祠、添丁进财"的灯，因"灯"字在闽南语发音中与"丁"字同，故有祈求人丁兴旺之意。坛下设有科仪桌以供道士作法，桌上供奉玉皇大帝神像、道士法器、斗灯、祭品。宗祠横梁上悬挂着一大一小两幅楹联，大联为"垒辟真龙壮祠宇而秀润，觐开黄道庆堂德之脉源"，横批"庆成植福"；小联为"庆贺梁君诸事迪吉，奠安土府各务呈祥"，横批"奠神庆美"。

祭坛布置完毕后，除了请神明安座之外，还要邀请当地的神明到道坛监醮，即监督仪式的进行。"邀请其他神明监醮的目的有三种，一是请所有神明共同为醮科中所求的合境平安、善信康健……做见证，请求上苍垂怜；二是供监道士主持的醮典，是否落实进行每个科仪；三是同享醮祭举行而

图3　楹联

得的福分，增添神的威灵"。各方神明安座道坛后，道士便将红纸黑字的镇坛符安置于玉皇坛总坛的正下方，以免邪秽入侵，破坏道坛清净。

图4　山神和土地

图5　宗祠两翼廊下灯

宗祠门口同样安置两尊神明以阻止邪秽。守护宗祠正门左门（宗祠的左右以宗祠的坐向为准，下同）者为山神，红脸黑髯，骑在青狮上，

守护右门者为土地，面容慈祥，黄衣黄帽，白脸白髯。此外，宗祠两翼走廊下亦悬挂有"陈氏宗祠、添丁进财"的灯，所悬挂灯的数目与宗祠内男丁数相同。

四、奠安第一日

"陈坑陈氏宗祠委员"制定了奠安仪式程序表（详见附录二），奠安仪式大多依此顺序举行。本文旨在还原奠安仪式全貌，但仪式多有重复，而文中不赘述其重复部分。

（一）子时起鼓、发奏、掀梁、制煞戏

子时起鼓，三位长老先在祭坛前上香，再到宗祠正门外所设的起鼓地点祭拜，参加祭祀的长老须着长衫马褂。起鼓地点备有金帛一份，以钱币（硬币）摆放的八卦图，图中央安放黑纸白纹老虎，称虎煞，再以三份金帛围绕虎煞，三瓶水压住金帛；备有牲醴，包括鱼一条、肉一块、面一份以及三杯白酒；提前挑选的白色神鸡也在场共同召唤神明。长老上香祭拜完毕后，道士作法，焚金帛一份，再持鼓敲击一路将鼓声引至祠堂内，将鼓安放在鼓架上，随后，管乐齐奏，奠安正式开始。

接下来道士作法发奏，向神明禀告仪式开始、仪式内容、祭拜者，长老持香与道士一同跪拜，待道士宣读完毕之后方可起身。随后便是掀梁、点梁仪式。掀梁是将宗祠主梁正中上的红布掀开，将覆于下面的八卦图露出，再取鸡冠血置于铜镜上，以笔蘸取，点至八卦图的正中央及各个方位。制煞戏为驱邪护坛的仪式，在点梁之后举行。主祭道士取白色神鸡鸡冠血少许，置于铜镜上和酒，而后作法，希望以鸡冠血达到驱邪除秽，清净道坛的目的。之后便是撒五谷，以祈添丁进财，在五谷中还和有五元、十元的硬币。

（二）追龙

卯时追龙是奠安中的重要仪式，须扛抬纸扎神龙绕全村龙脉一周。去程经环岛南路三段到琼径路，再经琼径路到经武路，最终到达取龙水处，在此举行点龙仪式，再经陈坑西山小径，穿过废弃的军营，经正义国小，再经环岛南路三段回到宗祠，将神龙安放于宗祠背后正中央。

除了主祭道士外，另有两名道士作法，神明亦降身于乩童。追龙队伍以道士和乩童带领，道士团乐队随后，后随神龙，神龙后抬着一座神辇和一座神轿，分别安放玉皇与玉女娘娘，各房祧长老手持一炷香紧随其后，长老之后是其他随行男丁。

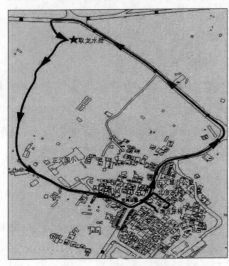

图6 追龙路线图

在取龙水处提前设有科仪桌以举行点龙仪式，科仪桌上摆放着香、烛和牲醴。主祭长老上香祭拜后道士作法；乩童于此起乩，起乩后以拳击打科仪桌，以示神明降临，此时，旁边的协助人员迅速脱去乩童的上衣，再将八卦兜围于其胸前，将龙虎裙围于其腰间，乩童手持令旗、一炷香。道士取鸡冠血置于铜镜上和酒后，以笔蘸取，先取瑞气，将笔依次置于乩童和长老口边，口中所吐之气即为瑞气，然后再依左眼、右眼、左脸、右脸、鼻、下颚、舌头、额头、下腹、腿、后背的顺序点龙。至此，点龙仪式结束。

（三）敬梁神、龙神

追龙仪式后，各家户须备红汤圆三碗、寿金千二至宗祠内祭拜梁神、龙神，敬毕，再以同样的祭品敬拜梁神。

（四）排粿粽

陈坑有三个房支十三祧（祧为小于房的分支单位），分别为长房前山房、新兴、蜘蛛、进兴、北方厝、四柱、昌盛、城边、后新厝、耀宗房祧，三房上塘房祧，四房东山、下塘房祧。按照事先安排，奠安第一日由前山房、新兴、蜘蛛、下塘房祧排粿粽，晚上九点后可收回。排列粿粽的同时安置好香案。第一日安置两个香案，左为颜氏姻亲祭拜香案，右为主家香案。香案上依次排列着香炉、鸡鱼肉等祭品、看牲、看碗、茶点和红圆，香案桌的另一头则安放着两把椅子、两双筷子供祖先、神明使用。

（五）祀文昌、福德

文昌即文昌帝君，又称文昌星君；福德即福德正神，土地神。文昌和福德为金门民间信仰中最为普遍的两个神明，一个管文，另一个管理一方水土和人们的财运。"祭祖时首先要先敬献文昌帝君与福德正神，敬献文昌帝君时通常以族中具有文才或获有高学位且任高职者为正献官。敬献福德正神时，通常以族中最有福禄或工商业巨子为正献官"。祀文昌、福德的仪式（详见附录三）是祭祖敬献仪式的开端。

（六）迎接贵宾

祭祀文昌、福德后，全体长老、接待组和男丁在宗祠内迎接贵宾，贵宾大多为地方父母官或者在文教、商业方面较有成就者。在奉主入龛的仪式中，贵宾充当点主官。

（七）点主①、祭典（各界）祭祖

奉祖入龛通常需要多位点主官与多位长老同时配合完成。仪式程序大体如下：

1. 奏乐，鸣炮。

2. 长老请序立。

3. 点主官请就位。（点主官与长老面对面站立）

4. 上香，再上香，三上香。

5. 请主，奉主。（由专门人员将祖先牌位送至长老手中）

6. 晋硃笔。（硃笔安放在晋祖先牌位的托盘中，点主官只需随手拿起即可）

7. 恭请点主官点主，赞曰：祥云一团团（点主官以笔在头顶画祥云状），瑞气一环环（点主官将笔置于长老口边以接瑞气），点天天开元（用笔点祖先牌位的上方正中央的环状图案），点地地开盘（用笔点祖先牌位下方与上方环状图案相对应的位置），点日日光明（用笔点祖先牌位右侧的日形图案），点月月团圆（用笔点祖先牌位左侧月形图案），点主主神安（用笔划过祖先牌位底座），点背后丁财旺富贵全（点祖先牌位背后）。点毕，齐喝："发呀！"

8. 奉主入龛。（由专门人员接过长老手中的祖先牌位奉入神龛，再将需要点主的牌位交予长老手中，重复前面的仪式。所有的牌位经点主后再进入下一环节）

9. 点主官行献礼：一鞠躬，再鞠躬，三鞠躬。

10. 进主者向点主官行一鞠躬礼。

---

① 点主仪式程序依据陈宗留先生提供的于 2009 年 12 月 28 日～29 日举行的"紫云衍派同安房汶浦黄氏家庙重修庆成奠安"以及于 2011 年 3 月 30 日～31 日举行的"清河堂儒林衍派忠勤第金门青屿张氏家庙奠安庆典"仪式的影像资料总结而成，必有所纰漏，望指正。

11. 奏乐，鸣炮。

12. 礼成。

点主完毕后，贵宾也可祭拜以示恭贺。祭拜仪式与主家、姻亲、宗亲祭拜存在一定差异。其仪式大体如下：

1. 典礼开始。

2. 鸣鼓三通。

3. 鸣炮。

4. 奏大乐。

5. 恭请主献官（贵宾）全体贵宾观礼。

6. 主献官就位。

7. 来宾就位。

8. 奏细乐。

9. 焚香。

10. 上香。

11. 晋花，献花。

12. 晋酒，献酒。

13. 晋馔，献馔。

14. 晋果，献果。

15. 乐止。

16. 读祝官就位，宣读祝文。

17. （读毕）乐升。

18. 行致敬礼，鞠躬，再鞠躬，三鞠躬。

19. 奏大乐，鸣炮。

20. 礼成。

献礼中，贵宾如果晋献礼金，则在"行致敬礼"之后交至主献长老手中，双方握手后再奏大乐、鸣炮，随后宣告礼成。

（八）迎接姻亲

姻亲祭拜是奠安第一日的重要内容。陈氏姻亲为金门颜氏，颜氏宗祠位于贤聚，旧称贤厝。姻亲来贺时，主家长老率众至村口迎接。执"欢迎姻亲"横幅者走在队伍最前列，其后紧随由村中孩童组成的管乐队，而后则是村中长老和全体男丁。王建成指出"来参与祭祖的有他姓姻亲所组成的祭拜团，祭拜团由其族中的长老二十四人带队，来时会准备二十四件的牲醴祭品，有全只的猪、羊等太牢与各式样的菜肴和糕点

图 7　迎送姻亲、宗亲路线图

果品等，皆由其族中较年轻的人员扛抬，一路浩浩荡荡，由大鼓敲敲打打地伴送而来。而举行奠安的姓氏主人，也由长老领队带员至郊外迎接，沿途并于道路的两旁连接不断地投放串串鞭炮，燃放时绝对不能让炮声有所停歇，直到宗祠的门口"。除祭品外，颜氏姻亲庆贺团进献题为"敦睦宗谊"的匾额。

（九）姻亲献敬

将姻亲迎接至宗祠后便依礼举行姻亲小三献（详见附录三）。献礼中，陈氏宗祠主献官和颜氏姻亲主献官同时祭拜，后颜氏姻亲祭拜团将礼金交予陈氏主献官手中，献礼结束。

（十）庆宴

颜氏姻亲献礼后，主家在接待处设宴款待颜氏姻亲祭拜团成员。届时，陈氏男丁参加宴庆。菜肴大多为燕菜、对菜、佛跳墙、胡椒包等金门特色菜。

（十一）村口欢送姻亲，祠堂广场戏剧公演

欢送姻亲的队伍与迎接时并无二致，持"欢送姻亲"横幅者走在队伍的最前列，其后为管乐队、长老、男丁、姻亲队伍。姻亲祭拜团将随行带来的祭品取回。主家将姻亲欢送至村口，陈氏长老与颜氏长老一一握手道别，待颜氏姻亲团成员远行后陈氏欢送团方才离去。

在欢送姻亲中有一个较迎接时特别的环节，称为"炸三太子"。三太子即哪吒三太子，由青年男丁装扮。此仪式源于台湾本岛，是将青年一代与民间俗信连接起来的权宜之计。此外，还有虎爷大将军。三太子走在欢送队伍中间，年轻者手持鞭炮，将其点燃扔至三太子脚下，三太子随着鞭炮声起舞，周围则为之喝彩。由于三太子和虎爷均是驱邪镇恶之神，这样的活动既达到清净村舍的目的，同时具有一定的娱乐价值，并将村舍中的年轻人纳入宗祠祭祀活动中，增加宗祠责任感和凝聚力。

欢送姻亲的同时，祠堂广场戏台上进行戏剧公演，剧目均为方言剧。吸引村舍人员前来观看，娱人亦娱神。戏剧开演之前，剧团要向宗祠送子以祝贺宗祠奠安庆成、添丁进财，称为"送娃娃"。

（十二）迎接正义国小牌匾及其献礼

正义国小是位于成功村内的一座小学。在此次奠安中，校方向宗祠进献了题为"源远流长"的匾额。欢送姻亲后，陈氏欢送姻亲队伍便缘路至正义国小，迎接由正义国小校长带领的献匾团。一行人浩浩荡荡地来到宗祠后，献匾仪式开

图8　迎接正义国小匾额路线图

始。献匾所遵循的仪式与贵宾献祭相似，但亦有所差别，大体如下：

1. 上香。

2. 晋匾，献匾。

3. 晋鲜花，献鲜花。

4. 献酒，再献酒，三献酒。

5. 晋馔，献馔。

6. 晋金帛，献金帛。

7. 行致敬礼：鞠躬、再鞠躬、三鞠躬。

8. 晋礼金。

9. 礼成。

献匾仪式基本都遵循此程序。除正义国小进献的匾额外，金门县议会亦进献了题为"源远流长"的匾额，县长李沃士进献题为"世泽绵长"的匾额，立法委员陈福海进献题为"祖德长昭"的匾额，行政院政务委员之福建省政府主席薛承泰进献题为"望族鸿宗"的匾额，金门县金湖镇民代表会进献题为"弘扬祖德"的匾额，行政院院长进献题为"发猷辅政"的匾额。陈氏宗祠人员在文、武方面取得相应成就者亦可进献匾额，但通常学历至博士者才有资格。本族人员政治学教授陈德禹、文学教授陈德昭、法学教授陈德新、资讯工程教授陈仁晖、企业管理教授陈仁炜进献题为"博士教授"匾额，铭传大学教授陈明恩进献题为"博士"的匾额。奠安仪式结束后，所进献的匾额均将张挂于宗祠内以示人才辈出，欣欣向荣，同时对于晋匾者来说也是无上的光荣。

（十三）拜斗

斗即天上星斗之意，汉人有对星斗的崇拜。刘还月指出"礼斗也就是祭拜斗灯，斗乃星斗……民间俗信又有'北斗解厄，南斗益寿'的说法，礼斗植福的法会，自古以来一直都受到人们的重视"。此次奠安庆典中的拜斗，在宗祠内举行，由村中长老代表全村人们祭拜斗灯，植福祈安。

（十四）读改年

读改年仪式需要辈分最高的长老和道士配合完成，是替全族人消灾免厄的仪式。长老上香后，一位长老坐于一旁，并将一红烛放置于铜盆中，再放置一些符咒在旁边。另一位长老手持竹筛站立在科仪桌前。道士则右手持帝钟，左手持龙角作法。道士念咒，并将一份符咒点燃，连同捆绑好的一箸筷子和几枚硬币放入竹筛中，长老摇动竹筛，使符咒均匀燃烧但不至于烧坏竹筛；端坐一旁的长老则依据道士的指示燃烧放置在一旁的符咒。

（十五）闹厅、晚朝

闹厅也称闹坛，即道士奏乐、作法使祭坛热闹起来的仪式，在许多科仪中通常为第一个仪式，也在每天晚餐之后重复此科仪。"民间信仰之中，有许多场合，如寿诞、丧祭、迎神……都需闹厅……主要的目的是预告正式节目即将上演，各方准备不及的人员或观众可以及早准备，当然更有增加热闹氛围的效果"。此外，更具有娱神的性质。

五、奠安第二日

奠安第二日由进兴、北方厝、四柱、昌盛、城边、后新厝、上塘房桃排粿粽，当日晚上十一时后自行取回。第二日上午宗亲献祭，分别为金城颍川堂金门县陈氏宗亲庆贺团、夏兴陈六郎公派下陈氏宗亲庆贺团，故香案的设置与第一日有所不同；备三个香案，正中央为金门陈氏宗亲团献祭香案，左为夏兴宗亲团献祭香案，右为主家献祭香案。

（一）进表

进表，即向玉皇进文书，将奠安进展情况、参加人员如实禀报。进表前，长老与道士共同核查红纸黑字的家户与男丁人数表，对错漏之处进行修改，以保证每户人家都能受到福禄。

随后便设立香案供进表之用，香案上备牲醴一副，金帛若干，酒三杯，纸扎高约二十厘米的向玉皇进表的神明一个。主祭道士手持玉皇尺作法，辅祭道士辅助其作法，三位长老侍立于左右。待道士作法完毕后，长老向所进文书行跪拜礼，随后由一位长老持文书，一位长老持金帛，另外一位长老持纸扎神像，行至化纸地点将文书、神像和金帛一同焚化，以示将文书呈交至玉皇手中之意。

（二）送玉皇

送玉皇是将请至醮场的玉皇送归天庭，此仪式由乩童作法。长老上香后将供奉在科仪桌上的玉皇和玉女娘娘请至神辇神轿中，分别由四位年轻力壮者扛抬。其他男丁扛着各色彩旗，围绕化纸地点。再由几位男丁将摆放在宗祠门口的纸扎神殿扛抬至化纸地点，并随带金帛若干，并纸扎神殿一同焚化。长老则持香祭拜，扛抬神辇神轿者围绕化纸地点绕行，神辇神轿因神明端坐其中而不断晃动。恭送玉皇时，各家户在自家门口备香案祭拜。

恭送玉皇后，乩童、长老、男丁回到宗祠内初验地契。地契为两块地砖，一块上刻有八卦图，并附有"黄鹤下时飞上天，鲤鱼脱出如深渊；奠安福地长富贵，金榜儿孙万代传"；另一块则写着南方宗祠的建立和选择此块地基的依据。初验地契时，道士手指地契诵读，乩童端坐于科仪桌前仔细聆听，如有谬误则马上修改。初验地契后，道士将地契收好，以待再次验证；乩童退乩。

（三）请六宿

送走了玉皇后便恭请六宿来护卫道坛，此仪式由道士作法完成，长老行祭拜礼。六宿即天上的星宿，一般以骑虎、蛇等不同座骑，长髯，面色以红、黑、白、青等的神像出现，威风凛凛，具有镇煞护卫的作用，也并称为六骑，通常和山神、土地共同护卫道场。

（四）出嫁女儿添随礼金

奠安第二日，陈坑出嫁的女儿要回到宗祠添随礼金，以示归宗求安、祸福共享之意。金额数目大多为 500 元至 1000 元新台币。宗祠也为添随礼金的出嫁女儿准备了一把（五箸）筷子，以示认可。若因事耽搁，而不能于第二日回到宗祠者，可寄回一件衣物。

（五）迎接宗亲、宗亲进献

迎接宗亲的路线和队伍与迎接姻亲时相同。将宗亲队伍迎至祠堂，待宗亲祭拜团将祭品依次排列后便开始祭拜，宗亲祭拜采用的礼仪称为大三献（详见附录三）。宗亲祭拜时，金门陈氏宗亲团先行祭拜，再由夏兴宗亲团祭拜，主家均需一同祭拜。祭拜完毕后，饮福酒、受福胙，以示享受祖先恩德、神明庇佑。此外，宗亲庆贺团进献了题为"万年宗亲"的匾额。

（六）镇符

为了守住宗祠内的福禄不被邪秽打扰，需安置符咒以达到镇守之目的。

镇符于欢送宗亲后在祠堂内外举行。在祠堂内安剪刀符，为两把剪刀、一个宝瓶、瓶口上置一圆环，在闽南语中"剪刀"、"瓶"、"圆"谐音"家家平安团圆"。剪刀符一般安置于五个方位，东、西、南、北、中；依五方五色的观念，东方为青色剪刀符，西方为白色，南方为红色，北方为黑

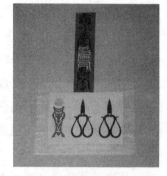

图9　宗祠内中央剪刀符

色，中为黄色。除中间的剪刀符刀锋向上以免伤人外，其他各方剪刀符刀锋均向下以镇压邪秽。

图10　宗祠外西面墙壁所安神符

宗祠外安置竹符、砖符、剑符、木制神符和一个瓶身画符的玻璃瓶。竹符为三个长约三十厘米的竹筒，将其一头用红布包裹，再在竹筒上画符，方位不同而存在一定差异；砖符分两部分，一块赭色长约二十五厘米、宽约二十厘米的砖，再在其表面画符，另一部分砖符由三个长约二十五厘米、宽约五厘米的大理石砖组成，所画神符因方位的不同而有所差异；剑符为三个状似宝剑长约十五厘米的金属片组成；木制神符则为一个长约三十厘米、宽约五厘米的木板画符；剑符、木制神符和玻璃瓶，所绘神符无方位差异。安置时，木制神符安置在屋檐下，其他神符均安置于与木制神符相对应的正下方墙角处。依据五方五行五色的观念，东方所安竹符为：青龙星君押、甲乙木德星君押、青帝始星君押，砖符为：黄府镇、康府镇、洪府镇；南方所安竹符为：勾陈星君押、丙丁火德星君押、赤帝真星君押，所安砖符为：钱府镇、赵府镇、雷府镇；中间即宗祠背面正中央墙角下所安竹符为：朱雀星君押、戊己土德星君押、黄帝押，砖符为：武府镇、中坛镇、孝府镇；西方所安竹符分别为：白露星君押、庚辛金德星君押、白帝素星君押，三块砖

符分别为：魏府镇、马府镇、梅府镇；北方所安竹符分别为：玄武星君押、壬奎水德星君押、黑帝元星君押，三块砖符上分别为：方府镇、温符镇、崇府镇。竹符安放在中央，一左一右分别为三块大理石质砖符和赭色砖符，剑符安放在赭色砖符上，玻璃瓶质符则安放在三块砖符旁。

宗祠内外所安的符合称为安五营，共同守卫宗祠的安宁。

（七）敬宅神、地基主、张贴榜文

敬宅神、地基主时各家户携祭品至宗祠门口祭拜。宅神和地基主分居宗祠一左一右，墙角摆放香炉供敬香之用。宗祠各个门口也相应摆上一副牲醴、香一炷以示祭拜。与此同时，道士将记录宗祠内各家户信息的红纸黑字榜文张贴在祠堂外左壁上，以供神明知晓情况，榜文下摆放牲醴一副、清香一炷。长老在一旁端详，如有错漏则立刻修改。挂榜之时，戏剧团两名成员以一男一女扮相来到祠堂内，上香祭拜后，将放在科仪桌上祭拜的"娃娃"取回，并贺词祝陈氏宗祠添子添福。

（八）过布桥

过布桥是全村男女老少齐参加的祈福活动，具有互动性质。过布桥时将香案桌从宗祠内撤去，在宗祠正中央搭上一条长约两米、宽约二十五厘米的长木凳，木凳上铺一层红布，每隔四十厘米左右安放一叠金帛，木凳的四个脚处安放四个纸扎神像以保护布桥的安稳，再在板凳下安放一红烛。

过布桥时由道士带路，道士左手持龙角、右手持帝钟作法，向神明进献。参加人员按照鼠、牛、虎、兔、龙、蛇、马、羊、猴、鸡、狗、猪的生肖顺序排列，并按此顺序经过布桥。每个生肖队伍经过布桥时均需由道士带路，道士龙角一吹，随即跨上布桥，这时相应的生肖队伍便紧随其后。每人经过布桥时，背后都被扣上苏府王爷印章以驱邪守福。如果有人错过所属生肖经过布桥的时间，则在最后补过。

（九）献五谷

晚上的仪式从献五谷开始。将事先备好的红豆、黄豆、绿豆、小麦和稻谷倒入盘中，再放入五元、十元面额的钱币以及大小不等的铁钉，人丁、钱财、粮食就齐了。道士站立于宗祠正中央，手持盛满五谷的盘向各个方向撒去，人们争相拾取；拾到铁钉则预示人丁兴旺，拾到钱币则预示财运亨通，拾到粮食则预示衣食无忧。

（十）化六宿、化龙

化六宿、化龙属于收普化纸的重要内容。收普化纸是将所有纸扎神像，包括张贴的榜文一并在化纸处焚化的仪式，以祈求神明各归其所。收普化纸后，礼炮齐鸣以示庆祝。

（十一）净油、插柳、安砖

净油也称煮油，是巫觋仪式中的重大内容，通常也只在重大场合举行，具有清净作用。先置一火炉在宗祠中央，放木炭于火炉中，再用鼓风机使木炭加速燃烧，待火苗旺盛时将一长柄铁锅置于火炉之上，锅中放着道士提前备好的三道神符，以使随后的仪式顺利举行，待温度高至使符咒燃烧后，再加入食用油，充分加热至油沸腾。在等待油沸腾的间隙，长老在科仪桌前祭拜，两位乩童起乩配合道士完成整个仪式。乩童起乩后先与道士一同再验地契，道士再次诵读地契内容，并修改错漏之处；随后，乩童、长老各自画押；最后在地契上喷上一层保护膜，以防止日后泥土的腐蚀，再将地契用红布包裹。

此时油已充分沸腾，道士手持白酒，以口含酒喷向沸腾的油，顿时火舌窜起，宗祠内男丁齐喝"发呀!"待火舌稍弱时，道士便将手伸进油锅，随即取出，奔向宗祠正门，将手上的油拍在门扉上；随后再含酒喷向沸腾的油锅，再取油再将手上的油拍在宗祠的两扇侧门上；两位乩童也按照此顺序将油拍在宗祠门扉上。随后，将沸腾的油锅移至宗祠内外各门口，由年长男丁以口含酒喷向油锅，每次火舌窜起时便一同大喝"发呀!"

煮油之后便是插柳。民间俗信柳叶可驱鬼。刘还月称"柳叶和桃木都是植物中最重要的辟邪伏魔物，大体而言，桃木属阳，柳叶属阴，为对付地煞最好的武器，最常出现的地方有二：一是配合净水钵洒圣水，二是新庙落成安柳叶以净地坛……寺庙落成大典中，必须要在庙门梁内侧安置一把柳叶，上面并有多种符箓及五色纸，主要的功用是扫除地煞、清净庙场，让神明能够安安稳稳地镇坐庙中"。陈坑南方宗祠为陈氏家庙，所插柳叶与此同。待柳叶插好后，道士将地契安放在宗祠背面墙壁正下方提前留置的缺口处。

（十二）关门

安砖结束后，道士手持符咒作法，准备关闭宗祠门。此时，女性不能进入宗祠。随后所有人员退出宗祠，由道士将封条贴在关闭的宗祠门上，封条为红纸黑字，上题字为：灵宝诞生庆成植福本月初九日封（此封条在下），主玹九天玄女玉女娘娘、温府王爷、朱府王爷、苏府王爷本月初九日封。此后一日，任何人不能擅自打开宗祠大门，而开宗祠门的仪式是奠安第三日的重要内容。

六、奠安第三日

奠安第三日由耀宗、东山、五房各房桃排粿粽，晚上八时后自行取回。

（一）卯时开宗祠门

刘还月指出"民间信仰中对地宅屋舍的观念，普遍认为任何地方，若没有人神居住，必遭鬼魅占住，尤其是新建的房屋，原地上就有的冤孽必会借机向新主人索要报偿，不肯轻易罢休，因此人们入厝之前，都需净地止煞，若是新庙落成，则需跳钟馗驱邪镇孤，以利福地正身居，庇佑地方，共享福泽"。奠安中举行的开庙门具有相同的意义。

开宗祠的人选并不以辈分和齿德高低为依据，但要具有"六公全"的人才能担任，所谓"六公全"是指当了内公、外公、伯公、叔公、舅公和丈（姑）公者，同时还需夫妻双方健在。此次开宗祠门者虽为"五公全"，但从经济条件、子孙福禄等条件综合考虑为最佳人选。

开宗祠门前，宗祠中各房桃长老均提前在祠堂门口等候。司礼组成员在宗祠门口布置香案，备牲醴一副、香炉一个、烛火一对、宝剑一把。开宗祠门者在家中向祖先和神明敬香。吉时到时，长老、道士团乐队一行至开宗祠门者家中迎接，此时开宗祠门者全家均需一同前往宗祠。到达后，上香祭拜，随即举起放置在香案上的宝剑，辟开封条，打开宗祠门，进入宗祠后立刻向宗祠内的祖先牌位上香。随后，长老向祖先敬香。敬香完毕后，开宗祠门者在众人陪同之下返回家中，将从宗祠中取回的灯供奉在神龛上。至此，开宗祠门仪式结束。

（二）祀文昌、福德、祭祖

早餐后以开宗祠门者为主祭者进行祭拜，行大三献。主祭者祭拜礼成后，开宗祠门者将礼金交予首席长老手中，众人齐庆贺。随后，个人可到宗祠内祭拜祖先，均行四拜之礼。

（三）送玉皇

送玉皇是以乩童为主的仪式。在宗祠内所设的祭坛下，两位乩童随道士催童的鼓点面对面呈逆时针移动，协助人员将金帛放入乩童所穿的八卦兜中，以供乩童作法之用，且随着乩童将八卦兜中金帛掏出撒下的节奏，协助人员也将事先备好的金帛撒落在地。此仪式进行一段后，便移至祠堂门口所设香案前作法。乩童站立于香案前的长凳上，双手端着装有若干金帛、一份文书、一炷香的托盘，盘中所放置金帛皆扣有朱府王爷、苏府王爷印章；道士则跪于香案前，手持记载宗祠中男丁人数的文书诵读；长老持香跪拜在宗祠门口。待道士将所有事项向神明禀告之后，长老行跪拜礼。随后，将金帛焚化，送玉皇仪式结束。

（四）分灯

分灯是将宗祠走廊下悬挂的灯，按照各家户男丁数进行分配的仪式。各家户人员携带竹篮和一块方巾至祠堂依次领灯以及其他受过福胙的物品，如龙米。随后，将所领物品放入竹篮中，以方巾包裹竹篮以免受邪秽冲煞，再迅速返回家中将物品供奉在神龛上。各户人家见面后互道"添丁进财"，其乐融融。

（五）闹厅、辞神

闹厅通常是仪式的最后一个环节，由道士作法，伴着热闹的管乐。闹厅结束后，便辞谢所有前来镇守祭坛、监督醮场、降临福胙的神明，焚化辞神金帛后，奠安仪式圆满结束。

七、结语

宗祠奠安是关于宗祠祭仪中最隆重且耗时最长的仪式，其前前后后将宗祠中所有人员拉进仪式范围之内，不仅是本宗男丁，家中妇孺、出嫁女儿也在无形中参与仪式，增强宗祠凝聚力。与姻亲、宗亲的联系使彼此形成祸福共担的团体，对于协作更是大有裨益。同时，地方势力在宗祠奠安中的体现既说明政府对地方力量的重视，也从侧面佐证了陈坑陈氏在地方的地位。一座宗祠即代表一方力量，宗祠内部力量拧成一股绳；而宗祠的重新修缮也为这股力量注入新的生机。

附录一①　陈坑陈氏宗祠奠安庆典各家户配合事项

1. 公历 12 月 2 日（农历十一月初八）凌晨 4 时 30 分宗祠前广场集合，5～7 时（卯时）追龙，各房桃男丁动员参加。

2. 公历 12 月 2 日（农历十一月初八）上午 7 时至 9 时（辰时）各

---

① 附录材料均根据"陈坑陈氏奠安委员会"印发的纸质材料整理而成，原文为中文繁体。

家户宗祠敬龙神，红汤圆三碗、寿金千二，宗祠内敬梁神红汤圆三碗、寿金千二。

3. 公历 12 月 2 日（农历十一月初八）9 时前各房祧男丁到宗祠前广场集合，准备迎接贵宾、姻亲，中午参加庆宴，15 时欢送姻亲。

4. 公历 12 月 3 日（农历十一月初九）上午 7 时前各房祧长老、男丁宗祠前集合，7 时 30 分准备恭送玉皇。（各家户请置香案）

5. 公历 12 月 3 日（农历十一月初九）上午 9 时各房祧长老、男丁宗祠前集合，准备迎接宗亲，中午参加庆宴，15 时欢送宗亲。

6. 公历 12 月 3 日（农历十一月初九）下午 4 时宗祠广场敬地基主、宅主。准备菜饭、金帛二份、尺金六千、二五金一万。

7. 公历 12 月 3 日（农历十一月初九）晚上 8 时至 11 时净油、插柳、献五谷、安砖契、化龙、化六宿、关宗祠门，各房祧长老、男丁全体动员。

8. 公历 12 月 5 日（农历十一月十一日）凌晨 5～7 时（卯时）开宗祠门，开门长老及各房祧长老、执事均应在宗祠前广场集合。（除长老、奠安委员外，每户一人参加庆宴）

9. 公历 12 月 5 日（农历十一月十一日）下午 4 时前各房祧长老、男丁全体动员，恭送玉皇。（各家置香案）

10. 公历 12 月 5 日（农历十一月十一日）下午 4 时 30 分宗祠前敬地基主、宅主。准备菜饭、金帛二份、尺金六千、二五金一万。

11. 公历 12 月 5 日（农历十一月十一日）下午 5 时各房祧各家户到宗祠前分灯、领灯。

12. 出嫁女儿，每人换筷子一把，添缘金额随意。

13. 各祧排粿粽第一天十一月初八日由前山房、新兴、蜘蛛、下塘等房祧排列，当日 9 时可以收回。

第二天初九日由进兴、北方厝、四柱、昌盛、城边、后新厝、上塘等房祧排列，当天晚上 23 时可以收回。

第三天十一月十一日启扉由耀宗、东山、五房等房祧排列，于当日晚上 8 时收回。

14. 各房祧长老请穿长衫马褂，全程参加。

陈坑陈氏宗祠奠安委员会敬启

附录二　1. 金门陈坑陈氏宗祠重修庆成活动程序表

公历 12 月 2 日（农历十一月初八　星期五）

时间	活动项目	地点	避煞	参加人员
00:00～01:00 子时	起鼓、发奏、掀梁、制煞戏	宗祠内	乙酉鸡六十七岁 壬午年马十、七十岁	长老 全体动员
05:00～07:00	追龙	西山头	乙酉鸡六十七岁	长老 全体动员
07:00～08:00	敬梁神、龙神	祠堂内	乙酉鸡六十七岁 丙戌狗六十六岁	各家户
08:00～08:30	排粿粽	祠堂内		各家户
08:30～09:00	祀文昌、福德	祠堂内		长老、司礼组
09:00～10:00	迎接贵宾	祠堂内		长老 接待组 全体动员
09:30～10:00	点主、祭典（各界）祭祖	祠堂内		长老 司礼组
10:30～11:00	迎接姻亲	村口		长老, 司礼组 全体动员
11:00～11:30	庆典（姻亲贺典）	祠堂内		长老、司礼组
11:30～12:00	献敬	祠堂内		长老
12:00～	庆宴	接待处		长老 陪同人员
14:00～17:00	戏剧公演	祠堂广场		总务组
14:00～17:00	拜斗	祠堂内		长老
19:00～21:00	闹厅、晚朝	祠堂内		长老
19:00～22:00	戏剧公演	祠堂广场		总务组

公历 12 月 3 日（农历十一月初九　星期六）

时间	活动项目	地点	避煞	参加人员
07:00～08:00	读改年	祠堂内		长老

08:00～08:30	进表	祠堂内		长老
09:00～09:30	恭送玉皇	祠堂外		全体动员
09:30～10:00	请六宿	祠堂内		全体动员
11:30～11:00	迎接宗亲	村口		全体动员
11:30～11:30	宗亲祭典	祠堂内		长老 接待组
11:30～12:00	献敬	祠堂内		长老
12:00～	庆宴	接待处		长老 陪同人员
14:00～17:00	戏剧公演	祠堂广场		总务组
15:00～15:30	镇符	祠堂内		各家户
15:30～17:00	敬宅神、 地基主	祠堂内		各家户
17:00～18:00	过布桥	祠堂外		总务组
18:00～21:00	戏剧公演	祠堂广场		全体动员
21:00～22:00	净油、插柳、 献五谷、安砖	祠堂内	丙戌狗六十六岁 甲申龙四十八岁	全体动员
22:00～23:00	化龙、化六宿	祠堂外	丙戌狗六十六岁 乙巳蛇四十七岁	
22:00～	闭门	祠堂内		

2. 启扉大典程序表
公历 12 月 5 日（农历十一月十一　星期一）

时间	活动项目	地点	避煞	参加人员
05:30～07:00	卯时开宗祠门	祠堂内	戊子鼠四、六十四岁 辛酉鸡三十一岁	长老 全体执事
07:00～	设醮	祠堂内		长老 全体执事
07:00～08:00	排粿粽	祠堂内		各家户
10:00～11:30	祀文昌、福德 祭祖	祠堂内		长老 司礼组

11:30～12:00	献敬	祠堂内		长老
12:00～	庆宴	接待处		长老 接待组 陪同人员
15:00～17:00	戏剧公演	祠堂广场		总务组
15:00～16:00	恭送玉皇	祠堂外		全体动员
16:00～17:00	敬宅神、 地基主	祠堂内		各家户
17:00～19:00	分灯	祠堂内		总务组 各家户
19:00～22:00	戏剧公演	祠堂广场		总务组
20:00～22:00	闹厅、辞神	祠堂内		长老 全体执事

附录三　1. 宗祠奠安庆典仪式

敬

文昌帝君

福德正神

一、献礼开始

二、奏大乐、鸣炮

三、奏细乐

四、正献官请就位、陪献长老就位

五、上香、再上香、三上香

六、跪

七、晋爵、斟酒、献酒；再晋爵、再斟酒、再献酒；三晋爵、三斟酒、三献酒

八、晋牲仪

九、晋金帛、献金帛

十、乐止、俯伏

十一、读祝官请就位，宣读祝文

十二、读毕、乐升、平身

十三、行献礼：拜、再拜、三拜、兴

十四、奏大乐、鸣炮

十五、礼成、焚祝化帛

2. 宗祠奠安敬祖仪式（大三献）

通：祀典开始、鸣鼓三通

奏大乐、鸣炮

奏细乐

引导长老就位、主献官就位

陪献长老就位、主献官就位

通：盥洗

引：诣盥洗所

赞：盥洗毕

通：省牲

引：诣省牲所

赞：省牲毕

通：视馔

引：诣视馔所

赞：视馔毕

通：上香、晋爵、斟酒、面东祭酒

引：诣祭酒所

赞：祭酒毕

通：诣香案前行初献礼（引、赞全唱）

通：上香、跪、晋爵、酌酒、献酒、拜、再拜、三拜、兴

通：诣祖考

赞：祭酒毕

通：上香、晋爵、斟酒、献酒、拜、再拜、三拜、兴

通：诣祖考、祖妣神位前行初献礼（引、赞全唱）

上香、晋彩區、献彩區；跪、晋爵、酌酒、醑酒；再酌酒、再醑酒。

颂赞：簪缨奕显

通：跪、晋爵、酌酒、献酒；再晋爵、再酌酒、再献酒；

三晋爵、三酌酒、三献酒；酌酒、献酒

通：晋鲜花、献鲜花、牲仪

赞：（兰桂腾芳）；（引、赞全唱）

通：晋香茗、献香茗、馔

赞：（一品清香）；（引、赞全唱）

通：晋毛血、献毛血、菜

赞：（麒麟献瑞）；（引、赞全唱）

通：晋馔（鸡）、献馔、叩首、再叩首、三叩首、四叩首、兴

赞：初献礼毕

通：诣香案前行亚献礼、引、赞全唱

通：上香、跪、晋爵、酌酒、献酒

　　拜、再拜、三拜、兴

通：诣祖考、祖妣神位前行亚献礼（引、赞全唱）

通：上香、跪、晋爵；酌酒、酹酒；再酌酒、再酹酒；三酌酒、三

　　酹酒；酌酒、献酒

通：晋牲仪、献牲仪

通：（五世其昌）；（引、赞全唱）

通：晋发糕、献发糕、馔

赞：（长发其祥）；（引、赞全唱）

通：晋角黍、献角黍、菜

赞：（集米成珠）；（引、赞全唱）

通：晋馔（肉）、献馔、叩首、再叩首、三叩首、四叩首、兴

赞：亚献礼毕

通：诣香案前行终献礼（引、赞全唱）

通：上香、跪、晋爵、酌酒、献酒

　　晋金帛、献金帛、拜、再拜、三拜、兴

通：诣祖考、祖妣神位前行终献礼（引、赞全唱）

通：上香、跪、晋爵；酌酒、酹酒；再酌酒、再酹酒、三酌酒、三

　　酹酒；酌酒、献酒

通：晋红圆、献红圆、牲仪

通：（丁果团圆）；（引、赞全唱）

通：晋红灯、献红灯

赞：（添丁进财）；（引、赞全唱）

通：晋馔（鱼）、献馔、糕饼

通：晋羹饭、献羹饭

通：晋金帛、献金帛

赞：（金玉满堂）；（引、赞全唱）

通：乐止、俯伏

通：读祝官请就位、宣读祝文

通：读毕、乐升、平身、饮祝酒

3. 宗祠奠安姻亲小三献（仪式）

通：祀典开始，鼓巖三通，奏大乐、鸣炮、奏细乐

通：引导官就位、赞礼官就位、主献官就位、陪献长老就位、与献者就位

通：盥洗

引：诣盥洗所

赞：盥洗毕

通：省牲

引：诣省牲所

赞：省牲毕

通：视馔

引：诣视馔所

赞：视馔毕

通：诣香案前行初献礼

通：上香、晋爵、酌酒、献酒、拜、再拜、三拜、兴

通：诣远姑父母神位前行初献礼（引赞全）

赞：（簪缨奕显）（引赞全）

通：献酒、再献酒、三献酒、酌酒、醑酒

通：晋鲜花、献鲜花

赞：（兰桂腾芳）（引赞全）

通：晋香茗、献香茗

赞：流泽扬芬（引赞全）

通：晋毛血、献毛血

赞：（麒麟献瑞）（引赞全）

通：晋牲仪、献牲仪（鸡）

通：跪、俯伏、乐止、读祝官就位、宣读祝文、读毕、乐升、平身、拜、再拜、三拜、四拜、兴、乐止

赞：初献礼毕

通：行亚献礼、鼓巌三通、奏细乐

通：上香、献酒、再献酒、三献酒、酌酒、醑酒

通：晋牲仪、献牲仪（肉）

赞：（五世其昌）（引赞全）

通：晋馔、献馔

通：晋发糕、献发糕

赞：（长发其祥）（引赞全）

通：晋角黍、献角黍

赞：（联珠集庆）（引赞全）

通：跪、拜、再拜、三拜、四拜、兴、乐止

赞：亚献礼毕

通：行终献礼、鼓巌三通、奏细乐

通：上香、献酒、再献酒、三献酒、酌酒、献酒

通：晋馔、献馔（鱼）

通：晋福果、献福果

赞：（福果绵延）（引赞全）

通：晋红果、献红果

赞：（丁果团员）（引赞全）

通：晋羹饭、献羹饭

通：晋金帛、献金帛

赞：（金玉满堂）（引赞全）

通：跪、拜、再拜、三拜、四拜、兴

通：晋炉敬、献炉敬

赞：终献礼毕、奏大乐、鸣炮

通：礼成、焚祝化帛

附注：（引：引导官，赞：赞礼官）　　（通：司礼官，全：引赞全）

头发的纠缠

——厦门"菜姑"身份认同探微

魏婷婷[*]

一、带发修行——宗教信仰与社会环境相调适的产物

（一）清修女始见的年代及其自我身份认同

在闽南这块梵音缭缭、香火鼎盛的佛教盛地中，活跃着这样一群独特的佛教女出家人——"菜姑"。"菜姑"与其他"出家五众"的信仰生活理念一般：守戒持律、长住佛堂，也即闽南社会中带发修行的佛教女出家人，她们又称"斋姑"、"梵行清修女"，闽南民间简称"阿姑"。"吃斋念佛"乃为佛教出家人的要求之一，"持斋"在闽南俗语中被称为"吃菜"。"菜"为蔬菜之意，素食为佛教僧尼生活的一般现象，"菜姑"一语在闽南语中琅琅上口，清以后闽南社会多用"菜姑"特指闽南带发住寺的佛教女众。

1928 年，民国一代高僧弘一法师莅临闽南，将闽南带发修行女众命名为"梵行清信女"。此后，对于闽南带发修行的女性多用"清修女"这一雅称，而闽南民间对于带发修行的佛教女出家人仍多用"菜姑"或"阿姑"这一俗称。经过历史的风雨，时间的栉沐，"菜姑"仍活跃在今天的闽南大地上。"菜姑"有着自己主持的寺院，且组织严密，戒律严谨。此类寺院，多按辈分划分为不同阶层。第一代多为一寺"住持"，"住持"是一寺之主，佛寺中其他常住者均接受"住持"的教诲，故多

---

* 作者单位：华侨大学哲学与社会发展学院。

为"住持"徒子徒孙。"住持"的徒子徒孙尊称住持为"阿姑";如果是未婚清姑,下一代徒孙都称呼阿姑为"姑娘",如有婚史、半路出家者,则称呼"姑婆",第四代徒孙则统称"阿姑"为"姑太",守礼尊规、长幼有序、互尊互爱、相持互助,俨然是个温馨的家庭。

闽南清修女始见于什么年代,有几种不同的说法。一为当代人郑梦醒的说法。郑梦醒在《犹挽青丝入佛门——记闽南菜姑》一文中认为,女众带发出家住寺始见于何时,史料无从考察,文中引用晋江地方县志:"宋代有尼僧,洪氏女,年五十于惠安龙泉出家……黄佑间,乡人夜闻鼓乐声,次早结发更衣而卒。"(道光《晋江县志》卷60《人物志·仙释》)郑梦醒认为文中结发更衣说明这个"尼僧"还留着发髻,进而又引该志所载:"宋丞相苏颂之女无着出家,乃'厌世浮嚣,脱去缘饰'"一节指出此文亦未指明其削发,仅是"脱去缘饰",故得出闽南带发修行的"菜姑"最早源于宋代一说。二为法清的说法。法清在《闽南菜姑的起源和地位》一文中谈到,其在探访泉州、惠安一带一些老"菜姑"时,均认为最早"菜姑"住庙者是在清朝宣统年间南安五塔岩珠姑,并提出"在此或许有人要问厦门的"菜姑"又是如何产生呢?我所调查到的厦门的"菜姑"亦多数是由先天、龙华、金童等三教而来"①一说。但笔者在对厦门岛内"菜姑"进行采访时发现,可推翻法清此说。据厦门雪峰寺现任住持普照姑回忆,20世纪60年代,厦门岛内还有先天教的教徒,有一位凤玉姑娘,相传由于在胎腹中就怕闻荤腥,其信仰的是先天教。凤玉姑娘因家境较为优越,属于上层社会阶层,也因德行好、有修养而备受大家的尊重。虽然老一辈"菜姑"与这位先天教的教徒交情甚笃,但两者还是迥然有别,无论是从供奉的神灵(先天教拜的是老母娘娘),还是从信仰的仪式来看,可以说两者各自有着不同的信仰体系。普照姑更是指出,先天教的一大特色为不近男色,而闽南"菜姑"都有自己的皈依师父。随着时代的发展,先天教因后继无人,就在社会上销声匿迹。普照姑清晰地回忆,当时老"菜姑"与先天教教徒交往时,存在着明确的自我身份认同,一为佛教徒,一为斋教徒,并认为先天教教徒与"菜姑"只是各自尊重彼此的德行而往来,其所结识的闽南带发修行"菜姑"中并未从斋教徒转化而来,闽南"菜姑"自我身份认同上不存在彼此混淆之疑。

---

① 法清:《闽南菜姑的起源和地位》,《闽南佛学院学报》1991年第2期。

　　"身份认同"一词是由西方翻译过来的概念，在英文中"身份"和"认同"是由同一个词——identity 来表述的。耐尔森·富特（Nelson Foote）认为，身份认同是一个过程，是通过命名来进行的，认同的概念是有关自我的产物。耐尔森·富特（Nelson Foote）在提出身份认同通过命名来进行的同时，将身份认同界定为是对某一特定身份或一系列身份的占有和承诺。他认为，认同特别强调对立面，也就是重要他者的认可。笔者在长期接触闽南清修女的过程中，无论是 92 岁高龄的开恩姑，抑或是现今年轻一代带发修行的清修女，均坚定地将自己身份定位为佛教女出家人，与其他外派教徒有明显的不同。个人认同是个体对自我的感知，即对自己在时间和空间上一致性的感知，同时也是对自己与他人差异性的认识①。闽南清修女的自我身份认同之一即为其与外教教徒的差异性认识上极为敏感，其自始至终都将自我认同为佛教女出家人，并以虔诚地信仰不断修行，以获得自己是佛教徒的心理暗示。闽南"菜姑"出家时必投奔一位比丘僧为皈依师父，并在佛前举行"三皈"仪式，摄受《梵网萨戒》，遂出家住寺。"菜姑"独身不嫁，布衣素食，诵经礼忏，除了仍挽青丝留发不剃外，与出家僧、尼无异。

　　虽然"菜姑"自我认定为佛教徒，但因其带发修行之"发"却是横在其与其他佛教徒之间的一道"沟壑"，闽南"菜姑"在不同时期遭遇着不同的身份认同困境。那么，为何带发修行，佛教在闽南为何出现如此独特的社会现象？欲究其原因，还当回到"菜姑"遭遇的社会历史背景中去，在"菜姑"生存的社会历史"原生态"中去揭示。

　　（二）带发修行——受制于礼制压迫下的妥协之举与冲破社会控制互动之产物

　　闽南自古以来，就梵音缭缭、香火鼎盛，可谓是佛教盛地。闽南佛教历史可追溯到东晋、南朝，唐宋以来，佛教即在闽南地区流行，其中女众信徒犹多，更有一批虔诚者，长期吃斋念佛，以至出家，成为尼姑。但这些女尼，却与一般女尼"神似貌异"，即绝少落发，仍带发修行。此一奇特现象与闽南地区的文化背景有着千丝万缕的联系。

------

　　① Jean-Claude Deschamps and Thierry Devos. 1998. Regarding the Relationship Between Social Identity and Personal Identity. In Stephen Worchel, J. Francisco Morales, Dario Paez and Jean-Claude Deschamps（eds）. Social Identity. London：SAGE Publications.

闽南的漳、泉二州，向来有"朱子过化、礼义之邦"的称誉。自南宋以迄明清，数百年来，朱子之学盛传不衰。绍兴二十三年（1153），朱熹在初任厦门同安主簿时就极力反对女子出家为尼，他在同安为官四年，"民欲为僧尼者禁之"，后来到漳州任知府，还发布《劝女道还俗榜》。自此之后，代代相传，形成闽南的民风世俗，女子落发出家，被视为有违伦常，甚至是伤风败俗的行为。闽南社会上层文化倾向于朱子之学，导致宗法观念盛行；下层文化体现淫祀特征，一般民众皆信鬼尚巫、烧香拜佛。对于程朱理学体系本文不拟论及，只略述其对闽南"菜姑"产生的影响。在儒家的思想理念中，"身体发肤，受之父母，不敢损伤"，故"发"是社会伦理、宗法伦常的象征，故落发为僧者，会被世人视为"异端"，甚至所不容，而在闽南这块"礼义"浸淫之地，更是如此。因此，闽南社会中宗教信仰无形中受到抑制，束缚于社会伦理纲常，女性则更甚。若有女性有宗教信仰需求，欲皈依佛教，出家住寺则为社会环境所不许。鉴于此，这些女性佛教徒做出某些妥协、变通之举，在家而出家，修行却不落发，显佛教在家居士样态，但其在自我认同上却已为佛教女出家人。

在闽南社会中，最初的清修女道场大多是家庭式佛教道场，一些官宦名士家庭中，有女性佛教徒，可又不方便出家为尼，于是这些官宦为其在家中设立佛堂，这些佛堂又称斋堂、庵堂。闽南最早的家庭式佛堂始于什么时候已渺不可考，但它却延续到民国初年。笔者在采访厦门万石莲寺92岁高龄的开恩姑时，开恩姑娓娓道来自己尘封的往事：民国初年，开恩姑有缘参加一次闽南民间结婚喜宴，当地名绅叶定国对开恩姑欣赏有加，将其迎到家中，加以抚养，并且视同己出。叶氏夫人邵氏晚年长斋奉佛，并于家中别建佛堂。耳濡目染，开恩姑亦皈依宏船法师，终身不嫁，与其养母别居佛堂，其后陆续有其他欲长伴佛灯、远离尘嚣的清修女加入。开恩姑在回忆其何以别居佛堂，除了一心向佛外，还有另一重要原因，即女大当嫁，养父叶定国欲将其出嫁，开恩不从，于是与养母邵氏长居佛堂。此后叶定国辞世，叶氏子孙分割家财时，开恩姑遂表态，只要一佛堂，能容己身即可。笔者在对开恩姑进行访谈时，多次因礼佛时间点而被中断，92岁高龄的开恩姑对每个时间段的礼佛时间极其清晰，并虔诚地在佛前念诵经文，认真严谨而恭敬地完成一整套礼佛仪式，以一种纯粹的佛教徒信仰来彰显自己的佛教女出家人身份。

至此，我们可以知悉"菜姑"出现的原因了。闽南民风淳朴，知书达理，可从另一层面而言，人身权利，如信仰，受到宗法礼制的严重束缚，女性更是承受着种种社会规范的制约。在此窘境中，"菜姑"应运而生，一方面试图不"违反"社会规约、不挑战社会的"触角"，从而回避社会的"警惕"；另一方面，又不放弃自己的宗教信仰。在社会压力下，部分女性采取一种伪饰，为了保存自己的"理想"，以掩饰"叛逆"性，由此诞生了"菜姑"。可以说，"菜姑"是社会与个体、自由与控制夹缝中绽放出的清丽淡雅的花朵。在考察"菜姑"时，另一社会因素亦不容忽视。在闽南社会中，相对封闭的地域观念使传统宗法观念"生生不息"，植根于人们的思想中，无形中支配着他们的言行，重男轻女就是此"观念"之一。这种深深烙印在闽南民间的封建思想观念不仅使女性在社会中处于相对弱势的地位，甚至使一些家庭为了"传宗接代"，而将新生女婴遗弃。伴随女婴的遗弃，贩卖女婴甚至成为一种"生意"，而女婴被烙上"童养媳"身份亦是司空见惯，有些老"菜姑"或出于慈悲或出于寺庙"后继有人"的考虑，也会出一笔钱从中介人手中购买女婴并赡养她成为寺庙接班人。另外，闽南社会在"贞节"的招牌下，孀妇再嫁也被视为大逆不道，有失礼节之举。这样，在闽南社会中，丧偶的青年寡妇、备受家庭酷虐的童养媳和婢女，抑或不愿出嫁、有意冲破男权社会体系的女子，汇聚于佛教门下，带发修行。她们遵守佛教"单身、吃斋、住寺"等戒规，弘扬济世救人的大乘佛教慈悲精神，并在此过程中找回自我。在传统观念盛行的闽南，"菜姑"身份是块"飞地"，为女性挣脱礼法枷锁，逃离世俗，亲近佛法提供了一净地。

二、"菜姑"身份认同在佛教界出现的危机与转折点——时代的变迁及群体面貌的转变

（一）"菜姑"佛教女出家人身份在佛教界的第一次认同

社会认同理论是由泰弗尔（Henri Tajfel）和他的弟子特纳（John C. Turner）等人创立起来的，是在对群际行为、群际关系的研究过程中提出来。按照泰弗尔的观点，社会认同的界定是与个体对从属于某一

特定社会群体的认知以及这一群体认同所带来的情感和价值意义相关联的①。按照社会认同理论，社会认同由三个基本历程组成：类化、认同和比较。类化指人们将自己编入某一社群；认同是认为自己拥有该社群成员的普遍特征；比较是评价自己认同的社群相对于其他社群的优劣、地位和声誉。②本文将"菜姑"的佛教女出家人身份界定自我认同、佛教界认同、社会世俗认同。其中，佛教界认同与社会世俗认同又统归社会认同大类，并以"菜姑"为特定群体而将佛教界认同界定为群内社会认同，将社会世俗认同界定为群外社会认同。前文厘清"菜姑"的自我身份认同从始至终皆为佛教女出家人，并通过不断精进修行获得自我认同为佛教徒的宗教信仰及慈悲的宗教情怀，下文试图对闽南"菜姑"身份的社会认同进行解析。

演绎至 20 世纪初，"菜姑"人数已荦然可观。她们如其他佛教徒一般，受足菩萨戒，形成一种吃斋念佛的生活方式和信仰形式，并自食其力，半耕半修，白天勤苦耕种，夜晚坐香念佛。她们极少参加佛事活动，无香火收入，过着清贫、淡漠的生活。闽南"菜姑"有极为坚定虔诚的佛教信仰和浓厚的佛教情感，如前所言，其自我定位——佛教徒，并在闽南社会中得到广泛认同。闽南民间对居佛寺的"菜姑"敬之如佛，并亲昵地称呼为"阿姑"。民国初年闽南"菜姑"数量缓慢发展，现厦门本岛"菜姑"主持的道场多为临济宗脉系，实质是受到在闽弘法大师会泉法师、性愿法师、转逢法师、弘一大师的弘法影响，并受到这几位高僧大德的支持。如 1933 年，"菜姑"卢秀成迁建斋堂于虎园路李仔山，会泉法师赐匾称"印月堂"，1938 年"菜姑"继任住持；妙法林于 1934 年由越南华侨侯妙音出资，转逢和尚弟子苏志忍筹备兴建，建成后，性愿法师取名为"妙法林"，弘一法师亲笔题匾，共二十几位"菜姑"在妙法林诵经礼佛；1935 年，会泉法师的皈依女弟子本福姑与普会姑合资创建延寿寺，专供出家"菜姑"修持管理的道场；南普陀寺觉斌法师皈依女弟子陈妙清于 1925 年于厦门思明区强顶巷创建妙清寺，

① Jean-Claude Deschamps and Thierry Devos. 1998. Regarding the Relationship Between Social Identity and Personal Identity. In Stephen Worchel, J. Francisco Morales, Dario Paez and Jean-Claude Deschamps (eds). Social Identity. London：SAGE Publications.

② Hogg, M. A. & D. Abrams. 1988, Social Identifications：A Social Psychology of Intergroup Relations and Group Processes. London：Routledge.

住"菜姑"5人；1936年，会泉法师皈依女弟子，同安前民军旅长叶定国夫人邵氏恭请会泉长老主持其私人佛堂佛心堂开光典礼，会泉大师亲笔题匾"佛心寺"，并聘请泉州朵莲寺执事红姑等三位"菜姑"来寺任监院。这一时期厦门岛内共有"菜姑"主持的寺院佛堂17所，过着农禅持修的清苦生活。20世纪30年代至50年代末，是闽南"菜姑"数量发展的时期，闽南社会承认并认可她们为佛教女出家人身份，"菜姑"自身或因信仰需要或因环境所迫（如孀妇、弃婴）皆能长伴佛灯，并形成闽南社会特殊的宗教团体。

这一时期"菜姑"亦逐渐被佛教界所接受，几位来闽弘法的高僧大德对"菜姑"的佛教女出家人身份得到教内所认可起着重要的作用。代表性人物是1928年莅临闽南的弘一大师、闽南佛学院第一任院长会泉法师、南普陀寺监院性愿法师、新加坡光明山普觉禅寺住持宏船法师。1928年，弘一法师莅闽讲学。在闽期间，弘一法师观察到闽南社会中无比丘尼，却有一定数量的"菜姑"主持佛教女众道场的现象。此现象激发弘一兴趣，从此后，弘一法师一直关注、关心"菜姑"这一特殊群体。闽南"菜姑"虽未落发，却精进修持、恪守戒律、自给自足的生活方式，弘一法师大加赞赏。在赞赏之余，弘一亦留意到"菜姑"虽过着与僧侣一般的修行生活，却对佛法义理一知半解，未能深入研习佛法。为了提升"菜姑"的佛法水平，弘一大师热心于"菜姑"佛法教育问题，并于1933年冬，亲手起草《梵行清信女讲习会缘》，将"菜姑"雅称为"梵行清信女"。

弘一法师对闽南"菜姑"的"正名"象征着闽南"菜姑"第一次得到佛教界的重视，一改闽南社会中"菜姑"长时期地被教内所忽视的现象，是"菜姑"这一群体的身份认同第一次正式有了来自教内的强有力支持声音。弘一法师的佛法讲习课为闽南"菜姑""编入"教内，以佛教女出家人身份享受教育权利踏出了第一步。此外，性愿法师同样对闽南"菜姑"极为关注，致力于提高闽南"菜姑"的佛法素质。性愿法师与弘一法师还就"菜姑"问题进行了探讨，彼此惋惜闽南"恒受三归五戒"之"清信女"，苦于文化素质低下，"佛法大纲罕能了解"①，于是发愿欲成立专门培训"菜姑"的佛学院，以提升"菜姑"的佛法水平。

---

① 弘一大师：《晋江梵行清信女讲习会规则并序》，性愿编：《晚晴山房书简》真迹本，1958年春由性愿在菲律宾施资委托黄慧茂在沪付印。

征得会泉、转尘二位长老支持，弘一大师与性愿法师在泉州承天寺筹备女众佛学教学；作为前期准备工作，预先成立"晋江梵行清信女讲习会"。弘一大师自己承担，拟定了《讲习会规则》。此是"菜姑"提升佛法水平一大机缘。可惜机缘未洽，终因教中有人非议"罕有实益，易致讥谤"[①]，导致仅办一期便"寿终正寝"。而性愿法师始终未忘当初与弘一法师之愿，1948年冬，于厦门太平岩筹办"觉华女子佛学苑"。

综上，凭借自身的努力，"菜姑"在社会中获得广泛的认同。尴尬的是，"菜姑"在教内，其身份认同却一波三折。教内对"菜姑"普遍存在着一种偏见，幸赖弘一、性愿法师等高僧大德的垂亲眷顾，"菜姑"才为教内所认同、接纳。1948年性愿法师于厦门太平岩筹建"觉华女子佛学苑"是一标志性事件，其为"菜姑"提高佛学知识提供一个规范化教育平台，亦为"菜姑"争取到了与佛教女众一样的受教育权利。1950年"觉华女子佛学苑"迁往泉州铜佛寺复课，1955年再度迁移至南安石井山中一古刹，因"文化大革命"特殊的社会环境，不得不于1967年春季解散。

（二）群体记忆的断层："文革"阶段至20世纪80年代初（1966～1980）

"文化大革命"时期，多数寺庙难逃被毁的命运。幸运的是"菜姑"主持的佛堂寺庙多零星且规模微小，因此，部分"菜姑"主持的寺院如漏网之鱼，逃过一劫。可大部分"菜姑"难逃"牛鬼蛇神"的命运，被驱逐出寺。被驱逐出寺的"菜姑"被卷进社会浪潮中，遂出现另一种样貌，即闽南"菜姑"顽强地自我奋斗，以自身能力在社会中求生存。如厦门甘露寺陈美德姑，在"文革"被驱赶出寺后，遂在菜场卖豆芽为生，人称"豆芽姑"；还有部分"菜姑"进工厂，成为工厂女工。亦有一部分"菜姑"被卷进社会后，消融于社会生活中，成为"社会化"的人，走一般社会人的道路，结婚、生子。"菜姑"虽被逐出寺院，抛入社会，但一大部分"菜姑"并没有因此放弃自己的信仰。没有放弃自己信仰的"菜姑"，因其带"发"修行，从外貌上与一般人没有区别，从而能与世俗之人打成一片，并因其独特的人格魅力，在树立美德的同时不忘传播佛教，使他人亦能理解、亲近佛教，从而对佛法在社会上的传

播起到一定的作用。如厦门雪峰寺的义工多为普照姑在工厂为女工时所结识的朋友，同为雪峰寺住持的普愿姑更是深受普照姑的感化，在同情其修行生活艰难的同时也出家住寺，成为"菜姑"中的一员。

（三）恢复落实宗教政策的辉煌

20 世纪 80 年代，中国回到了正常轨道，宗教信仰自由的政策亦被落实。在此背景下拥有坚定信仰的"菜姑"重新回到自己的家——寺院，可寺院多已残破圮毁，于是多数"菜姑"拿出自己多年的积蓄，或利用海内外善信捐施，自己亲手一砖一瓦艰难地重修或扩建。20 世纪 80 年代厦门岛佛教女众道场，几乎为"菜姑"护持管理，如思明区虎园路甘露寺。原初，甘露寺内的佛像已被杂草乱石所掩盖，1982 年至 1988 年，"菜姑"陈美德利用自己多年积蓄，并四处募缘，多方筹资，甘露寺终于修葺一新。又如厦门原妙法林得以重建，当功于原主持苏碧芬。苏碧芬，十年动乱时，远走他乡，1983 年回归故里，看到妙法林寺衰破不堪，于是捐资重建，新的妙法林寺于 1985 年 10 月举行隆重落成开光典礼，由原"菜姑"胡冰姑管理。类似的"菜姑"回寺重建情形，在厦门岛还有一大批：如弥陀寺愿诚姑、梅山寺"菜姑"郑水清、庆福寺陈智闻姑、日光岩寺"菜姑"谢黎华、华严寺"菜姑"陈福圣、净莲堂"菜姑"黄注姑、妙清寺"菜姑"陈瑞意。这些"菜姑"皆是20 世纪 80 年代厦门佛教女众道场的重建者和主持者，她们为厦门佛教重新复兴作出了贡献。20 世纪 80 年代乃为厦门"菜姑"的集体记忆重建时期。

此阶段，"菜姑"亦迎来自己的辉煌时期。回到寺院的"菜姑"，重新获得了出家人的身份，在佛教徒的身份下，对其自身亦高度认同。与此同时，佛教界亦开始重新认识、评价"菜姑"，意识到"菜姑"虽未"剃度"，但并不能否定其佛教徒的身份。可以说，这一时期"菜姑"佛教徒身份再次获得了佛教界的认同。此一时期教内对"菜姑"认同亦离不开闽南一些法师的推动，如会泉门徒、旅居新加坡华僧宏船法师、厦门南普陀寺方丈妙湛老和尚。1985 年闽南佛学院复办后，增设女众部。经宏船法师倡议，将女众部附设在万石莲寺内，万石莲寺一度由宏船女弟子开恩姑负责主持日常事务。闽南佛学院分男女众班后，女众多为"菜姑"，仅有极少量外省落发女出家人。时任南普陀方丈妙湛老和尚推荐"菜姑"普照担任闽南佛学院女众班监学。（普照姑于 1982 年恢复落实宗教政策后，前往福州崇福寺女众佛学培训班学习，妙湛老和尚极为欣赏普照，普照姑不仅积极参研佛学义理，在为人处世方面，普照亦发挥大乘佛教"慈悲就世，普度众生"的精神。普照姑在万石莲寺担任监学长达4年，是20世纪80年代闽南"菜姑"中出色的代表人物（现为厦门雪峰寺主持）。20世纪80年代，不论是"菜姑"自身，还是佛教内，对"菜姑"佛教徒身份皆未有任何质疑声音。这一时期，"菜姑"事业的发展，不仅体现在道场的重建、"菜姑"佛教出家人身份重新获得、教内的重视，而且体现在"菜姑"主持道场信众数量大增。这些信众多为受到"菜姑"影响，而倾心佛教的闽南女性。因此，20世纪80年代初至90年代初乃为"菜姑"这一闽南特殊宗教团体得以重新建立的时期。

（四）20世纪90年代末的认同危机

随着闽南佛学院女众班的发展，越来越多外省佛教女出家人前往闽南佛学院女众班就读。1995年，闽南佛学院女众部迁移新校址紫竹林寺。1997年，南普陀寺方丈、同时兼任闽南佛学院和南普陀寺慈善事业基金会会长圣辉法主，重新改定入学闽南佛学院女众部的标准，即只允许落发女出家人就读，这不仅意味着排除"菜姑"就读闽南佛学院女众部的机会，剥夺了"菜姑"受教育的权利，亦使"菜姑"佛教女出家人身份出现了来自教内的质疑，"菜姑"在佛教界内的身份认同重新成为问题。此中原委，还是要回到"发"。一般观念，出家人必须剃度，而未剃度，即使信仰佛教，只能算居士，而不在出家五众中。可恰恰"菜姑"不落发，"发"使得"菜姑"的身份再次受到佛教界内的怀疑。受到社会上外省落发女出家人的压力，"菜姑"这一宗教团体内部亦发生着改变。求学心切，有些"菜姑"也开始落发。陈珍珍女士在《佛国春秋 一枝独秀——闽南梵行清信女嬗变考略》一文中，对老"菜姑"在这一时期的落发心态作了很生动的描述："老菜姑的徒子孙们落发了，受过比丘尼戒，就不能向带发梵行清信女顶礼，且早晚二堂功课在绕佛时，总得让比丘尼排在最前面，阿姑得跟在后面，老人家有的想不通，也就不管地域传统观念，有的已七八十岁高龄也都落发要求受比丘尼戒。"[1] 从陈珍珍女士的这段话中读出老"菜姑"落发的心理状态。笔者在采访万石莲寺92岁高龄宏船法师女弟子开恩姑时，她倒对老姑落发的闽南女出家人新现象持相当开明的态度。开恩姑表示落不落发都是

---

① 参见《面向新世纪初的福建佛教》，宗教文化出版社，2003年。

一样的，没有什么区别，都是佛弟子。针对现今厦门本岛女出家人多为落发的现象，开恩姑的态度是："不要紧的，都是一样的出家人身份。"20世纪90年代末随着"菜姑"身份认同危机，厦门"菜姑"纷纷落发，许多原为"菜姑"主持的寺院也因老"菜姑"去世，由寺院内落发比丘尼接任，如妙清寺老"菜姑"瑞意姑去世，由寺内比丘尼胜定法师继任寺院主持。这在厦门佛教女众道场遂成为普遍现象，但也仍存在继续由本寺所培养的清修女接任的情况。在此趋势下，伴随着来自教内认同危机的出现，厦门本岛的"菜姑"数量相较于之前已经大大减少，厦门本岛佛教女众道场已存在大量落发比丘尼与沙弥尼。

三、"菜姑"作为一种文化标志——本土宗教团体的无形社会资源再生产

（一）新世纪重新"正名"

20世纪90年代末至21世纪初，"菜姑"群体样貌发生着急剧变化。首先，"菜姑"数量急剧缩减。其次，原"菜姑"主持的寺庙亦多由落发比丘尼接任。同时随着社会文明程度的提升，因为重男轻女的封建迷信思想而发生的丢弃女婴现象已几乎绝迹，相应地昔日被弃女婴而成为"菜姑"现象相应减少，因此，"菜姑"徒子孙也是少之又少。以厦门岛为例，新世纪厦门岛老"菜姑"的徒子孙们出身较少为被弃女婴，新一代"菜姑"多为受佛教影响而出家的年轻女性。闽南新一代女性佛教徒有意遵循"菜姑"传统——带发修行数量有限，多数有落发的志愿，受足比丘尼戒。当"菜姑"落入底谷时，亦迎来其新的历史转折点。针对具有闽南地域特色宗教团体"菜姑"的衰落，厦门官方意识到要保存此宗教团体。经多方研究、协调，2012年6月29日厦门市佛教协会通过对厦门"菜姑"做出身份认同的新举措，出台《厦门市佛教梵行清信女（菜姑）教职人员资格认定办法》试行草案，予以厦门市"菜姑""厦门市佛教教职人员证"（见下图）。此成为新世纪"菜姑"作为佛教女出家人身份得到界内认同的标志，此乃闽南社会三个城市（泉州、漳州、厦门）的首举，但此时获得资格认证的"菜姑"已不足五十人。

（二）本土化宗教团体作为一种社会文化构成

新世纪"菜姑"身份能够得到认同是出于一种社会的文化策略，官方有意识地保留这一特色宗教团体。保留这一宗教团体的举措，就意味着保存这一团体的群体记忆。虽然"菜姑"身份认同在佛教界内可谓是一波三折，不仅受到界内法师的主流意见左右，并受到来自外省佛教教职人员的冲击，但其在闽南社会上的身份认同一直不成问题。尽管佛教界内可能对"菜姑"颇有微词，可社会上一般民众均把"菜姑"当成出家人，敬之如佛。每一位"菜姑"主持的道场皆有一定数量的信众，这些信众承认并认可这样一种宗教团体的存在。笔者在采访调查时，曾多次询问闽南信众对"菜姑"的看法，信众的回答多为："我们认可就行了"或"是啊，我们闽南这些阿姑就是女出家人啊"。这样不容置疑的态度表明她们均对"菜姑"为佛教女出家人持毫无疑问的肯定态度，并认为她们是否得到界内或者外界的认可并不重要。可见，闽南"菜姑"自诞生那天起，就已深入民心，并且这一群体的宗教身份认同已经逐渐地演化成一种社会认同，继而由这种社会认同转化成一种文化认同，最终上升为意识形态的认同。

梁丽萍在《中国人的宗教心理——宗教认同的理论分析与实证研究》一书中认为："宗教认同首先作为社会认同的标识在群体认同的层

次上发生，同时，宗教认同又是社会认同的一部分。"① 厦门官方在新世纪重新确定并认可闽南"菜姑"身份，可以说是基于一种文化策略上的考虑，因为"菜姑"是闽南一种本土化宗教团体，由这种本土化宗教团体所承载的文化传统，有着历史性记忆。金泽在《宗教人类学说史纲要》中提到："宗教生活是人类生活的一部分"②，"斯坦纳强调说……每个人都会在适当的时机，被允许参与公共生活。"③ 闽南社会风气长期处于男尊女卑的社会话语体系中，"菜姑"中有一部分乃因生活环境所迫而被迫选择另外一种生活方式，即入佛门修行。这一生活方式的转变，也使得"菜姑"的社会地位发生了转变，她们的社会地位由弱势群体转变成了信众与神灵沟通的中介者，社会形象也从受宗法礼制束缚的弱者变成受人尊敬的修行者，并建立起闽南社会的佛教女众道场，成为社会公共生活的参与者。可以说，此是一直为男权话语体系所掌控的社会话语中第一次能发出女性的声音。"菜姑"从压抑的世俗生活逃避到一种宗教生活，形成一种独特的社会文化风貌。在这个意义上，对这一团体的身份认可程度也代表着对此一独特的社会文化风貌的认同。而且宗教生活为社会生活的内在成分，闽南社会上一部分的宗教生活是在"菜姑"主持的道场中进行，她们用这种宗教生活的方式参与公共生活，成为社会整体宗教生活的组成部分，一下子从宗法社会结构中的被压迫对象转变成社会宗教生活组成部分中的主人翁身份，群体的产生从本为社会的调适产物到成为社会文化建构的一部分，无疑，这一转变应归功于本土宗教团体在社会中所发挥的社会功能。"菜姑"这一佛教特殊的宗教群体从对社会调适的产物而演变成一种社会记忆不可或缺的本土宗教团体，进而成为社会文化的构成部分，正是因为对其的认同由个人的自我认同上升至社会集体对其的认同。可见，闽南"菜姑"对人们在社会中的有序生活发挥着社会凝结剂的作用，这大概就是这一群体的身份经历了 20 世纪 90 年代末的质疑危机后在新时期又得到新认同的意义所在。

（三）社会无形道德资源再生产——"菜姑"作为社会道德共同体的作用

---

① 梁丽萍：《中国人的宗教心理——宗教认同的理论分析与实证研究》，社会科学文献出版社，2004 年，第 209 页。

② 金泽：《宗教人类学学说史纲要》，中国社会科学出版社，2010 年，第 235 页。

③ 金泽：《宗教人类学学说史纲要》，第 246 页。

帕森斯在《社会体系》中谈道："文化体系置于文化价值模式制度化的中心，这一体系在一般文化层面可被视为道德体系。制度化的社会价值及其适用于社会化体系的规范仅只包含行动的道德价值的有关部分；道德价值经内在化也被包含在人格和行为有机体的结构中。更一般的说来，它们与宗教、科学及文化体系中的艺术相联系。"① "菜姑"这一群体能够在闽南这块土地上得以绵延，在于"菜姑"凭借其人格魅力，始终发挥其宗教性道德教化作用，从而在世俗伦理体系中有着其一席之地。藉其道德教化，"菜姑"能够融入到闽南社会中。民国初的"菜姑"群体过着农禅持修、不靠供养、自给自足的宗教修行生活，现年92岁开恩姑回忆起其在同安佛心寺修行生活时，仍可清晰地诉说佛心寺始建时，寺前有数亩农田，耕犁播种皆样样亲力亲为，与寺中"菜姑"过着和乐共修的生活。这一时代的"菜姑"生活图景多为农耕与道场护持相结合，辛勤劳作，获得社会广泛赞誉，并因此扎根闽南社会。厦门岛抗日战争期间，厦门"菜姑"也参加募捐支前等爱国活动。1946年4月间中共闽中地委厦门工作委员会书记许集美、主任施能鹤、郑种植等地下党员组建的中共闽中地下党厦门工委领导机关就秘密驻址于厦门"菜姑"主持的道场妙法林。妙法林借宗教来掩护革命活动，直至厦门解放。妙法林也于1982年3月被厦门市政府列为市级文物保护单位，妙法林佛堂也就成了中共厦门工委（闽中）旧址。厦门延寿寺慧忍姑，俗名魏晓虹，原籍惠安，1967年出生，1983年出家在晋江光明寺，皈依承天寺瑞耀老法师；1984年12月在莆田广化寺授出家菩萨戒，1990年闽南佛学院第二届本科毕业，1992年厦门医高专口腔医学专业毕业，1997年入住延寿寺拜向志姑为师，同年3月至2000年10月在南普陀慈善基金会义诊院任口腔医师，2001年延寿寺要重建，遂辞职到延寿寺专心管理筹备资金，并举行日常各种佛教活动；2002年在延寿寺开办慈善义诊部，以义诊为主，施药为辅。慧忍姑持女出家人的慈悲心肠，以其专业医学知识，义务为广大信众医治，在社会上为"菜姑"群体的整体形象积攒一定的道德资本，赢得大量的善信。笔者在"菜姑"主持的寺院与信众进行交谈时，信众皆认可"菜姑"的出家人慈悲情怀的同时，积极肯定闽南"菜姑"对社会发挥的劝善作用。

可以说，闽南"菜姑"通过在不同历史时期积极参与区政府、区民

---

① 参见帕森斯：《社会体系》，载《社会科学国际百科全书》，第459～463页。

宗局、小区居委会及市佛协举办的各种慈善公益事业及本寺慰问贫困老人等活动，力所能及地在赈灾、救济、助学、济困资助病残等方面回报社会，遂形成"菜姑"群体共同承担的道德共同体。她们以一种本土化宗教团体的形式发挥着其群体所承担的宗教功能，总是以积极道德主体性响应社会需求，并将这一群体所积攒的道德资本整合成社会所需要的某些核心价值，内化为有序社会所需的无形资源，这也是闽南"菜姑"这一群体所得以源远流长的原因之一。

（四）闽南特色"慈悲精神"宗教范式

笔者在走访闽南"菜姑"主持的寺庙中，看到闽南"菜姑"无论是其道场建设，抑或道场人员组织管理模式，皆具有浓浓的家庭伦理气息，其不仅为佛寺，更体现为一种家庭伦理范式宗教团体。这一范式的形成，也发挥了佛教"慈悲精神"。以厦门岛妙清寺为例，妙清寺至今仍住着88岁孤寡老人秋霞姑，秋霞姑命运坎坷，早年丧子，中年丧夫，因缘结识妙清寺往生主持瑞意姑，瑞意姑同情秋霞老人遭遇，即让秋霞老人住寺共修，信众对秋霞老人也尊称秋霞姑。笔者在对秋霞姑采访时，秋霞姑多次提到瑞意姑为人菩萨心肠，人人称善，笔者在侧面对妙清寺的信众进行采访，让她们向笔者介绍秋霞姑时，不约而同地都说秋霞姑如何善待信众，如何慷慨布施，皆受其人格魅力所感染。闽南"菜姑"群体数量的组成中有如秋霞姑这类的孤寡老人选择在寺院里面长住；也有婚姻不顺利者把住寺称为"退气"，当家"菜姑"多具慈悲心怀，收留这些因家庭不和而苦闷不得申诉的女性，且多让其住寺一段时间，劝慰其回到家中，其中有的产生出家行为即长住寺庙成为"菜姑"的一员；还有如"还愿"者，这个人群属上了年纪的老人发愿佛祖加持其子孙兴旺，若子孙平安顺利，其愿住寺长伴佛灯。而"菜姑"的继承人多为老"菜姑"收养的弃婴，因为"菜姑"带发修行的因素，相对来说，不同于僧尼的威严相，其更能给这些收养的弃婴一个类似普通家庭母女般生活模式。如厦门甘露寺的现任主持露慈姑"文革"时被往生老"菜姑"陈美德捡到，露慈姑称美德姑为母亲的闽南方言"老母"，而并未称姑。故不同于外省女众道场组织管理模式，闽南"菜姑"道场多了一种家庭伦理般的脉脉温情。"菜姑"主持的寺庙成了弱势群体社会救助的途径之一，发挥着佛教"慈悲精神"救助社会的功能。

"菜姑"是女性，故其与女性信众有着天然的亲近性；并因其带发修行，比起其他僧众，女信众感觉"菜姑"更具亲近性。"菜姑"与信众之间形成一种母女、姐妹性的关系。厦门甘露寺，一名 82 岁老义工，从已往生的老"菜姑"陈美德姑担任主持时，就在甘露寺做义工，她见证现任主持露慈姑成长，并把露慈姑当成女儿般疼爱。每个月农历二十八法会时，笔者观察到甘露寺年老或中年义工，皆称露慈姑小名"阿珠"，并关心其是否用膳。道场的任何一件事皆由义工有序开展，整个道场气氛就如一个家庭招呼远道而来的亲戚朋友般和乐，露慈姑的身份也具有多重性，既以寺院主持身份作为法会的组织者，又为信众的倾诉对象，许多信众将家庭的喜事告知露慈，露慈姑以随喜心倾听，信众对其产生一种特殊的情感依赖。法会结束后，露慈姑又以类似家庭主人般身份答谢义工。笔者观察其总是在法会结束后站在寺院山门，目送每一位义工离开，直至已看不到背影才转身回寺，整个道场呈现一种浓浓的"人情"味。除了甘露寺，笔者在厦门其他"菜姑"主持的道场中采访时亦发现此现象，如厦门雪峰寺，在采访雪峰寺居士时，一位老居士表示："来雪峰，就如回娘家一样的亲切，有一回因老伴摔伤了腿来不了，心里总惦记着雪峰寺，老伴腿一好马上赶紧来道场拜佛。"其他居士和信众在谈到"菜姑"主持的寺院与其他寺院的不同时，百分之九十以上女信众表示皆有此感，觉得"菜姑"主持的寺院亲切，并夸赞阿姑们和善、慈悲。"菜姑"主持的寺院早晚课、法会皆用闽南话念诵，信众表示这样比起用普通话念诵更跟得上，有感觉。笔者在观察厦门"菜姑"主持的寺院中，发现每个寺院的义工人数虽不如一些男众主持的信众多香火旺的道场人数多，但是这些义工已经与寺院阿姑形成一种共患难的情愫。如雪峰寺因寺院扩建，在年底的大扫除活动中，义工们往往要承担较为辛苦的工作量，但是这些由厦门本土信众组成的义工已经以一种主人翁似的姿态参与道场的护持，她们在工作时与寺中清修女有商有量，平等护持；在休息时，与清修女和乐共处，建立起深厚情谊。笔者观察到这些由闽南籍中年妇女组成的义工在闽南"菜姑"主持的道场中，其呈现出来的精神状态是可敬的。她们因信仰而聚集在女众道场，或寄托着神灵保佑的美好愿望。当信众看到"菜姑"主持的寺院较为艰难，就自愿参与护持。

以厦门岛为例，从"菜姑"群体内部而言，其体现一种家庭伦理般范式；从"菜姑"组成群体而言，其发挥着佛教"慈悲济世"的社会关怀；从"菜姑"主持的道场气氛而言，其散发一种浓浓的"人情味"；从义工对"菜姑"主持的寺院的协助护持而言，无论从时间的固定性还是义工的自觉性，皆体现一种"慈悲"情怀。这四重属性形成一种闽南特色的"慈悲精神"宗教范式。也因为这四重属性，得以使闽南"菜姑"群体修行生活呈现一种透明性，出色地承担起佛教教职人员的角色的同时，对自我作为佛教女出家人的身份认同坚定不移，并精进修持，使其佛教徒的身份得到社会的认可。在笔者走访的厦门本岛"菜姑"主持的寺庙中，多所寺院在新时期多次获得厦门市民族与宗教事务局授予的"和谐寺院"称号。

结语

"菜姑"这一宗教团体的出现是由于社会环境的特殊性，最初闽南籍女性选择一种带发修行的出家方式是对社会做出的妥协与调适。她们原本为向社会妥协而成就的群体，与社会一同经历着自己的变迁的同时，却也因其作为一特殊宗教团体而发挥的社会功能无形地影响着社会。回顾全文，主要从闽南"菜姑"这一宗教团体的出现的社会原因切入，并对其身份认同的曲折性做出历时性描述，通过其身份认同在新时期取得的新成果来解析这一宗教团体与社会的互动模式。

闽南婚俗的文化透视

——以安溪县八社为考察地

钟建华[*]

2007 年文化部设立了全国十大文化生态保护实验区，"闽南文化生态保护实验区"首先被授牌，为闽南文化的全面保护与研究带来了新的契机。闽南民俗文化作为闽南文化的基础，考察其存在与变迁，在某种程度上可以体察到闽南民俗文化乃至闽南文化的整体特质及其历史变迁的精神内涵。闽南安溪县八社作为一个以"关帝"为主要信仰象征，效仿"桃园三结义"的联盟模式的中型村落，形成于明中叶，在清代、民国时期发挥了地方村落自治的作用，而现今主要是作为八社民众共同的关帝信仰圈而存在的。[①] 八社在历史上已经发展成为一个大的通婚圈，拥有共同的婚礼习俗等许多同质化的社会生活文化。八社作为传统的山林农业区，婚礼习俗秉承古制，"冠、昏、丧、祭，风俗攸关，安溪为朱子过化区，遵《家礼》者旧矣"[②]，"纳采、问名、纳吉、纳徵、请期、亲迎"等古婚俗六礼在安溪县婚俗中都有所反映。通过对安溪县八社婚俗"亲迎"仪礼现状的展示，我们可以看到以"亲迎"仪礼为核心内容的闽南古制婚俗"六礼"之间的杂糅，以及成年礼与婚礼之间的契合等文化内容，从而探索闽南婚俗变迁的规律，凸显闽南民俗文化的实用化倾向以及浓郁的儒家文化特征。

---

[*] 作者单位：闽南师范大学闽南文化研究院。

① 安溪县铜锣庙文物管理委员会编撰：《铜锣庙志》1995 年（内部资料），第 1 页。

② 丁世良、赵放主编：《中国地方志民俗资料汇编》"华东卷"（下），第 1303～1304 页，《安溪县志》（十二卷·清乾隆二十二年刻本），书目文献出版社，1995 年。

一、闽南安溪县婚俗现状概述

闽南安溪县婚俗遵循古制婚俗"六礼"。从笔者对它的现状调研来看，这里的婚俗以"亲迎"仪礼为核心，而"纳采、问名、纳吉、纳徵、请期"等五项仪式则主要是男女方两家在"亲迎"仪礼之前不公开的、相对简单的家庭互动行为。

"纳采、问名、纳吉、纳徵、请期"这五项仪礼所涉及的人员组合模式是：媒人，男方男家长，男青年，外加一位比较能干的叔伯或至好宗亲；女方男女家长，女青年及其主要家庭成员。这五项仪礼一般就是在上述核心人员构成的男方家与女方家之间的有序、有理而又比较纯粹的互动行为。这五项仪礼被当地人简化为"看人（相亲与小定）、下聘金、（看日）送日"等三个仪礼，一般是晚饭后，在媒人约定的时间里，在女方家举行。此三大仪礼意义在于完成举行"亲迎"仪礼的前期准备，即在媒人的撮合下，完成男女青年的见面，交换信物与八字名帖；男女双方家商量聘金数额的多少及聘礼的主要内容，并由男方家进行一定数额的现金支付；议定"亲迎"的日期；男女双方家庭都准备好"亲迎"仪礼前相关的准备事宜等等。在这些仪礼活动过程中，男方家持主动态度——主动而有序；女方家持防御态度，矜持而有礼，完全符合"明媒正娶"的标准规范。

相对于前五项仪礼而言，"亲迎"仪礼不仅历时长，它的准备、举行乃至结束都需要动员大量的人力与财力，是个很有弹性、内容极其丰富的仪式活动过程，显得隆重而公众化。不言而喻，闽南安溪县婚俗中的"亲迎"仪礼是整个婚礼习俗中最重要的环节。它的举行意味着一桩婚姻的完全确立，而古制婚俗的其他"五礼"的完成却不具备此等明确坚决的意思，但无论是在传统意义上还是在现代社会，闽南婚俗中的"亲迎"仪礼都具有如此确定的意义。同时，又因为它是闽南婚俗中所有婚礼环节中唯一一次公开面向全社会的仪礼，因此，人们在历史的发展过程中造就了它种种习俗文化内容，同时还把"男女成年礼""庙见"等涵括其中，并一直延续到现在，显示出了闽南地方习俗惯制的灵活性与实用特点。

二、"亲迎"仪礼的内容实质

1. "开脸上头"与"上头"

在安溪县婚俗的"亲迎"仪礼中，新娘的"开脸上头"与新郎的"上头"仪式内容大同小异，但都是必不可少的。众所周知，现今闽南地区的民众对于刚出生的小孩与上岁数的老人的一些相关节庆是比较重视的，比如小孩的"满月""周岁"与老人的"做寿"。但是，鲜有举行如苏杭一带那么公开而隆重的"成年礼"，充其量就是给孩子煮一碗"鸡蛋面线"，而新娘与新郎的"上头"仪式恰恰弥补了"成年礼"的简单与缺憾。

无论是新娘还是新郎，"开脸上头"与"上头"首先是修饰仪容仪表的工序。有同工异曲之妙的是，它们都以"梳头"和"合四句"为核心程序。新郎与新娘的"梳头"都是不多不少的三下，而以祝愿新娘、新郎多子多福的"合四句"就穿插在这象征性的三下"梳头"动作中。当然，因为传统社会赋予男女性角色的不同，他们举行"上头"的地点也很不一样。凌晨时分，新娘就在她的闺房里由一位福贵双全的女长辈引导着进行，"开脸梳头"时还要抱来新娘家的一个至亲男孩子在场帮忙扯"绞脸红线"，"上头"完毕，新娘要给这个男孩红包表示吉利，仪式大意在于祝福新娘出嫁早生贵子，女长辈顺便对新娘到夫家应该注意的方方面面进行嘱咐，包括性启蒙教育；而新郎在新娘来临前，需要理发，然后坐在自家厅堂上对着祖先的牌位由一位德高望重的男性老者（最好是母舅）主持这个仪式。前者不公开，而后者是完全公开的。但是主持仪式者都必须是自己宗亲的长辈，所以，新娘的"上头"是半公开的，表现了家庭、宗族对新娘成年以及出嫁的认可，同时新娘在出嫁前还必须在厅堂上公开哭别祖先与父母，这是家庭对社会宣告新娘的正式出嫁。而新郎"上头"的公开，预示着新郎已经完全具备了作为一个独立的社会人的地位，当然也就有了成家立业的资格。这个"梳头"仪式实质上就是传统以改变发型为主要特征的"冠礼"（成年男性）与"笄礼"（成年女性）的浓缩。

2."点烛"与"谢天公"

（1）点烛

"点烛"是女方家在新娘出嫁前举行的一次祭祀祖先的仪式。形式比较简单，无需延请"师公"此类的民间科仪主持者参加，而是由宗亲长辈们在女方家厅堂上接待新郎家送聘礼的队伍，交换聘礼与嫁妆，并送嫁新娘的过程中举行的一个仪式。核心内容是在女方家的厅堂祖先牌位前点燃新郎家挑去的两对大红烛中的一对和"香"若干，也就是新郎家与新娘家共享新郎家提供的"香烛"的意思。在这里,"点烛"实质上意味着男方家对女方家一种"香火绵延"的祝愿与补偿。之后,在女方家厅堂上,男女双方交换聘礼与嫁妆。其中最为纷繁复杂的就是聘礼的接受与回馈。聘礼由大约 200 斤猪肉、70 斤爆米花糖与花生麻糖、600 块白粿、若干捆米粉,外加两对大红烛、一份"茶壶鸡酒"以及约 4000 元的现金组成。这些置放在好几对(偶数)大红布袋里的聘礼需要男方家宗亲的 6 个或 8 个成年已婚男子来挑送,刚好每人一担。女方家要大摆宴席宴请他们,然后再用嫁妆换出这些聘礼,让他们原路挑回男方家(远的则直接把嫁妆挑放在车运回就行)。而双方最注重的是其中的一个交换细节:"茶壶鸡酒"实际上是由一个尺半宽的茶盘上置放一只两爪子上都绑挂金戒指的、宰杀干净的公鸡与一茶壶米酒构成。女方家只能取走鸡身子与倒走半壶酒,要把剩下的半壶酒和取下来的鸡头鸡尾放回原茶盘上,另外还要添置一双鞋与十二包不同种类的种子于盘中,一并让男方家挑回。这场景除了女方家祝愿自己的女儿到男方家多子多财外,还表明了结亲的两家"有头有尾,有始有终"的传统观念,因为联姻把以前可能是一点关系都没有的两个家庭紧密联系了起来。在闽南地区,一桩婚姻有时甚至可以强化两个宗族的关系,这里应该注意的细节是,在闽南地区婚礼上来帮衬男女方两家的主要力量是宗亲,而不是其他群体。

(2)"谢天公"

"谢天公"是在举行"亲迎"仪礼的当天伊始,在新郎家厅堂上举行的"酬神"仪式,是为传统"庙见"内容的一种变异。"谢天公"顾名思义就是要感谢天公的庇佑,而这里的天公指代家户范围内的以天公为首的所有神祇,祭报祖先理所当然也是这个祭祀仪式的主要内容之一。地方保护神祇的木雕神像被新郎家派人抱来端坐在厅堂正中间的供桌上;而没有木雕神像的众神祇就以相应的、写有神名的符表,贴在一个内用竹篾扎成、外用红纸糊就的长方形架子的正面,置放在木雕神像的后面,两者位置持平;而更后面的位置则置放祖先的神龛。它们的前方便是四张摆满必须有猪头在内的供品的供桌,科仪主持者即师公或和尚,在已经算定的黄道吉日里,面对着厅堂,以新郎家的父辈的名义填写神表符状以酬神,并引领着新郎家的父辈及其长子长孙进行祭祀。这个仪式一般都在凌晨开始,即闽南语所说的"起鼓",师公开始净坛,发表请神……最后再焚符送神,这一过程一般有十三道程序,师公领着一个小锣鼓队，一直要忙乱到早上八九点钟才宣告这个仪式完毕，随后派人抱送诸神像回庙。然后，新郎家依靠宗亲帮忙，开始早、晚两次大宴宾客，让村里人以及家户的八社亲戚、朋友分享家户的喜悦，这种宴会需要来宾随礼，亲戚、朋友 50～500 元不等，一般邻居 20～30 元即可，名曰：随喜。这些礼金实质上是其他家户对新郎家的"娶亲"支出做出的一种援助与补偿，亦是他们在日常互惠活动关系中的有效的正常的互动。新郎家还达到了酬神以及对自己关系圈联络感情的目的，当然，这也是对自己与其他家户互惠活动的庞大支出的一种补偿。新郎家以天公的名义祭祀中国传统神祇的整个体系，显然受到了他们传统的祖先崇拜神灵观念的影响，祖先魂灵其实在祖先崇拜中虽然占有主人的位置，却不能计算入以天公为首的神祇体系。因为祖先魂灵同样要受到这些神祇的护佑，于是，在整个祭祀仪式的实际祭祀活动中，祖先魂灵的主人位置必须要让位于这个区域最合适的神祇，即地方保护神，才能和整个天公神祇位置相称。在八社范围内，此神祇"关帝"当仁不让，这在主持这个仪式的师公们手中的科仪表演和符表中可以得到印证。而新郎的"上头"仪式则就是纯粹的祭祀祖先，报请祖先新郎已成人并要成家的喜讯，同时也是寻求宗亲确认新郎成人结婚的事实。这样，婚后的新郎就获得了从此以后宗族活动中他应该有的责任和义务，属于传统"庙见"的第二部分。

3. "拜堂"

这是新娘进入夫家必须经历的第一道程序。从夫家大门开始直至踏入新房这段路程中，首先是夫家的女长者接过了陪嫁的女方长者对新娘的护送指导任务，保证新娘在即将要上演的一系列仪式细节中能够从容自在，且按部就班。

在众人（与新娘生肖相侵冲者自动回避，不谙世事的小孩子则被糖果哄骗到一旁去了）的围观下，新娘在男女方女长者的共同扶持下，迈过了设在大门内的一个生着碳火的炉子即"风火炉"，她的"花篮"中的陪嫁衣物都必须在"风火炉"上过一遍，这最主要是一种"去生辟邪"的巫术观念的呈现。然后在天井里，从新房里出来的新郎在众目睽睽下接过新娘撑着的红伞，男女方女长者立刻以一面置放着一斗笠、一只新郎鞋、一件新郎短裤、两根葱、两片松明的米筛遮顶在新娘头上。随后新娘在男方女长者的搀扶下在夫家厅堂上面对点着香烛、摆满供品祖先牌位三鞠躬，然后继续头顶着那面米筛进入到新房，直至参加"祭灶君"仪式才能从新房里出来再次露脸。这是没有新郎参加的"拜堂"仪式，迥异于传统的"夫妻同拜"的"拜堂"仪式。根据笔者的调查结果，多数村民认为是新郎已经在新娘来之前"上头"过了，所以不用再"拜见祖先"了。实质上，闽南婚俗中新娘嫁入夫家三天后不存在传统"庙见"这一仪式，而是以"拜堂"以及随后的"祭灶君"两个仪式共同分担了传统"庙见"仪式的职能。

撇开现代式的婚礼场景不提，在整个闽南传统婚俗中，新郎、新娘绝少同时出现在一个公开的"亲迎"礼式中。这种对新郎、新娘同时出现参与同一个"亲迎"礼式的回避是闽南婚俗的一大特色，而非通常所说的"王不见王"，即双方家长"亲迎"仪礼禁忌相见。在"亲迎"礼式中新郎、新娘的会面更倾向于私密化，而且不提倡闹洞房。在婚礼过程中，新郎父母尽管不参与婚礼的筹备与操持，基本上是闲人两个，但是父母的权威不容动摇，他们所听到的尽是赞颂声而没有任何的谐谑话语，除非在婚礼操办上很小气或得罪了人才有可能会被人说三道四。

4. "祭灶君"

这是整个"亲迎"仪式的最后一道程序。在夫家的厨房里，新娘在夫家女长辈的引导下，端庄肃穆地向摆满供品燃着香火的灶台上的"灶君"神位鞠躬；女长辈主持祭祀，在烧金纸、鸣鞭炮的过程中，报请"灶君"知道家里新添了这么一位媳妇。这是新娘自出生以来正式参与主持的第一次家庭祭祀，也就是说，新娘主持的第一次家庭祭祀活动是在夫家而不是在娘家，在娘家她永远也没有独立主持祭祀的资格。这就是传统儒家思想界限牢不可破的地方。我们完全有理由说，闽南地区女性的成年礼其实是在夫家的厨房里完成最终的程序的。在特定的地方（厨房）举行有特定祭祀指向对象（灶君）与内容（向灶君报名）的特定的仪式，最终完成了传统农业社会对闽南地区妇女在夫家的生活角色的界定即家庭主妇。

接着还要由女长辈接着主持"捧茶"程序：由新娘向在座的夫家人敬献加了糖的茶（象征以后家庭生活的甜蜜），捧茶对象尤其是爷奶、公婆、叔伯、婶妗、妯娌等等。被敬茶的夫家人都要给新娘压红包，钱数大概就 10～100 元不等。而辈分比新娘小的夫家人喝过新娘敬的茶后，要向新娘敬茶，新娘要反过来给这些小辈夫家人压红包。这个程序实际上替代了婚俗古制中"洞房的第二天见公婆"的习俗，提前让新娘与夫家的家庭主要成员相互面见，确定新娘与夫家人相互间的辈分位置。在这个过程中，女长辈主持人对新娘的引导以及新娘对夫家人的敬茶都是在郑重的氛围下进行的，长幼尊卑的秩序以及遵循的仪礼在此一目了然。

仪式的最后是新娘在厨房炒了一锅"爆米花"喂家禽。这有三层内容：新娘爆炒的米花的好坏预示以后家庭生活的火爆与否；观察考验新娘的厨艺；新娘通过喂家禽象征性地接手了料理夫家的家庭生活的责任。

"祭灶君"整个祭祀场景都是在来客与宗亲大小的围观下进行的。"祭灶君"的当事人们都郑重其事，而围观的人们则高声喧哗讨论，以目睹新娘的种种举动为快。这就形成了鲜明的人群情绪的对比。厨房里的人们履行的是婚俗赋予的内在惯制，女长辈主持人显然是这种潜移默化的秩序的代言人，她促使人们有序地完成他们各自要扮演的角色，热闹的气氛中透着一板一眼；而厨房外的人们更多是凑热闹，但从中也见习了"祭灶君"这一仪式的规则程序，以供日后或自己出嫁或自己有机会主持这仪式时能从容加以实践。这一切，组成了传统"庙见"仪礼的最后部分。

三、闽南现代婚俗对"因地制宜"规则的阐释

1. "时代感"是闽南婚俗现状一项重要表征。

通过对闽南婚俗的现场感受，以及对老一辈报道人的反复追问和确认，笔者发现"亲迎"前的几项仪礼（看人、下聘金和送日）因为原本的形式和内容就简单，所以在近现代基本没有什么大的变动。按照一位70岁的男性报道人说的："人还是那些人，事还是那些事。要说变化，'看人'时（男方家）一行四人的长袍马褂换成西装；原来要步行，现在可以坐上车去；不过聘金是大大提高了……"由此可见，除了一些时代性比较强的器物和具体聘金数额在变化外，在老人的眼里，民国以来闽南婚俗中的"看人、下聘金和送日"等等仪礼的内容实质基本上是没有什么变化的，由此可见，该婚俗的内在结构程序相对来说是稳定的。但是，相对于清代乾隆二十二年间刻本的《安溪县志》（十二卷）对民间婚俗的详细描绘，安溪县婚俗的现状还是要大大简约于清代的婚俗的内容：一板一眼的清代"纳采、问名、纳吉、纳徵、请期"已被简化为前述的"看人、下聘金和送日"；清代文绉绉的"年庚与名帖"业已被两指宽的红纸所替代，不过最近师公们又把"亲迎"时的吉日即"谢天

公"的"起鼓"时间和新郎新娘的八字写在 32 开的"素状"上,贴在大厅的左侧墙壁上,以为公示与吉祥;"礼盒"不再为当地人所推崇,方便实用的现代商品装进塑料袋里,直接提上女方家的客厅桌上;甚至连红包都已被一指长宽的红纸条所替代。可见,一项日常的重大的生活习俗的变化,富有时代特色的外部形式的变化在所难免,但是,人们在潜移默化之中传承与享用的生活习俗就必然要求习俗必须要有相对的稳定以及有迹可寻的内在规则,因此,习俗的内在变化一般不会太大。

2."去繁就简"标志了闽南婚俗的变迁方向:"亲迎"仪礼与"成年礼(冠礼与笄礼)""庙见"的结合。

在清代,只有官宦人家才有资格举行"亲迎"仪礼,而"庶人无行亲迎礼"。但是,清代的宦族、庶人都有冠礼,"今以冠礼言之,惟宦族行三加之礼为近古,若乡村庶人于将婚之前只用一加之礼,择吉延亲友之具庆者为傧相,冠毕拜祖先、父母。是日以米粉为丸奉祖先,馈亲友。……女子将嫁前,择吉行笄礼,母为主,延诸母之有德者为梳头、戴冠、加簪,着嫁时装,祝词大约以孝顺宜家为勖,乃字。庶人家亦如之"。[①] 清代安溪县的"冠礼"与现今的"开脸上头"仪式相比较,很多内容已经符号化和象征化。古代的"三加——在头上佩带布弁、皮弁和爵弁"完全被现今婚俗"上头"仪式里"用新梳子在新郎头上梳三下"这充满象征意味的举止所替代;而对于新娘,在"开脸上头"仪式中,除了要用红棉线沾水绞脸和整修眉毛外,同样还是用新木梳子在头上象征性地梳三下,"戴冠与加簪"基本消失殆尽。古今差异在于,乡村已经完全撤除了原来只能进行"一加"的规矩,而是完全效仿官宦人家的"三加",以"梳头三下"的象征手法规避了政府的禁令。笔者怀疑,这种做法已经盛行良久,至少在清代,乡村已经有此做法,因为民国以来,政府已无具体的"加冠"禁令,民间自然也不用再回避;另外,民国提倡"剪辫发","加冠"也就失去原来的可操作性,因此,以梳头代替"加冠"也有可能是民间的一种权宜之计,只是民间对于封建社会的"加冠"禁令的记忆太过于深刻,所以"梳头三下"的做法绝对不是突然间的变异。而且现今的祝词除了"孝顺宜家"的意思外,对于

---

① 丁世良、赵放主编:《中国地方志民俗资料汇编》"华东卷"(下),第1303～1304 页,《安溪县志》(十二卷·清乾隆二十二年刻本),书目文献出版社,1995 年。

新郎，男尊长主持人还要以"一组四句"的"合四句"的吟唱方式当众表达祝福的话语，对于性知识的嘱咐则另找隐蔽场合进行；对于新娘，因为是在凌晨举行这个仪式，女尊长除了同样要帮新娘梳头挽发髻、低声叮嘱与吟唱表达祝福的话语外，还要增添一些性知识的嘱咐。另外，新郎和新娘在"上头"后都要拜报祖先，但是并不拜父母。倒是新郎家在"亲迎"仪礼中的宴席里，还是把"米粉为丸奉祖宴客"这习惯保存了下来，即"甜汤圆"在安溪县八社是作为一道正式的必需的菜肴上桌祭祖和宴请宾客的。

安溪县八社现今"亲迎"仪礼中的"上头"仪式其实与清代宦族"亲迎礼"中的"醮祖"仪式更相类似。宦族"是日（亲迎礼），主人告于祠堂，告家之祖先，以酒醮子而诫之。子受酒饮，跪听诫词，大要以正位范家，勖率以敬等语。……女家亦告于祖先，醮其女。女受酒跪听诫词，大约以孝舅姑，和姒娌，无私货，守闺范等语。"[①] 从笔者的调研与比较的结果来看，现今安溪县新郎的"上头"仪式，融合了清代的"冠礼"与宦族"醮祖"两大仪式为一体。具体的做法就是把"冠礼"仪式移植到"醮祖"仪式中去。这种移植在现今安溪县的"亲迎"仪礼的"上头"仪式中，已经显得如此的和谐。众所周知，明清时期虽然对民间的"醮祖"行为的限制与惩戒有所放松，但是，公开而严整的"醮祖"仪式依然是官宦人家的特权，至少在《大清例律》中我们还找不到民间和官宦人家具备同等祭祀权力的规定。因此，安溪县的"上头"仪式撇开了清代"醮祖"的繁文缛节，把"告于祠堂，告家之祖先"这种官方明令禁止民间举行的"庙见"祭祀行为，转移到凌晨时分进行"谢天公"祭祀仪式里；而把充满象征意味的"冠礼"放置到"亲迎"当天接新娘入门前时分公开举行，并完成对新郎的训诫与祝福。这一融合实质上规避了官方的禁令，而满足了民间崇拜进而效仿官宦权威与特权的心理与行为。从笔者的亲身感受与对闽南成年礼的现状调查来看，整个闽南地区对于男女成年礼不怎么重视，一般男女虚岁满十八岁，家里会做一碗"面线蛋"给当事人吃以表庆贺和表识，既不宴请宾客，也不举行"冠礼"仪式。但是，从乾隆版本的《安溪县志》可以看出，安溪县

---

① 丁世良、赵放主编：《中国地方志民俗资料汇编》"华东卷"（下），第1303～1304 页，《安溪县志》（十二卷·清乾隆二十二年刻本），书目文献出版社，1995 年。

民间"冠礼"与"宦族"相同，但比较简单，与现今的"上头"仪式相比较，除了"以梳头代替加弁"与"跪拜父母"外，其他的都大致相同。

3. 传统文化对民众的世代"濡化"是闽南婚俗承续的基石。

喜庆和禁忌等传统文化内容在"亲迎"仪礼中被有序地重复强调。

(1) 喜庆："红色、鸣鞭炮和人员的聚集与忙乱"是"亲迎"仪礼的基本格调。"红色"包括门上的红对联、喜字、送聘礼的红布袋、厅堂上点燃的红蜡烛、遮盖天井的红布幕、登记来宾的大红花名册、送彩礼的红包以及祭祀神灵的任何一个菜肴果品拼盘的上头都有红纸点缀，还有众人鲜亮的服饰，因为兴奋、忙乱或饭饱酒足的一张张笑脸等等；鞭炮的鸣放基本没有停止过，神灵的请送和祭祀，来宾祝贺和主人的欢送，宴席的开始和结束、新娘的到来以及每一项仪式的完成都需要鸣放鞭炮；主人家的宗亲的忙碌奔走，姻亲与朋友的到来、接待和寒暄，大宴宾客的吵杂，诸如此类等等。这一切显示了"亲迎"仪礼一如既往地对"喜庆"气氛的渲染与内容的强调。然而，这一切都是在有条不紊中进行的。在"亲迎"仪礼中，男方家长们一般就不负责任何事务，只有建议和被咨询的事可做，再有就是准备好需要花费的资金、草拟好欲邀请的来宾花名册以及穿好庄重的新衣服等着众人庆贺就可以了。具体的事务由男方家长在宗亲中推举一位正直能干的成年男性主持，这位宗亲将通过指派其他男性宗亲成员来组织统筹运转各项事务，以确保"亲迎"仪礼各方面的顺利进行。老一辈宗亲通常被郑重邀请来主持有关祭祀与"亲迎"的种种仪式，并进行相关的指导事宜；而年轻的宗亲们则更多负责购买有关物品、贴对联、跑腿请客接待客人、张罗桌椅、布置厅堂、做饭、准备菜肴等等体力活；老少男女各有分工。笔者发现，男方家长及其成员在"亲迎"仪礼中似乎越不管事越显得荣耀。从外人的评价中我们还发现，几乎没有男方家成员参与具体事务的"亲迎"仪礼，只要进行得顺利圆满，就表明男方家有本事有眼光，而且宗族房支强盛，宗亲能干。由此可见，通过宗亲对"亲迎"仪礼的大力参与，在被架空的男方家长身上反而显示出了男方家的能力与宗族房支的力量。这可是八社民众社会生活中一种比较独特的民间表现方式。

(2) 禁忌：禁忌在"亲迎"仪礼中无处不在。"以昏为期"是古人举行婚姻仪礼的一个基本的禁忌观念，然后才是一个具体的时间概念。八社的婚俗内容基本上都是在"黄昏"举行，比如"看人、下聘金与送日"等仪礼，无一例外不是在黄昏时刻举行。"亲迎"仪礼一般都是从凌晨或更早时候开始进行，以"谢天公"的"起鼓请神"仪式拉开整个"亲迎"仪礼的序幕。而女方家一般也在凌晨时分给新娘"开脸上头"，然后按照民间科仪主持人——"师公"或"和尚"掐定的吉日，在男方家送来聘礼后，举行"点烛"仪式，新娘就此泪别父母，除出门时要鸣放一串鞭炮外，送亲队伍一路上悄然进发。送亲队伍一般是由6位至亲或宗亲女性，外加一位挑着"花篮"（新娘的一些私人贴身物品）的新娘至亲兄弟，携扶新娘上路。一把新伞始终不离新娘头顶，直到新郎家天井时，新郎亲自来接过新娘手撑的这把伞为止。在笔者的观察与调研中，送亲队伍在路上基本没有什么大的举动，一般都是默默赶路，甚至在现今流行用车接亲的"婚车"上，大家好像也没有什么可说可做的。途中唯一一件重要的事就是陪嫁的娘家人不断提醒新娘要注意打好伞，因为新娘在出嫁途中还不能见天日。从这个细节中，笔者认为，现今送亲队伍除了对"以昏为期"古俗的一种形式上的尊崇与执行外，送亲队伍沉默凝重的态度、时刻遮掩新娘头顶的伞以及新娘一直处在送亲队伍的前半部分的位置强调，显示了新娘是一个处在核心位置的特殊个体，有着保持低调的主角角色和被保护的角色双重内涵。

在"亲迎"仪礼中，禁忌似乎都是围绕着新娘进行。新娘还未到来的时候，新郎家再三强调与新娘生肖"犯冲"的男女老少都要回避，甚至把这些相关的男女老少集中到一个房间里，严格限制他们与新娘碰面，这充分体现了以新娘生肖为核心的"生肖相冲回避原则"是闽南"亲迎"仪礼中不可忽视的一个环节。新娘一跨入大门，对夫家门槛的踩踏与否不仅是显示新娘个人教养与见识高低的标志，对于其本人来说，也是个不小的禁忌，门槛从来都是夫家的权威象征，同时还是夫家传统上区分"里外、公私"界限的，极具家庭个体化的一项象征器物，平时就忌讳人的踩踏。在"亲迎"仪礼里，这是新娘进入夫家面临的第一道考验。"辟邪"是新娘进入夫家面临的第二道程序，新娘和她的随身物品跨过不到一尺高的炭火正旺的"风火炉"是这个仪式的关键。按照老人家的话说是给新娘"去生"，意思就是说去掉新娘身上生人的味道或者陌生的东西。一般都认为出嫁的新娘比较柔弱，容易被鬼魅所侵袭，所以进夫家前必须经过"风火炉"的烘烤，才能达到安全清净的目的，确保新娘自身的安全以及夫家的安全。同时，按照维克多·特纳的

"阈限仪式理论"的论证，[1] 此时的新娘是处于脱离自己原来的个体位置与进入下一个崭新的社会位置之间的过渡仪式过程中。新娘自己既被动又主动，被动表现在于新娘被既定的习俗惯制所操纵，基本上是身不由己，一切行动都在受其他社会人的引导和把握；而主动方面则表现在，新娘行为上尽管被动，但是心智是清醒与主动的，通过"亲迎"仪礼的亲身感受和经历，在被赋予新社会位置的同时，也就具备了未来独立社会人的素质和历练。新娘第一次进入新房，一直到下一次出来之间的这段时间里，新房对于陪嫁队伍、夫家至亲者以及特定的女长辈外的所有人都是个禁地。似乎只有完成了"厨房"里举行的一整套仪式后，新娘才可以比较正式的单独出现在众人之中，而不需要他人陪伴。

结语

从以上对闽南婚俗的描述与分析中，我们可以看出安溪县八社婚俗"六礼"内容泾渭分明，"看人（相亲与小定）、下聘金、（看日）送日"形式内容都简单易行，基本上没有什么复杂的仪式程序可言，而且还十分的私密化；而"亲迎"仪礼内容上极其丰富，形式上被高度社会化。显然，"亲迎"仪礼才是推动闽南婚俗实用性从古至今逐渐强化的主要动力，代表了闽南婚俗发展的一大方向，即仪礼的社会化与公众化有利于促使民众自觉地改进自己创造、享用与传承的生活文化。另外我们还可以得出以下结论：传统文化对于闽南地方文化的影响至深，闽南婚俗的全过程都散发儒家文化点点滴滴的痕迹，尤其是闽南内陆地带，强调"有礼、有节、有序"的儒家文化一直都是其民众日常生活的核心依据；民俗文化对于传统上层精英文化的仰慕与效仿完全有可能促使一项习俗的变动，除非出现大的社会动荡、政治变革或大量的人口迁移等因素，否则民俗应该不会出现大的变化，除非它们确实妨碍了民众的日常社会生活；乡村社会的耆老们与女长辈们才是真正导演习俗变动的主力军，因为是他们真正掌握了每一项习俗惯制的程序，并在日常生活付诸实行，通过谨慎的引导与表演，这才把形形色色的习俗惯制传承给下一代，这也揭示了民俗传承中"代际传承"是最重要的一种方式。

---

① 维克多·特纳著，黄剑波、柳博赟译：《仪式过程——结构与反结构》，中国人民大学出版社，2006年。

闽南宗族村落田野调查反思

——以社坛村为例

黄晖菲[*]

历史人类学是近年来中国学者探讨的热门话题，在讨论其研究内容与方法的同时，总是伴随着"文化"与"历史"的探讨，外国学者在此类问题上的讨论也曾一度热烈，如萨林斯在《历史之岛》与《"土著"如何思考》两本书中就反复探讨"文化如何界定历史"的问题。黄应贵老师曾就此类的问题进行了深入的讨论，研究历史性事件，如何对"事件"与"历史性"进行界定。但更为关键的问题开始凸现，即不同的社会文化有不同的社会记忆方式，影响着其历史的构建与再现的方式。[①]譬如黄应贵老师在《再谈历史与文化》一文中分析台湾布农人的历史"意象"：先生1997年在南投信义乡东埔社收集田野资料时，当地大半的布农人并不像一般汉人那样视日本人战败离台是一件重要的历史事件。因为对于布农人而言，除了固有的神话传说外，就只有他们自己做过而有利于群体的事，才算是历史。[②]当然，我们研究的对象并不是具有独特历史"意象"的少数民族，但同样值得我们去思考：是什么影响了被研究者对事件的感知？不同社会的地方文化是关键的因素之一。在此，笔者并不想如黄应贵老师一样用宏大的"文化如何界定历史"这一命题对此进行分析与探讨，笔者关注的是，地方文化如何有效地运作并影响本地历史事件的过程？因此，本文拟通过对福建闽南地区的一个宗

族村落的田野调查进行粗浅的分析。

一、个案的分析与考察（福建闽南燕山黄氏宗族个案）

福建黄氏源流众多，作为王审知入闽八大姓之一，其谱系十分广大，历来对黄氏宗族的研究也不在少数。与其他福建黄氏宗族不一样的是，此宗族入闽开基较晚，且源流也大为不同。对于此燕山黄氏的研究甚少，仅有少数论著中有所涉及，如吴幼雄在《古代泉州外来宗教史略》中曾提到泉州西门外南安丰州黄姓。[①]

泉州南安燕山黄氏开族始祖黄忠勇，原籍元大都燕京顺天府（今北京市）大兴县，姓答剌，名贞，字真，生于宋理宗淳祐六年（1246）六月十六日。元至元十七年（1280）登进士。黄忠勇入闽后，足迹不离福建东南沿海一带，元泰定三年（1326）四月初一日卒于福州路总场官邸，返葬于南安县治西狮子山，入籍南安，遂为南安黄氏燕山派始祖，以"燕山"为灯号。

该支远祖为闽籍的黄定远，唐末进士，历官朔漠，逢五代干戈，无法回故土，入籍朔漠，开基繁衍。后因元主婚于黄，并赐姓，后裔乃沿夷姓答剌氏。黄忠勇开基复姓。

燕山黄氏宗族的形成过程大致可分为迁入期、宗族形成期、宗族后发展期，其中宗族形成期又可分为宗族衰微期、宗族立足期和宗族扩展期，具体如下图。

图1　燕山黄氏宗族发展示意图[②]：

Picture 1　The historical development of Yanshan Hung clan

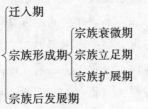

1. 入闽任官开基期（元世祖至元十七年至元泰定三年，即1280～

---

①　吴幼雄：《古代泉州外来宗教史略》，载《泉州文史研究》，第83页。
②　笔者根据燕山黄氏宗族的发展历程整理。

1326)

迁入期，为燕山黄氏开族始祖黄忠勇入闽任仕开始，到其殁于官邸，葬于南安丰州为止。这段时间是燕山黄氏入闽，乃至定居于南安的重要时期。

答剌真仕闽四十余年，足迹遍及福建东南沿海，以南安独久的文化，促民族之间的融合，士民相亲，占籍南安，成为闽南黄氏燕山派之始祖。元泰定三年（1326）四月初一卒于官邸，卜葬南安丰州邑治西郊狮子山南麓。

黄忠勇生有十子，亦随父在南安居住并各自传下子嗣。因此，燕山宗族迁入南安，形成较为庞大的家族系统，此阶段为燕山黄氏迁入期。

2. 化险为夷家族存续宗族形成期（元泰定三年至明崇祯十二年，即 1326～1639）

燕山黄氏宗族的形成过程较为独特，因此其形成期又可分为三个阶段：宗族衰微期、宗族立足期和宗族扩展期。

（1）家族灾祸期（元泰定三年至洪武元年，即 1326～1368）

黄忠勇公于元泰定三年（1326）四月初一卒于官邸，距元灭亡（1368）尚有 42 年。因其独特的身份和地位，随着元朝的覆灭，当时的燕山黄氏家族发展也进入了衰微时期。但同时，由于充军或流放，也间接扩大了燕山黄氏播迁的范围，相当部分燕黄子孙成为了当地的开基祖，在当地繁衍子孙，这也是今日燕山黄氏子孙分布范围广泛的原因之一。

（2）宗族立足期（洪武元年至明正统元年，即 1368～1436）

由于遭遇政治上的打压和迫害，燕山黄氏宗族的发展缓慢，在政治上无法通过求取功名来寻求宗族立足和发展的途径，因此，燕山黄氏宗族的真正确立和发展是通过经济上的立足来带动其政治地位的改变。其中的关键人物，是十房三世祖妣柯氏妈。

据《丰州志·人物篇》载：柯玉娘（1351～1441），号广心，富春人，宋龙图学士柯述第十二世孙、永春主簿迪吉的仲女。适南安令答剌真的十房三世孙黄原德为妇。……玉娘的祖翁乃蒙古贵戚，与生父同仕于元末。故于明初，燕黄一族的科举受到限制。直到胡知府撰铭，方得解脱①。

根据族谱记载，燕山黄氏宗族从四世起才有人缙绅科第，但也仅是三房四世孙贤奴一个人而已，而文中也提到"泉科举第盛自胡器作养始"。由此，我们可以看出，燕山黄氏宗族由经济发展带动其政治上的立足是较有根据的。

（3）宗族扩展期（明正统元年至明崇祯十二年，即 1436～1639）

藉由经济上的发展带动政治上的立足之后，燕山黄氏宗族开始加大宗族扩展，这种扩展除了经济上的保持之外，更多体现在了政治上的努力和人口的扩张上。

这段时期，也是燕山黄氏宗族撰修族谱最为集中的时期，所以燕山黄氏现存可考的族谱，均在四世至十世之间。以下是燕山黄氏历世修谱的记录②：

第一次修谱，为明正统丙辰（1436），距开族一百一十年；

第二次修谱，为明嘉靖十一年岁次壬辰（1532），距第一次修谱九十六年；

第三次修谱，为明万历辛巳年（1581），距第二次修谱四十九年；

第四次修谱，为明万历辛丑年（1601），距第三次修谱二十年；

第五次修谱，为明崇祯己卯年（1639），距第四次修谱三十八年。

从族谱修撰所间隔的时间上我们可以看出，七、八、九、十世几乎为代代修谱，在这个阶段形成了良好的宗族发展，且主持修谱的以十房后裔最多，其次为五房后裔，从此我们可以判断出，在这个阶段，各个房派间的发展差距已较大。

燕山黄氏人口上的扩张，主要有两个方面，一是政治上科举及第，带动本支系人口向外迁移；二是经济上发展带动人口上的扩张。在八世和十世的时候，燕山黄氏已分别形成了本宗族系统而规范的宗法论、睦族论和族约，从侧面上反应了宗族人口发展的规模及对族人管理的

---

① 南安市丰州镇编写组《丰州志·人物篇》，泉州：泉新出（96）内书（刊）第 06 号，1996 年，第 250 页。

② 南安市燕山黄氏家庙管委会《燕黄谱牒重光》，丰州：南安市燕山黄氏家庙管委会，2004 年修撰，第 23 页。

需要。

3. 宗族后发展期（明崇祯十二年至清）

随着燕山黄氏宗族在三世的确立及其后世的发展，燕山黄氏作为宗族的形态已然形成，在明清两朝，累计进士十人，文科举人三十八人，武举人十一人。任按察使、巡按、按察司、知府、通判、知县、教谕、训导达五十多人；任总兵、都督、诰命将军的七人。至于不满时弊飘然不仕者，或不愿摧眉折腰事权贵者，亦不在少数。十三世黄纬公，奉命北上抗击沙俄入侵，以睿智与奋战打败犯敌，康熙帝亲迎十里。十世正升公，系民族英雄郑成功的姑父，官至五军都督，率舟师入援南京，战场上被执，不屈殉节。

除此之外，燕山黄氏的人口扩展在这一时期继续延续。

二、闽南宗族村落的田野反思

以上是福建闽南燕山黄氏宗族发展概况的大致回顾。考量燕山黄氏宗族的发展时期以 13 至 18 世纪为主，在这段时期内燕山黄氏宗族有着比较独特的发展过程。

所谓"宗族"，即是以具有共同祖先并以父系血缘关系为基础联系在一起的男子为基本成员而形成的祖先祭祀、相互协作的族外婚群体。这种在中国大陆以组织形态的形式一直延续到 20 世纪 50 年代的父系出自集团（decent group），是宋代以后以新的形态出现，明清时代达到其鼎盛期，清末以来由于国内外的经济、政治、文化变动等等的社会原因而渐趋走向衰落的传统中国亲族体系及其家族制度（组织）①。该宗族村落的发展与宋至明清时期中国大陆宗族发展的轨迹大致符合，在明末清初实现了宗族的立足与组织化过程，该宗族通过自己的方式（或者可以称为解释）实现了宗族的发展。

1. 宗族发展解释

宗族发展过程除了宗族内部作用之外，亦会跟随时代的发展产生变迁，燕山黄氏宗族便是一个典型个案。始祖黄忠勇公于元泰定三年（1326）四月初一卒于官邸，距元灭亡（1368）仅有四十二年。四十二年后，由于朝代更迭，元亡明兴，因其独特的身份和地位，燕山黄氏宗

---

① 阮云星：《义序田野：黄氏宗祠重建落成庆典手记》（未出版）。

族即从巅峰坠入深渊，作为前朝的遗老遗少，是明朝官府镇压的对象。其子嗣，或充军，或流放，遭遇了不同的待遇。四舍安童公，流放北京为民；六舍赛哥公，充军的话屯垦；八舍漳童公，遇难，其子妃保公及长孙粪生充军云南楚雄卫。

还有一部分燕黄子孙，在当时的形势下，选择隐姓埋名，不敢称"燕黄"而称"紫云黄"。另外，从燕山黄氏宗族来源的解释也可看出一二，根据燕山黄氏的资料记载：本支远祖为闽籍的黄定远，唐末进士，历官朔漠，逢五代干戈，无法回故土，入籍朔漠，开基繁衍。后因元主婚于黄，并赐姓，后裔乃沿夷姓答剌氏，黄忠勇开基复姓。根据这段资料显示，燕山黄氏显然摆脱了夷族后裔的尴尬，转而成为正统的"紫云黄"后裔，为当时的后裔生存与发展提供了更多的空间。显然，这应该是宗族发展在受到时代冲击下衍生的一种保护性解释。

在这种情况之下，燕山黄氏宗族的发展之路尤为曲折，在政治地位上无法寻求突破。因此燕山黄氏宗族的真正确立和发展与传统宗族以功名立足的途径大为不同，是通过经济上的立足来带动其政治地位的改变。

当地流传着一则关于三世祖妣柯氏妈的传说[①]：

忠勇公在世时，我族是财势两全的大家族，可说大红大紫，荣耀无比。

自忠勇公于公元 1326 年殁后，不久，元朝于公元 1368 年灭亡，距始祖逝世只有四十二年。我族即陷入历史深渊，由大红大紫变成险被杀尽斩绝的对象。打压、充军、子弟不能参加科举。这些严酷的现实，充分说明我族已面临生死存亡的关头，幸赖十房三世祖妣柯玉娘，一手擎天。她聪明能干，劳动发家，家财殷富。为人慈善宽宏，乐善好施，广修善缘。不论民间或者官府，有求必应。民间借贷，是大斗出，小斗入。泉州府衙火灾，夷为平地，柯氏妈就出资为其重建，深得当时的泉州知府胡器的赞扬，称其为"贤妇"。柯氏妈七十一寿辰，泉州知府胡器为其生前立铭。从此，泉州知府宣布，燕山黄氏准予参加科举，从而扭转了燕黄的政治劣势。这从我族的科第志可以证实。我族四世后才可

---

① 燕山黄氏家庙管理委员会：《燕山黄氏谱牒汇编》卷二，2004 年修撰，第67 页。

以参加科举，所以四世科举出仕者，凤毛麟角，五世、六世陆续出仕，七、八世才达到鼎盛。

在燕山黄氏族谱中确有一段泉州知府胡器为柯氏妈所撰铭文《十房江夏母孺人柯氏墓志铭生传》，全文转述如下：

十房江夏母孺人柯氏墓志铭生传

余守泉之十九年，丁秩序满。岁维辛丑（1421）仲秋，行谒天官选，道经武荣。……余曰："黄之先名宦也，原德甫善人也，孺人淑德兼才，贤妇也，尤异人也，三者备，不为铭，得乎？"孺人，何称异人也？闻其手植花果，祝之，其生必荣。贷人金帛，息之其利必倍。捐赀佐修府治、邑治以千计。寺刹宫观、黄金檀樾，以累百计。雪峰铸钟弗成，孺人投以金钗即完，钟有钗迹，人称圣娘云。按状：圣娘柯氏，讳玉娘，号广心，行二。宋龙图阁学士述之裔孙，元主永春薄迪吉之仲女。生于前辛卯（1351）五月十三日。性聪慧，克娴姆教。既笄，归同邑黄原德甫。其先居朔方，答剌真公，以元贵戚仕为南安尹，赐姓黄，遂为南安人。子十，季曰贵童，号仁斋，原德父也。孺人饬妇道，首致敬於奉先，疏果之奠，必躬必亲；事舅姑孝，甘肥必调尝适意。教三子以礼法，皆素封有成立，原德甫性好客，交游皆达人文士，拥骑过从，必留憩越宿。原德甫不幸先逝，孺人号恸几绝，居丧三年，无违制。……其为女、为妇、为姑，咸馨厥美。虽载籍所称，烈孝义慈，何以加焉？余仿柳宗元生志，以徵实录，若夫卒葬之年月，享寿之修短，瓜瓞之繁衍，姑厥以俟后之知者秉笔而续之。

铭曰：象山之原，山环水沄。故坎而深者其幽宅，封而高者其莹坟。有郁佳城，瑞气氤氲；有隆其福祉，有衍其后昆。千古之下，过于此者，必肃而敬曰：此刺县尹之苗裔，柯龙图之女孙，尚勿毁其永存。

中顺大夫　泉州府知府　清江　胡器　撰文

注一：……

注二：柯氏妈……又助多金，修盖泉州府堂，故郡守胡公器于孺人在日预为之铭。又传孺人命带金舆，凡果木不生者……称孺人以民妇而得郡守为铭，一奇；生前预撰铭文，二奇；有借倍得利，三奇。以蓄积置主产业，创垂蒸尝，三百余石，迄今子孙轮攸供祭。

按照一般礼制，泉州知府为普通民妇撰写墓志铭是十分少有的。在这篇墓志铭中，十分清楚地讲述了撰写墓志铭的由来，其文中提到"捐赀佐修府治、邑治以千计"，说明柯氏妈确实曾出资帮助修葺过泉州府衙。同时，身为一名明朝的官吏，胡器竟不吝言辞，对元朝的燕山黄氏先祖高度赞扬："黄之先名宦也，原德甫善人也"，表明燕山黄氏宗族在政治地位上的重新确认和回归，是燕山黄氏宗族立足于当地的一个重要标志。

另据乾隆《泉州府志》第二十六卷中载，胡器，洪武年间任泉州知府①。且在第三十卷中有其生平的详细介绍："胡器，字仕璋，新喻人，以贡授曾安军民府通判，洪武三十一年练子字荐其贤擢知泉州……仓库火风猛莫遏，器向火稽首，火遂灭……泉科举第盛自胡器作养始……"②恰巧的是文中也提到泉州府衙仓库在胡器在任期间曾经着火，却是因胡器之力而熄灭的，胡器任泉州知府的时间是洪武三十一年，即1398年，时间上是重合的。但史料记载与传说却是不一致的。可以肯定的是，"泉科举第盛自胡器作养始"，泉州科举在胡器担任知府时开始兴盛，并放宽对燕山黄氏的政治约束，燕山黄氏宗族得以寻求政治上的发展。

2. 宗族发展的依附解释

宗族的发展往往利用世族后裔和科举功名所建立的权威，设祠立庙，纂修族谱，并进而积极参与和主导地域祭祀、地方事务以至风水操作等活动，在地域扩展中发展壮大。

反观燕山黄氏宗族，并没有通过整体宗族的力量依附于某一民间信仰来实现宗族的整体发展。唯一成为整体宗族活动的，是正月十五日到燕山黄氏家庙（即宗祠）的祭祖活动。燕山黄氏家庙始建于明正统丁巳年（1437），弘治年间拓建并重新装饰，八世孙河清镌立碑记于正厅左

---

① （清）怀荫布、黄任、郭庚武等：《乾隆泉州府志》（二）卷二十六，《中国地方志集成·福建府县志辑》，第622页。

② （清）怀荫布、黄任、郭庚武等：《乾隆泉州府志》（二）卷三十《名宦》，《中国地方志集成·福建府县志辑》，第32页。胡器："胡器，字仕璋，新喻人，以贡授曾安军民府通判，洪武三十一年练子字荐其贤擢知泉州，始至，草蓁翳，课农桑，修桥渡兴学校，奖励学者，岁时召父老令各诲其子孙，每判死刑及徒配，恒郁郁不乐，或问其故，曰吾不能化民故致此，仓库火风猛莫遏，器向火稽首，火遂灭，有士刘孙宗当伍试，其文奇之，郑补郡庠，遂登永乐甲申进士，泉科举第盛自胡器作养始，召修永乐大典，父老号泣送之，升贵州按察使，历官国子监酒。"

侧以志其事，距今 500 余年。祠宇位于南安古城内顶街，即现在的燕山。东向三重厅堂，面积 847.5 平方米，几度修葺，民国初由裔孙衍才改建前落，最后一次修葺由衍才之侄应源首先捐资，继由卿波印葵在印尼集资，于 1981 年至 1982 年竣工，乃保持明建筑规制。每年的正月十五，位于丰州镇上的 7 个燕山黄氏村落会通过"博灯"① 的方式确定下年举行踩街活动的主办村。

此外，分散于丰州镇上的 7 个燕山黄氏宗族村落有着各自的村落民间信仰，彼此间并无互动与勾连，他们的宗族势力发展过程也可在民间信仰投射出来，以社坛村为例。

社坛村系燕山黄氏黄忠勇第八子黄漳童所传后人。因此村民习惯称自己为八房后人。村中除了黄氏，只有一户姓郑（相传为郑成功祖祠所在）7 人，十五户姓倪（据传部分倪姓为郑姓更改姓氏而来），社坛村最主要的地方神为关帝。关帝庙位于社坛村接近村中心的位置，庙内正中供奉着关帝，但也供奉着其他的神明，如洋大帝（音）、尊王公（音）等，左右则是两大护法，其余除宫中一块签版以外，别无其他。在关帝庙的右侧，供奉另一尊神明，当地人称为倪姑夫人，左边则是原来社坛村的老人中心所在。

关帝的信仰在泉州地区，历来就十分兴盛，泉州关帝的信仰可以称为当地的主神，地位和系统更是十分庞大。而彼时的丰州作为南安县治所在，在县西兴建关帝庙自然是正常。但为何关帝庙的右边还供奉着另一尊神明呢？据当地报告人介绍，这尊神明主要是用来祈求小孩半夜不啼哭、身体健康等的，起着看护小孩健康成长的作用。该神明被称为"倪姑夫人"，此为社坛村倪姓所供奉之神应是无错，关于这尊神明，村里一位老者提供了相关传说②：

　　相传在很久以前，社坛村内有户倪姓的人家，家中有位女儿。在晚上的时候，社坛村关帝庙内供奉的洋大帝会经常去到她房中与她说话，

---

① 每年正月十五晚上九点多开始，各村的代表（主要是村中财力较为雄厚者）便聚集在家庙的后堂，开展名为"博灯（音）"的活动，其他闲人是不得参与与观看的。而到了半夜十二点的时候，便会传出哪个村落博得彩灯的消息，因博得彩灯寓意着祖先此年将会更垂青获得彩灯的村落（房派），此村落此年将会财运亨通、官运发达，于是博得彩灯的村落家家燃放礼炮、鞭炮，以示庆祝。

② 口述人：黄阿婆，今年 87 岁，家位于社坛村村西，观音亭附近。

女子的母亲半夜常常听到女儿房中有人说话的声音，觉得奇怪，便问女儿。女儿说有位男子会在深夜过来，但却不知是什么人，也十分的疑惑。于是母亲心生一计，让女儿在男子晚上再过来的时候，将穿了线的针别在男子的衣服上。待第二天天明，再寻线而去，一直跟到了关帝庙中，发现针别在洋大帝的衣襟之上，全家人大骇，急忙焚香祷告。转眼到了该女子出嫁的年龄，于是倪家将她许配给了隔壁桃源村的傅姓人家。到了迎亲的当天，迎亲的队伍沿着村里的小路，敲锣打鼓地要将新娘迎出村去，结果经过关帝庙门口的时候，一阵狂风，轿夫发现新娘的轿子突然变轻了，掀开轿门一看，只见新娘已就地化作一团泥土。倪家人想起原来的事情，突然醒悟，原来关帝庙内的洋大帝早已选中了自家的女儿作为夫人，女儿是随洋大帝而去了。于是便将新娘化成的泥土雕成了女儿的塑像，并在关帝庙的旁边盖起小庙，就地供奉了起来，这便是倪姑夫人之由来了。此后，每逢洋大帝生诞（农历四月十六日）的时候，村里的黄姓人家便会对倪姓人家开玩笑，说是倪家的姑爷在过生日了。

当地的报告人①称：在供奉上，本村中主要的姓氏与较小的姓氏并没有区别祭拜，黄姓与倪姓均会在正月初一、关帝生诞、庙内其他神明生诞等节日先到关帝庙中拜祭关帝，而后到隔壁拜祭倪姑夫人。

传说是一个地方记忆的体现，它略过宗族势力的比拼和械斗，以"神的旨意"的方式来体现不同宗族信仰共处的现状。从这则传说我们可以看出，燕山黄氏宗族在各自村落的发展中，亦存在着与其他姓氏宗族的势力对比的过程。在燕山黄氏宗族势力发展的过程中，虽然没有如其他宗族一样以整个宗族的形式寄于某一民间信仰上，再通过宗族整体活动的扩展体现出宗族的不断扩张，但在各自分散的村落中，亦采用民间信仰的方式显示宗族扩张的过程。

三、结语·讨论：历史人类学——文化于历史的意义

本文以燕山黄氏宗族的形成过程为案例，考察了近世福建的宗族村落发展的一些问题。通过个案的考察表明，在宗族的形成过程中，环

---

① 报告人：傅玉云，62岁。

境、景观、地域、族人行为等文化的构成因素对宗族发展方面发挥着重要的作用，同时对诸如宗亲具体感知和确认以致强化父系观念系谱等宗族文化传承方面也发挥着重要的作用。历史学者郑振满在研究明清时期福建家族、宗族的变迁时，分别对不同地理特点的福建西北山地和东南沿海加以考察，分析了不同地域宗族组织的大小、变迁形态的异同，给人以启迪。本文仅以一个地方村落来进行概括性的分析，显然是远远不够的。从该宗族村落历史发展的地方解释来看，具有十分独特的历史与地方背景，笔者尝试采用地方的集体或社会记忆为切入点，还原该宗族村落的发展过程。

刘正爱老师在《历史人类学与人类学意义上的历史》一文中回顾历史人类学的发展路程时提到日本川田先生的研究，"川田很早就注意到了所谓'传统性'的虚像，他指出，'传统性的东西本身是在某个时代、某个社会、某个社会条件下创造出来并在此之后不断发生变化的，尽管这一事实在原理上非常清楚，但人们还是很容易把它当作是固定不变的东西'。"① 从大者而言，历史与文化就是如此，在"变"与"不变"中不断延伸，看似传统的延续，在社会角落里展现出不一样的群体解释语言。从这个角度而言，似乎回到了人类学常探讨的"本位"与"客位"问题，即透过本位来看待事物的发展与变化。

本文中的个案正是在相当一段历史跨度下，通过不断的适应与改变实现自身的发展与延续。透过该宗族村落的发展与变迁，我们看见的是不同于历史解释的集体记忆。通过地方志、族谱、碑刻、传说、仪式等地方资料，描绘出不同的宗族发展历程。地方文化就是如此巧妙地结合在其中，为我们展示了近世福建地方宗族在大的历史背景下通过各自方式努力寻求发展的历程。

---

① 刘正爱：《历史人类学与人类学意义上的历史》，《中国农业大学学报（社科版）》2008 年第 3 期。

三　学术论谈

港台道教历史与学术研究现状

黄海德[*]

　　道教是中国传统文化的重要组成部分，几千年以来对我国的社会历史、宗教信仰、生活民俗、文学艺术、道德伦理、思维方式乃至经济生产、政治军事等方面都产生了久远和深刻的影响，至今仍以中国本土的唯一宗教在中国国内甚至在国外部分地区传播。宋明以后，道教经由广东、福建等沿海地区传入了香港和台湾，经过数百年的传播、演变和发展，成为我国港台地区民众宗教生活的重要内容，各地宫观林立，香火兴旺，信徒众多，影响广泛。而港台地区的道教团体和信众又经常采取各种形式组团回到大陆各地的道教祖庭行香朝拜，成为联结港台地区与祖国大陆的重要"神缘"纽带。本文拟从社会历史与宗教文化的角度，对我国港台地区的历史脉络与道教的传播、港台道教的现状及其特征、港台道教文化与学术研究等几方面开展初步的整体考察与内涵阐述，以期对我国港台地区的道教历史与现状、港台道教与内地道教之渊源关系有一客观全面的认识和了解，以对促进港台地区与祖国大陆的宗教与文化交流有所裨益。

一、香港道教及其研究现状

　　我国的香港地区被誉为"东方的明珠"，1997 年回归祖国，实行"一国两制"，现在是我国的一个特别行政区。长期以来，由于特殊的历史与社会的原因，香港地区的宗教信仰相当普遍，在全区 600 多万人口

---

　　* 作者单位：华侨大学哲学与社会发展学院宗教文化研究所。

中，有大约六成以上的人信仰中国传统宗教。这里所讲的传统宗教，是指在中国历史上形成并流传至今的主要宗教，包括道教、佛教、儒教以及部分民间宗教信仰。

道教是中国传统宗教的重要组成部分，在中国文化的土壤上孕育产生并流传数千年，道教在古代传入香港以后，逐渐扎根流行，影响到香港社会的各个层面，成为香港宗教文化的重要组成部分，为现今香港六大宗教组织之一。

香港道教团体众多，影响广泛，现有大小宫观一百多处，信众数十万之多，不仅为广大民众提供心灵和精神的寄托，并且积极参与社会，在教育、文化、医疗、慈善等社会公益事业方面贡献颇多，在香港本地的居民心中占有重要的位置。

自从我国改革开放以米，香港道教界加强了同内地道教的联系与交往，香港最大的道教联合组织"香港道教联合会"经常组团到北京等地参观访问，增进了香港道教同祖国内地道教界的联谊与了解。香港道教已经成为当代中国道教的重要组成部分之一。①

（一）香港的历史与道教的传播

从历史角度来考察，在距今约六千年以前香港地区便有古代人类居住。据中外学者研究，秦汉以前这里的土著居民大多为輋、傜、越等族，近代以来考古学者在香港的大屿山、长洲、屯门等地陆续发现了许多新石器时代与青铜器时代的文化遗迹，并在新界大雾山麓发现先民祭祀神坛一处。1955 年，在九龙李郑屋村发现一座东汉古墓。据专家考证，这些历史文化遗迹，同广东地区的古代文化特征具有很多相似之处。凡此说明，香港地区自古就同大陆文化有着密切的关系。②

香港自古以来便是中国的领土。据相关史籍记载，香港之地最早纳入中国的政治版图是在公元前三世纪后期。当时秦灭六国，统一天下，在秦始皇三十三年（公元前 214 年）平定百越之后，遂设置南海、闽中、桂林、象郡等四郡，其中南海郡下属有番禺县，现今香港地区即属于当时番禺县的管辖范围。魏晋时期，在东晋成帝咸和六年（331），南

---

① 参见魏克智、刘维英主编：《香港百年风云录》（5 卷本），吉林人民出版社，1997 年；李养正：《当代中国道教》，中国社会科学出版社，1993 年。

② 见黄兆汉、郑炜明合著：《香港与澳门之道教》，转引自陈公哲《香港考古发掘》，香港加略山房，1993 年。

海郡的东南部被划出增设新的东莞郡，下面辖有宝安、兴宁等六县，香港改为宝安县治。唐肃宗至德二年（757），宝安县改为东莞县，香港又划归东莞县管理。宋元之时，中原动乱，北方大族多向南方迁徙，据考证曾有不少中原族人在这一时期迁入香港，其中大多居于现今的新界地区。明朝时候（明神宗万历元年，即 1573 年），设置新安县，香港即属于新安辖治。这种历史状况，一直维持到清朝中叶英国侵占香港岛为止。

1842 年和 1860 年，英国通过两次鸦片战争，逼迫当时的清政府分别签定了《中英南京条约》和《中英北京条约》两个不平等条约，强行割占了中国新安县所辖的香港岛和九龙半岛。1898 年，中英双方又签定《展拓香港界址专条》，英国强行租借了今深圳河以南、界限街以北的大片中国领土，这就是后来称为"新界"的地区。[①]

1997 年 7 月中国政府正式收复香港，实行"一国两制"，香港成为中华人民共和国的"特别行政区"。目前，香港地区主要由三大部分组成，即香港岛、九龙和新界，另外周围还有 200 多个大小离岛，总面积为 1066 平方公里。[②] 现在香港地区约有人口 600 多万，其中绝大部分是华人，约占总人口的 98％，大部分原籍广东省，其中以广州、香港本地、澳门以及邻近地区的人为最多。由于特定的历史背景和社会原因，香港成为中西交汇、华洋杂处、经济发达、科技先进的一个特殊地区。一方面，物质生活条件十分优越；另一方面，人民的宗教信仰相当普遍。由此看来，道教在当代香港地区的流行也是社会发展的合理趋势。

作为秉承中华文化传统的道教是现在香港地区的六大宗教之一，在香港民众中具有广泛的影响。那么在历史上道教何时传入香港？这是一个至今未有定论而又值得探讨的问题。然而从现有的史料来看，社会各界和学者们还难以对这一问题作出具体的解答。不过，我们仍可从早期道教流行的地域和范围对这一问题作出一些合乎实际的推论。

从历史上来看，中国道教信仰的渊源甚早，大概可以追溯到先秦时期的鬼神崇拜、神仙信仰和老庄思想。但正式形成道教的教团组织却是在东汉中后期，因此，一般认为道教教团组织的正式产生应是在汉代。据史料记载，早期的道教组织有两大支，一支是太平道，另外一支是五

---

① 庄义逊主编：《香港事典》，上海科学普及出版社，1994 年。
② 《香港、澳门地区地理》，商务印书馆，1991 年。

斗米道，分别流行于中国的北方和西部地区。在这段时期之中，南方的岭南地区虽然早已设置郡县，并流行有当地的民间信仰，但是尚无道教活动的历史记载。汉末三国时期，曹操凭借其政治上和军事上的优势，逐渐统一了北方。以后，司马氏取代曹魏，建立西晋政权，大体统一了全国。随着北方士族的南下、长江上游与中下游地区的打通和交流，道教信仰就逐渐从中原和巴蜀之地流传到了长江下游的江南地区，并向南流传至岭南地区，即今广东一带。这样，从古代历史发展的客观状况和道教传播的情形来推断，道教大约在魏晋南北朝之时就已从北方和长江流域传到了岭南及其沿海地区。

道教经书记述，晋朝时著名道士鲍靓曾任南海太守，在广州越秀山南麓建有越冈院。《云笈七签》卷六说："晋时鲍靓，学道于嵩高。"①相传曾在嵩山受道经《三皇文》。《晋书》卷九十五有《鲍靓传》，称他"学兼内外，明天文河洛书，稍迁南阳中部都尉，为南海太守"。② 越冈院后改名为三元宫，今存鲍姑（鲍靓之女）井及古迹碑刻数处。③ 香港之地在晋代属番禺县管辖，主政长官信仰道教，并在其治所修建道院，推广道教信仰，流风所及，香港之地想来也应受其影响。不过这只是一种推论，因为至今在香港地区还没有发现唐宋以前的道教历史遗迹。

现今可以考见的香港地区属于道教信仰的早期历史文化遗迹，应是位于新界的佛堂门天后庙。该庙现在又称为北堂天后庙，当地民间俗称大庙。据载大庙建于南宋末年宋度宗的咸淳年间（1265～1274），供奉当时南方沿海地区民间信仰的女神"妈祖"。④ 妈祖原名林默娘，为福建莆田地区民间信奉的女神，据南宋时学者洪迈《夷坚志》记载，最早供奉妈祖的庙叫"林夫人庙"或"崇福夫人庙"，后因屡显灵应，朝廷进封为妃。⑤ 至于以后民间广泛流行的"天妃"或"天后"的称号，则分别是元代初期和清康熙年间赐封之事。因此，如果北堂天后庙确实建于南宋末年的话，则原名不当称为"天后庙"，因为那时还没有"天后"这样的称呼。

---

① （宋）张君房辑《云笈七签》卷6。

② 《晋书》卷95《鲍靓传》，中华书局，1974年，第2482页。

③ （清）李福泰修、史澄纂：《番禺县志》之《金石略》，同治十年（1871）广州克霁堂刻本。

④ 黄兆汉、郑炜明合著：《香港与澳门之道教》，第12页。

⑤ （宋）洪迈：《夷坚支志》景卷九、戊卷一，中华书局1981年点校本。

明清时期，香港地区民众的道教信仰已十分普遍，据这一时期的方志记载，香港及其附近地区（新安县境所辖）先后建有许多与道教神灵有关的庙宇宫观，如新安县城东的北帝庙，建于明万历年间的长镇村长封庵，东山寺旁边所建的文昌阁，大屿山纯阳仙院，清代建成的上环文武二帝庙，元朗旧址玄关二帝庙等。①

通过以上的追溯我们可以看出，香港道教的历史传承具有如下的特点：①历史久远。道教正式成立于东汉中后期，而在魏晋时期番禺之地便已有道教传播，后在宋元明清时期具有民间特征的道教信仰已在香港地区逐渐流行；②信仰广泛。崇奉的神灵既有民间信仰的妈祖、文昌、仙人等，又有属于道教神系的北帝、玄帝、关帝、纯阳帝君等；③民众信仰。道教在中国历史上的传承大要有两种途径，一为社会上层，一为社会下层（有学者称为宫廷道教或民众道教），而香港地区的道教传承，从其信奉的对象和信仰的内容来看，大多属于民众道教信仰的范畴。

（二）香港道教的现状与特征

进入 20 世纪以后，随着香港人口数量的增加，社会经济的快速发展，香港地区的宗教信仰逐渐在社会各阶层普及开来。在此背景之下，作为中国本土宗教的道教获得了快速的发展。从 20 年代开始，香港创建了具有现代信仰形式的道教庙观黄大仙庙，以后从 30 年代到 50 年代相继创立了蓬瀛仙馆、青松观、圆玄学院等大型道教宫观。至 60 年代初，鉴于当时香港道教大规模发展的形势，各道教观堂联合组成"香港道教联合会"，以后登记注册，成为香港地区的六大宗教团体之一。自此，有着数千年悠久历史并在中国文化传统中孕育成长的道教在香港进入了一个不同寻常的辉煌发展时期。

现在，香港地区包括香港岛、九龙、新界等地，共有道教宫观庙堂 100 多处，其中加入香港道教联合会的有 80 余处。道教信众约有数十万，遍布社会各个阶层，其中道教界的领袖人物大多是香港地区的社会名流。近年来，香港道教积极参与社会，举办各种文化、教育、赈灾等公益事业，在香港民众之中的影响日益扩大，成为香港地区宗教界的重要组成部分。

纵观香港道教的发展和现状，主要具有以下几方面的特征：

1. **流派众多，全真为主。** 近代以来，随着香港开埠，移民增加，

———————————

① 参见黄兆汉、郑炜明合著：《香港与澳门之道教》，第 13～16 页。

内地的许多道教流派先后传入香港，建立宫观庙堂，宣扬教义，争取信众，经过多年的开拓和发展，逐渐扎下根来，成为香港地区道教的重要组成力量。

目前，香港地区共有道教观堂 100 多处，信奉神灵众多，教义有同有异，分属于不同的道教流派。据原香港大学黄兆汉先生研究，香港的道教主要有全真道、先天道与纯阳派三大教派。① 其中，全真道为王重阳创立于金元之际，他的七大弟子（即"全真七子"）遵守祖训，后来分别创立教派，丘处机所创为全真道龙门派。全真道大约在清末民初传入香港，以后获得很大的发展，现在香港道教属于这一派的宫观庙堂主要有青松观、蓬瀛仙馆、云鹤仙房、万德至善社、竹林仙馆、玉壶仙洞等。纯阳派信奉道教神仙吕洞宾纯阳祖师，在香港信众中影响很大，香港的道教宫观大多供奉吕祖。先天道在香港的影响颇为广泛，属于这一道派的观堂有芝兰堂、万佛堂、九龙道德会龙庆堂、藏霞精舍、紫霞园等。关于其传承的历史，学术界有着不同见解，或以为同道教史上李道纯所开创的先天派（道教内丹派之中派）有关系，或以为同清末民初流行于岭南的先天道有渊源，至今莫衷一是。看来香港先天道的传承历史还有待进一步的探讨和考察。目前，香港道教宫观中规模较大、影响广泛的主要有青松观、蓬瀛仙馆、圆玄学院、啬色园、竹林仙馆等，而其中青松观与蓬瀛仙馆皆属于全真道龙门派。②

2. 信众广泛，名流砥柱。香港的地域并不大，但信仰宗教的人数却相当多。尤其是对于中国传统宗教的信仰，在宗教信仰者中占了很大的比例。其中道教信众分布于香港社会的各个阶层，十分广泛。本来，全真道的戒律比较严格，信众必须出家，不能有家室，饮食行为也有诸多禁忌，不过这些严格的宗教禁忌同当年王重阳在金元之际民族危亡之机创立全真道时的特殊历史背景有着密切的关系。而自 20 世纪以来，香港已经迈入了现代社会，工商业高速发展，世事变异，时过境迁，社会已经发生了巨大的变化。为了适应当今商业社会的客观形势，香港地区的道教团体对原有的教规教义作出了某些程度的调整，以适应现代社会的需要，争取道教在新的社会环境中的生存和发展。如青松观的教规中曾提到："青松观信徒，大多努力本身职业工作，而以工作所得，解

---

① 参见黄兆汉、郑炜明合著：《香港与澳门之道教》。
② 李养正：《当代中国道教》，中国社会科学出版社，1993 年。

决一己及家庭之生活，并以工作所得，贡献社会。"① 事实上，香港地区的大部分道教宫观，包括蓬瀛仙馆、圆玄学院、啬色园等，都是采取少数神职人员和专业人士住宫观，而广大信众平时可以继续原有的生活方式并从事原有的工作，然后定期或不定期地参加宫观的宗教活动，以寄托和表达自己的宗教信仰，并同时为社会作贡献。这种将道教信仰与世俗生活相结合的做法，扩大了香港道教的民众基础，争取了广大信众的参加，为道教在社会各个阶层的不断发展争得了广大的生存空间。所以，现在香港道教的神职人员虽然只有数千人，但在社会各个阶层的信众却有数十万人之多。事实说明，香港道教界的领袖们是具有前瞻目光的，无疑这同他们的自身经历和社会地位有关。首先，他们均具有虔诚的宗教信仰，热心弘扬道教事业；其次，长期从事工商业活动和工作，切实了解当今社会的形势和民众的需要；再者大多数为社会知名人士，具有较高的素质。因此，这些领袖人物成为了香港道教界的中流砥柱，保障了香港道教的良性发展。

3. 热心公益，成效卓著。香港道教秉承中华道教的优良传统，既重视内外修炼，又讲求济世度人，为社会作贡献。如蓬瀛仙馆的教义思想就颇具代表性："秉承全真教历来珍护中华文教的精神，一方面发挥原有高尚的思想与道德，敬天爱民，宏扬九美，不断提高其文化地位；一方面不断丰富其济世度人的科仪、道术，以求和光同尘，变通趋时，积极服务社会。"② 其实，这种"敬天爱民，济世度人"的思想和教义，不仅是全真道长久保有的优良传统，也是香港其他道教教派奉行的信仰原则和宗教精神。因此，近百年以来，香港道教的各个宫观庙堂在其自身发展的进程之中，除了搞好道教宫观本身的建设以外，根据宫观具备的条件和力量，热心社会的各种公益事业，积极服务社会，在教育、医药、安老、慈善等方面贡献颇多。如教育方面，香港道教联合会属下就建有邓显纪念学校、圆玄学院第一中学、第二中学和第三中学、青松中学、圆玄小学、石围角小学等十多所学校；位于九龙的啬色园办有可立中学、可风中学、可正小学、可信小学等，颇具规模。香港道教界兴办的学校，以"道化教育"为办学方针，"旨在以道为中心，导人向纯朴

---

① 香港道教青松观网站（http://www.daoist.org/ccta/ccta.htm）。
② 香港道教蓬瀛仙馆网站（http://www.fysk.org/introduction/introduction.asp）。

真诚，以孝、悌、忠、信、礼、义、廉、耻八德为修行要目，希望学生有良好的品德，身体强健，学识丰富，使能于现代社会中，尊重道德修养，运用科学技能，精神与物质文明并重。"既重视传统文化的教育，又注重现代知识的传授，多年以来收到很好的成效。在兴办教育方面，圆玄学院、青松观、啬色园的成绩是首屈一指的。另外在医药和安老养生方面，许多道教宫观庙堂都建有医疗所和安老院，赈医施药，救治危难，积极参与慈善事务，作了不少的工作和贡献，在香港民众中有口皆碑。

4. 内地交流，共仰道祖。香港地区的道教是从内地传入的，同属中华民族的道教文化传统，他们尊奉的神仙道祖同内地的道教也大多相同，如对于吕纯阳祖师、太上道祖、三教圣神、关圣帝君、长春祖师、东华帝君、文昌帝君等信仰神灵的崇奉和祭祀。因此，现在香港各道教团体十分注重同内地道教界的联系和交流。从 20 世纪 80 年代开始，圆玄学院、青松观、蓬瀛仙馆、啬色园、云泉仙馆、竹林仙馆、信善紫阙玄观、飞雁洞等道教宫观先后组团参访北京、上海、四川、江西、山东、陕西、福建、广东、湖北等地的道教协会和宫观名胜，并捐资修缮内地的部分道教宫观，联络感情，增进了解，加强了香港道教界同内地道教界的联系和交流。如 1994 年以赵镇东为团长的香港道教联合会访问北京中国道教协会，资助中国道教学院的教学和研究。1997 年香港回归祖国，香港道教界举行了大规模的"庆祖国回归祈福法会"，中国道教协会应邀组团前往参加。此外，如青松观资助修复广东罗浮山黄龙观，圆玄学院在广东花县捐修圆玄福利中心，蓬瀛仙馆多次捐款赈济内地的水灾，云泉仙观资助南海云泉仙观的修建等，都表明了香港道教界归宗认祖的一片赤诚道心。[①]

5. 弘扬文化，倾心学术。香港道教界除了兴办教务、热心公益以外，尤其注重文化的弘扬与学术的研究，这表现在出版道教刊物、举办学术会议、创办道教网站等方面。在出版道教刊物方面，从 20 世纪 70 年代到 90 年代后期，香港道教联合会办有《道心》刊物，庆云古洞编撰《道声》，省善真堂发行《省善月刊》，大道杂志社出版《大道》杂志，虽然印刷数量和发行范围均有限，但介绍了道教文化的部分内容，

---

① 李养正：《当代中国道教》，中国社会科学出版社，1993 年；李桂玲编著：《台港澳宗教概况》，东方出版社，1996 年。

宣传了道教教义思想，扩大了道教在香港社会的影响，起了不容忽视的作用。尤其值得一提的是，由青松观资助编撰、陈鼓应教授任主编的《道家文化研究》，至今已出版了20多期，该刊学术性强，内容丰富，品位极高，为深入研究道家学术思想、弘扬道教文化做出了有目共睹的成就。举办道教学术会议方面，青松观曾出资与北京大学中国文化研究院、四川大学宗教学研究所联合举办过两次有关道教文化的国际学术会议，影响颇大。圆玄学院也曾与香港中文大学联合举办过有关道教音乐与科仪的国际研讨会，该次会议的规模虽然不大，但却是在中国本土召开的第一次专门研讨道教文化的国际学术会议，所以具有相当重要之意义。[①] 近年来，随着世界科技的发展，各种宗教创办了许多不同形式的宗教网站，以宣传其宗教教义，争取信众，扩大影响。相比较之下，道教在这方面的工作做得不够多，稍有落后之势。然而香港道教界却能抓住机遇，与时俱进，青松观、圆玄学院、蓬瀛仙馆、啬色园、省善真堂等皆创办了本宫观所属的道教网站，为介绍宫观内容、传播道教信仰、联系道教信众起到了应有的作用。在香港道教创办的网站中，比较突出的是蓬瀛仙馆创办的"道教文化资料库"，分类详目有道教概貌、道教信仰、道教经典、神仙简谱、道教活动与礼仪、道教与人类文明等，内容丰富，水平较高，是目前道教网站中的姣姣者。然而作为道教文化网站，应该说其专业数据库的内容还有待继续充实。

（三）香港道教的学术研究

香港道教之学术研究，可从两方面来看待，其一是海内外学术界对香港地区道教历史、现状、特征与道教文化的研究；其二是香港地区道教界与学术界对中华文化圈内道教历史与文化的研究。下面分别予以叙述。

1. 有关香港之道教文化研究

香港道教历史悠久，然而在古代史阶段却因文物湮没，史料缺乏，难以进行细致、深入的研究，因此这方面的研究成果不多。现今所见，著力较多的可举黄兆汉先生《香港与澳门之道教》一书为例。该书专门列有《香港道教的起源和早期史迹》一节，依据清修《新安县志》等地方史志对香港道教的传入与历史遗迹做了初步的考察，虽然囿于条件，

---

① 陈耀庭：《道教在海外》，福建人民出版社，2000年；黄海德、李刚编：《简明道教辞典》，四川大学出版社，1991年。

篇幅较少，但荜路蓝缕，颇属不易。后来学术界的有关论述，虽有若干新见，但在史料方面仍未超出该书的搜辑范围。

近现代以来，香港道教的发展十分迅速，创立团体，开建宫观，印行经书，弘扬文化，皆取得了引人注目的成就。因此对这一阶段的研究，就比古代部分的篇幅为多。在专著方面，中国社会科学出版社于1993 年 2 月出版了中国道教学院教授李养正先生所著《当代中国道教》一书，在第七章《台湾、香港及国外道教传布状况》中对香港的概况与主要道教宫观做了客观介绍。1993 年 8 月香港中文大学黄兆汉教授与澳门大学郑炜明先生合著的《香港与澳门之道教》出版，除对香港的早期历史与起源予以探讨外，在第一部分列有专章，对民国以后的香港道教、香港道教的派别、香港道教与文教福利事业、香港道教的学术研究概况等分门别类予以概述，并在第二章里比较详细地考察了香港先天道及同善社的源流与现状。四川大学宗教学研究所创始人卿希泰教授主编的《中国道教史》第四卷于 1995 年出版，书中专门列章概述"道教在新中国的新生和在港台的传播与发展"，其中香港部分对道教的传播与现状、香港道教联合会及主要宫观的介绍比较充实。[1] 1996 年国务院宗教研究中心的李桂玲研究员根据多年积累的资料，编撰出版《台港澳宗教概况》，在《香港宗教》中列有《道教》一章，择要概述了香港道教的历史与现状，道教宫观、组织与主要人物，章末附录介绍了香港地区的民间宗教信仰。[2] 2000 年李养正教授续撰出版《当代道教》，对香港道教的历史沿革、主要宫观与人物、香港的道教文化研究、香港道教的特点均有客观介述。

学术论文方面，据笔者所见，主要有黄兆汉《香港的道教》，曹本冶《香港全真道科仪音乐的组成基素》，徐佩明《新界的道教科仪经文》，福勒《道教传统及其在新界农村中的位置》，陈永海《香港农村醮场器乐曲》等。此外，通过编撰道教文化工具书的方式介绍香港道教情况的主要有以下成果。1991 年黄海德、李刚编撰中国大陆首部道教辞典《简明道教辞典》，内中专门列有《港、台道教与海外道教研究》部分，介述香港道教概况、香港道教联合会及主要道教宫观庙堂。1994年中国道教协会主持编写出版《道教大辞典》，对香港道教宫观与道教

① 卿希泰主编：《中国道教史》第 4 卷，四川人民出版社，1995 年。
② 李桂玲编著：《台港澳宗教概况》，东方出版社，1996 年。

音乐均有所介绍。1995 年胡孚琛主编《中华道教大辞典》，在附录一《近代道教活动及学术研究》部分撰有《台、港、澳道教及道教研究概况》一节，对香港的主要道教宫观、香港道教学院与学术著作列有专条介绍。

2. 香港地区之道教学术研究

香港地区的道教学术研究，也有两条进路，一条是香港的大学和科研机构等学术单位对中华道教文化的研究，另一条是香港道教界的主持者与学者对道教学术文化的研究。

香港学术界对道教文化的研究，从年代来讲首先应提到 20 世纪曾任教于香港大学中文系的许地山先生。他在 30 年代撰写出版的《道教史》，是中国学者的第一部有关道教历史的学术专著。在此之后，成就最大的当推海内外闻名的学者饶宗颐先生。饶先生客居香港多年，原为香港大学教授，后兼任新加坡大学讲座教授、美国耶鲁大学客座教授，1982 年退休后获香港大学颁授荣誉文学博士学位。先后著有《老子想尔注校笺》、《太平经与说文解字》、《论敦煌残本登真隐诀》、《道教与楚俗关系新证》、《论道教创世纪及其与纬书之关系》等论著，探颐钩玄，功力颇深，季羡林先生誉为"时有学术之新创获"。[①] 香港大学中文系黄兆汉教授对中国古典文学与艺术研究有素，同时投入精力从事道教研究，除了前面介绍的《香港与澳门之道教》以外，还著有《明代道士张三丰考》、《道藏丹药异名索引》、《道教与文学》、《道教研究论文集》等，考证详实，著述颇丰。近年来，香港中文大学的道教研究逐渐引起学术界的重视，其中以曹本冶教授的道教音乐研究与黎志添教授的《太平经》研究引人注目。曹本冶教授撰有《香港道教科仪音乐》等有关论文，黎志添教授撰有《试评中国学者关于〈太平经〉的研究》、《从太平经看现代生态环境问题》、《〈抱朴子内篇〉的历史处境：葛洪神仙思想的宗教社会意义》等道教论文多篇，均有独到的学术见解。蓬瀛仙馆道乐团的刘红博士曾对苏州等地的道教音乐作过专门研究，撰有《苏州道教音乐研究》等专著多部。此外，香港中文大学宗教系的王岗博士研究道教与文学的关系、杨莉博士研究道教女仙，也有多篇论文发表，前者如《〈西游记〉：一个完整的道教内丹修炼过程》，后者如《墉城中的西王母：以〈墉城集仙录〉为基础的考察》等。再者香港城市大学游子安

---

① 饶宗颐《中国宗教思想史新页》之季羡林《序》，北京大学出版社，2000 年。

博士近来有关道教与民间信仰的研究也引人注目，如《功过格的现代意义》、《善书〈三圣经〉的生活启示》、《善与人同：清代善人、善书与善事》等。特别值得一提的是，由蓬瀛仙馆主持、游子安博士编写的反映香港道教风貌的《道风百年：香港道教与道观》已经问世，这是新世纪出版的首部有关香港道教历史与现状的大型图文集。①

2005 年，香港中文大学在香港道教蓬瀛仙馆的支持下，共同合作成立"道教文化研究中心"，以推动道教学术研究、培养研究人材，推动普及性的道教文化教育，发展本地中学通识课程中的道教教育，促进与本地及国内道教界的交流。中心于 2006 年创办《道教文化研究中心通讯》，至今已发行十四期。该中心的研究以广东道教为主，主要包括广东宫观历史研究、广东道教科仪研究、广东道教碑刻资料汇编、当代香港及澳门道教科仪及其与宋代道教仪式的结构关系研究等。近期中心与法国远东学院协议共同出版《道教研究：宗教、历史与社会》的学术期刊，拟采用社会科学及人文学科相结合的研究进路，探讨道教在中国历史及地方社会上的发展进程，并鼓励配合田野考察或崭新文献的审视，开展多元的学术研究。据中心网站介绍，该学报英文及中文并重，旨在为东西方学者提供一个共同讨论的道教研究的学术新平台。

香港道教界在发展道教组织、建设道教宫观、支持社会公益的同时，也十分注重弘扬道教文化和研究道教学术，其成就突出者如香港道教联合会、青松观与道教学院、圆玄学院与道教研究、蓬瀛仙馆与道教文化资料库等。

香港道教联合会主席汤国华先生在 20 世纪 80 年代初即主编有《道教知识》一书，对道教源流、老子思想、道学与玄学均有所论述，并认为"道教之哲学思想，影响中国之学术思想"，全书之宗旨为"明道"与"立德"。②

香港道教青松观多年来一直热心于道教文化的研究与弘扬，专门斥资创建道教学院，并以该学院为基础，讲学弘道，出版丛书，做了不少工作。首先是资助陈鼓应教授创办《道家文化研究》，至今出版 20 多期，刊发了数百篇高质量的道家与道教研究的学术论文。其次是出版

---

① 由蓬瀛仙馆主持、游子安博士编写的反映香港道教风貌的《道风百年：香港道教与道观》已于 2002 年 6 月由道教文化资料库与利文出版社出版。

② 汤国华主编：《道教知识》，香港道教联合会学务部印行，1987 年。

《道教学院丛书》，现已出版和即将出版的有马炳文道长著《大道正统》，施达朗先生著《道教内丹概说》，李养正教授著《佛道交涉史》，闵智亭道长与陈耀庭教授等合著《道教仪礼》，李养正教授、卿希泰教授与李刚教授合著《道教史略》及《新见明代全真道宗祖彩绘图研究》、《净明忠孝全书研究》、《道教秘诀集成》等。道教学院的邝国强博士多年来从事道教文化研究，撰有《全真北宗思想史》、《儒道思想文化论辑》、《对全真教心性学的几点思考》等论著。

圆玄学院著力弘扬中华文化，在20世纪80年代即资助香港中文大学等学术机构召开了多次有关道教科仪与音乐的国际学术会议，国内外学者发表了数十篇高水平的学术论文，影响颇大。90年代与内地的四川省社会科学院合作，编撰出版了由黄海德主编的纯学术性的研究集刊《道教研究》，受到学界好评。此外，圆玄学院赵镇东先生还大力支持巴蜀书社出版《藏外道书》的编撰工作，该书出版以后在社会上产生很大影响。

近年以来，蓬瀛仙馆在道教文化的弘扬和研究方面做了不少工作，尤其是创建道教文化资料库和创办香港道教乐团，均具有开创的性质。香港道教乐团的建立，期"以道教音乐净化人心，升华人们的精神境界，弘扬中国优秀传统文化"，以刘红博士为团长的香港道乐团先后多次在国内外演出交流，享誉颇佳。去年蓬瀛仙馆邀请学者合作编撰《道风百年》，缅怀历史，描绘当代，展望将来，尤为难得，香港文化界称誉该书为"香港道教之大百科"。

2003年在香港蓬瀛仙馆的支持下，蓬瀛仙馆道教文化资料库与厦门大学宗教学研究所合作创办《道学研究》。该刊物以道学研究为主要内容，以"道德养生、人文关怀、返璞归真、和谐自然"为办刊宗旨，设有易学之道、老庄新解、医学养生、道门思想、经典发微、三教关系、道门建筑、道教艺术、道教文学等栏目，该刊由厦门大学宗教学研究所所长詹石窗教授主编，目前已发行多期，在海内外学术界均产生了一定影响。

二、台湾道教及其研究现状

台湾位于我国的东南沿海，从宏观的道教传播史来审视，道教传入台湾地区的历史较晚。据相关史料记载，大约在明朝万历年间，流传在福建漳州地区的正一道民间教派才经由闽南传入了台湾，其时约当17世纪后期。但在明朝中后期道教传入台湾以后，随着两岸交流的增多，移民人数的激增与规模的扩大，仅在两百多年的时间之内，道教在台湾的传播就经由台南、台中传至台北，最后扩及台湾全岛。当今之台湾道教，信众广泛，庙堂林立，约有社会各阶层的信众数百万，宫观庙堂1万余座，形成台湾规模最大的宗教形态，对台湾地区的社会生活、文化思想、民间信仰、风俗习惯、道德伦理，乃至经济生活、政治取向等方面均产生了不容忽视的重要影响。① 客观的事实是，台湾道教已成为中国道教的重要组成部分。

（一）台湾的历史与道教的传入

台湾道教是经由祖国大陆传入的。大陆与台湾具有天然的地理联结，并在历史上有着数千年的联系与交往，隔着一湾浅浅的海峡，两岸有着割舍不断的地理联结、民族血缘与文化情怀，台湾文化自古以来就是中华文化的组成部分，这是台湾与大陆的"千年因缘"。

在地理上，台湾与中国大陆同属欧亚大陆板块，由于沧海桑田，海平面上升，中间横亘了台湾海峡，但在地理结构上却是与大陆架一体相连的。据历史学家考证，台湾在远古时期就生存着与中国华南人的生理特征极为相似的古人类。考古发掘的文化遗物也证明，在旧石器时代与新石器时代生存的台湾古人类，他们制造的石器与陶器，无论其构成和形制，都与华南地区出土的同时期文化遗物颇多相似。② 从人类文化学的角度来看，台湾地区远古人类的生活方式及其使用的生产工具，与大陆地区的远古人类应属于同一文化圈，这是大多数学者皆认同之事。

中国古典文献中较早涉及台湾的记录是居儒家"五经"之首的《尚书》。《尚书》的《禹贡篇》有关于"岛夷"的记载，说"岛夷卉服，厥篚织贝，厥包橘柚，锡贡"③。学术界一般认为，《禹贡篇》不是真正的"夏书"，而是战国时期的作品，其中讲的"岛夷"是泛指东南沿海，并非确指台湾。但据台湾学者屈万里先生研究，现在的台湾山胞，尚有"以极小之贝，以线串连之，织以为巾者，盖即'织贝'也"，认为这种

---

① 李桂玲编著：《台港澳宗教概况》，东方出版社，1996年，第67页。
② 蔡子民著：《台湾史志》，台海出版社，1997年，第3～4页。
③ "岛夷"，或作"鸟夷"，参见臧克和著：《尚书文字校诂》，上海教育出版社，1999年。

习俗就是《禹贡篇》中讲的"岛夷织贝"古风俗的传承延续。如此看来,《禹贡篇》关于"岛夷"的记载应该与台湾有关。[①]

三国时代统治东南的吴政权曾派将军卫温和诸葛直率领甲士万人"浮海求夷洲及亶洲",到达夷洲,"得夷州人数千还"[②]。后来吴国的丹阳太守沈莹根据这次军事行动所获得的相关信息和数据,撰写了《临海水土志》,其中对"夷洲"的地理概况和风土习俗做了较为细致的描述。[③] 近世学者认为,此"夷洲"即今之台湾。可见大陆与台湾很早就有了联系和交往。迄至宋代,南宋时泉州知府汪大猷派遣军民屯戍澎湖地区,隶属晋江县管辖。后来元朝时中央政府正式在澎湖设立了巡检司。17世纪,台湾郑氏政权归顺清朝,设置台湾府。1887年,台湾从福建省分出,另外建立了台湾省。二战以后,日本无条件地将占据多年的台湾归还我国。因此,无论从客观的地理环境还是从长期的历史因素来看,台湾与大陆的地缘联结都是客观存在的。

元明以后,随着大陆与台湾的交往逐渐增多,沿海福建和广东地区的移民大量迁往台湾,致使台湾人口数量急剧增加。据郁永河《稗海游记》记载,清初之时,台湾"自斗六门以上至淡水,均荒芜之区,林木遮天,荆棘丈余,麋鹿成群,为汉人足迹所不到"。大部分地区土地荒芜,人烟稀少。然而仅过了数十年,随着移民的大量涌入与开垦,就已人口急增,情形大变,"开垦流移之众,延袤二千余里,糖谷之利甲天下……今北至淡水鸡笼,南至沙马矶头,皆欣然乐郊,争趋若鹜"[④]。据蔡子民《台湾史志》统计,从清朝初年的1683年到1811年,100多年的时间之内,台湾人口从当初的20万人左右增加到194万多人,增加总数约10倍。到公元19世纪末期,台湾的人口已经达到250多万。[⑤]大量的移民主要来自福建闽南的漳、泉地区和广东的潮、惠地区。当年郑成功收复台湾之时,其军中成员主要为福建泉州人。后来施琅奉清廷之命进击台湾,他带去的部队又多为漳州人。所以台湾学者连横在其所著《台湾通史》中说:"台湾之人,中国之人也,而又闽、粤之族

---

① 见屈万里:《尚书集释》,台湾联经出版事业公司,1983年。

② 见《三国志·吴书·吴主传》。

③ 《太平御览》卷780"四夷部"之"东夷"条所引。

④ 参见蓝鼎元:《平台纪略》。

⑤ 蔡子民著:《台湾史志》,台海出版社,1997年,第21页。

也。"① 现今台湾居民中约有百分之七十的人，其祖籍属于福建闽南的漳州和泉州，约有百分之十四的人为广东潮州和惠州移民的后裔。众所周知，语言是构成民族的重要因素之一，而现在大部分台湾人所讲的台语，其语源即为福建闽南地域所使用之闽南语，其中又大多是漳州、泉州和厦门等地使用的闽南方言。因此，现在讲台语的台湾人与闽南人进行语言交流十分便利，因为他们使用的语言从民族文化的角度来看，原本就是属于同一语系。由此看来，民族的迁徙与传承，语言的流传与使用，将台湾与大陆从民族文化的根上连在了一起，这就是台湾与大陆存在着的历史悠久的族缘关系。

从闽、粤两地迁入台湾的民众，由于生活情形、环境条件与生存保护等原因，在迁移的时候大多采取同姓、家族、村落或乡里的聚结形式从沿海地区迁到台湾，同时也把他们在大陆生活时所尊奉的风俗习惯和宗教信仰随之带往了台湾。因此，台湾民间供奉的神祇大多也是福建和广东等沿海地区信奉的神灵。如观音大士、玉皇大帝、玄天大帝、天妃娘娘、保生大帝、开漳圣王、清水祖师、三山国王、三奶夫人等。移民们捧奉着他们心中信仰神灵的神像，踏上了艰难的他乡求生之路，希望这些神灵能保佑他们渡过波涛汹涌的海峡，一路平安。在他乡定居以后，这些故乡的神灵同时也是移民们故土文化的象征。因此，这类具有大陆移民特征的宗教信仰，既有对于超人间的神圣力量的信奉，同时又寄托了深厚的故土怀念之情。这是基于亲缘关系之上的割舍不断的"神缘"关系。这种神缘关系，既有神圣的信仰内涵，又有世俗的亲情内涵，是一种海峡两岸有着移民特征的神圣和世俗的融合体。

在日本占据台湾的时代，大力推行"皇民化"政策，企图取消台湾民众的宗教信仰，从文化上割断台湾与大陆的本根联系。在这样的历史背景下，台湾移民的宗教信仰又成为了中华文化的象征，信奉故乡的神灵就是传承中华文化，就意味着他们依旧属于炎黄的子孙。在这样的情形下，这种历史形成的"神缘"似乎还超越了宗教信仰的范畴，赋予了传承民族文化的历史使命。

道教作为中国的本土宗教，在大陆地区具有长久传承的历史。根据有关的道经和方志的记载，约在魏晋南北朝时期，在广东和福建沿海就有道教信仰流传的踪迹。但是由于台湾开发较晚，一直到隋唐两宋时

---

① 连横著：《台湾通史》，商务印书馆，1983年，第423页。

期，都没有任何关于道教传入台湾的可靠历史记载。元明之时，随着沿海移民的迁入和台湾南北地区的陆续开发，尤其是明末郑氏政权据台时期，大批来自闽南地域的军人及其家眷随军迁到台湾，原来长期流传在闽南地区的道教与民间信仰也随之传入了台湾地区。至于道教传入台湾的具体时间，由于史料缺乏，现在已难以确考，学者们的研究和介绍也各有不同的说法。按照连横《台湾通史》的观点，大致应在郑成功收复台湾之时，即17世纪后期。而日本学者洼德忠介绍，美国夏威夷大学教授萨索认为道教传入台湾的时间当更早一些，应是在16世纪末期，即明朝万历十八年（1590），传教者是出身福建漳州的闾山三奶派道士，当时首先传入的地点是台南。① 两种说法的时间相差有将近一百年，其中哪种说法更为可靠，尚待进一步考察。不过，根据清初编修的几种福建、广东的地方志记载，道教至迟在明代后期就经由福建的闽南地区和广东的潮惠地区传入台湾，应是大致可信的史实。连横在《台湾通史》中总结说："台湾之道教来自内地，其与移民相始终。"

（二）台湾道教的现状

虽然道教传入台湾地区的时间较晚，但近四百年以来，随着迁台移民数量的急剧增加，海峡两岸宗教文化的传播和交流日益频繁，以及台湾社会转型过程中民众精神生活的内在需要，作为植根于中华文化土壤的道教在台湾获得了长足的发展。

首先是在道教信众的数量增加上。明代后期道教传入台湾时信徒人数少，传播地域狭窄，其影响也十分有限。据传先是福建漳州的闾山三奶派传入台南，清代乾隆年间正一道（天师道）传入台湾北部，约经一百多年，正一清微派也传入了台湾。② 一直到20世纪初日本占领台湾期间，也仅有道士1000多人。③ 而到1991年底，台湾地区的道教神职人员增至31640人，登记的信徒多达990436人，如再加上未登记者，信徒人数达270多万人。④ 据台湾内政部的统计资料，90年代初，台湾的总人口达到2100万人，而登记在册的道教信徒约在300万人以上，

---

① ［日］洼德忠著：《道教史》，上海译文出版社，1987年，第294页。

② 参见洼德忠著：《道教史》。

③ 参见蔡相辉著：《复兴基地台湾之宗教信仰》，台北正中书局印刷，1989年，第69页，转引自李桂玲编著：《台港澳宗教概况》，东方出版社，1996年，第63页。

④ 心影撰：《台湾宗教识略》，《世界宗教资料》1994年第2期。

几占总人口数的 15%。考虑到这个统计数字只限于登记在册的道教信徒，如果再加上未登记入册而与道教有关的民间信仰者的人数，道教信徒的人数大约占到全台湾人口总数的一半以上。① 这样广泛的道教信众势必会对台湾社会生活的诸多方面产生颇为重要的影响。

其次台湾道教的发展表现在教团组织的建设方面。先传入台湾的道教教派是闾山派、茅山派、清微派，都属于道教正一道的范畴，金元之后流行于北方的重要道教教派全真道没有传入。现在台湾道教基本上还是属于天师道传承的正一道系统，按照各派传教的主要内容来划分，大致有积善、经典、丹鼎、符箓、占验五派。另外还有轩辕教、理教、三一教、天帝教、瑶池金母信仰等。② 而众多民间道庙信奉的内容和对象更是纷杂繁多，难以计数。为了规范松散的道教组织，以提升道教的宗教素质和层次，树立道教在社会公众中的宗教形象，台湾道教界曾先后成立了"台湾省道教会"、"道教居士会"、"中华民国道教会"等道教组织。这些道教组织都是由江西龙虎山天师道"第 63 代天师"张恩溥在五十年代初迁往台湾以后所建立。其中以"中国民国道教会"规模最大，在台湾地区的主要城市和县市都建有分会和支会，并且制定了相应的规章章程，以指导和规范各地的宫观庙宇。台湾道教会学术委员会主任委员高越天曾在《告海内外同道书》中说："凡不流于邪僻诬妄者，皆应认其同道，而不强其从同。至于修炼、积善、经典，以及符箓、飞鸾、占验、方技等，皆各有所信，各有所得。只须有益于个人之修养，有利于大众之进德，而不损及社会，则神道设教，以天誉济人欲之穷，本员自亦愿各方不多干涉。惟望道长、道友作有效之沟通与联系，使能咸归于正，达成道通为一。"由此看来，台湾道教会的涵盖面是相当广泛的。虽然上述"道教会"组织与台湾地区的众多道教庙宇并没有垂直领导的统属关系，大多只是宗教知识和信仰方面的指导与联系，但是台湾道教教团由乡镇小庙到正规组织，由数量稀少到逐渐增多，由松散无序到趋向规范，凡此皆体现了台湾道教的整体发展趋势。

再者就是台湾道教宫观庙堂的数量增加很快。台湾的宗教信仰大多秉承闽南和粤东地区的传统，民间信仰非常普及，几乎每个村镇都供奉有保护本土或宗族、驱邪祈福的地方神灵。随着大量移民迁往台湾与宗

---

① 李桂玲编著：《台港澳宗教概况》，东方出版社，1996 年，第 67 页。
② 李养正主编：《当代道教》，东方出版社，2000 年，第 279 页。

教信仰的传播，台湾各地的道教宫观与民间庙宇就如雨后春笋般地发展起来。台湾道教宫观庙宇供奉的主神有三清尊神、玉皇大帝、张天师、真武大帝、纯阳吕祖、关圣帝君、文昌帝君、妈祖、保生大帝、清水祖师、开漳圣王、三山国王、瑶池金母、三奶夫人、中坛元帅、瘟神、王爷、城隍、土地神等。在这些庙宇中，建筑规模较宏、影响较大者主要有台北指南宫、台湾首庙天坛、宜兰三清宫、彰化天公庙、台北行天宫、高雄道德院、北港朝天宫、澎湖天后宫、开台妈祖庙、新港奉天宫、高雄文化院、学甲慈济宫、南鲲鯓代天府、台南府城隍庙、中坛元帅庙等。据统计，在 20 世纪中叶，台湾的道教庙宇有 1789 所，而到 1992 年，就猛增至 12000 多所，不到半个世纪竟然增长了 7 倍以上。①作为长期生活在台湾的宗教人士，赖宗贤博士曾经对这样的现象加以分析，认为其主要缘由有两方面：其一是在中华传统文化的长期熏陶下，台湾的宗教信仰者继续选择中国固有的道德文化来维系社会的伦理道德，以对抗饱受西方文化侵袭的社会；另一是在当前世界多元竞争激烈的社会背景下，人们在世俗生活中所受到的心灵创伤寄望于神灵世界，以安顿其精神的信心。可以认为，这就是近半个世纪以来台湾道教庙宇增长迅速的主要原因。

在台湾道教组织规范建设和宫观庙宇快速增建的同时，台湾道教界人士也十分注重道教教义理论的逐步充实与提高。1966 年，台湾"中华道教总会"成立，在通过的《总会章程》中就倡导："以研究道学，阐扬教义，整理教规，提倡人伦，砥砺道德，保全民族文化，增进社会福利，策划人类安全制度，以促进世界大同为宗旨。"这个《章程》，后来修改为"阐扬教义，研究道学，整理教规，服务社会，促进世界大同"，都将道学研究和教义理论的弘扬放在首位。其后，曾担任道教总会理事长的赵家焯先生亲自撰写《道学与道教》，台湾天师府龚群长老创办《道教文化》杂志，台北指南宫高宗信先生建立道教学院，台南高雄道德院郭腾芳先生创立修真道学院，台湾著名道教学者萧天石先生编撰《道藏精华》，高雄文化学院蔡文先生创办《关系我》杂志，台北黄胜得先生创办《三清文化》，在梳理传统道教教义理论，深入探研道教学术精华，适应社会与时代需要，阐扬道教思想文化方面都做出了程度不等的宗教理论建树。因此，现代的台湾道教无论是在信众规模和教团

---

① 参见赖宗贤博士论文《台湾道教研究》，第 136 页。

组织方面，还是在宫观建设和教义理论建树方面，都取得了很大的进步与成就，广泛地融入了台湾民众的宗教生活和社会生活，与台湾社会的经济、文化、伦理、民俗等方面多所交通，对于海峡两岸的宗教交流与文化走向将会产生不容忽视的影响。

（三）台湾道教文化的特征

以上对台湾道教的传承历史与现代状况做了简要的溯源与勾勒。下面试从宗教文化的角度，对台湾道教的传播、衍变、发展、兴盛的过程与内容概括其宗教特征，兹分述如下。

移民性是台湾道教的首要特征。从历史的角度来看，台湾道教不是从本地原住民的宗教信仰中产生的，完全是随沿海一带与台湾相邻的福建、广东等地的民众迁徙而传入台湾的。台湾原住民主要是指大陆汉族迁入台湾以前的原居住于台湾地区的土著民族，住在西部平地的称为"平埔族"，住在山区的称为"高山族"。平埔族分为十族，主要有噶玛兰、凯达加兰、道卡斯、和洪雅、西拉雅等族，汉化程度较深，大部分都已失去其原有的语言和习俗。而居住于山区的高山族，计有阿美、泰雅、赛夏、布农等九族，由于长期居于山区，汉化较浅，大多保留了原有的生活习惯与宗教信仰。原住民的族群大多相信精灵或灵魂的存在，认为神灵有善、恶两种，正常死亡者变为善灵，凶死者变为恶灵，善灵可升到天界，保佑子孙，恶灵留于人间作祟，令人生病或带来灾祸。这类有着原始信仰特征的族群信仰在台湾流传了数千年之久，如阿美族人的狩猎祭和丰年祭、泰雅族人的播种祭和祖先祭等。在原住民的宗教信仰中丝毫没有道教的痕迹。一直到中国古代社会的后期，大陆移民迁入台湾，道教才随着移民的步伐传入台湾。如闾山三奶派从福建传入台南，正一天师道从广东和福建传入台中和台北，相继布道传教，修建庙堂，建立教团，形成教派，扩大其在台湾社会的影响，从而站稳脚跟，在台湾生存下来。可以说，没有大陆移民的迁徙，就没有台湾道教的产生和形成，移民性是台湾道教存在和发展的基本因素，因此移民性是台湾道教最为根本的特征。

闽、粤之地至台湾的移民大多为宗族迁徙的群体行为，而道教信仰的传播也是随着这种群体行为而发生的，由此宗族性是台湾道教的重要标志。宗族是中国社会的特殊现象，自从西周初年周公"制礼作乐"，在原有氏族血缘规则的基础之上，建立了自天子以至庶人的严密的宗法制度，"天子祭天，庶人祀祖"，有着祭祀祖先、慎终追远、凝聚家族、传宗生存等多种功能的宗族就在中国社会广泛存在。所以数千年以来，凝聚宗族和维持宗族就成为中国人生命与生活中至为重要的事情。明清时大陆移民在从原来所居的沿海地区迁往台湾之时，大多邀集同祖同宗的族人，即同一宗族的人进行集体迁徙，这种现象在明末清初大规模移民时普遍存在。同宗移民现象的出现，从实际状况分析，是移民族群为了保障自身的安全和在生疏险恶的外部环境里争取生存而采取的一种自然行为，这样可以在平时的生活和劳作中起到互相帮助和互相保护的作用，从而提高其在外乡环境的生存率。这些同宗同族的移民人群在举族迁徙的时候，为了取得祖先神灵的保佑，就把他们原来信奉的祖神也随之带入了台湾。如现在台湾十分盛行的"王爷"信仰，就是从闽南地区传入的。黄文博所著的《台湾王爷信仰》书中将王爷信仰分为五支系统，其中第二支即为"家神王爷系统"。这个家神系统信奉的王爷，也就是同姓家族内部供奉的祖先神。所以现今台湾信奉的王爷，大多冠有姓名，并且同供奉该王爷之家族的祖籍地有关。如台湾的吴府王爷传自福建泉州晋江县，巫府王爷传自兴化莆田县南天宫，纪王爷传自福建同安县马厝巷，何王爷传自晋江县长市乡，萧王爷传自晋江县富美乡等。① 实际上，这些冠有姓氏的"王爷"与宗族的祖先神信仰有着密切的关系。现今台湾供奉"王爷"的庙宇大约多至 700 余座，信徒众多，影响广泛，在台湾道教的神系中占有重要的地位。因此，这种历史悠久的宗族性也就成为道教在传入台湾以后能够植根、生存和发展的重要条件。

台湾道教除了上述显明的移民性和宗族性的特征外，再有一个重要的特征就是神灵信仰的地域性。台湾的道教主要从闽南和广东传入，而其信奉的神灵一部分是迁徙宗族的祖先之神，此外尚有众多的是移民原居住地所供奉的各种神明。如福建莆田地区信奉的海神"天妃娘娘"（即妈祖），安溪和永春地区信奉的祈雨佑民之神"清水祖师"，泉州南安县民众信奉的太平福神"广泽尊王"，同安地区尊奉的医疾保民之神"保生大帝"，漳州民众虔诚信奉的"开漳圣王"，漳州东山岛供奉的"关圣帝君"，福州和古田地区尊信的救产护幼女神"三奶夫人"，广东潮州、惠州信奉的尊神"三山国王"等，都是台湾移民原祖籍之地信奉的地区神灵，由于他们在当地屡显灵应，解救危难，医疾祛邪，保佑一

---

① 　参见赖宗贤博士论文《台湾道教研究》，第 49 页。

方，受到所在地区民众的虔诚信奉。明清以来的台湾移民在迁徙入台后，即把他们原有的信仰神灵携入台湾，世代相传，加以供奉。所以现在考察台湾道教的神灵信仰，若知道神灵的名称，就可以大致了解该神原来源自大陆的哪个地区，也就知道尊奉该神的台湾信众的历史祖籍地。如台北市的大安、松山等地区的民众向来信奉"清水祖师"，由于"清水祖师"是由福建安溪和永春之地移民传入的神灵信仰，由此我们得知这些地区的居民原来之祖籍地应为福建的安溪和永春。再如台南地区供奉"保生大帝"的庙宇居全台湾之冠，于是也就自然知道该地区信众的祖先是福建同安地区的移民。这种地域性的神明信仰奠定了道教在台湾民间生存和发展的坚实信众基础，成为当代台湾道教的重要特征。不过近现代以来，随着台湾社会的发展，这种地域性的道教信仰已在悄然发生变化，如地域之间的相互渗透和扩散，使原有的神明信仰范围逐渐扩大和交叉，最为明显的就是"妈祖"信仰的例子。

台湾的道教信仰还具有融合性的特征。道教的神灵信仰虽然相当庞杂，从天神地仙、圣贤先祖、帝王将相到民间俗神都是道教庙宇供奉的物件，但自从南朝陶弘景撰《真灵位业图》创建道教神阶以来，也还井然有秩，自成系统。祖国大陆佛教、道教、基督教、天主教、伊斯兰教五教并存，各教都有自己信奉的神明，太上老君、释迦牟尼、耶稣基督、真主安拉，可谓判然有别。然而在台湾的道教宫观庙宇中，这种情况发生了显著的变化。如供奉妈祖的道教庙宇亦有观音神像，供奉清水祖师的庙堂也尊奉释迦牟尼，甚至也有道教庙宇倡导五教融合，这种现象成为台湾道教的显著特征。究其原因，既有历史的因素，也有台湾社会现实的因素。历史的因素是指自明清以来的"三教合一"思潮。宋元以后，具有教团组织形态的道教，无论是正一道或全真道，都经历了其高峰发展期逐渐趋于式微，而民间道教却吸收了儒教和佛教的某些成分，在中国古代社会的末期阶段活跃起来。地处沿海的福建闽南和广东潮惠地区，从明清以来就流行民间道教的各种信仰，如妈祖、观音、无生老母，诸如林兆恩创立的三一教、廖帝聘创立的真空教、王佐堂所创立的金幢教等，其中既有道教的成分，又有佛教和儒教的成分。这种道佛混合、三教融合的民间宗教现象，随着移民的东流传到了台湾，对台湾道教的信仰形态产生了深刻的影响。而台湾的现代社会，多种宗教并存，互相影响，对宗教的融合发展也起到了催化的作用。因此，台湾道教的融合性特征就显得特别突出，这一点与香港地区的道教有着明显的相同之处。

与上述特征相比，道教更为重要的特征是它的民族性。道教初创之时，其宗教成分就既有汉民族的文化与信仰内容，也有部分少数民族的信仰因素。如东汉时创建的五斗米道，其信仰主体无疑为汉民族的文化成分，然而其中也有巴蜀地区氐、羌民族的信仰内容。以后历经魏晋南北朝、唐宋明清长期的衍变发展，其教义思想、神仙方术、丹道养生、斋醮符箓等宗教内容都是属中国本土文化的范畴，所以从历史文化的角度来看，道教应为中华民族文化孕育产生的唯一本土宗教。换言之，道教即是中华民族文化的产物，道教之性质即是中华民族的民族性宗教。台湾道教完全是从中国大陆传播过去的信仰形态，事实上也应属于中华民族的宗教信仰，因此台湾道教与大陆道教在民族性上是相一致的。也就是说，大陆道教属于中华民族文化的范畴，台湾道教也应属于中华民族文化的范畴，这可称为同根相连，一脉相承。这种同根同脉的民族性是海峡两岸的道教界皆认同之事。台湾道教界的龚群长老曾多次在两岸的学术交流中深情地谈道："道教的根在大陆！"这种道教文化的"神缘"关系，体现了民族文化的深层关联性，对于两岸的交流和联系，有着重要的现实意义。我们坚定相信，这种深层的民族文化方面的历史联系是任何人为因素（包括政治的和经济的）也割不断的。当前，在祖国统一的历史趋势中，这种民族文化的宗教之"根"就显得尤为重要。

（四）台湾道教文化的研究现状

随着道教在台湾的长足发展，台湾的道教学术研究也渐趋兴盛。在20世纪数十年之中，众多台湾学者对道教经典文献、道教教义理论、道教历史与教派、道教斋醮与神系、道教与文学、道教与佛教的关系等方面开展了广泛而深刻的探讨和研究，撰写了大量的学术论文和专著，探赜索隐，发幽阐微，解决了许多道教文化史上的问题和公案，积累了丰厚的学术成果，取得了世所公认的成绩。在此择其要者，介述如下，以俾有益于两岸的道教学术交流。

回顾以往，由于诸多客观条件的限制，国内的道教研究起步较晚，而日本和欧美的汉学界在20世纪上半叶暂时居于领先地位。台湾的情形也是这样，大概在20世纪50年代以后，台湾的道教研究才开始起步。60至70年代进行学术铺垫和积累，至80年代取得可观成就，90年代已形成诸家竞说、各领风骚的兴盛局面。如今台湾的道教研究，学术成就粲然可观，研究内容丰富多样，已成为中国学术界道教研究的重要组成部分。台湾学术界的道教研究，在比较年长的学者之中，其成就突出者有台湾成功大学的丁煌教授、"中研院"哲学所的李丰楙教授、"中研院"民族所的刘枝万教授和台湾东海大学的孙克宽教授等。

在台湾的学术界，丁煌教授以秉承家学（泰兴丁氏）、治学严谨而著名。丁教授早年毕业于中国文化大学，现为台湾成功大学历史系教授与道教研究室主任，并兼任日本东京大学东洋文化研究所研究员。特别长于文献研究和田野考察，在道教历史、经典文献和宗教民俗等方面，皆有十分杰出的成就。其创设的成功大学道教研究室，尤其注重道教研究资料的收藏工作。现有"道士世传秘典近三百种，学者撰述的单篇专论亦逾七千以上，近代专家著书也达六、七百册，《道藏》、《道藏辑要》、《道教文献》、《庄林续道藏》、《石刻史料》各有一部"，可谓道教研究的专业图书馆。其主要论著有：《汉末三国道教发展与江南地缘关系初探——以张陵天师出生地传说、江南巫俗及孙吴政权与道教关系为中心之一般考察》（《道教文化》5：1，1990 年 9 月），《信仰与民俗》（《台湾月刊》212，2000 年 8 月），《台南世业道士陈、曾二家初探——以其家世、传衍及文物散佚为主题略论》（《道教学探索》3，1990 年 3 月），《孙恩叛乱时期庐山附近的地方崇祀——日本宫川尚志教授论〈Local Cults around Mout Lu at the time of Sun En's Rebellion〉之译文及评介》（《道教文化》5：4，1991 年 9 月），《唐高祖太宗对符瑞的运用及其对道教的态度》（《台湾成功大学历史学报》第二号，1975 年 7 月）《唐代道教太清宫制度考（上）》（《台湾成功大学历史学报》第六号，1979 年 7 月），《唐代道教太清宫制度考（下）》（《台湾成功大学历史学报》第七号，1980 年 9 月），《唐及五代道教宗派之研究（一）》（《台湾成功大学历史学报》第九号，1982 年 9 月），《汉末三国道教发展与江南地缘关系初探》（《台湾成功大学历史学报》第十三号，1987 年 3 月），《台湾"中央图书馆"藏明宣德八年刊本〈上清灵宝济度大成金书四卷〉初研——道藏失搜书系列研究之一》（《台湾成功大学历史学报》第十五号，1989 年 3 月），《南韩公藏道教文献窥略兼论其价值》（《道教学探索》4，1991 年 10 月），《台湾南部寺庙签诗之研究》（闽台两岸民间信仰学术研讨会，福建：福州，1995 年 8～9 月），《叶法善在道教史上地位之探讨》（《台湾成功大学历史学报》第十四号，1988 年 3 月），《"正一大黄预修延寿经箓"初研》（《道教学探索》8，1994 年 12 月），《台南旧庙签诗的初步研究》（台湾"中研院"文哲所，1996 年 3

月），并与国外学者合著有《Daoism Hand book》（Edited by Livia Kohn，Brill publisher co. Leiden，The Netherlands，July，2000 年）。可以看出，丁煌教授的研究重点在道经文献、道教历史以及道教文化与社会民俗之关系方面，在上述领域，其学术功力和学术成果当属首屈一指。如对于天师道起源问题与明刊《上清灵宝济度大成金书》的研究，多有创新之见解，素为学界所钦服。丁教授为道教学术研究所作的贡献还在于创办《道教学探索》集刊。该刊为国内首办的道教学术研究刊物，据"创刊号"介绍，为"成功大学历史系道教研究室"与"中华民国道教会台湾省台南市支会"（后来又加入"道教总庙三清宫"）合作创办，丁煌教授任主编，台南市道教会郭瑞云会长为发行人兼副主编。自1988 年到 1997 年，共出版 10 期，刊发有关道教之教派历史、经典教义、斋醮仪礼以及现状调查、研究状况等方面的文章 160 多篇，其撰著者既有海峡两岸的专家与研究生，也有欧美和日本等国的学者，为目前国内具有较高学术水准的道教研究刊物。

"中研院"的李丰楙教授长期从事道教文学、道教民俗、道教神仙、道教斋醮仪礼与丹道养生等方面的研究，据其自述云："既已阅注身心养生之学，其后又逐渐扩及道教科仪、符箓术数。"著述颇丰，饶有新见。其学术成就主要在六朝道教与道教文学方面。其主要论著有：《魏晋南北朝文士与道教之关系》（台湾文史哲出版社，1978 年），《不死的探求：抱朴子》（台湾时报文化出版社，1982 年），《六朝隋唐仙道类小说研究》（台湾台湾学生书局，1986 年），《行瘟与送瘟：瘟神信仰与逐疫仪式的意义》（台湾"中央研究院"民族学研究所，1993 年），《魏晋老子神话与神仙道教之关系》（《中华学苑》21 期，1978 年 6 月），《嵇康养生思想之研究》（《静宜学报》2 期，1979 年 6 月），《六朝仙境传说与道教之关系》（《《中外文学》》8 卷 8 期，1980 年 1 月），《葛洪养生思想之研究》（《静宜学报》3 期，1980 年 6 月），《道教炼丹术的发展与衰落》（《中国科技史演讲选辑》2 辑，1982 年 4 月），《长生不死的梦（道教炼丹术）》（《人与社会》第 1 卷第 3 期，1982 年 9 月），《神仙三品说的原始及其衍变》（《汉学论文集》第 2 期，1983 年 12 月，台湾文史哲出版社）、《六朝道教与游仙诗的发展》（《中华学苑》28 期，1983 年 12月），《道教神霄派的形成与发展》（《幼狮学志》19 卷 4 期，1987 年 10月），《〈老子想尔注〉的形成及其道教思想》（《东方宗教研究》新 1 期，1990 年 10 月），《元遗山与全真教》（"元好问八百年诞辰学术研讨会论文"1990年12月),《从道教看现代社会伦理》("宗教与社会伦理研讨会论文"1991年10月),《〈洞渊神咒经〉的神魔观及其克治说》(《东方宗教》新2期,1991年10月),《台湾中南部道教拔度仪中目莲戏曲初探》(《民俗曲艺》77期,1992年5月),《唐代〈洞渊神咒经〉写卷与李弘》(《第二届敦煌学国际研讨会论文集》,1991年),《当前〈道藏〉研究的成果及其展望》("《"中研院"中国文哲研究的回顾与展望论文集》,1992年),《两岸宗教交流之现况与展望》(《两岸文化交流面面观》,海峡交流基金会,1993年)等。

除以上著述外,李丰楙教授还与王秋桂先生共同主编《中国民间信仰资料汇编》第1辑(台湾学生书局,1989年),《中国民间信仰资料汇编提要与总目》(台湾学生书局,1989年),《中国民间信仰资料汇编索引》(台湾学生书局,1989年)等资料与工具书。此外,据"中研院"文哲所介绍,李丰楙教授多年来致力于《道藏》电子文献资料库的建立,目前已录入文字近三分之二,此事若成,则将为道教研究提供极大的方便,有益学界,厥功匪少。

刘枝万教授常被台湾学者尊称为"前辈",从其学术历程来看应是台湾学界的长者。刘教授早年任职于台湾省文献委员会和台湾省博物馆,后至台湾"中研院"民族研究所,长期从事历史民俗与民间信仰的研究,为知名之民俗学研究专家。其主要论著有《台湾民间信仰论集》(台湾联经出版事业公司,1983年12月),《清代台湾之寺庙》(《台北文献》4期,1963年),《灵魂离脱诸相》(《国学院杂志》86期,1985年),《雷神信仰雷法展开》(《东方宗教》67期,1986年),《天蓬神天蓬》(《道教宗教文化》1987年),《台湾民间信仰》(《创大研究》8期,1987年),《台北市松山祈安建醮祭典:台湾祈安醮祭习俗研究之一》(民族所专刊甲刊14),《桃园县龙潭乡建醮祭典》(《中国东亚学术研究计划委员会年报》第10期,1971年)、《台北县中和乡建醮祭典》(《"中央研究院"民族学研究所集刊》第33期,1973年)、《醮祭释义》("中央研究院"民族学研究所专刊之22《中国民间信仰论集》,1974年)、《修斋考》(《中国民间信仰论集》,1974年)、《台北县树林镇建醮祭典》(《中国民间信仰论集》,1974年)、《桃园县中坜市建醮祭典》(《中国民间信仰论集》,1974年)等。刘枝万教授多年沉潜于民俗与宗教的研究,对民间信仰往往有独到的研究见解,如对于"王爷"信仰与"瘟神"的关系,并提出了"瘟神演变六阶段说",多为学界称道。

台湾东海大学的孙克宽教授是台湾研究道教较早的学者之一，他自20世纪50年以来专注于道教历史与教派的研究，先后发表许多研究成果，其代表者有《宋元道教之发展》（1965年台湾东海大学），《元代道教之发展》（1968年台湾东海大学），《寒原道论》（1977年联经出版事业公司），《全真教的初期活动》（《景风》第22期），《元代真大道教考》（《大陆杂志》第3卷第4期），《元初正一教与江南士大夫》（《大陆杂志》第4卷第7期），《全真教考略》（《大陆杂志》第8卷第4期），《中国道教初期的发展》（《大陆杂志》第13卷第4期），《元代道教的特质》（《大陆杂志》第30卷第11期），《元代道教茅山宗》（《大陆杂志》第33卷第22期），《唐代道教之发展导论》（《中兴大学文史学报》1974年第1期），《唐代道教与政治》（《大陆杂志》1975年第5卷第2期）等，尤对全真道的研究多有贡献。

在台湾的学术界，从20世纪80年代以来，涌现出一批学术功底深厚、视野开阔、勤奋研究、颇有建树的中年学者，成为台湾学术界研究道教文化的重要力量。这些学者年富力强，工作勤奋，经常往来于海峡两岸，频繁参加各种学术会议，促进了海峡两岸的学术交流。这批中年学者中，当首推郑志明教授、龚鹏程教授和萧登福教授等。

郑志明博士早年毕业于台湾师范大学，曾任淡江大学中文系教授、嘉义师范学院语教系主任、南华大学比较宗教研究所所长，现为辅仁大学宗教研究所教授，兼中华大道文教基金会宗教文化研究中心主任。郑志明博士研究范围相当广泛，举凡宗教、哲学、民俗与文学等领域皆多所涉猎，尤其在道教与民间宗教研究方面所下功力颇深，可谓沉浸多年，勤奋耕耘，论著等身，颇有建树。从下面所列的论著目录中，我们可以看出郑教授苦心耕耘多年所取得的丰硕学术成果。（一）个人专著：《台湾民间宗教论集》（台湾学生书局，1984年），《无生老母信仰溯源》（台湾文史哲出版社，1985年），《中国社会与宗教》（台湾学生书局，1986年），《中国善书与宗教》（台湾学生书局，1988年），《明代三一教主研究》（台湾学生书局，1988年），《台湾的鸾书》（正一善书出版社，1990年），《民间的三教心法》（台湾正一善书出版社，1990年），《中国文学与宗教》（台湾学生书局，1992年），《中国意识与宗教》（台湾学生书局，1993年），《中国社会的神话思维》（台湾谷风出版社，1993年），《当代台湾新兴宗教》（国际佛学研究中心，1996年），《台湾民间的宗教现象》（台湾宗教文化工作室，1996年），《神明的由来》（中国篇）（宗教文化研究中心，1997 年），《两岸宗教交流的现况与展望》（宗教文化研究中心，1997 年），《台湾当代新兴佛教——禅教篇》（宗教文化研究中心，1997 年），《台湾民间宗教结社》（南华管理学院，1998 年），《台湾新兴宗教现象——传统信仰篇》（南华管理学院，1998 年），《北港朝天宫的神明会》（南华管理学院，1998 年），《儒学的现世性与宗教性》（南华管理学院，1998 年），《以人体为媒介的道教》（宗教文化研究中心，2000 年），《当代新兴宗教——修行团体篇》（宗教文化研究中心，2000 年），《华人宗教的文化意识》第一卷（宗教文化研究中心，2001 年），《中国社会鬼神观念的演变》（宗教文化研究中心，2001 年），《台湾的神明由来》（宗教文化研究中心，2001 年），《华人宗教的文化意识》第二卷（宗教文化研究中心，2003 年）；（二）主编书籍：《晚明思潮与社会变动》（台湾弘化出版社，1987 年），《全国寺刹道观总览》（全国寺庙整编委员会，1989 年），《宗教与文化》（台湾学生书局，1990 年），《文化台湾》卷一、二、三，1996 年），《西王母信仰》（南华管理学院，1997 年），《宗教与当代文化》（南华管理学院，1998 年），《儒学与基督宗教对谈》（宗教文化研究中心，1999 年），《两岸当代禅学论文集》（宗教文化研究中心，2000 年），《跨世纪宗教心灵改革》（宗教文化研究中心，2000 年），《道教文化精华》（宗教文化研究中心，2000 年），《道教文化传播》（宗教文化研究中心，2000 年），《道教历史与文学》（宗教文化研究中心，2000 年），《生命关怀与心灵治疗》（宗教文化研究中心，2000 年），《宗教艺术、传播与媒介》（宗教文化研究中心，2001 年）；（三）学术论文：《敦煌写本〈老子想尔注〉义理初探》（《中国学术年刊》第八期，1986 年），《台北地区夏教的宗教体系研究》（《台北文献》直 76 期，1986 年），《〈太上感应篇〉的伦理思想》（《鹅湖月刊》143 期，1987 年），《试论〈清静经〉的“道”》（《鹅湖月刊》155 期，1988 年），《功过格的伦理思想初探》（《中国学术年刊》10 期，1989 年），《当今台湾民间鸾书的文学形式》（《汉学研究》8 卷 1 期，1990 年），《关汉卿杂剧的宗教意识》（《鹅湖》，1992 年），《〈山海经〉的神话思维》（《淡江大学中文学报》2 期，1993 年），《庄子的鬼神观》（《鹅湖》，1994 年），《台湾民间宗教的文化意识》（《历史月刊》86 期，1995 年），《民间信仰与台湾的族群和谐》（《鹅湖》，1995 年），《台湾观音信仰的现象分析》（《宗教哲学》2 卷 1 期，1996 年），《台湾民间信仰的多重至上神观》（《宗教哲学》2 卷 2

期，1996 年)，《台湾善书研究的现况与展望》(《宗教哲学》2 卷 4 期，1996 年)，《台湾妈祖祭典的现象分析》(《宗教哲学》3 卷 1 期，1997 年)，《台湾"宗教教育"的问题商议》(《宗教哲学》3 卷 2 期，1997 年)，《唐君毅儒家宗教精神说》(《宗教哲学》3 卷 3 期，1997 年)，《杜光庭〈道德真经广圣义〉的神人观》(《鹅湖月刊》285 期，1999 年)，《道教的生死观》(《历史月刊》139 期，1999 年)，《明初张宇初〈岘泉集〉的生命观》(《鹅湖月刊》295 期，2000 年)，《台湾新兴宗教的救劫运动》(《宗教哲学》6 卷 3 期，2000 年)，《〈太平经〉的养生观》(《鹅湖月刊》299 期，2000 年)，《〈太平经〉的性命观》(《鹅湖月刊》300 期，2000 年)，《从〈太平经〉谈道教的生命观》(《中华道教学院南台分院学报》1 期，2000 年)，《民间信仰"合缘共振"与"含混多义"的思维模式》(《玄奘学报》4 期，2001 年)，《台湾民众宗教信仰的生死关怀与灵验性格》(《辅大宗教研究》3 期，2001 年)，《社区文化的宇宙图式与神圣空间》(《鹅湖月刊》312 期，2001 年)，《近五十年来台湾地区民间宗教之研究与前瞻》(《台湾文献》52 卷 2 期，2001 年)，《台湾民众宗教信仰的生死关怀与灵验性格》(《辅仁宗教研究》3 期，2001 年)，《台湾西王母信仰的时代意义》(《鹅湖月刊》218 期，2001 年)，《砂劳越华人社团与宗教互动关系》(《马来亚大学学术论文集》6 辑，2001 年)，《华人信仰心理与宗教行为》(《鹅湖月刊》324 期，2002 年)等。上面所列的学术成果充分说明，郑志明博士是目前台湾学术界在研究道教与民间宗教方面著述最丰的中年学者之一。

作为台湾的中年学者，现在任教于佛光大学的龚鹏程教授在学术界十分活跃，他在道教研究、佛教研究、传统思想史研究与古典文学研究方面都做出了数量众多而杰出的成就，以其才华出众而闻名于两岸学界。龚鹏程教授毕业于台湾师范大学，曾在淡江大学、中正大学担任教授等职，先后创办淡江大学中文研究所、台湾南华大学与佛光人文社会学院。并经常来往于海峡两岸，进行学术交流。1995 年与台湾天师府龚群长老在中正大学共同筹办了"海峡两岸首届道教学术研讨会"。其在道教研究方面的成就，当首推《道教新论》与《道教新论二集》两书。龚博士认为，以往的宗教研究（包括道教研究），"其诠析模式与方法，可能都必须重新再做检讨"，因为研究者往往"忽略了或未来得及反省我们据以分析历史现象的观念和思维工具，也很少抓住一个宗教之所以为教的核心问题来论述"。故作者尽数月心力，撰成《道教新论》

一书，以"反省成说，推阐新见"。其中《导论》一篇，剖析近代宗教研究无法合理发展的根本原因。第二篇《道门文字教——道教的性质与方法》，由道教独特的经典观，进而论述道教以文字为文明之本、以文字掌握世界的特点，以此审视道教与其它宗教的不同特征，说明道教的性质，以及它与中国文化的关系。第三篇《〈太平经〉释义》，对道教的早期经典《太平经》的宗教内容与哲学义蕴作了深入的剖析，探玄稽疑，多所发现，为目前《太平经》研究的上乘佳作。

台中技术学院的萧登福教授多年来致力于道经文献的研究及道教与佛教关系的探讨，成果颇丰。其主要论著有《道教与密宗》（台湾新文丰出版公司），《道教与佛教》（台湾东大出版社），《道教星斗符印与佛教密宗》（台湾新文丰出版公司），《道教术仪与密教典籍》（台湾新文丰出版公司，1994 年），《道教与民俗》（台湾文津出版社，2002 年），《〈鬼谷子〉研究》（台湾文津出版社，2001 年），《〈黄帝阴符经〉今注今译》（文津出版社，1996 年），《道家道教与中土佛教初期经义发展》（上海古籍出版社），《先秦两汉冥界及神仙思想探源》（台湾文津出版社，1990 年），《〈易经〉新译》（台湾文津出版社，2001 年），《周秦两汉早期道教》（文津出版社，1998 年），《〈列子〉与佛经》（《台湾成功大学学报》人文篇，1982 年 3 月），《从〈大正藏〉所收佛经中看道教星斗崇拜对佛教之影响》（《台中商专学报》第 23 期，1992 年），《道教符篆咒印对佛教密宗之影响》（《台中商专学报》第 24 期，1992 年）等。萧教授通过长期的研究，认为："在佛道交流上，学者大都以为道教抄袭佛教，其实那是指六朝后的道教，六朝之前则并非如此；而相反的，中土的佛教，则自始至终都是在袭取儒道之思想以发展并壮大自己的声势。早自东汉初佛教传入中土时，便依附于黄老道教以行，而东汉安世高、支娄迦谶则采老子及道教说以译经。由东汉经魏至西晋初，此时期佛教的信徒少，势力弱。至西晋末，佛徒开始努力攀附上流名士，而有所谓的名士名僧相交游，并以《老》、《庄》、《易》三玄为主的玄学来充实佛教的哲理，因而奠定了佛教日后壮大之基。从东晋而后，尤其自梁以后，佛教转强而道教趋弱，此种情形一直延续至今，遂使人有佛教哲理高于道教哲理的错觉。实者中土佛教之哲理，取自道说者多。"其研究旨趣，多自道教对佛教之影响立说，持之有故，已成一家之言。

上面介绍的是台湾学术界对道教思想与文化的研究，其研究的特点是功底扎实，涉及面广，视野开阔，研究深入，在道教的历史教派、经典文献、斋醮科仪、民间信仰、佛道关系等方面都取得了丰厚的成果，为中国的道教学术研究多所贡献。凡此皆说明，台湾学术界的道教研究成就，也是中国道教学术研究的重要组成部分，海峡两岸的学术与文化，从来就是一脉相承的。

以上是笔者根据近年来多次与香港、台湾地区的学术界和道教界的学术交流和考察所获得的资料与现有的文献做出的初步整理与叙述，限于客观条件和笔者的水平，难免有挂一漏万和不周之处，尚祈读者见谅和方家指正。日后若有机缘和时间，当竭其心力，补苴罅漏，旁搜远绍，以臻完善。

日据时期台湾民俗研究的知识社会学解析

蔡昇德[*]

一、前言

人类学是一门研究人类的学科，人类所创造的"文化"则是人类学研究的核心之一。泰勒（E. B. Tylor）在也是人类学学科奠基之作的《原始文化》中，对"文化"作了一个解释，他说："文化，文明，……是包括全部的知识、信仰、艺术、道德、法律、风俗以及作为社会成员的人所掌握和接受的任何其它的才能和习惯的复合体"（连树生译，2005：1），这个"文化"的定义，是最广为学界所接受的。也因此，从人类学成为一门正式的学科开始，人类的"风俗"（或称"民俗"）就已经是人类学的研究主题之一了。但是各民族生业环境的不同，其民俗文化也会有差异，农业社会与游牧族群在文化与性格上就会有所差异。美国人类学家雷德菲尔德（Robert Redfield）通过在墨西哥的研究，提出"大、小传统"的理论，对探讨与理解以农业为主的文化，有相当的贡献。雷德菲尔德（1960）所建构的"小传统"（little tradition）概念，经常被采借并出现在有关汉人农村社会与文化的人类学研究中。换句话说，"小传统"是人类学在研究汉人农村社会的一个重要的视角与概念。

但是在相关的研究中，我们可以发现，"民俗"作为一项涂尔干（Durkheim）所谓的"社会事实"（social fact），不仅是人类学研究的专

---

　　* 作者单位：台湾东华大学民间文学研究所。

项，也是历史学、社会学、文学等学科所关切与研究的范畴。这种由不同学科对同一个对象或现象的关注与研究，突显出人类社会文化的复杂现象已非由传统的学科体制所能涵盖，彰显当前学术研究的学科、论理与观点多元化的特征，也为建构一门具融摄各人文社会学科理论与方法的"民俗学"铺设了一条可能之路。

学会组织、专业期刊、大学教学单位等三个方面的设置与成果，关系着学科建设成熟与否的问题。（陈奇禄，1992：460；锺敬文，2005：1~6）从这个角度来看，中国大陆在民俗学的学科建设上确实是比台湾成熟，成果也较为丰盛。虽然民俗学与人类学的关系相当密切，在理论与方法上的相互采借与影响之下，中国大陆的民俗学与人类学在既是竞争又合作的状态下，走出了一条学科建设与发展的路。

那么，台湾的民俗学呢？换个更直接的方式来问，台湾有没有民俗学？

在台湾学科制度的建制上，"行政院"研究发展考核委员会在1984年的《社会科学分类之研究》中，已将民俗学置于文化人类学的项下，属于人类学的第二层次的学科[①]。（"行政院"研考会，1984：90）也就是说，民俗学在学科的划分上是存在于文化人类学中。但是目前台湾的大学将民俗学列为课程规划的系所，大多不是在人类学系里。教授民俗学的老师，绝大部分是由中文或历史领域的学者来担纲，实际上，民俗学反而更多地存在于中文系当中。

台湾人文社会学科的学术领域，在民俗研究的成果上，已有相当不错的成绩，这反映在各个学术领域的学位论文与学术著作在质与量上的明显进展。与民俗研究有关的成熟积极型的学会组织有"台湾人类学与民族学会"与"中国口传文学学会"，虽然有"台湾民俗学学会"，但与娄子匡的"中国民俗学会"一样，似乎并未在学术界发挥凝聚民俗学者

---

① "行政院"研考会《社会科学分类之研究》中，人类学的学科分类研究，是由李亦园教授所主持。

角色的功能。[①] 以民俗研究为主要收稿的学术刊物有《台湾风物》、《民俗曲艺》、《台湾民俗艺术汇刊》、《民俗与文化》与《庶民文化研究》等，但仍未有《台湾民俗学刊》的专业杂志。大学校院虽仍未设置"民俗学系"，也曾有台北艺术大学传统艺术研究所、台南师范学院乡土文化研究所、东华大学民间文学研究所、东华大学乡土文化学系与台北大学民俗艺术研究所等作为培育民俗研究学者的学术机构，但这些系所却在近几年纷纷更名或与他所合并。台湾民俗学学科建设之路，似乎仍有相当的距离。

具有当代学术意义的台湾民俗学的学科建构，肇始于日据时期的各项调查与《民俗台湾》杂志的刊行（戴文锋，1999）。战后初期，台湾民俗学的发展呈现了交叉传递与混融的现象（张隆志，2006a：48）。首先是《台湾风物》杂志延续了日据末期《民俗台湾》的风格（林美容，1995；戴文锋，1999），其次则由中国大陆来台的人类学、民族学者也投入相关的调查与研究，以及源自五四运动时期的北京大学歌谣征集处这一学术传统的传入，（刘惠萍，2006：197；张隆志，2006a：48～49）使得战后初期台湾民俗研究一度呈现活泼、混融与丰富的成果（阮昌锐，1985：25）。虽然如此，直至现代，台湾却只有民俗与乡土研究，而没有发展出台湾民俗学（张隆志，2006a：50）。何以战后仅有人类学得以继续延续，学科的建设逐渐成熟？战后的台湾不乏民俗学者，何以民俗学的学科发展远远不及台湾的人类学与中国大陆的民俗学？

以知识社会学的基本前提"知识不会在真空中形成"的观点来看，知识、学科都是社会发展下的产物，知识与学科的形成与发展，不仅与社会环境有关，背后甚至是隐藏着相当程度的权力关系。从这个视角来考察台湾民俗学的发展过程，或许更能深入了解整个过程背后的权力关系。由于当代学科意义下的民俗学开始于日据时期，所以本文先以日据时期的民俗研究作为主要讨论的对象，藉由知识社会学的视角，探讨日据时期民俗研究背后的意识形态。

---

① "中国民俗学会"虽然是处于停滞的状态，但由于娄子匡在民俗学的成就与贡献，"中国民俗学会"曾将中山大学民俗丛书在台湾复印出版，也举办了几次民俗学者的聚会。但随着娄子匡的年迈与过世，"中国民俗学会"处于停滞的状态。而于2008年1月31日登记成立的"台湾民俗学会"，网络上没有其出版书刊与办理学术研讨会的记录，许多学者对这个学会相当陌生，甚至有些民俗研究学者不知道有这个学会。就网络上所查询的数据来看，目前这个学会至少不是一个活跃的学会组织。

二、理论观点

（一）知识、意识形态与权力

马克思在以下两篇文章中的论述，可以说是奠定了知识社会学的基础。在《德意志意识形态》中，他表示：

> 思想、观念、意识的生产最初是直接与人们的物质活动，与人们的物质交往，与现实生活的语言交织在一起的。人们的想象、思维、精神交往在这里还是人们物质行动的直接产物，表现在某一民族的政治、法律、道德、宗教、形而上学等的语言中的精神生产也是这样。人们是自己的观念、思想等等的生产者，但这里所说的人们是现实的、从事活动的人们，他们受自己的生产力和与之相适应的交往的一定发展——直到交往的最遥远的形态——所制约。意识在任何时候都只能是被意识到了的存在，而人们的存在就是他们的现实生活过程。如果在全部意识形态中，人们和他们的关系就像在照相机中一样是倒立呈像的，那么这种现象也是从人们生活的历史过程中产生的，正如物体在视网膜上的倒影是直接从人们生活的生理过程中产生的一样。（中共中央马克思恩格斯列宁斯大林著作编译局，1995：72）

以及：

> 统治阶级的思想在每一时代都是占统治地位的思想。这就是说，一个阶级是社会上占统治地位的物质力量，同时也是社会上占统治地位的精神力量。支配着物质生产数据的阶级，同时也支配着精神生产数据，因此，那些没有精神生产数据的人的思想，一般地是隶属于这个阶级的。占统治地位的思想不过是占统治地位的物质关系在观念上的表现，不过是以思想的形式表现出来的占统治地位的物质关系；因而，这就是那些使某一个阶级成为统治阶级的关系在观念上的表现，因而这也就是这个阶级的统治的思想。此外，构成统治阶级的各个人也都具有意识，因而他们也会思维；既然他们作为一个阶级进行统治，并且决定着某一历史时代的整个面貌，那么不言而喻，他们在这个历史时代的一切领域中也会这样做，就是说，他们还作为思维着的人，作为思想的生产者进

行统治，他们调节着自己时代的思想的生产和分配；而这就意味着他们的思想是一个时代的占统治地位的思想。例如，在某一国家的某个时期，王权、贵族和资产阶级为夺取统治而争斗，因而，在那里统治是分享的，那里占统治地位的思想就会是关于分权的学说，于是分权就被宣布为"永恒的规律"。（同上引：98～99）

另外，在《〈政治经济学批判〉序言》中指出：

人们在自己生活的社会生产中发生一定的、必然的、不以他们的意志为转移的关系，即同他们的物质生产力的一定发展阶段相适合的生产关系。这些生产关系的总和构成社会的经济结构，即有法律的和政治的上层建筑竖立其上并有一定的社会意识形式与之相适应的现实基础。物质生活的生产方式制约着整个社会生活、政治生活和精神生活的过程。不是人们的意识决定人们的存在，相反，是人们的社会存在决定人们的意识。社会的物质生产力发展到一定阶段，便同它们一直在其中运动的现存生产关系或财产关系（这只是生产关系的法律用语）发生矛盾。于是这些关系便由生产力的发展形式变成生产力的桎梏。那时社会革命的时代就到来了。随着经济基础的变更，全部庞大的上层建筑也或慢或快地发生变革。在考察这些变革时，必须时刻把下面两者区别开来：一种是生产的经济条件方面所发生的物质的、可以用自然科学的精确性指明的变革，一种是人们借以意识到这个冲突并力求把它克服的那些法律的、政治的、宗教的、艺术的或哲学的，简言之，意识形态的形式。我们判断一个人不能以他对自己的看法为根据，同样，我们判断这样一个变革时代也不能以它的意识为根据；相反，这个意识必须从物质生活的矛盾中，从社会生产力和生产关系之间的现存冲突中去解释。（中共中央马克思恩格斯列宁斯大林著作编译局编译，1995：32～33）

在这三段引文中，马克思指出了两个重点，其一是社会是在生产力与生产关系所构成的经济基础之上发展出来的，而在这个基础上所发展与建构的社会里的法律、政治、宗教、艺术、哲学等，形成这个社会上层建筑的意识形态；另一为统治阶级因为占有统治地位的物质力量，同时也就支配着精神生产数据，所以统治阶级的思想也就成为主流的思想。马克思的观点，提醒我们要了解学科间的关系，必须要去探讨知识形成的社会背景与意识形态。而且，某一知识成为一社会上该领域的主流，这是否就意味着该知识是统治阶级去认识、了解，甚至是统治这个世界的方式？

马克斯·韦伯（Max Weber）在《基督新教伦理与资本主义精神》（于晓等译，2001）中，指出基督新教将世俗的职业视为上帝安排的任务，可以荣耀上帝的天职，以及基督新教特有的"世俗禁欲精神"与"预选说"的观念，说明基督新教教义与资本主义之间"选择性亲近"的关系。韦伯藉此说明除了社会结构影响意识形态之外，亦应注意意识形态对社会结构的影响。或者更确切地说，意识形态必须与实际的利益相结合，否则没有发展的动力。参考韦伯的论点，我们要注意当知识的意识形态被建立之后，知识的意识形态是否也影响了学科的建构？

曼海姆（Karl Mannheim）表示（张明贵译，2006），不同世界观所代表的团体之间的竞争，是考察"知识如何为存在所制约"的重要方向。万力维（2005）指出，学科的学术发展往往是权力下的产物。叶启政（1984：313）认为这个权力源于19世纪西方中心社会对亚、非边陲社会的统制关系，即使亚、非地区的国家取得政治上的主权，这样的统制关系仍像一只看不见的黑手，操纵与左右亚、非地区的经济、文化与学术研究。尤其，战后台湾的边陲地位，不仅接受处于核心强权的美国的协助，更是在政治、经济、军事与学术发展等各方面，以美国为师法对象。这指引我们去思考民俗学与人类学之间，是否代表着两个不同群体间的竞争？是否也因存在着权力与统制的关系，影响着人类学与民俗学的学科建构？

从马克思、韦伯与曼海姆的理论启发，要探讨人类学与民俗学之间的关系，我们必须考察人类学与民俗学的学科形成源流，了解这两个学科之间是否存在着意识形态上的差异？

（二）人类学：异文化、他者、殖民主义

"人类学历来就把这门学科的创造者和消费者的文化界定为'现代的'，而把其研究对象界定为'传统的'——就是说，是'非现代的'，异己而落后。"（中国社会科学杂志社译，2000：104）这段话是 Vaclav Hubinger 在检讨人类学与现代性的关系时的反省。

黄瑞祺指出，现代性也就是近代西方文明的特性，其形成与欧洲的兴起和扩张有密切的关系。航海技术的进步与地理大发现，欧洲人藉由海外的探险、传教、贸易等方式，扩展视野、建立据点，继而拓展殖民地。16～19世纪之间，欧洲各主要国家以建立与发展海外的殖民地为其目标，在寻找与建立殖民地的同时，镶嵌着西方社会意识形态的殖民主义与帝国主义，也跟着传教士、商人、官员等的足迹所到之处，以其现代性的知识，管理被殖民者，认识并教化被殖民的落后民族。（黄瑞祺，1996：343～349；2000：15～72）在这段时期由传教士、探险家等对殖民地奇风异俗的记录，成为20世纪现代人类学摩根（L. H. Morgan）、泰勒（E. B. Tylor）、弗雷泽（Frazer）、涂尔干（Durkheim）等大师理论建构的基础基辛。（Keesing著，张恭启、于嘉云译，1989：126）

英国泰勒（E. B. Tylor）的《原始文化：神话、哲学、宗教、语言、艺术和习俗发展之研究》（1871）与美国摩根（L. H. Morgan）的《古代社会：从蒙昧、野蛮到文明》（1877）是人类学进化论派的奠基之作，而进化论派是人类学学科建立的第一个学科理论。进化论是19世纪欧美的重要学术思潮，在其线性进化观的影响下，人类文化的特征是由低至高的线性发展，西方世界当然是线性发展最右端高度进化的文明社会，与之对立的是居于左端的未开化社会。作为一门学科，人类学提供了一个认识偏远部落异民族的知识，对内得以经由他者而认识自我；（庄英章、许木柱、潘英海，1992：30～33）对外得以提供殖民政权有效的统治与教化知识（王铭铭，2000：9；刘正爱，2010）。人类学与殖民主义之间的关系，就如同基辛（Keesing）所分析的（张恭启、于嘉云译，1989：125～131），人类学在学科建构之初，以殖民地为主要的田野调查地点，其研究成果，不仅成为殖民政府的对被殖民者的知识，也奠定了当代人类学理论与方法的基础。也因此，人类学成为殖民主义的工具，而殖民主义也给人类学一个学科成长的土壤。

萨义德（Edward Said）在《东方主义》中，说明了一个殖民主义如何建构一个知识以观看与认识殖民地的方式。他指出，西方世界将"东方"（指中东、阿拉伯、伊斯兰世界等地）给"东方化"的学者及其所建构的知识，称之为"东方主义"（orientalism）。为何西方世界要以东方主义去建构一个东方？萨义德指出："东方之所以会被东方化，不只是因为它是被一般的19世纪欧洲人以各种相当平常的方式发现而成为'东方'的，而且由于它是有可能（could be）受屈服而被制造（made）成东方。"（王志弘、王淑燕、庄雅仲、郭菀玲、游美惠、游常山译，1999：8）所以，"东方和西方之间的关系根本就是权力、支配和一套程度多变的复杂霸权"（同上引：7）。而且这个过程是有助于西方世界的自我认识，因为"东方作为一个相对参照的意象、理念、人格与经验，也帮助了对欧洲（西方）的自我界定与示明"（同上引：2）。从19世纪到二战，是由英、法等国支配了东方主义，二战后，支配东方主义的是美国。显然，"东方主义"是与世界强权有绝对的关系，人类学就是这套"东方主义"下的产物。

欧洲强权所建立的殖民地在经过两次大战之后纷纷独立，帝国殖民主义的政权虽然退出殖民地，但却将殖民者的意识形态以现代化的方式深植于殖民地，以文化霸权的方式持续殖民非西方国家的意识形态。人类学在帝国殖民主义的土壤发芽，帝国殖民主义的文明以现代性与全球化的方式征服了全世界，以偏远地区的异文化、他者为主要研究对象的人类学，（黄应贵，1998：287；基辛 Keesing 著，张恭启、于嘉云译，1989：17；刘正爱，2000）藉由现代学术的建立，在世界各国落地生根。

但是，随着现代化、全球化与后殖民思潮的发展，未知的偏远部落愈来愈少，殖民地也纷纷独立建国，但是人类学家仍将关注的焦点置于异文化的"他者"，尤其是农业社会的文化，目的仍旧是藉由对他者的研究来认识自己。亚当斯（William Y. Adams）在《人类学的哲学之根》中对当代人类学的这一个传统，有一个明确的说明，他指出：

> 整整一个世纪之后，人类学才开始认识到自己在社会科学中的正确位置，是对他者（the Other）的系统研究，而其它所有的社会科学都在某种意义上是对自我（the Self）的研究。只有人类学家敢于宣称通过研究他者能够比仅仅限于研究自己更深刻地认识自己。通过这样的宣称，人类学得以抢占一片独特的科学领域，而那原是哲学家、文学家和道德家（moralist）们的领地。
>
> 作为一个神话和道德化的角色，他者和自我一样历史久远，因为它们本就是相互界定的参照物。他者一直是我们衡量自己有无价值、特征或共同人性的标尺。他者的形象经常出现在从古至今的许多文献中，也存在于当今许多民族的神话中。（黄健波、李文建译，2006：1）

从亚当斯的说明，我们可以知道人类学虽然是对"他者"的研究，但是，最终的目的，仍是藉由界定他者，来认识自我。

台湾的人类学有两个主要的来源。其一是日据时期台北帝国大学土俗人种研究室，另一是随国民党政府撤退至台湾，以"中央研究院"为主的南派学者。（黄应贵，2002：10～11）其实，这两个来源有一个共同的源头，也就是欧美的人类学传统。因此，在台北帝国大学对台湾原住民研究的基础上，以部落他者为对象的人类学传统，藉由这两个来源，在台湾大学建立起人类学的学术基地。直到1965年左右，台湾的人类学界就是以原住民为主要的研究对象，李亦园回顾台湾人类学的发展史，将这段时期称为"传统民族志取径时期"。（李亦园 Yih-yuan Li，1999：4～6）

1965～1987年是"整合社会科学取径时期"，（ibid：7～13），此时期，随着美国人类学界对汉人的兴趣增加，台湾人类学研究的对象也括及汉人社会。陈绍馨在1966年的《中国社会文化研究的实验室——台湾》中，说明了因为中国大陆的封闭，使得大量美国人类学家来台湾进行汉人社会与文化研究的原因。（陈绍馨，1966）受到这个趋势的影响，台湾人类学者以美国人类学所建构的理论与方法来"执行"台湾社会与文化的人类学研究，这究竟该算是研究他者，还是研究自我？

华语世界的人类学，主要是来自西方世界的学术传统（王铭铭，2000：5）。台湾的人类学者，大都是在国外（尤其是美国）取得学位后，再回到台湾学术界任职。即使是取得台湾的学位，也大都受业于从国外回来的学者。杨国枢在检讨台湾心理学界的这种现象后，将之称为"延伸西方的学术研究"，他指出：

延伸的主要途径有三：（1）西方大学的指导教授要求来自非西方国家的研究生在其以非西方人为受试者或参与者的博士论文研究中，套用教授自己的或其它西方学者的（研究）题目、理论、概念、方法及工具，从事西化的研究；（2）非西方国家之研究生自西方大学获得学位返国后，继续跟随其指导教授做研究，并继续采用教授的题目、理论、概念、方法及工具，从事西化的研究；（3）在西方大学或国内大学受过西方或西化心理学的长期训练，毕业后自动自发地套用西方心理学的题目、理论、概念、方法及工具，从事西化的研究。（杨国枢，2005：24）

杨国枢所指"延伸西方的学术研究"的现象，不仅出现在心理学界，台湾社会科学领域大都有这种现象。

黄光国将这种情形称之为"OEM 的学术研究",他指出：

……由于边陲资本主义社会接受了它在全球经济体系中的特定角色，其生产基础往往极为狭窄。它通常是根据国外的需求以"原装设备加工"（original equipment manufacturing，OEM）的方式，生产单一产品，而不是根据国内的需求或技术的创新。结果，边陲经济体系以极少变化的方式生产同样的产品，这些产品多属初级产业性质，它们对科学新知的需求极小，科学在国内扎根与制度化的可能性随之降低，结果以形式科学合理化为主导的文化型态无法获得成长。

……大多数边陲国家虽然也有所谓的"大学"，然而，大学的主要任务并不是在推动文化体系的合理化，而是在训练其"加工生产体系"的维修人员……

……西方社会科学哲学和社会科学的发展一种互为体用的关联，一门社会科学的进展，往往必须以某种哲学思想作为支撑。然而，台湾留学生到外国留学的时候，往往是以"完成学业"或"获取学位"作为首要目的。他们找到一位指导教授之后，通常都会依循教授的研究典范，跟着教授，在特定的领域内，作类似的研究。大家关心的是：学一套有效的研究方法，找一个相关的研究题目，赶快把论文完成。在这种"实用取向"的心态影响之下，大家所关心的是一套"研究方法"，而不是深入钻研其背后的"方法论"（methodology）。（黄光国，2005：65～66）

美国人类学以研究"他者"的学术传统而探究汉人的社会与文化，带动台湾人类学者对"自我"的研究，这很难说与杨国枢所指"延伸西方的学术研究"，以及黄光国所说的"OEM 的学术研究"没有关系。

金耀基（1982：93）指出，自 20 世纪以来，"知识"被视为"权力的源泉"。虽然西方殖民政权随着被殖民民族的自觉而相继退出殖民地，但是殖民政权的"惯习"（habitus）却深刻地藉由学术等的力量持续发挥着影响力。人类学的传统是研究他者的文化，这个传统开始于帝国殖民主义的兴起。关于"文化"问题的界定、理论与方法等的论述权掌握在西方人类学的学术传统上，人类学以异文化的他者作为文化论述的主要方向，台湾的人类学界也因此聚焦于台湾原住民的民俗与文化。（黄应贵，2002：9～74）美国人类学界在战后将兴趣转向台湾汉人这个

"他者"的民俗与文化（庄英章、陈其南，1982：281～310），台湾的人类学界也开始与国外的学者合作进行"汉学"、汉人人类学的研究。作为文化现象之一的"民俗"，民俗学虽然就安置在人类学的次学门之中（李亦园，2002：329；许美瑞、阮昌锐，2001：9），以异文化的他者为主要研究对象的人类学，实无须特别强调民俗学的研究，这其实就是西方中心社会（尤其是美国）对台湾的一种学术殖民，也是当前社会科学界本土化运动所亟欲反省与批判的地方。

（三）民俗学：自我民族、我群、民族主义

"民俗"虽然是人类学的研究项目之一，但是最好是"他者"的民俗。而"民俗"作为民俗学的项目之一，它的对象却是"我群"的民俗。相对于人类学源自于殖民主义，民俗学源自于赫尔德（Johann Gottfried Herder，1744～1803）所推动的浪漫主义式的民族主义运动。（赵云艳，2010）

相较于英国与法国，18世纪的德国是相对较为落后的国家。当时的德国是一个城邦林立的地区，而不是一个统一的国家。赫尔德认为德意志不应抛弃自己的文化传统，而应以法国维多利亚贵族式的文化为仿效与学习的对象。因为法国维多利亚贵族式的文化已渗透到德意志的中产阶级，加深了中产阶级与一般民众之间的裂痕，这对德意志的未来而言是个严重的灾难。为了重建已逐渐失去的民族精神，他主张应回到中世纪去寻找与重建德意志的民族精神与文化。但是该如何跨越时间上的间隔？赫尔德认为仍在民间流传的诗歌不仅是德意志的文学之源，也是一座可以跨越时空间隔，从而寻找中世纪民族文化的桥梁。赫尔德因此呼吁知识分子进行德意志民歌搜采的工作，因为民歌是民族文化的载体，要重建民族精神，必须从民间文化的搜采工作开始，格林兄弟的作品就是此时期的代表之一。（同上引）德意志的浪漫民族主义运动，对德意志民族主义与民族国家的建构，发挥了直接与积极的效应。（胡万川，2004：80）

芬兰与爱尔兰在18世纪分别为瑞典与英国所统治，受到浪漫民族主义运动的激励与影响，芬兰与爱尔兰的知识分子纷纷到民间去搜采农民世代口口相传的歌谣、传说、故事等民间文学，藉以找回民族的文化与精神，重建自己的民族。芬兰与爱尔兰的民族意识就是从民间文学的搜采中建立，甚至是摆脱殖民宗主国而独立建国，（胡万川，2004：83～91）民俗学因之成为芬兰与爱尔兰的国学。

当时欧洲的强权，尤其是有"日不落帝国"之称的英国，正积极地发展帝国殖民主义。但是赫尔德并不认同对这种帝国殖民主义对殖民地的宰制与剥削，认为欧洲文化的中心与优势观点，是一种对大自然的污辱。（肖建飞，2008）赫尔德所推动的民俗学运动，在当时相对弱势的欧洲国家——德国、芬兰、爱尔兰等国民族意识的建立有直接正面的影响。当然，当时欧洲强权的英国、法国、意大利等，对能激发其殖民地民族意识的民俗学的态度，至少是不欢迎的。由此可知，发挥殖民主义工具的人类学，与摆脱殖民统治的浪漫民族主义的民俗学，在其发展的源流上，有其意识形态上的根本差异，甚至是互斥。也就是说，人类学与民俗学就是曼海姆所指的是由不同世界观的竞争团体所建构的知识与学科。

台湾民俗学的发展，有两个源头，其一是日据初期由日本政府所推动在台湾所进行的"旧惯调查"，以及日据晚期的《民俗台湾》杂志的发行。日据时期由日本政府所推动的旧惯调查，基本上仍是为了其政权统治的目的，也就是台湾人类学的源头之一。而由金关丈夫与池田敏雄所发起《民俗台湾》杂志的刊行，促使台籍文人与精英为了避免自己民族文化的消失，进而开始重视、搜采与研究台湾的民俗与文化。《民俗台湾》的创刊，其背后虽仍是以殖民统治为目的，但却刺激了台籍知识分子藉此凝聚与发展民族意识。柳书琴（2008）认为，这是帝国主义与殖民主义促使被殖民地产生出国族主义的必经过程。由于《民俗台湾》可说是当时的一份专业杂志，而且是由多数台籍的文人与精英研究自己的民俗与文化，这也是戴文锋将《民俗台湾》杂志的发行，作为具有当代学术意义与主体价值的台湾民俗学开端的原因。

另一个源头在中国大陆，肇始于五四运动，由北京大学国学门的学者，包括刘复、周作人、顾颉刚等人于 1918 年所发动成立的"歌谣征集处"，而这个"到民间去"的民间文学运动，也成为日后的"风俗调查会"、"中国民俗学会"与中国各地民俗调查学会设立的基础。[①] 国共内战时，中共吸收了这一"到民间去"的力量，并且成为其建立政权的

---

① 有关北京大学歌谣征集处的中国民间文学/民俗学运动的这段历史，可参阅洪长泰著，董晓萍译的《到民间去：1918～1937 年的中国知识分子与民间文学运动》（1993）；刘锡诚著的《20 世纪中国民间文学学术史》（2006）；施爱东著的《倡立一门新学科：中国现代民俗学的鼓吹、经营与中落》（2011）等书。

基础。（李世伟，1996）国民党战败退守台湾，随之而来的学者，大部分是以研究边疆少数民族的南派，北京大学"歌谣征集处"那些传统的民俗学者，跟随国民党至台湾的，寥寥无几。

无论是日据晚期《民俗台湾》的民俗学传统，或是北京大学"歌谣征集处"的民俗学传统，他们都是以"我群"民族为主的研究，恰与人类学以"他者"的学术传统相反。林美容（1995）认为，我们可依研究对象作为区分，以台湾原住民为主要研究对象者为人类学，以研究台湾汉人民俗文化者为民俗学。但是，这个说法必须以研究者亦为汉人为前提。也就是说，若加上研究者这个因素，原住民学者研究自我族群的民俗文化、汉人学者研究汉人的民俗文化，都暂可视为是民俗学的研究。

（五）建构实在论的观点

依据建构实在论的观点，这个世界的实在（reality）可分为三个层次，分别是：人们所实际存在于按其自身规律运作，但我们却无从认识与穷究其运作规律的"既予世界"；人们在既予世界中，生活其间所感受到的"生活世界"；以及人们在生活世界中，建构出了解与认识这个生活世界的"微世界"。[1] 杨国枢、黄光国、杨中芳（2005）即援引这样的知识论，认为从华人的"生活世界"（也就是华人文化生活圈）中去建构与整合"微世界"（不同的学术领域），是发展社会科学本土化与本土化论述中"本土契合性"的主要方向。[2]

瑞士籍心理学家皮亚杰（Jean Piaget）对儿童智慧发展的研究指出，儿童在成长的过程中习惯以自己所具备的知识去"同化"（assimilation）外在的世界。当他以同化的过程去认知外在世界而发生困难时，认知结构会藉由"调适"（accommodation）的过程来重新认识外在的世界。在"同化"与"调适"的辩证过程中，儿童的认知结构得以发展、成长。借用皮亚杰的理论观点，以欧美国家的"生活世界"所建构的"微世界"（人类学）来"同化"台湾的"生活世界"，不仅无助于学术智慧的发展，也是瓦尔纳（Wallner）（王荣麟、王超群译，1997）的"建构实在论"所要批判的知识论观点，更是本土化论述所要

---

① 所以，每一个学术领域，都是一个"微世界"，人们藉由这个"微世界"去认识与解释其"生活世界"，甚至是"既予世界"。

② 虽然如此，杨国枢并不反对参考西方学术界所建构的方法与理论，应该是批判性的引用与参照西方学术界的方法与理论。（杨国枢，2005）

破除的意识形态。

曼海姆（Karl Mannheim）在《意识形态与乌托邦》主张，每个社会群体背后都有一套信念，这个信念会形成一套知识。不同群体间因经济利益、政治利益等因素会发生冲突与斗争。人类学与民俗学的差异与冲突，就是在不同的意识形态上的竞争与权力的冲突。

三、日据初期的旧惯调查

1894～1895 年的中日甲午战争，大清帝国战败，清廷与日本政府于 1895 年 4 月 17 日签订《马关条约》，将台湾割让予日本，开始了台湾的日据时期，也因此，台湾成为日本的第一个殖民地。对于该如何统治台湾，日本政府聘请了法国籍的路帮（Michel Lubon）与英国籍的竞乌（Montague Kirkwood）担任日本政府殖民台湾的政策顾问。法国的路帮以殖民与被殖民者之间皆为相同的认识论观点，主张将台湾并入日本版图，直接治理，而不是将台湾视为殖民地；英国的竞乌则持被殖民者为异己的立场，认为日本政府应向大不列颠学习其成功的殖民统治经验，建议将台湾置于日本宪法之外，依台民的风俗习惯而间接治理。两位顾问的论点在日本国内政界引起论争，最后则是因为台民的对日本统治者的武力抗争日形激烈，使得日本政府实行竞乌的间接统治观点。（丘延亮，1997：158～159）也因此，无论是汉人或是原住民的台民，对日本政府来说，皆为异己的被殖民对象。

日据初期，由于缺乏殖民统治经验、欠缺可以袭用的法令以及台民的强力反抗与风土疾病的侵害等之故，初期前三任台湾总督（桦山资纪、桂太郎、乃木希典）对台湾的统治难见成效，（郑政诚，2002）被日本国内批评为："新领土的统治政策（指台湾）不但未脱治安行政之域，只是徒然消耗庞大国费，而且完全没有成效可言。"（转引自郑政诚，2002：1）甚至在日本国内有人主张以一亿法郎将台湾卖给法国。（戴国辉，2002：209）由于台湾是日本的第一个殖民地，对台殖民统治的成败攸关日本迈向国际强权的发展。为了能更有效的治理台湾，伊藤博文任命陆军将领儿玉源太郎担任第四任总督，而具有德国医学博士学位，时任内务省卫生局长的后藤新平以"台湾统治急救案"获得日本当局的肯定，因而被总督府任命为总督府民政局长之职。（范燕秋，1998：61）

后藤新平在"台湾统治急救案"中，以"恢复台湾岛从来所存在的自治行政惯习，乃台湾行政改良急务中之最急务"开始，并主张在制定任何的政策之前，应先进行各项的调查。（张隆志，2006b：236）受后藤新平在医学学术养成训练与经历的影响，[①] 他强调"殖民政策乃生物学"，认为应在生物学的基础上，熟知台湾的风俗与习惯，以施行适当的殖民统治政策，（郑政诚，2002）极力主张总督府的施政应排除日本国内的政治干扰，维持特殊的统治体制的"特别统治方针"。（范燕秋1998：62；曾文亮，2010：150）他表示：

社会习俗或制度，必有其长久以来存在之理由，如不明究里，一味地将文明国家之制度施行于未开化之地，此谓文明之虐政，余以为万万不可。故统治台湾，首先需以科学方法调查当地之旧惯制度，采顺应民情之措施。若未详加调查，即将日本内地之法制施行于台湾，无异是将比目鱼的眼睛变为鲷的眼睛一般，是不解政治真义之行为。（转引自郑政诚，2002：19）

为了建构一个看待台湾这个殖民地的知识，以为稳定与统治台湾的基础，在儿玉源太郎总督的支持下，后藤新平规划与推动了土地、旧惯与人口的三大调查事业，而旧惯调查是所有调查的基础，（郑政诚，2002）他指出：殖民统治，需先知悉民众心理状态，而后以此为基，展开旧惯古制科学应用调查，然后才有可能在生物学基础上展开各项经营设施。（转引自郑政诚，2002：2）

其实，早在据台前，日本国内即因"台湾领有论"的思潮，已有不少人至台湾从事调查的工作。首任总督桦山资纪即曾在 1873 年间在台湾进行了 3 个月的调查工作。（郑政诚，2002）日据初期日本政府对台湾居民及其习俗所作的调查，可以分为三个部分，分别是 1895～1900年的"台湾人类学会"、1900～1907 年的"台湾惯习研究会"、1904～1914 年的"临时台湾旧惯调查会"。日据初期的旧惯调查，以"台湾惯

---

① 后藤新平毕业于福岛县的须贺川医学校，1892 年获得德国的医学博士学位。在医学相关的工作经验上，曾任公立爱知病院院长兼代理医学校校长、卫生局长、医师开业考试委员长、临时检疫部事务官长、台湾总督府卫生顾问。（戴国辉，2002：200～201）

习研究会"与"临时台湾旧惯调查会"最为重要，成果也相当丰硕。

（一）"台湾人类学会"（1895～1900）：东京人类学会的台湾分部

1884 年，日本成立东京人类学会，日本人类学受西方人类学传统的影响，以异文化的他者为其主要的研究对象，（叶春荣，1999：97）但一直缺乏明确与理想的异文化调查地点，直到 1895 年，日本占有台湾后，台湾原住民成为东京人类学会主要的调查对象。同年 12 月，东京帝国大学人类学教授坪井正五郎①的学生伊能嘉矩与田代安定随日军来台，共同在台北成立"台湾人类学会"，成为东京人类学会的殖民地研究据点。（陈智伟，1988、2009；杨南郡，2007）

1895 年"台湾人类学会"在成立宣言中订定以"人类学的理学研究"为该会的宗旨，在"台湾人类学会暂定规则·附则"第一项说明了台湾居民的分类：

> 从来于台湾虽然分人类为汉人及熟蕃、生蕃三者，但是除汉人之外，仅视为异种人类，概不过华夷之名，中国古来习惯称呼而已。故所谓熟蕃生蕃不可直接作为学术上名词，须依据今后的研究结果，始能定种族为何（或属同一种族，或分为不同异种族，或兼有之）。（转引自陈伟智，2009：8）

附则虽指出"生蕃"与"熟蕃"不是学术名词，但却已将台湾居民分为"汉人"与"异种人类"。因此，伊能嘉矩与田代安定在拟定台湾人类学会"人类类别"的研究项目时，将之分为"第一大目：台湾的汉人调查研究"与"第二大目：台湾汉人以外的调查研究"。（陈伟智，2009：8～9）

其实，伊能嘉矩在来台前的 1895 年 10 月，发表了一篇《陈余之赤志，诉于先达之君子》的渡台宣言，他表示：

> 台湾之住民，今称有三类，曰汉人、曰熟蕃、曰生蕃。其中汉人固为后世移植之民，御之不难。独熟生二蕃，必先完遂其形而上下之研究，次讲治道之教。且谓熟、谓生者，乃素因治化之异同而命名之概

---

① 坪井正五郎被尊称为日本人类学之父，曾于 1889 年至英国研读三年的人类学课程。（叶春荣，1999：97）

称。然征诸从来探讨其地之内外记事，则知试以学术之观察，至少亦得分派为四、五种族。此不同种族之固有体质、心理、土俗、语言之现状如何，实当今未知之疑问。今由我国民之手，当此阐明发展之事，不仅于政治上之希望，乃属需要。而所谓以自家之手，开拓自家之径路，于学术上之希望，亦实然也。（转引自陈伟智，2009：9）

从伊能嘉矩的这篇渡台宣言，可知在渡台之前，伊能嘉矩即已形成其分类的标准，而且为了统治与教化的目的，原住民成为该会实际上主要的研究对象。

1895～1900 年之间，会员的调查及其日后的出版有入江英在 1896 年的《台湾番族图绘》；鸟居龙藏在 1902 年的《红头屿土俗调查报告书》、1902 年的 Etudes Anthropologiques：Les Aborigenes de Formose；伊能嘉矩在 1900 年的《台湾蕃人事情》（与栗野传之丞合著）、1904 年的《台湾蕃政志》、1928 年的《台湾文化志》；森丑之助在 1917 年的《台湾蕃族志》与 1918 年的《台湾蕃族图谱》等。（徐雨村，2003）除了《台湾文化志》有台湾汉人风俗与历史的记载之外，其它皆为研究原住民的专著。而这些著作，也成为日后台湾研究的重要参考文献。

（二）"台湾惯习研究会"（1900～1907）：官方色彩浓厚的民间调查组织

日本对台湾的调查，早在占领台湾前即因"台湾领有论"的思潮，已有不少人至台湾从事调查的工作。首任总督桦山资纪即曾在 1873 年间在台湾进行了 3 个月的调查工作。桦山资纪任台湾总督期间，学务部长伊泽修二与民政局长水野遵即曾向桦山资纪总督提出应调查、了解与参考台湾风俗旧惯的建议。自第二任总督桂太郎任职的 1896 年（明治二十九年）期间，台湾总督府于 12 月 21 日在民政局参事官室内组织"临时调查挂"，这是日本官方首次以组织化的力量进行台湾的旧惯调查。但是直到 1900 年（明治三十三年）10 月成立台湾惯习研究会之前，附属于总督府民政局的"临时调查挂"常因内部行政官制的变动而更动，甚至是被废除。由于在政策不清、职权不明、人力与财力俱皆不足，甚难对台湾旧惯调查进行有系统的调查与整合的工作。（郑政诚，2002）

为了能更有效率地调查台湾旧惯，当时有人提出："若欲广博考察，研究惯习土俗而做到无所遗漏，则必须网罗才能之士从事完整资料收集，赋予其研究自由与处理权限，在可能范围内从事诠考例证工作，而后再成立主事机关以总其成。"（转引自郑政诚，2002：32）基于这样的考虑，在1900年（明治三十三年）由总督府与法院有志于旧惯调查的人士发起组织设立"台湾惯习研究会"，发起委员有33名，分别为：后藤新平、石冢英藏、村上义雄、木下周一、今井艮一、大岛九满次、中村是公、尾立维孝、铃木宗言、松冈辨、中山成太郎、大岛富士太郎、加藤尚志、浦太郎、高桥辰次郎、峡谦斋、柳本通义、菊池末太郎、汤目补隆、远藤刚太郎、增泽有、薗部倭、关屋贞三郎、寺岛小五郎、大津釰次郎、渡边助治郎、樱庭棠阴、原诚一、安井胜次、西美波、矢野猪之八、藤井干助、西内金吾，委员会推选铃木宗言为委员会的会长，拟定"台湾惯习研究会"的会则。为了创立"台湾惯习研究会"所需的经费，决议由发起委员每人乐捐二圆，并推举与选任以下的各种职员：

会长：儿玉原太郎

副会长：后藤新平

主任委员：石冢英藏

总干事：铃木宗言

委员：村上义雄、木下周一、今井艮一、尾立维孝、大岛九满次、铃木宗言、中村是公、尾本通义、寺岛小五郎、大津釰次郎、高桥辰次郎、菊池末太郎、大岛富士太郎、远藤刚太郎、樱庭棠阴、渡边助治郎、加藤尚志、汤木补隆、原诚一、安井胜次、中山成太郎、松冈辨、西内金吾、峡谦斋、矢野猪之八、浦太郎、藤井干助、西美波、薗部倭、增泽有、关屋贞三郎、冈松参太郎、佐藤谦太郎、竹岛庆四郎、藤野贞顺、阿久泽直哉、草场谨三郎、巨鹿赫太郎、横山虎次、谷谷近、横泽次郎、藤田舍次郎等42名。

干事：田浦长寿、小松吉久、镰仓猪熊、林定四郎、铃木钲之助、山田伸吾、伊能嘉矩等8名

驻在地方之委员：选任各官衙首长为委员。①

在族群上，"台湾惯习研究会"是以台湾汉人的生活习惯与风俗为

---

① 以上资料刊载于《台湾惯习记事（中译本）第一卷上·第一号·会报》，第27～31页。

主要的调查方向，并发行创刊于 1901 年（明治三十四年）的机关刊物《台湾惯习记事》。该刊以月刊的方式，自 1901 年（明治三十四年）1 月 25 日开始发行，1 年发行 1 卷（12 册），总共发行了 7 卷 80 册。

从铃木宗言与后藤新平这两位"台湾惯习研究会"的核心人物对惯习调查目的的说明，可以看出成立"台湾惯习研究会"以及惯习调查的目的。铃木宗言在《台湾惯习记事》第 1 卷第 1 号的《发刊辞》中，说明了"台湾惯习研究会"的创会旨趣：

> 民俗习惯，乃与国家社会，屡经变革，与历史俱进发达者。故勿论时之古今，洋之东西，或国之南北，自无不有特异之习俗。此乃历史之必然，纵使接攘邻之地，仍不能免，何况如台湾之地？
>
> 法律并非习俗，政事并非人情，惟法律非渊源于习俗不可；政事非以人情为根基不能成。设法律不以习俗为渊源，则法律将与习俗枘凿不相容，终将破坏习惯，唯有扰乱民俗而已。又政事，设部以人情为根基，则政事将与民情乖戾不相符，致民心离反，社会为之动摇而已。其害之大将不可测也。
>
> 余如商业、如工业，苟欲成一事一业，不明其地之习俗，何人得安其成哉？习俗之研究乃有如此之重要！
>
> 曩闻，值英国新领印度，即会是时硕学缅氏前往，首事调查其习俗，而后施政，此乃以民俗习惯唯重之故，亦为英国殖民政策所以成功，为今日世界大国之所以然。后之欲经营新领土者，自应以此为楷模。（程大学译，1984：1）

同一年，后藤新平在《台湾惯习记事》第 1 卷第 5 期《经营台湾必须调查旧惯制度意见》中，对惯习调查的的方式与目的做了进一步的说明：

> ……但今日仍感不足者，乃对台湾之旧惯制度之调查乙事，尚无完整之成果可资参考，是故对经营各项事业之成功上缺乏此一重要之参考数据至为遗憾。
>
> 又虽谓领台已有六年之久，大凡习惯可大概明了，但如无系统的，从学术上加以分析，又综合加以比较，而仅赖一般官吏所观察收集之习惯，即以为完成习惯之调查，实为错误矣。经过专家研究分析后，系统

分明、综合比较，益使一般人大家都能简单加以了解为最要。因此主要在于，以台湾之旧惯制度之调查问题，较从前大家所认识的，更加一层深入研究及重视，作一完整之深入调查，以期奠定对台湾的统治基础。（陈壬癸译，1984：154）

在隔月第 1 卷第 6 号的《经营台湾必须调查其旧惯制度之意件（承前）》一文中，后藤新平以对日本国内有利的经济角度分析与解释对台惯习调查的必要性：

……现在有人怀疑，统治此一新领土所需行政费用不少，而从此可获收入是否足够开支？此乃国人短乏殖民及拓殖知识才有如此肤浅之论调，殊不知得了新领土之后，将如何可以直接、间接，带给祖国各种的利益，此必须请国人特别注意者，尤其盼望嗣后不宜再有如上论调。
……
又对台湾原来的产业，亦必须加以调查并加改善，而改善产业，必然的须改善风俗习惯，因为社会生活之变迁，就是习惯之变迁，社会生活之变迁，主要乃为着衣、食、住之供给需求，从劳动之状态的变迁而来。
……
改善经济，似应考虑整体的问题，为破除台湾原来习惯，重新调整顺序，必须了解台湾旧惯制度，分轻重缓急采取渐进方法——改善，始较妥善。（陈壬癸译，1984：184～185）

1907 年（明治四十年）8 月，"台湾惯习研究会"解散，该会在该刊第 7 卷第 8 号当期的《本会解散之词》中，再次说明"台湾惯习研究会"的主要任务，以及解散的原因：

自古以来论政治必先观风俗，所以本会为标榜此要旨而创立。企盼能为治台经纶来贡献微力。回顾多年前本会创立初期为配合自然趋势实有其需要。盖当时为了修改法律，制定产业皆牵涉到旧惯存废问题。曾有人提议官设旧惯调查机构，然而官设机构在组织及职权方面可能受到一定范围的限制。苟欲广博考查及研究诸惯习土俗而且做到无所遗漏，乃须网罗对此方面的有志之士去从事汇集完整的数据，并赋予研究的自由与处理的权限，而后成立一个大机构来总合其成，在可能的范围内去从事扩大诠考立证的工作，本会以此抱负为己任登高呼吁本岛海内外同志着手去实施。

······古言云"功成身退"，不错，但是要广泛而精细来探讨研究台湾的惯习应该知道我们今天的成果离开目标尚有一段很大的距离。我们虽然不敢自夸功成名就，然而制定纲领来探索惯习原由并且具体举证，可以说已经接近完成了本会初期目的，在官设的旧惯调查会所发表的公报上每次看到本会的调查记录有甚多被引用当参考资料而达成了补弼的目的，我们除了禁不住由衷的感谢外更可相信本会的责任在大体上已经有解除的理由了。照以上的叙述本会对台湾惯习的调查工作到目前已完成了大纲领及重要项目的制定，至于其它的细节研究工作现在有各种机关相继成立从事专业调查的情形非昔所能相比，是故本会再无必要另树立旗帜来重复做同一事业。（李荣南译，1993：349）

另外，在《对解散惯习研究会进呈一言》一文中，铃木宗言指出：

惯习研究的纲领要旨调查工作在配合旧惯调查会的进度几可接近完成，如今有甚多以旧惯作基础来制定的台湾特别法就可看出台湾的制法准备工作已逐渐朝向法典调查的领域进行，从来以研究惯习、土俗为主要目的尤其致力于法制数据搜集的本会工作可以说大体上已经创立初期的目标。······。此外现在坊间的各种台湾将形成分门别类性的专业研究机构，国人尚有不堪其繁的负荷感觉。目前有宗旨相同的"法院月报"发行，所以在总括性意义上依据会员多数的意见，认为对研究惯习及调查法制的"惯习记事"宜应合并"法院月报"由其继承起来去完成未了的工作实在有理，所以本会予以解散。（李荣南译，1993：350）

综合以上五段引言，可以归纳出三个重点：首先，"台湾惯习研究会"是计划性、系统性地调查台湾旧惯习俗的开端，并将惯习作为学术研究的一个可体对象。其次，"台湾惯习研究会"是"临时台湾旧惯调查会"的辅助、附属机构，而从后来的发展来看，"临时台湾旧惯调查会"是旧惯调查总其成的官方机构；最后，惯习调查的目的是为了对台湾的殖民统治，而殖民统治的目的是以日本母国的利益为主要考虑。尤其是在《经营台湾必须调查旧惯制度意见》中，惯习调查被后藤新平赋予了学术意义与政策功能，（张隆志，2006：240）也就是说，当时的台湾惯习调查的学术与知识建构，其殖民统治的目的与功能是相当明确的，而这也是台湾民俗学术研究的开端。

1907 年（明治四十年）8 月，随着"台湾惯习研究会"的阶段性任务的完成而宣告解散，《台湾惯习记事》总计发行了 7 卷 80 册，也成为当代日据时期台湾民俗与文化的重要史料之一。

"台湾惯习研究会"虽为会员制的民间组织，会员人数最多的时候多达 2 600 人，遍及台、日两地，但是参与的会员绝大部分为日本政府官员，尤其是各级法院的相关人员，（郑政诚，2002）这也是山根幸夫认为"台湾惯习研究会"是"临时台湾旧惯调查会"的外围组织的原因，山根幸夫指出：

> 该会（台湾惯习研究会）会员大多为总督府和各级地方官厅官吏，属于民间的律师、医生、银行人员比率甚少，会员虽有二千余人，但其中民间人士可能只占一成。所以该会虽自诩为民间团体，但还是过分偏向官方，且地方官吏也有许多是因上司积极劝诱而加入会员的，所以该会应算是官方性质的研究团体，且为"临时台湾旧惯调查会"的外围团体。（转引自郑政诚，2002：34）

从以上的讨论，可知"台湾惯习研究会"不仅是台湾传统民俗学术研究的开端，也是后藤新平"政治生物学原则"殖民理念的体现。为了实践对台湾惯习研究的知识建构，以达殖民统治的目的，由总督府与各级法院为主的人员组成会员制的民间机构，催生"临时台湾旧惯调查会"这个正式的官方机构。具当代学术意义下人类学式的民俗调查与研究，就在"台湾惯习研究会"中展开。

（三）"临时台湾旧惯调查会"（1904～1914）[①]

在会员制的"台湾惯习研究会"成立、运作了 5 个月后，总督府于 1904 年（明治三十四年）4 月 1 日成立官方组织的"临时台湾旧惯调查

---

① 在本节中有关"临时台湾旧惯调查会"的论述资料，主要是参考郑政诚（2002）的博士论文《临时台湾就惯调查会之研究（1896～1922）》。在郑政诚的博士论文中，对"临时台湾旧惯调查会"的背景、运作、人员与调查成绩上的考证相当详细（林果显，2007），有兴趣者可自行参阅。郑政诚的博士论文在 2005 年由博扬文化以《台湾大调查——临时台湾旧惯调查会之研究》出版。

会"。后藤新平是推动成立"台湾惯习研究会"与"临时台湾旧惯调查会"的重要推手，背后的目的与后藤新平的"政治生物学原则"殖民理念有直接的关系。

前文已提及，由于临时调查无法有系统地调查与整合台湾旧惯的知识，后藤新平推动"台湾惯习研究会"的成立，主张以科学的方式来调查与研究台湾人的惯习，并以此做为殖民统治的依据。虽然"台湾惯习研究会"成立的时间早于"临时台湾旧惯调查会"，但是早在1899年（明治三十二年），台湾总督府即已开始旧惯调查的计划，从后藤新平推动"台湾惯习研究会"这个会员制的民间机构，并赋予惯习调查的学术性与政治性的价值与意义，接着编列预算，推动成立总督府"临时台湾旧惯调查会"，将"台湾惯习研究会"定位为"临时台湾旧惯调查会"的附属机构。从这些地方可以看出，后藤新平早在"临时台湾旧惯调查会"成立之前，即已进行渐进式的布局，以做为厘清日台惯习差异、落实律法效能、设置专职机构藉以系统调查与改善设施、发达经济等的殖民统治目的。

在"临时台湾旧惯调查会"规则颁布前，总督府任命了7位职员，可说是"临时台湾旧惯调查会"的主要人物。这7个人分别为冈松参太郎、田岛锦治、爱久泽直哉、宫尾舜治、波多野高吉、平冢半治郎与简井继男。这7位职员的学历与专长多在法律、财政、产经、银行等。在这7位职员中，最核心的人物是负责旧惯与土地旧惯的冈松参太郎，以及负责经济调查的爱久泽直哉。

在有关民事令等实体法案审查终了，"临时台湾旧惯调查会"达到了《台湾总督府事务成绩提要》所载的政治目标后，总督府在1919年（大正八年）4月30日裁撤"临时台湾旧惯调查会"，但原属该会"蕃族科"，则被编入"台湾总督府蕃族调查会"中，继续进行更为深入的蕃族旧惯调查。

"临时台湾旧惯调查会"成立的16年中，调查成果相当丰厚，刊行的报告书多达134册，尤其是有关蕃族调查的成果，成为日后有关台湾原住民人类学研究的重要参考文献。

成功地统治台湾，是日本迈向国际强权之林的入场券，但是由于殖民统治上所遭遇的种种困难，该如何认识与统治台湾，是日本政府最为关切的问题。"台湾人类学会"作为日本"东京人类学会"的延伸，在统治初期，也对建构"台湾人"的知识尽了一份心力。"台湾人类学会"

原来所规划的研究对象为台湾"汉人"与被称为"异种人类"的原住民，但也因汉人"御之不难"，而以原住民的体质、语言与民俗为主要的研究的对象，其研究结果对日后的台湾研究有相当的贡献。无论如何，汉人与原住民皆为"台湾人类学会"所欲研究的他者，也是台湾人类学研究的开端。日据时期人类学的学术研究目的与驯化、统治台湾的汉人与原住民有直接的关系。

日本政府在换了三任总督之后，第4任总督儿玉源太郎重用后藤新平担任民政长官，协助台湾的治理，后藤新平认为应以"知识"作为认识与统治台湾的基础，并且提出"政治生物学原则"殖民统治理念，以科学方式对台湾进行各项详细的调查，藉以建构对台统治的知识体系。（姚人多，2001）为了实践"政治生物学原则"的殖民统治理念，后藤新平以科学调查的方式推动了对台湾的土地、旧惯与人口的调查，而旧惯调查是这三大调查事业的基础，也最为重要。

日据初期由总督府所推动的旧惯调查，以"台湾惯习研究会"以及"临时台湾旧惯调查会"最为重要。"临时台湾旧惯调查会"当然是官方组织，"台湾惯习研究会"虽然号称为民间组织，但依其成员与成立目的来说，其官方色彩是相当浓厚的。这两个组织所进行的旧惯调查，对后藤新平而言，具体地实践了他的"政治生物学原则"殖民理念；对日本政府来说，"台湾人类学会"、"台湾惯习研究会"与"临时台湾旧惯调查会"所进行科学调查而建构的知识，是为其殖民统治的政治目的而服务。就成果来说，旧惯调查无疑是相当的成功。首先，这反映在儿玉源太郎的8年任期是历任总督的任期中仅次于9年的第5任总督佐久间左马太[①]；其次，由于后藤新平在台湾所成功推动的"政治生物学原则"殖民理念，让日本政府派任他担任被赋予殖民满州任务的"南满洲铁道株式会社"的首任总裁，《满洲旧惯调查报告》就是后藤新平在台湾成功经验的复制。（黄福庆，1986；林果显，1999）

后藤新平是旧惯调查的灵魂人物，"政治生物学原则"的殖民理念与他在医学上的训练与经历有相当程度的关系。其他参与旧惯调查的人员，绝大部分是曾受过法学训练，与法律有关的公职人员。由于，日本的民俗学有两个主要的源头，其一是源自于欧洲人类学对土俗的研究，其二为柳田国男自1908年开始所倡立以日本特有文化为研究对象的

---

① 台湾历任总督的任期请参阅附件一。

"国学"。后藤新平在台湾所推动成立的"台湾惯习研究会"与"临时台湾旧惯调查会"也算是学术社群，调查成果的出版，也成为日后台湾研究的重要参考文献。此时其虽仍未有正式学术机构的建立，但是基本上已符合了建立一门学科的标准。当然，总督府并未宣称旧惯调查为民俗学的研究，而且旧惯调查的研究方向应是"台湾人类学会"的实践与延伸，也可说是日本民俗学中欧洲人类学土俗研究的这一个源流。

"台湾人类学会"、"台湾惯习研究会"与"临时台湾旧惯调查会"皆以"他者"为主要的研究对象，研究人员主要为总督府官、职员，或是与法律有关的人员，其所建立的"知识"虽然对日后的台湾研究很有贡献，但其实这就是萨义德所讲的"东方主义"。

四、日据晚期的民俗研究

（一）《民俗台湾》的发行

《民俗台湾》杂志的刊行，不仅是日据晚期台湾民俗调查与研究最具成果的展现，更是具当代学科意义下台湾民俗学的开端。

1940年代，二战进入决战的中后时期，为了能使台湾人效忠日本政府，台湾总督府的皇民化政策与运动正如火如荼地进行中。一群关心台湾民俗的人士，因忧心皇民化运动而使得原本无碍于日本殖民统治的台湾民俗随之消失，金关丈夫、万造寺龙、须藤利一、冈田谦、陈绍馨、黄得时等6人联署发起创办以搜集、记录、研究台湾民俗为主要目的之《民俗台湾》杂志，为台湾的民俗留下记录。（戴文锋，1999）他们6人联名于1941年（昭和十六年）5月29日《台湾日日新报》上发表一篇发行杂志的《趣意书》，主要的内容为：

不促进台湾本岛的皇民化是不行的。近日以来强力施行的万策，和从来的无为万策比较，不得不说是让人心情可以比较强稳的。因为这样，迅速打破本岛旧来陋习弊风，岛民应该欢迎可以更享受近代恩惠的同时，另一方面，没有弊害的旧惯，也被牺牲湮灭掉也是没有办法的事。另外，即使没有人为万策的驱使，在长年之际也可能背负自然消灭的命运。

但是，已经具有记载及研究能力的文明国民来说，具有纪录现象、研究的义务。对于陋习是陋习，弊风是弊风的纪录研究，不但是我国民的义务，对于当今我国将延伸于南方来说，不论是华南或南洋的舞台，最有提携必要性的就是支那民族。为了了解、熟悉他们，必须预先了解台湾本岛人。此一方便也是我国的优势。

单纯为了防止湮灭所说的含意来看，对于一件毫无实用价值的自然物而言，政府竖立天然物指定的万策，奖励保护其研究。我们并非对于湮灭台湾旧惯觉得可惜。但是，对于这些研究及纪录，却是我们的义务，而且，我们所要强调的，单是考虑现今的情势下，就是相当紧急的任务。（转引自张修慎，2007：12～13）

这篇《趣意书》，引发台籍文人杨云萍的不满而产生一段小论战。杨云萍于同年的 5 月 29 日在《台湾日日新报》上发表《研究与爱》，质疑金关丈夫以冷淡、高傲与机械的态度面对台湾民俗：

……一向来被相当闲却、冷视的"台湾研究"，最近渐见新的机运，例如"文学"、例如"民俗"，这未尝不是我暗自感到高兴的。但是，我心里却也不免有些不平者。那是彼等开始染手研究时，竟有抱持冷淡的高姿态或机械的态度、方法者。连"白话文"、"台湾语"都不懂，竟然断言"白话文"的作品"多是模仿的"，或是此后将研究"台湾旧惯"，却已经就说"并不惜意湮灭"。……希望此等"学者"、"研究家"诸氏，今后稍稍要有温暖的理解与爱，和谦逊。（转引自吴密查，2008：72）

金关丈夫在 6 月 1 日的《台湾日日新报》上，以《对民俗爱　回复杨云萍君》一文，回应与澄清杨云萍的质疑：

此"不惜湮灭"一文，的确，突然只由这一句话来看的话，或许只会捕捉到"我们不惜湮灭"之意。然而，当然不能用对理解文学的你说，文章有自己的文脉、语气。无视前后的脉络和语顺，很容易就能读出言外之意。……

爱台湾民众、极热忱地理解台湾民俗，我们决不落人后。但是，在趣意书的文章上吐露的爱和热忱是否适当的判定是个人的问题。我们考虑之处，不过是适当并承认，强调台湾民俗研究的实务与实用性。（转引自王韶君，2012：6）

金关丈夫的解释，获得了杨云萍的认同，并在 6 月 15 日的《台湾日日新报》以《文脉与语气 回复金关丈夫先生》一文表达创办这份杂志的肯定，并表示愿意为这份杂志尽一份心力，这段论战就此告一段落，（王韶君，2012：6）杨云萍也以实际的投稿行动而成为《民俗台湾》的重要成员之一。

就在隔月的 7 月 15 日，《民俗台湾》杂志采月刊方式创刊。虽然发起人是上述 6 名的联署人，但是孕育与促成《民俗台湾》创刊的灵魂人物，主要是池田敏雄与金关丈夫。由于池田敏雄当时任职于总督府情报部，因碍于身份上的敏感，所以没有参与联署的行动。虽然如此，池田敏雄在《民俗台湾》不仅扮演投稿者的身份，更是实际负责编辑的幕后人物。而担任台北帝国大学医学部教授的金关丈夫，则以发行人的角色作为日本当局干涉时的挡箭牌。（戴文锋，1999：34~35）

即使《民俗台湾》的发行人是台北帝大的金关丈夫教授，但是杂志所刊行的文章仍须经过总督府的检查。原 1 卷 1 号由池田敏雄所撰写的《有应公的灵验》遭总督府警务局保安课以有鼓动民心之虞而撕掉，连带使得宫山智渊所撰写的《菅芒稿所作的台湾玩具》后半段与《消息》专栏无法在 1 卷 1 号刊出；原计划在 2 卷 8 号刊出由苏维熊所写的《关于性与台湾俚谚》亦遭禁止刊登；原计划于 1945 年（昭和二十年）2 月要发行的 5 卷 2 号《民俗台湾》，则因当时时局的紧张而无法发行。《民俗台湾》自 1941 年（昭和十六年）的 7 月 15 日创刊，直至 1945 年（昭和二十年）1 月停刊，总计在当时的台湾发行了 43 号。台北南天书局将上述的缺文卷补上后在 1998 年完整地将《民俗台湾》出版发行，因此，当前南天版的《民俗台湾》总计有 44 号。（同上引：32~34）

依据戴文锋的研究，投稿于《民俗台湾》的作者总计有 247 人，日籍的作者有 144 人，占 58.3%；台籍人士占 103 人，占 41.7%。但若排除非以民俗为主的文稿（如时事与战情的观察、评论等文章）作者70 人，实际撰写与民俗有关的作者总计为 177 人，日籍人士有 75 人，占 42.4%；台籍人士有 102 人，占 57.6%。（同上引：41~42）这与日据初期官方色彩浓厚的旧惯调查，且绝大部分的作者为日籍人士，已有相当程度的不同。直到川村凑指《民俗台湾》所扮演的角色是为了支持"日本民俗学"而搜集研究具有异国情调的一份刊物，帝国殖民主义的色彩仍是相当浓厚的批判之前，大部分的学者将《民俗台湾》定调为代表日本人的良心与奠基台湾民俗学的代表。（吴密查，2008）川村凑的批判，在金关丈夫与杨云萍之间的小论争平息的 55 年后，争议再起。

川村凑在 1996 年《"大东亚民俗学"的虚实》中，解析了 1943 年 10 月 17 日在柳田国男宅邸的一次以柳田国男为中心的座谈会记录，该座谈会记录以《大东亚民俗学的建设与〈民俗台湾〉的使命》发表于 1943 年 12 月号的《民俗台湾》中。川村凑指柳田国男所提倡的"大东亚民俗学"是以其所领导的民俗学为中心，企图结合"大东亚共荣圈"内的台湾民俗学（金关丈夫）、朝鲜民俗学（秋叶隆）与满州民俗学（大间知笃三），扮演着支持日本民俗学的角色，建构日本民俗学的知识体系。"大东亚共荣圈"内各民族的民俗学，主要是被用来检测"他们的（民俗）与我们日本人的（民俗）相距多少"。（三尾裕子，2004；吴密查，2008）换句话说，日本人在殖民统治台湾、朝鲜与满州时所进行的民俗学调查，除了作为统治的知识之外，也是为了作为辅助日本民俗学的研究。时任台北帝国大学教授的金关丈夫、中村哲与冈田谦当然参与了这次的研讨会，金关丈夫甚至早在《民俗台湾》1942 年 10 月号为文肯认，并指出研究台湾民俗对于建立大东亚民俗学的任务性与重要性。（吴密查，2008）

川村凑的说法当然引起了当时曾参与《民俗台湾》学者的反对，反对者的理由大多以《民俗台湾》在创刊与发行时期遭受到总督府不友善与不信任的态度、有"艋舺通"之称的池田敏雄与台湾人黄凤姿女士的姻缘，以及当时台湾文人对《民俗台湾》、金关丈夫与池田敏雄的肯定与怀念，尤以国分直一的反对为最力。

三尾裕子虽然也反对川村凑的观点，但也承认在当时的政治环境下，《民俗台湾》确也稍具殖民主义的味道，因为《民俗台湾》产生了一个"灰色地带"，让珍惜台湾民俗的台、日人士与大东亚民俗学的殖民意识皆隐涵于其中。（三尾裕子，2004）这个"灰色地带"，也就是柳书琴所指的帝国殖民主义会促使殖民地产生出国族主义的过程与结果。

从当时的脉络来看，《民俗台湾》的时代背景正是小林跻造总督透过废止报纸的汉文栏、禁止公学校的汉文课程、禁止台湾传统音乐戏剧、强制神社参拜、实行日本式生活、推行日语为常用国语、改为日本式姓名等具体措施，欲以控制与同化政策，将台湾人改造为日本人的激进皇民化运动时期。在这样的氛围下，《民俗台湾》的确是与当时总督府的皇民化政策有所抵触，以此论证《民俗台湾》与帝国殖民主义无关，甚至是代表了当时日本人的良心，确有道理。但是《民俗台湾》在当时的环境下没有被查禁停刊，难道真的是因为担任教授的金关丈夫是发行人而网开一面？亦或是因为日本政府的治理政策有所变动，而使得《民俗台湾》正好符合政策得以继续延续？若我们回到时代背景来讨论，就能有更进一步的了解。

1940 年 7 月日本近卫文麿总理的第二次内阁以"新体制"进行各种政策的调整，随着同年 11 月由长谷川清取代小林跻造为台湾总督，台湾的皇民化政策也随之受到检讨与调整。（吴密查，2008：63）近卫新体制的政策指导主要来自日本国内的"昭和研究会"与"大政翼赞会"。大政翼赞会文化部在 1941 年 1 月发表了《地方文化新建设的理念与当前的方策》的政策方针，强调"新体制的文化建设，是在创造站在全体国民基础上并接触生产面的新文化，其课题在于振兴地方文化以产出新的国民文化"。（同上引：65～66）不仅是担任台北帝国大学宪法学讲座副教授、昭和研究会的重要成员，也是近卫文麿重要幕僚的中村哲，在 1941 年 1 月号的台湾总督府机关刊物《台湾时报》的《皇民化的指导原理特辑》中发表一篇《作为文化政策的皇民化问题》总论性的文章，可将之视为大政翼赞会地方文化运动的台湾版官方宣言与新任总督对于小林总督时期皇民化运动的调整宣言，（同上引，68～71）主要的内容如下：

> 政治与文化具有必然的关连。……政治与日常世界的文化世界，有必然的关连。……文化政策并不是意味着政治将指导文化，而是意味着一个文化将指导其它文化走向政治的方向。……得以指导文化的政治，并不是政治本身，而应该是具有文化之性格的政治，具备文化之内容之政治。……
>
> 台湾的皇民化问题，是文化政策的一个问题，是一国的文化如何透过政治指导异质文化的问题。……我国的文化政策在新体制之新政治中有了反省的机会，当然是皇民化问题也非再检讨不可。……广泛地说，政策要能获得效果才具有政策的意义，没有效果的政策当然是无意义的。……为了使作为文化政策的皇民化问题，今后能够有真正的效果，便必须随时注意皇民化政策的反应，以之来考虑皇民化政策下一阶段的方法。……
>
> 台湾之皇民化问题，是将汉族的文化政策变成日本式的，使之统合于日本国民共同体。……皇民化的问题就是承认日本国土的一部份当中

现实上存在着汉文化，而要如何将之统合的问题。……民族因历史而决定其性格，因此民族的同化除了透过长远的历史进行之外，别无他法。民族的性质在性格、志向，在行动、思维、感情的样式，因此很难立刻将之改变。……民族文化之同化政策，即使能够改变一民族的文化内容，也很难改变一民族的文化之思维、感情之方式。……如要废除祠庙，便必须确认向来祠庙里所有的本岛人所希求之宗教心理是什么，而提供足以当作此心理的替代补偿。……没有给予体带补偿，只是废止既存的宗教仪式，便不能满足本岛人的心理，而不得不成为空虚的政策。……连遍布本岛的地方神之类都打毁，是政策走得太过了，适当地保存本岛独特的歌舞、音乐，是安慰与安心本岛人生活必须的，否则，政治如此地干涉，将会对政治失去亲爱之念。

民族是宗教的、语言的共同体，则宗教的其次问题便是语言的问题。……国语的普及，先要施行本岛人的义务教育才能实现。……义务教育的实施，是应该更加着力的一点。……国语之常用，也是日常生活当中没有使用国语的必要性，要实行常用国语便不容易。因此，首先的先决问题，便要使他感到国语的必要性。如果必要，而且便利，自然便会导向那个方向。如果不便，即使强制，当然结局不会有效果。……服装的问题也是一样，即使奖励和服，也很难舍去便于活动的本岛服。……方便的东西，自然会被使用，即使在皇民化的名义下强制使用日本古来的不便东西，结局也不会有效果。作为文化政治的皇民化，是要普及日本式的国民生活样式，其生活样式至少要比向来本岛人的方便、合理。（转引自吴密查，2008：68～70）

从以上的引文中，可知自长谷川清总督上任起，配合日本近卫的新体制，皇民化政策已向更为尊重地方文化与务实统治的方向发展。《民俗台湾》也是在这 1941 年创刊的，也就是说，《民俗台湾》杂志的立场，不仅没有与违背当局，也符合日本民俗学建设"大东亚民俗学"的目的。《民俗台湾》杂志的创立，标志着日本政府对台湾的殖民统治，已明确朝向皇民化的目标迈进。

从以上各方学者的分析，我相信推动《民俗台湾》创刊的金关丈夫、国分直一等人对于台湾民俗与文化是有感情的。但是将台湾人皇民化，与建设"大东亚民俗学"，是其作为殖民统治者的官员与学者的使命与目标。对台湾民俗文化的感情与将台湾人皇民化这两者之间，是没有冲突的。就如同马克思在《〈政治经济学批判〉导言》所说的："我们愈往前追溯历史，个人，也就是进行生产的个人，就显得愈不独立，愈从属于一个更大的整体。"从这个角度来看，《民俗台湾》仍是具有殖民统治的政治目标。但是，这并不表示参与《民俗台湾》的台籍文人，亦抱着与日本人同样的心态。

张修慎（2007）指出，台籍知识分子与日籍知识分子在《民俗台湾》的心态上的确是同床异梦。他分析了金关丈夫与杨云萍的论战内容，认为金关丈夫所持的心态是将"皇民化"与"近代化"之间划上等号，与杨云萍纯粹以一位民俗学家的观点，呼吁台湾民俗的研究者，以对台湾真正的爱来看待台湾的民俗，这两者之间是有些不同的。柳书琴（2008：1）认为，日本帝国的殖民统治，引发了台湾知识分子的国族主义。这种因被殖民统治而引发的国族主义，与16世纪欧洲浪漫民族主义的民间文学运动的背景相似。从这样的观点来看，戴文锋认为作为具有当代学术意义与主体价值的台湾民俗学，是开始于日据晚期《民俗台湾》杂志的发行，这个观点是正确的。

（三）日据时期的当代学术人才培育摇篮：台北帝国大学

台湾的民俗学有《民俗台湾》这份专业杂志，也曾有一个培养专业研究人才的学术机构——台北帝国大学土俗人种研究室。

台北帝国大学成立于1928年（昭和三年），成为台湾第一所现代式的大学，也是当时台湾的最高学府。大学的设立，代表得以培训现代学术意义下的专业人才。在成立台北帝国大学的同时，设置了一个土俗人种研究室，由移川子之藏担任讲座教授，宫本延人担任助教，马渊东一担任临时嘱托。（叶春荣，1999：95）

台北帝国大学土俗人种研究室是在"台湾人类学会"、"临时台湾旧惯调查会"与"台湾总督府蕃族调查会"的人类学研究基础上建立起来的。成立初期，规划以民俗学、民族学等领域为其方向（张修慎，2007：8），但是主持讲座的移川子之藏是哈佛大学人类学博士，接受西方人类学传统的学术养成教育。也因此，台北帝国大学的土俗人种研究室，一直都是以台湾原住民为其主要的研究对象。（叶春荣，1999：97）而日据时期曾任台北帝国大学教职的其他日籍学者，如金关丈夫（专长为体质人类学、医学）、国分直一（专长为考古学、平埔族研究）等皆为人类学者，台北帝国大学成为人类学学科专业人才的培训基地，但却没有成为民俗学的学科人才的培育中心。而这也是在这一小节中，将台北帝国大学置于最后的原因，虽然台北帝国大学成立的 1928 年，早于《民俗台湾》创刊的 1941 年。

五、小结

日据初期，日本政府对台湾所进行的旧惯习俗调查，基本上符合当代的学科意义。只不过此时期的台湾民俗研究，并不能算是台湾民俗学，而是东方主义式的人类学。

"台湾人类学会"当然是学术社群，虽然没有出版定期刊物，但所属的会员曾积极地进行研究与出版。"台湾惯习研究会"号称是民间机构，也有固定发行的刊物，所以更符合当代的学科意义，只是其官方色彩稍浓。"临时台湾旧惯调查会"就是一个不折不扣的官方组织，说它是官方的研究机构也许比较恰当。"临时台湾旧惯调查会"没有发行定期刊物，倒是出版发行了 134 册的研究报告，成果相当丰富。

这三个组织的研究调查对象皆为"他者"的民俗，其目的是为了建构殖民统治所需的知识，也就是萨义德所说的"东方主义"。就比重上来说，台湾的原住民是其研究的主要对象，这个人类学的传统一直被延伸至"台湾总督府蕃族调查会"，甚至延伸到台北帝国大学的土俗人种研究讲座。

日据晚期《民俗台湾》杂志的刊行，确实是当代学科意义下台湾民俗学的开端。虽然金关丈夫等日籍学者，在推动《民俗台湾》杂志的刊行，其背后有着"皇民化"与建立"大东亚民俗学"的政治意图，但是参与《民俗台湾》的台籍知识分子在目的上与日籍知识分子并不相同。从被殖民的状态中苏醒的国族主义，在台籍知识分子的参与之下，民俗学在《民俗台湾》这个园地萌芽。这个过程恰与欧洲民俗学发展的历程相似。

虽说《民俗台湾》是台湾民俗学的开端，但是这股力量并不是很强大。因为虽然有专业杂志，但却没有学术社群，而当时唯一的高等学术机构——台北帝国大学也没有设置民俗学讲座。更何况，唤醒台湾汉人民族意识的民俗学，与以殖民统治为目的的人类学之间，有其根本的政治冲突。对日本当局来说，《民俗台湾》是其对台湾汉人东方主义式人类学的知识建构，发展出具有台湾人民族意识的民俗学，并非日本当局的原意。在政治因素与没有学术发展基地、学术社群的情况下，单靠一份专业杂志，要维持与发展具有台湾主体意识的民俗学，并不容易。

无论是台湾汉人或是台湾原住民的民俗，都是日本人类学所关切的"他者"。而早在 1884 年，受英国人类学专业教育，有"日本人类学之父"之称的坪井正五郎在东京成立"东京人类学会"，西方人类学的传统就这样延伸到了日本。受业于坪井正五郎的伊能嘉矩，也是"东京人类学会"的会员，在台北推动成立"台湾人类学会"，不仅成为"东京人类学会"的台湾分部，也将西方人类学的传统，延伸到台湾。这个人类学传统，影响也促使日据时期的旧惯调查，甚至是台北帝国大学土俗人种研究室。

对于"民俗"，日本政府在意的是建立"他者"的知识，以为殖民统治之所需，学术发展与政治利益的结合，这与西方人类学传统的发展有些吻合。而被殖民者从帝国殖民主义中觉醒以发展国族主义的民俗学，基本上并不符合日本殖民政府利益与人类学学科的传统。在《民俗台湾》中，日本政府所希望发展的，仍是符合其殖民统治利益的"大东亚民俗学"，从中窜出台湾民俗学的幼苗，并不是《民俗台湾》创刊的本意，应该算是一个意外吧。

日据时期，仍有许多个别的著作，为日后的台湾研究提供了颇具价值的参考文献。如曾任警官的佐仓孙三（1861~1942），著有《台风杂记》（1903）。曾任总督府编修官兼翻译官的丸井圭治郎（1869~1934），著有《台湾宗教》（1918）、《台湾宗教调查报告书第一卷》（1919）等书。片冈岩（生卒年不详），曾任台南地方法院检查局通译，著有《台湾风俗志》（1921）。铃木清一郎（生卒年不详），曾任警务人员，著有《台湾旧惯冠婚葬祭与年中行事》（1934）。东方孝义（生卒年不详），曾任台湾高等法院检查局通译，著有《台湾习俗》（1942）。增田福太郎（1903~1982），曾任总督府宗教调查主任与台北帝国大学教授等职，著有《台湾本岛人的宗教》（1935）、《台湾的宗教——农村を中心とする宗教研究》（1939）与《东亚法秩序序說——民族信仰を中心として》（1942）。由于个别学者的著作并不是本章讨论的重点，所以在最后仅录作者与著作，以志其为台湾民俗研究所作的贡献。

现代闽南概念及闽南文化探析

陈名实 *

福建简称为闽，闽南即指福建的南部，从地理上可以说，厦门、泉州、漳州、莆田四个地区均可称为闽南，如今主要从方言上划分，主要指厦门、泉州、漳州三个地区。但在中华民国成立前，既没有按地理位置把福建划分为闽中、闽南、闽北、闽东、闽西的记载，也没有按文化把福建分为闽南、闽北、闽东、闽西的说法。史书上虽然也出现闽中、闽南等地域概念，但通常是福建的别称。而现代意义的闽南地域概念形成后，在 20 世纪 90 年代，发展为以闽南方言为基础的闽南文化。与此同时，以客家方言为基础的客家文化、以福州方言为基础的闽都文化、以莆仙方言为基础的莆仙文化、以闽北方言为基础的闽北文化纷纷举牌，还有各种形式的文化如海洋文化、朱子文化等也登台亮相，以致整个福建难以表述是什么文化。而各种求形式上小异而略本质上大同的文化区分，实际上使福建文化的研究陷入衰退阶段。这种现象的产生，反映了现代社会的地方意识与实用主义。其实福建历史上秦朝时设闽中郡，汉朝初年建闽越国，就已经形成统一的文化基础。

一、现代闽南的地域概念

1911 年辛亥革命爆发，全国各地纷纷宣布独立，大一统的清王朝分崩离析。虽然 1912 年中华民国成立，但中央势力已经削弱，地方割据势力长期存在，地方意识因此不断增长，地域概念也逐步明朗。在此

---

* 作者单位：泉州师范学院政治与社会发展学院。

背景下，现代闽南概念开始出现，并得到认同。

1912 年 8 月，北京政务院批准在厦门设立福建暨南局，负责办理福建南部地区厦门、漳州、泉州各县及莆田、仙游两县的华侨事务。随后，泉州、漳州开始出现以闽南地域为名的机构。如：1913 年，华侨陈清机在晋江安海发起创办闽南摩托车路股份有限公司。[1] 1914 年泉州革命党组织闽南讨袁军。1917 年秋，张贞组织闽南靖国军，任司令。许卓然等在泉州以南安凤巢山为根据地，组织闽南靖国军，任第二路军司令。1918 年 1 月，孙中山任命林祖密为闽南军司令。林祖密收编靖国、护法两军部分官兵，组成闽南民军。8 月 31 日，援闽粤军占领漳州，旋又进占南靖、漳浦、同安等县，并在漳州成立闽南护法区政府。10 月，闽南民军联合成立闽南护法军，设总部于永春，公推宋渊源为总司令，张贞为参谋长。1919 年 4 月，陈清机在安海创办闽南泉安汽车路股份有限公司。[2] 1923 年 8 月 4 日，孙中山派宋渊源为闽南宣慰使。

对闽南概念影响最大的是《闽南日报》。清宣统三年（1911），《南声日报》在厦门创刊，由同盟会会员、原《建言报》主笔张海珊任总编辑，吴济美任经理。1913 年停刊。后来，经理吴济美等将《南声日报》改名为《闽南日报》。这时，以李厚基为代表的北洋军阀势力已控制福建，该报于 1914 年被封闭。1916 年冬，《闽南日报》复刊，1917 年又被封闭，主笔苏郁文被捕入狱。这一时期，《闽南日报》以厦门为中心，宣传革命，反对北洋军阀，闽南的概念包括福建南部地区，这一地域内涵一直持续到 20 世纪 20 年代。[3]

1927 年 1 月，中共广东区委派汕头地委书记罗善培（罗明）到厦门、漳州筹建闽南部委员会，统一领导闽南、闽西的党组织。罗善培在漳州召集闽南、闽西各县党组织代表开会，成立中共闽南部委，归汕头地委领导。闽南部委建立后，所属组织先后有厦门市委及其所属 15 个支部、漳州支部、石码支部、海澄支部、永定支部、永定金丰支部、上杭 5 个支部、泉州特支、南安支部、永春支部、德化支部、同安支部和惠安临委。原属汕头地委领导的平和支部、诏安支部、龙岩总支部、武

---

① 参考晋江市地方志编纂委员会：《晋江市志·人物志》，陈清机传。
② 参考泉州市地方志编纂委员会：《泉州市志·大事记》，中华民国。
③ 参考福建省地方志编纂委员会：《福建省志·新闻志》，民国时期，政党报纸，中国国民党系统报纸。

平党小组和漳浦党支部也划归闽南部委领导。

不久，闽南部委改为闽南特委，直属广东区委领导。从以上可以看出，中国共产党最早提出闽南的概念是指福建南部地区，包括漳州、厦门、闽西、泉州，只有地理概念，没有文化概念。

1927 年 9 月 7 日，闽南特委改称中共闽南临时委员会，至 1927 年 12 月，闽南临委下辖的党组织有厦门市委，龙岩、永定、平和、漳州、莆田 5 个县委或临时县委，还有上杭、武平、长汀、南靖、海澄、漳浦丹井、德化、永春、惠安、南安、同安、仙游等 12 个县特支或支部。①

这时期闽南的地域概念扩大到莆田地区，与闽南同时存在的还有闽北概念。1927 年 8 月中旬，中共建立闽北临时委员会，临委在建瓯成立县委，在崇安、古田恢复建立特支，还分别在福州及延平建立办事处。1927 年 12 月 4 日至 5 日，两临委在南靖召开福建各县负责人联席会议，选举产生福建临时省委。临时省委机关设在厦门。②

以上事实证明，1927 年中共党组织从粤东的汕头向闽南发展，在地域上采取逐步扩展的战略，先在厦门、漳州、闽西，然后向泉州地区，再发展到莆田地区。实际上就是把福建划分为闽南和闽北两个部分。后来闽南和闽北合并，就成立全省的党组织。

二、漳州自称的闽南概念

从地域的地理位置上看，漳州在福建的最南边，称为闽南当之无愧。因此，20 世纪 30 年代以后，漳州经常自称闽南。1932 年 4 月下旬，闽南工农革命委员会于漳州成立，管辖漳州市附近 10 万人口地区。而在社会上影响最大的，是在漳州创办的《闽南新报》。1937 年秋，国民党军一百五十七师进驻漳州，接办《复兴日报》，于同年 11 月 1 日更名出版《闽南新报》。1938 年，国民党军七十五师接一百五十七师驻防漳州，师长韩文英组织军、政、党、财、教界，成立闽南新报社董事会，韩为董事长，国民党龙溪县党部书记长卢德明任社长，薛澄清任总

---

① 参考福建省地方志编纂委员会：《福建省志·共产党志》，土地革命战争时期，闽南临时委员会。

② 参考福建省地方志编纂委员会：《福建省志·共产党志》，土地革命战争时期，福建省临时委员会。

编辑，吴维汉负责发行。他们利用《申报》原有 40 多个发行网点改设代办处，发行量从 700 多份增至 2500 多份，是抗战期间漳州发行量最多的报纸。① 这一时期，《闽南新报》抗日的宣传报道在社会上影响很大。《闽南新报》一直办到漳州解放前夕才停刊，在人们观念中，闽南成了漳州的别称。而同一时期，厦门办的是《厦声日报》，泉州办的是《泉州日报》，无疑认同漳州为闽南。

漳州解放后，在《闽南新报》的旧址上，中共福建省第六地委创办《漳州电讯》，1950 年 1 月 1 日改名《漳州日报》出版，1950 年 5 月 1 日，《漳州日报》奉命停刊。1952 年，地委再次筹办《龙溪农民》报，同年 6 月 1 日正式出版。1957 年 7 月 1 日，《龙溪农民》报改为《闽南人民报》。1958 年 5 月 1 日，《闽南人民报》又改为《闽南日报》。这一时期，《闽南日报》日发行量约 13000 份。1961 年 3 月，改报名为《漳州报》，1969 年 9 月停刊。

1986 年 1 月 1 日，《漳州报》正式复刊，更名《闽南日报》。它是中共漳州市委的机关报，复刊后的《闽南日报》，从起初的四开四版小报迅速发展为对开八版大报。复刊后的《闽南日报》，遵循"坚持党性，办出特色"的办报宗旨和"宣传党的方针政策，传递改革开放信息，反映山海侨特优势，服务发展外向经济，介绍闽南风土人情，增进漳台港澳交往，体现人民群众意愿，传播科学文化知识"的八句办报方针。② 而这一时期，中共厦门市委的机关报为《厦门日报》，中共泉州市委的机关报为《泉州晚报》。

由于闽南概念长期被漳州使用，因而在人们心目中，似乎厦门、泉州与闽南有了界限。

三、以闽南方言为基础的闽南文化概念

改革开放以后，地方自主权不断扩大，地方意识不断增强，地方文化也越来越受到重视，加上闽台的关系密切，在福建各种文化旗号纷纷

---

① 参考福建省地方志编纂委员会：《福建省志·新闻志》，民国时期，政党报纸，中国国民党系统报纸。

② 参考福建省地方志编纂委员会：《福建省志·新闻志》，中华人民共和国时期，中共地市县委机关报。

竖立。这些文化除了以方言划分外，还有各种类型：如以血缘为纽带的炎黄文化、姓氏文化、名人文化等；以地缘为纽带的海峡文化、海洋文化、船政文化等；以神缘为纽带的妈祖文化、关帝文化、保生大帝文化等；以文缘为纽带的客家文化、朱子文化、古城文化等；以商缘为纽带的诚信文化、茶文化、寿山石文化等。在这些层出不穷的文化中，由于台湾问题的介入，以方言划分的闽南文化概念炙手可热，厦门、漳州、泉州纷纷认同，都想把旗帜抓在自己手中。

闽南文化最大的优势是针对"台独"。1986 年 9 月 28 日，台湾最大反对党"民主进步党"宣布成立，民进党内主要是"台独"分子，因此很快就被"台独"势力所控制，成为主张"台独"的反对党。

1988 年蒋经国去世，李登辉上台。李登辉上台后就把搞垮国民党作为政治目标，暗里对"台独"势力扶持和鼓励，对内搞"一国两府"来对抗大陆提出的"一国两制"。1991 年 10 月，民进党将"建立主权独立自主的台湾共和国暨制定新宪法，应交由台湾人以公民投票方式选择决定"列入党纲。最终在 2000 年选举中，民进党的陈水扁当选为台湾地区领导人。

民进党在执政时期，实行"去中国化"的政策，主要包括：一、所谓"正名"，即将"中国"或"中华"字样改为"台湾"。二、文教"台独"，从 2004 年起，民进党政府所印制的"中华民国全图"不再包括大陆地区；历史教科书内容将中国史和台湾史分开并将"大陆"改称"中国"，用"两国"取代"海峡两岸"，不再称孙中山为"国父"，"武昌起义"改为"武昌起事"，甚至对南京大屠杀只字不提，等等。三、篡改历史，在"台湾史"中切断孙中山建立"中华民国"的历史，加入"台湾地位未定论"，否认"开罗宣言"和"波茨坦公告"的正当性，只谈"日本放弃台澎金马"，不谈台湾归属问题。四、贬低中国传统文化，阻碍两岸的文化交流。

在反对"台独"的斗争中，福建处在前沿位置。尤其是台湾方言就是闽南方言，台湾大部分人祖籍是在闽南，其文化深受闽南祖籍地影响。因此，在两岸文化交流的指引下，以闽南方言为基础的闽南文化概念应运而生。闽南文化涵盖了闽南方言区，泉州、漳州、厦门成为发源地，其主要是依据语言、文化、风俗来划分的。大陆的闽南文化区包括泉州、厦门、漳州、龙岩新罗区与漳平市等地区，还可以加上大田县部分和尤溪县的小部分。而大陆其他省份及海外的闽南方言区都可纳入闽南文化区。

在闽南文化的旗帜下，台湾文化不可避免地被同化。既然台湾文化主要是闽南文化的延伸，那么"台独"势力的"去中国化"就失去理论依据。因此，闽南文化在反对"文化台独"中具有重要地位，被不少台湾人所认同。在闽南文化产生之前，祖籍闽南的台湾人自称福佬人，称自己的文化来自中原，为河洛文化。东南亚人也称闽南人为福建人。而在闽南文化产生以后，一些迁徙到外地的闽南地区人开始认可自己是闽南人了。

四、闽南文化研究中应注意的问题

当前闽南文化研究中也产生新的问题，如泛闽南概念的建立，为闽南民系的组合提供了前提条件。既然分散在世界各地的客家人通过客家方言、习俗、民风等特点能形成客家民系，那么，闽南人同样可以根据方言、习俗、民风等特点形成闽南民系。如果以此类推，福建还可能出现福州民系、莆仙民系、闽北民系等。这种以地方方言划分民系，以民系划分文化，是福建文化的大繁荣还是大分裂？

总体看来，片面强调地方特色文化的做法也有缺点。因为福建文化历史以来就是一个整体，是以中原河洛文化为主干，融合闽越文化传统而形成的。以闽南方言为例，漳州与泉州的方言就略有区别；而闽南方言与莆仙方言、福州方言也有许多相似之处。这说明福建方言是中原方言与闽越方言融合的产物。以方言划分文化缺乏历史的科学性，也容易产生误解。如"台独"学者就把闽南方言说成"台语"，与汉语、英语等并列，作为"国家"语言；"台独"政治家就把台湾高山族作为与大陆不同民族的种族分野，作为"台独"的"依据"；一个人只要看他使用什么方言，就归入什么民系，缺乏科学性。地方盛行方言，也阻碍了外来人才的交流，对社会和经济发展不利。从历史上看，郑成功反清复明轰轰烈烈，但只在闽南方言区内有所成就，离开闽南方言区就难有大作为。从现实上看，以方言划分文化，只能鼓励方言流行，与当代社会一体化潮流不符。台湾在光复以后，国民党努力提倡国语，保持对中国的认同。而民进党则是以所谓"台语"作为突破口，挑动所谓"本省人"与"外省人"的矛盾，鼓吹"台独"。因此，在研究闽南文化的同时，要强调闽南文化与福建文化的统一性，是历史上中原河洛文化在福建的遗存与发展，与中华传统文化是一脉相承的。

闽南文化的相关概念和问题

陈耕　晓罗 *

　　自 20 世纪 80 年代开始，闽南文化及其研究受到越来越多的关注。进入新世纪以后，随着人们对经济全球化背景下国家文化安全和文化多样性发展的思考，随着经济发展和人民对文化需求的不断增长，特别是随着 2007 年我国第一个文化生态保护区——闽南文化生态保护实验区的设立，闽南文化研究的学术活动更加活跃，成果更加丰富，思路更趋一致，各级政府也更加重视。在这样的时候，提出建构闽南学学科体系，应当是适时的、必要的和重要的。

　　事实上，不管我们提不提，闽南文化的研究和发展实践已经提出，我们已经落后。文化即人，对闽南文化的研究已经和正在从对具体的文化事象的研究，深入到对闽南人的研究，进而延伸到对闽南人的社会和闽南民系的研究。一门研究闽南民系历史、现状和未来并揭示其发生、发展规律的新的人文学科——闽南学正在产生。

　　任何一门学科都有其特定的概念和术语，这些概念和术语有的是被系统地阐释过，有的则是长期以来相沿成习，约定俗成的，它们都具有稳定的内涵和明确的指代。从某种意义上说，一门学问能否发展成为一门独立的学科，它所涉及的一些基本概念是否稳定明确，是一个至关重要的因素。

　　闽南文化的研究中有五个不能回避的基本概念，即闽南、闽南人（闽南民系）、闽南文化、闽南文化区域、泛闽南文化。这五个概念是构成闽南文化研究对象最重要的基本概念。但在以往的研究中对这五个基

---

　　* 作者单位：厦门市闽南文化研究会。

本的概念尚缺乏系统的论述和深入的探讨，使其缺乏稳定性的明确指代。尤其是闽南文化的发展播迁，由泉州、漳州而厦门，由闽南而台湾、南洋，更广泛地讲，还有龙岩、潮汕、浙南、海南、雷州半岛等等。这就造成一些基本概念的含混不清。如闽南文化也被称为福佬文化、河洛文化、闽南方言文化、闽台文化等等。从某种意义来说，相当一段时期闽南问题的研究之所以一直停留在较低的学术水平上，与这些基本概念的模糊性和随意性是有内在关联的。所以厘清和统一相关的基本概念，即所谓"正名"，是当务之急。

一、关于闽南

闽南是个地理概念，而只要了解历史地理学的人都知道，地理的范畴常常是随历史的变迁而有所变动。目前的闽南，指的是厦漳泉三个行政区的管辖地域，但历史上，龙岩的新罗和漳平属漳州府管辖有一千多年，分出龙岩州到现在的龙岩市，其历史不到二百年。龙岩话也属于闽南方言，龙岩、漳平行政上虽不隶属闽南，但从文化的空间来讲也属于闽南文化。所以闽南这个地理概念应当是文化地理而不应是行政地理。

不仅如此，科学家发现在最近的一百万年里地球出现了四次冰河期，每一次冰河期海平面都下降了一百多米。而今日台湾海峡的水深最多只有八十多米，最浅仅一二十米，大多在四五十米，在冰河期闽南和台湾是完全连在一起的。那个时候闽南的海岸线就在今日台湾的东海岸。

最近的一次冰河期在距今四万年前的全新世，大约距今一万年前左右气候的变化才使海平面上升，形成今日的海峡地理状况。也就是说，中间有至少是两三万年生活在这里的人类和动物是可以自由地从现在的闽南一直走到台湾的东海岸。从考古的发现看，台湾有四万年前的左镇人，闽南有漳州莲花池山旧石器遗址，也在四万到八万年前。最近的考古更发现在闽南的新石器遗址所发掘的石锛等石器，竟然全都是用澎湖的石头打制而成。澎湖的石头是火山喷发而成，硬度高达七度，当然是最适合打造工具的。但是它们又是如何漂洋过海跨越台湾海峡，来到闽南？这也是我们思考闽南地理和闽南人、闽南文化一个新的问题。

二、关于闽南人（闽南民系）

闽南人也是一个必须讨论的概念。住在闽南就是闽南人吗？血缘基因决定是否闽南人吗？深入去想，就会发现问题很多。因为这其实牵涉到一个认定标准的问题，更牵涉到闽南人、闽南民系究竟在什么时候形成的问题。

民系这一概念，是我国文化研究前辈罗香林在20世纪30年代为研究客家文化而创造的一个新术语。这个概念是他在对汉民族做了深刻的研究之后提出的。

作为中华民族的主体民族，作为世界上最大、历史最为悠久的民族，汉民族有两个相当典型的特征。

首先是汉民族自我认同的意识，是以"王道教化"（即今天的文化）为标准，而不是以纯粹的种族血统为标准。陈寅恪在《唐代政治史述论稿》一书中认为："汉人与胡人之分别，在北朝时代，文化较血统尤为重要。凡汉化之人，即目为汉人；胡化之人，即目为胡人。其血统如何，在所不论。"汉民族这种以文化为种族分和标准的意识，使得汉民族具有巨大的吸引力与内聚力，不断同化与融合周边的其他民族，甚至同化其他的异族，从而使自己的人口不断增长，分布范围也不断拓展。

其次，汉民族这一独特的认同标准，是在广阔的地域和数千年悠远的历史中，由于无数次战乱、灾难、迁徙，分分合合而产生的多元多次重组融合形成和确立的。其多样的原生文化相互融合，不断产生新的文化，然后又不断地再重新组合，再产生新的文化。如春秋、战国的楚文化，是濮、蛮、庸、舒等文化的融合；秦汉统一，又把楚、吴、齐、秦诸文化相融合。魏晋南北朝中原裂土，北方的匈奴、鲜卑、氐、羌等少数民族陆续向内地迁徙，与当地汉族居民交错杂居，通婚融合。而中原的一些居民又南迁长江流域、东南沿海，与当地的百越族融合。最后不论血统只要认同"王道教化"统为汉族。可见，中国汉族的认同，早在魏晋南北朝时就不是以血缘而是以文化为认同标准。

由于上述两个特点，再加上中国辽阔的地域和平原、丘陵、山地等等多样性的地理环境，以及历史上交通交流的不便，于是就造成在汉民族中有众多各具特色的支脉即民系。罗香林正是根据汉民族这一客观存在的情况，提出了民系这一概念。它的内涵就是同一民族内部各具特色的支系。长期以来，这一术语已约定俗成，为中外学术界所共同接受，它准确地表述了民族共同体内部多元一体的基本格局。因此，有必要把民系这一概念引进我们闽南文化的讨论中。我们所讨论的闽南人的文化，不是个别的或某一团体或某一地域的闽南人的文化，而是整个闽南民系的文化。

综上所述，闽南人的认定，应当有三个条件：一、语言，二、生活习俗，三、心理认同。最重要的是第三点。是否三点必备，或三缺一、三缺二，都是可以也应该讨论的。但没有第三点，恐怕就不行。

不明确这一概念，关于闽南民系、闽南文化的讨论，就可能产生许多问题。

民系概念有助于避免过去由于强调种族、血缘、地域而造成的无谓争论，有利于学术讨论的良性互动。毕竟，文化认同的价值核心更具有合理性。我们对闽南民系的研究可以突破目前地域研究的局限，从而更加全面地对闽南文化形态进行分析与评价，更为准确地把握其发生发展规律。

三、关于闽南文化

首先是闽台文化。这个概念一直到今天，在民间和官方的使用频率都很高，但学术界也跟进就不应该了。因为福建除了闽南文化至少还有福州文化、客家文化、闽北文化、畲族文化；台湾虽然闽南人占了近八成，但至少还有客家文化、原住民文化。大陆其他省籍的人也占相当比例。何况，闽南文化除了闽、台，还播传东南亚华侨、华裔聚居地。

定义为闽南方言文化，则如刘登翰所批评："方言虽是地方文化的突出特色，但不等于就是文化的全部。用方言文化来概括文化结构中有形的物质文化和介于物质与精神之间的制度文化，就很难在概念上十分周全。"确实有不完整不准确的毛病。

将闽南文化定义为闽南漳、泉、厦地理区域的文化，应当说是有一定道理的。闽南文化本就是在这一地理区域中产生。但是，随着闽南人的移民，闽南文化已播迁台湾等地，其文化区域已超越了地理区域的局限。这样的定义也就产生了涵盖不周的缺点。

虽然闽南文化的发展历史还有许多需要商榷的地方，不过多数研究者比较一致的看法，认为闽南文化是晋、唐中原河洛文化播传闽南并与当时的闽南原住民文化相撞击、相融合而开始孕育；经唐、五代逐渐形成，至宋成熟，形成闽南文化基本的架构。明成化后闽南人因人多地少及海禁，向南洋诸岛移民；明末清初因战乱大批移民潮汕、浙南和台湾；清中叶更形成"唐山过台湾"的高潮；清末民初，还有一次移民南洋的高潮。总之，从明成化后的四五百年间，随着大批的移民，闽南文化已播迁漳、泉、厦之外的诸多地域，而且在那儿扎下了根，有了新的发展，丰富和扩展了闽南文化的内涵。因此，闽南文化显然已经不仅仅是漳、泉、厦这一地域的文化了。

同时，古代中原播传而来的河洛文化，经晋唐以来一千多年的变迁发展，又融汇了原住民的文化，吸收了阿拉伯文化和南洋文化，闽南文化已经形成了独特的性格特征，再称其为河洛文化，显然也是不准确的。

至于"福佬文化"，只要你在客家地区生活过，你就知道"福佬"乃客家之语，是客家人对闽南人、福州人、莆仙人甚至潮汕人的统称。从福建的情况看，没到过客家地区的闽南人，大部分不懂"福佬"是什么意思。

五种都不行，那用什么好呢？我认为还是称闽南文化好。

因为，从人类认识史上讲，任何概念都有一个进化的历程。它是一种认识深化的过程。深化的方式可以有多种，其中之一就是扩展旧概念的含义。扩展后旧概念具备了新含义，但旧含义并没有被废弃，仍在特定范围内适用，可与新含义并存。文化概念的演变也是如此进行的。

如果说闽南文化的旧含义是指孕育、诞生并成熟于闽南这一地域的文化，那么随着闽南民系的形成和迁徙，随着闽南人的过台湾、下南洋，闽南文化已具有新的含义，即闽南民系在其整个活动区域创造的文化。这一新含义并不排斥闽南文化、闽南民系产生于闽南地域的旧含义，也不排斥闽南民系在闽南地域所创造的文化这一旧含义，而是延伸扩展了旧含义，增加了闽南闽西在闽南地域以外的文化创造内涵。这完全符合文化概念进化的规律。较之用"福佬文化"来表述闽南民系的文化，显然会更加准确。

四、关于闽南文化区域

闽南民系由于在明清以后不断向外播迁，已经不仅仅局限于福建的泉州、漳州和厦门三地。为了生存，为了发展，闽南人不畏艰险，几百年来不断向外迁徙：向东跨过黑水沟，到达台湾。还有许多人漂洋过海，辗转南洋群岛；向西南往广东的汕头、潮州、揭阳、汕尾以及海南等地；向北到达浙江南部，向西到达江西等省区，至今这些地方还分布有讲闽南方言的分散县、镇、村。因此，如果我们明确闽南民系的概念，那么就不会仅仅局限于福建闽南地区，尽管这是闽南文化的祖地重要区域，我们的视野将随着闽南人的足迹所向，探寻更广阔的民系发展空间，特别是福建闽南、台湾和东南亚这三个闽南人主要的聚居地。但是闽南文化的研究是否要延伸至潮汕，乃至更广阔的区域，换言之，研究的边界是否需要约定俗成？这都是应予讨论的。

五、关于泛闽南文化

泛闽南文化，是潮汕历史文化研究中心在 2004 年 12 月"首届闽南文化与潮汕文化比较研讨会"上提出来的概念。他们在研究潮汕文化时，发现潮汕人、潮汕文化与闽南人、闽南文化有着深厚密切的渊源，并从闽南方言的中心区域（如泉、漳、厦、台）和流播区域（如潮汕、海南、海陆丰等）的诸多文化现象，提出上述流播区域的文化为泛闽南文化。

在进行闽南文化研究的过程中，还必须正视并归纳三个主要的基本问题，即闽南文化从哪里来（文化的历史），闽南文化有什么（文化的内涵）以及闽南文化是什么（文化的核心精神）。

1. 闽南文化从哪里来

唯物史观告诉我们，"社会生活在本质上是实践的"，文化作为社会生活和劳动创造的反映，体现出文化的本质也是实践的。人类作为文化实践的主体，随着时间和空间的具体变化，文化也自然呈现出不同的形态。随着文化载体（人类）活动范围的不断扩大或迁徙，原本互不相关的区域文化开始遭遇碰撞，其间就可能产生消亡或是融合。

闽南文化就是随着不同历史时期中原汉族南迁并在闽南扎根，与当地土著产生文化碰撞而形成及发展的。闽南文化在发展中吸取的不仅仅是中原来的儒家文化和农耕文化，因为其依山傍海的博大胸怀和开放的性格，在其后漫长的发展演变中不断接收台湾、东南亚等外面世界的文化讯息，这在重实尚义与务实逐利皆备的商道精神中得到体现。

对于闽南民系的历史，史学界从各自学科领域出发，通过考古、历史文献分析进行了诸多的研究和考证，但在不少具体问题上仍存在争议，而且对于闽南民系的社会史、文化史方面的研究尚显薄弱。尽管如此，史学研究的已有成果仍有助于我们大致把握闽南民系发展的整体脉络。

漳州的莲花池山遗址证明，早在旧石器时期闽南就有人类居住，新石器时期的遗址更多。可见，闽南原住民的历史是非常悠久的。因此，闽南文化的历史，既是早期中原汉族对闽南开发的历史，也是中原汉族和闽南原住百越族融合的历史。根据现代医学研究：中国的客家籍福佬人（闽南人）只有 20～25％是中原而 75～80％是南方少数民族的血缘。（引自圣路易大学及 Cardinal Glennon 儿童医院小儿科朱真一：《从免疫球蛋白看台湾族群的血缘》）

台湾有"有唐山公，无唐山嬷"一说，即指早年渡海过台湾多为男性，与当地原著女性结合繁衍后代。闽南早年也是如此，陈元光带兵入闽，男性是绝大多数，其后与本地原著女性结合。闽南人从体质上讲，原住古百越族的影响是非常显著的，所以讲闽南文化不能只说中原汉族开发的历史，也必须注意到原住古百越族文化对闽南文化的深刻影响。

闽南古百越族有"山畲水疍"之说，居住在山地的为畲族，居住在海边的、水边的为疍民。考古发现，闽南原住民很早就是依靠贝壳等海洋生物来为生，他们对海洋的认识和了解有十分悠久的历史，现在闽南文化的海洋因素有相当大的成分是来自于生活在海边的古百越族。

当然，闽南文化既不是中原汉族的全盘继承，也不是古百越族的全盘继承，中原父亲和原住民母亲的结合，开始了闽南文化孕育的历史。闽南文化一千多年的发展过程，大致可分为孕育、形成、成熟、灾难、播迁、转型六个阶段。

（1）孕育阶段

汉族对福建的开发，始于秦汉，而闽南地区的大规模开发则在晋代。晋太康三年（282），福建开始南北分治，在建安郡外，增设晋安郡。晋安郡的设立标志着闽南作为一个独立区域的开始，也标志着闽南文化开始了它的孕育期。

从晋至唐、五代七百年间，中原有三次向闽南大规模移民。先是晋永嘉之乱，大批中原人入闽逃难，其中一大部分迁至晋江流域，泉州成为早期闽南文化的孕育地。唐高宗总章二年（669），泉潮间发生叛乱，陈政、陈元光父子带家兵入闽南镇压。唐武后垂拱二年（686），朝廷于泉潮间置漳州。后世尊陈元光为"开漳圣王"。此次陈氏入闽征讨共带来了五十八姓军士和眷属，战后大部分人于闽南定居繁衍。第三次大迁移在唐末，885年安徽人王绪带兵打下河南固始，而后"驱吏民渡江"入闽，计有兵五千、民数万。至同安北辰山，固始人王潮及其弟王审邽、王审知杀王绪夺权，领兵夺漳泉。五年后以漳泉为根据地，攻下整个福建。这一批数万光州固始移民的大多数因此也主要定居在闽南漳泉。

中原这三次大移民，带来了大量的中原文化。闽南文化正是在从晋到唐播传入闽的中原文化的基础上孕育起来的。如闽南方言，留存了隋唐中原古音；闽南民俗，留存了大量中原古俗。移民还带来了傀儡艺术，流传至今，成为闽南民间戏曲的始祖。

当然，在开发闽南的过程中，包括在征服闽越土著的过程中，不可能不受到闽越文化的影响，不可能不汲取其文化的营养。比如闽越人对海洋的知识，对闽南气候、物产的知识等等。这样，在尽心留存中原文化的同时，便开始了细微的变异。因此，应该说，闽越文化是使北方来的中原文化产生变异，并最终形成独具特色的闽南文化的一个重要因素。

与此同时，中原文化来到了一个新的地理环境，不能不面对许多新的情况，比如海洋。海洋带来的不仅是新的知识，还带来了对外的交流，外来的文化。这种新的地理环境带来的新情况，不能不影响文化的变迁发展。

总之，从晋到唐的中原文化随着移民传到闽南这个新的地理环境，同时撞击到闽越文化，于是孕育出一种具有新的特征的汉文化新分支闽南文化。

（2）形成阶段

五代虽然只有近百年，但这一时期，全国处于割据局面，中原战争不断。而统治闽南的三个集团（即王审邽、王延彬父子的王氏集团，留从效的留氏集团，陈洪进的陈氏集团），保境息兵，鼓励百姓生产，大力发展对外贸易，同时招徕许多中原文人士子，对闽南的经济文化发展有很大的推动。闽南文化正是在这一背景下，在五代末至宋初基本形成。

当然，目前关于闽南文化的形成时间，还有晋代说，唐代说等，但是从共同语言、共同风俗、共同信仰的形成来看，我们认为，闽南文化的形成以五代末至宋初比较准确。

（3）成熟阶段

宋代，闽南文化迎来了鼎盛。该时期，闽南社会安定，经济发展很快，特别是对外贸易获极大发展。到了北宋中期，泉州已经发展为全国六大都市之一。南宋迁都临安，政治经济文化中心随之南移。这时东西方贸易中心路线，已从陆地转移到海上，宋代的陶瓷，成为连结东西方的主要媒介。而泉州距首都临安很近，又是宋王朝南外宗正司所居之地。泉州市舶税收成为南宋财政重要来源。到了宋元之际，泉州港已超过广州，与亚历山大港并称为世界两个最大的港口。

在这样的背景下，闽南文化获得飞跃的发展，表现出高度的想象力和创造精神，完成了许多史无前例的伟大工程，创造了许多灿烂的文化业绩，写下了闽南文化最为璀璨夺目的一页。如泉州的洛阳桥、安平桥、东西塔，以及高超的造船技术、航海技术等等。这些伟大的创造，至今依然照耀后世，并已成为中华文化的骄傲，透过这些创造，我们可以看到闽南文化最为闪光耀眼的精神。

尤其值得一提的是，集北宋以来理学和孔子以下思想文化之大成的朱熹，24岁初出茅庐，即于绍兴二十一年（1151）首仕同安县主簿。其间在闽南各处讲学、旅游，对闽南的文化发展有着巨大的影响。也有人认为同安可以说是"朱子学"的开宗圣地。宋代闽南人才辈出，蔡襄、苏颂、曾公亮、韩琦、吕惠卿皆为宋代名相。据统计，宋代仅泉州进士达862人，另有特奏名481人，合计1343人。香火延续至今的妈祖、保生大帝等民间信仰，都创始于宋代。

可以说，宋代闽南文化得到了充分的发展，到南宋达到了鼎盛。

（4）灾难阶段

可惜的是，闽南文化盛极而衰。元代，泉州港虽然获得更进一步的发展，海上交通与贸易的发达也达到了最高峰。但是，元蒙统治者实行的军事专制和严厉的民族歧视政策，使闽南文化不但没有与经济同步发展，反而遭到很大的摧残，开始走向了衰退。

从现存的元代文物看，闽南人在这90年左右的时间里，已经很少有超越宋代的文化创造，看到的都是外来文化的遗址、遗物。可见在元代，闽南文化作为社会最底层的"南人"的文化，被歧视和摧残。在这种情况下，闽南文化的衰退就是必然的了。

不过，大量的外来文化，也给闽南文化注入了新因素，使其更具开放性。元灭亡之后，居住在泉州的大批外族人纷纷隐姓埋名，流散闽南各地。他们逐渐与汉族通婚，并渐从汉制，同时也将其本身的文化融汇于闽南文化之中，使闽南文化获得了新的营养。

此外，元杂剧的兴起，对闽南方言戏曲有很大的促进和影响。

但是，灾难还没有止步。明王朝的海禁，使得闽南社会以海洋贸易为主的经济一蹶不振。加上晋江流域山林土地开垦过度，晋江淤塞，泉州港从此一落千丈。

（5）播迁阶段

尽管如此，明清时期对于闽南文化仍然是重要阶段，大规模的文化播迁正发生于此时。明末清初是闽南人开始大规模海外移民肇始。明成化后，闽南人生路断绝，纷纷铤而走险，有的下海为盗，有的海上走私，还有的结伴前往台湾、海南、潮汕和浙南，以及吕宋等东南亚地区开垦新天地。于是闽南文化随着闽南人的迁移，扩展传播到台湾、南洋一带，形成了今天的闽南文化区域。

闽南文化向台湾的传播，主要集中于明清时期。明前期已有闽南人零星分散地迁居至台湾及澎湖，对台湾进行了初步开垦。到了明郑时期，大批军民有组织地迁台拓荒，其中大部分是闽南人，并由此掀起了闽南文化对台传播的高潮。在郑氏父子治理台湾的 23 年间，闽南民间信仰（如真武帝、关帝崇拜）及民间艺术在台湾广泛流传，闽南人性格特征及道德价值标准也在台湾深深扎根，台湾社会开始趋同于慎终追远、急公好义、勤劳坚忍等价值取向。清康熙统一台湾后，对迁台移民进行了严格控制，但闽南人为谋生计仍然大批向台湾偷渡，形成了又一次移民高潮。清治二百多年，台湾人口从几万激增到近三百万，其中83％为闽南人，闽南文化传播到台湾的每一个角落。由于台湾居民绝大部分由闽南移民组成，必然将闽南文化传入台湾。从语言、民间信仰到民俗、口传文学、思想性格等方面，闽南文化无不渗透其间，使台湾成为闽南文化重要区域之一。

（6）转型阶段

从明清至近代，闽南文化在播迁中也逐渐产生了变迁。由于漳州九龙江流域土地肥沃、物产丰富，加上明代月港的兴起，漳州渐渐富足起来。泉落而漳起，出现漳泉并重的局面，闽南文化的重心也渐渐西移。地处九龙江出海口的厦门岛，恰好在泉漳的中心点，明末清初迅速崛起，成为闽南新的商业中心。明末郑成功集团踞厦门抗清，更使厦门成为闽南的中心。清代厦门又成为台厦兵备道和福建水师提督驻跸地，同时是官方规定的最早的台闽交通的口岸，鸦片战争后再成为"五口通商口岸"之一，近 10 个国家在此设领事馆，闽南华侨也纷纷来此投资、建房，厦门的社会经济迅猛发展。社会经济发达的背景，和优越适中的地理条件，使厦门很自然地成为最早接触西方近代文化的窗口。正是在这样的环境下，闽南文化广泛吸收外来文化的养分，逐步实现了现代转型。

1895 年腐败的清政府割让台湾，使之沦为日本殖民地长达半个世纪。日本据台后，全力封杀台湾与大陆的联系，使包括闽南文化在内的中华文化遭受了沉重的灾难。但是，日本作为当时先进的资本主义国家，同时也把资本主义文化带入台湾，闽南文化大量地吸收来自日本及西方近代的先进科学文化，从而推动台湾闽南文化的现代化。包括后来欧美文化对台湾的传播，也在某种程度上推进了闽南文化的现代化转型。如台湾的现代闽南语歌曲就是现代流行歌曲与闽南歌仔结合的产物，既延续了古老的闽南歌谣的韵味，又吸收了日本和欧美的作曲技法和演唱技巧，内容直击现实生活与情感，进一步拓展了表现空间，是闽南音乐的重大丰富和进步。

与此同时，大批闽南人下南洋，华侨频繁往来于东南亚与闽南原乡，互动不断加强，联系更加紧密，同时也增强了不同文化的交汇与融合，异域文化为闽南文化注入了新的元素，提供了新发展的契机。这种融合创新在广阔而特殊的文化区域间传播发展，在流动中不断成熟完善。闽南文化渐渐融合东南亚文化及西方文化，形成独具特色的新形态。比如"嘉庚风格建筑"，其鲜明特点是中西合璧、古今结合、洋为中用。

总之，这一阶段的闽南文化转型，主要是一方面吸取了许多新的外来文化因素，如南洋诸岛和台湾原住民的玻里尼西安文化，荷兰、西班牙以及后来的英、美等西方文化和日本文化；另一方面，文化区域内各地由于汲取外来文化的程度不同及其他原因形成差异，而又不断地彼此交流融合互补，推动了文化的不断发展。

回首闽南文化的历程，是一部中原汉族开发闽南，继而播迁台湾和南洋的移民史。其辉煌的成就足以令世人敬仰，其道路的曲折也使人扼腕。走入近代，闽南文化并没有因为千年的长途跋涉而困顿式微，相反，继续汲取各种文化之精华如朝露般昂扬而富生命力，同时留存沉淀昔日的辉煌如老者般充满智慧和包容性。特别是 20 世纪 80 年代以来，无论是闽南还是台湾，闽南文化都表现出新的生机，并越来越为世界所了解所瞩目。或许，它正在迎接自己第二次辉煌灿烂的鼎盛。

2. 闽南文化有什么

"文化"一词最早来源于拉丁语，是动词 colere 的派生词，其意为人在改造外部自然界中为满足食住的需要，对土地的耕耘、加工和改良。文化是人的生命活动发展的特殊方式，人针对自然创造了物质文化，针对社会创造了制度文化，针对人自身创造了精神文化。广义的文化，大致就包含了这三个层面。

但是进一步思考就会发现，物质文化本身是非物质的。人们制造一把刀，刀是物质的，造刀的技术、创意却是非物质的。制度文化也一样，制度，一部宪法是可视的物质，但制定它的过程却是非物质，是人的经验、智慧。当然，制度文化还包含了许多没有形诸文字，也没有执行机构，但却具有强大约束力的民间制度，如民俗，那是非物质的文化了。至于艺术、学术、思想、信仰那就更是纯粹的非物质文化了。这样看，所谓文化就是自然的人化，即"人类智慧的符号性产物"，其实就是人的智慧、经验、技术、思想、情感和理念。闽南文化，就是世世代代的闽南人智慧的创造与结晶。

闽南民系一千多年的发展历史，也就是闽南文化发生发展的历史。经过一千多年的创造和积淀，闽南文化有着极其丰富而独特的内涵。

闽南文化至少包含了以下二十个方面的内涵：方言、口传文学、生产技术、民间工艺、行旅交通、建筑、服饰、饮食、民俗、商易、医药、民间信仰、民间艺术、武术、游艺、大众传媒、民间教育、闽南名胜古迹、先贤及其学术思想和闽南人的思想性格特征。

这其中有的随着时代的变迁，已经消亡，成为文物，成为记忆，但它们依然是闽南文化不可或缺的一部分。比如闽南商贸文化中的郊商郊行，而今是再也看不到了。但在清治台湾的二百多年间，正是郊商郊行构建了闽台海峡经济圈，推动了两岸的发展与繁荣。这些文物和记忆中所蕴含的智慧，我们今天可能因为时过境迁而无法体会，但在未来，一定有比我们更聪明的后代，在认识和珍惜闽南文化丰富内涵的同时，从中领悟智慧的火花，点燃新的创意。

在当下，有许多闽南文化依然富有生机与活力，正在蓬蓬勃勃地发展。如承载着闽南方言的广播、电视节目网络等大众传媒，谁能算准他们明日的发展天地呢？

而明日，说不定还会有新的闽南文化，像当年的嘉庚建筑、像当年的闽南语流行歌曲迅雷般跃入闽南人的生活之中，闪亮于中华文化之林。

3. 闽南文化是什么

闽南文化拥有丰富的内涵，这是非常值得我们骄傲的。但仅有辉煌的历史和丰富的内涵，这个文化还不能算值得骄傲。一个文化要值得我们骄傲最重要的是要有普世的永恒的价值。

任何文化的核心精神都在信仰里面，比如西方文化的核心精神要到基督教的教义里面去找，伊斯兰文化的核心精神要到古兰经里面去找。同样的，闽南文化的核心就应该到闽南民间信仰里面去寻找。人民千百年的信仰不能用简单的一句封建迷信来概括，它包含有最宝贵的文化遗产。

有很多嫁到厦门来或者娶厦门媳妇的外地人，觉得厦门什么都好，就是太"封建迷信"了。一年到头，阿公阿妈的生祭、死祭、佛祖生、天公生、王爷生数不胜数。天公生更是隆重得全家每个人都必须要到，要洗澡等到晚 11 点子时，连小孩子也要拜。这里有封建迷信，但更有对天地自然的感恩和敬畏，这是我们闽南文化的核心精神。让孩子从小就学会感恩，懂得感恩祖先，懂得感恩天地。

敬天实际上就是中华文化天人合一的理念，对天、地、自然不是采取居高临下而是敬畏友好的一种理念和精神。法祖即对列祖列宗传统文化的感恩和尊重，我们是传统文化一代代哺育成人的，难道不应当感恩先人吗？

现在普世遇到的一个难题就是生态问题，全世界都在探讨怎样建立一种环境友好型的经济。生态保护最根本的问题是要让所有人对自然心存感恩和尊重；而中国人早在几千年前就这样做了。历史悠久，而至今越显普世价值。

闽南人每月农历初八晚上团圆来敬天公，厦门街头每月农历初二、十六商家都要门口敬土地公。仔细想想我们所有吃的穿的住的，都是从这块土地长出来的，却很少有人想到感恩它。可是我们的老祖宗很早就想到了要感恩这块土地，告诫我们得罪土地公鸡鸭都养不活。现在这个理念成为全世界的理念，联合国制定"世界地球日"，口号是"人类只有一个地球"。对土地的感恩、敬畏、珍惜，正在成为全人类的理念。

另一个是悲悯和宽容。闽南最大的节日七月普渡。从农历初一开地狱门到三十关地狱门，三十天里大家轮流做普渡。普渡祭祀的是无家可归，无家人祭祀的孤魂野鬼，用我们今天的话就是弱势群体。但闽南人从来不把七月叫鬼月，也不叫鬼，而把孤魂野鬼称为"好兄弟"、"门口公"、"老大公"。从来没有居高临下地对待这个弱势群体。我们对门口公是平等的尊重的，人生而平等，文化生而平等，这对我们中国人是极其重要的。

我们再看北方，他们农历七月十五也做普渡，称为盂兰盆节。但只在农历七月十五这一天，最多也就是前后两天的时间。我们的老祖宗则认为这些"好兄弟"这一个月到人间享受人间烟火，只是这一天让他吃，撑死了，其他天则饿死了。于是，我们在他们到人间来的这一个月，就一条街一条街地轮流做普渡，让他们每一天都有人间美味享受。

不仅如此，闽南农历七月不能结婚、不能盖房子、小孩不能游泳，因为这些"好兄弟"会来"捉替死"。按理，"以牙还牙，以血还血"，我们应消灭他们，但闽南人偏偏在农历七月要做"大功德"，做法事，烧纸钱，演打城戏，打破地狱门让这些鬼魂由正道回归人间享受快乐。这便是以德报怨，化怨为和的精神。这对我们现在提倡和谐社会、两岸和解和世界和平都是非常重要的。

冤家宜解不宜结，冤冤相报何时了？闽南人化怨为和的精神十分可贵。

第三，开放与创新。闽南文化的历史就是宋元刺桐港、明代月港、清之后的厦门港三个港口的历史。港口的本质就是开放，海纳八面来风。港口是陆地和海洋的衔接处，既迎海风，又接地气。港口的发展全在于开放的程度。不开放、开放不足，港口必亡。

港口开放是两个向度，对内地、对外海，少一个都不行。每天都有新鲜新奇的事象来到港口，港口人不以为怪，而以为奇。大海直接撞击陆地，港口可以化解冲击的力度。两个向度的事物汇聚，需要相互的包容，也必会产生美美与共的新创造。正是港口赋予了闽南人包容万方的开放胸怀和奇思妙想的创新理念。

四

文博园地

南安皇冠山六朝画像砖墓中的佛教形象研究

马天行[*]

皇冠山六朝画像砖墓考古发现概况

建国以来，两晋、南朝时期墓葬在福建省内各地都有发现，以闽北、闽东、福州、泉州等地发现较多，闽西、闽西南发现较少。数量以十座以下为主，较多者以浦城吕处坞、南安丰州墓群等为代表，一处墓地往往集数座至数十座墓葬，是晋人南渡后聚族而居、实行族葬的表现。[①] 从墓葬形制来看，直到晋代福建才出现用画像砖筑墓，大致可分为长方形单室砖墓、带甬道的长方形单室砖墓和多室砖墓。在有纪年砖的墓葬中，较早地以西晋"元康六年"[②] 墓为代表，晚期以萧梁"天监五年"[③] 为代表。总体来看，大致与江苏、浙江、湖南、广东、广西、江西等地出土的六朝墓相同，以单室砖墓为主[④]，其中大多数墓葬皆使用带有花纹的长方形画像砖和楔形砖。

南安丰州墓群位于南安市丰州镇皇冠山附近，2006 年 8 月至 2008 年 10 月期间，发掘了 41 座砖室墓，墓葬形制以长方形单室卷顶砖墓和

---

* 作者单位：厦门大学人文学院历史系。

① 国家文物局：《中国考古 60 年·福建省》，文物出版社，2009 年，第 294 页。

② 福建省博物馆、浦城县文化馆：《浦城吕处坞晋墓清理简报》，《考古》1988 年第 10 期，第 453～467 页。

③ 许清泉：《福建建瓯木墩梁墓》，《考古》1959 年第 1 期，第 44～46 页。

④ 曾凡：《关于福建六朝墓的一些问题》，《考古》1994 年第 5 期，第 453～467 页。

刀形单室卷顶砖墓为主，出土了瓷器、零星金器、银器、铜器、铁器、玉石器、料珠等 300 多件随葬品①。器类主要有四系罐、盘口壶、碗、虎子、博山炉、插器、唾壶、鸡首壶等等。

此外在这批墓葬中还出土了大量花纹墓砖及三种纪年墓砖。花纹转纹饰多种多样，主要有钱纹、焦叶、卷草、宝相、鱼龙、朱雀、玄武、人物、佛像、僧人、动物、几何纹、弹拨乐器——阮及多种纹饰的组合纹。纪年砖为"太元三年"（378）、"天监十一年"（512）及"四年"残缺墓砖三种。

从出土物的形制、墓砖纹饰及纪年砖的纪年推断，这批墓葬的年代应为东晋至南朝。在"太元三年"砖后有一行"陈文绛立之保万年"字样，那么"陈文绛"是不是南安丰州皇冠山六朝墓群其中一座墓的主人呢？无独有偶，在 1973 年于南安丰州狮子山发掘的东晋一号墓中，亦有发现一画像砖两侧分别印有"太元三年七月"及"陈文绛"字样，另出土有铜印一枚，阴文篆书"部曲将印"。部曲在魏晋南北朝时期指家兵、私兵，之后地位卑微化，主人视部曲为贱口，因此在泉州府志、南安志等地方志上并未查到有关于部曲将的信息。笔者在研究中发现，泉州、南安等地的地方志、人物传稿皆自唐代之后记载颇为详细，但两晋南朝时期近乎于无。在南安梅溪《陈氏族谱》云："陈氏之先，颍川人也。远祖梅洋三郎，当时困于兵乱，人不自保，惟恨所居之不远，隧入（闽中）深山群谷，以为营生安业之地，若武陵桃源之避秦者。"《八闽陈氏》中云："陈润，'仕晋官散骑常侍，永嘉时渡江入闽'，自此陈姓繁衍闽中。"但二者所记载诸人皆没有陈文绛其人。由此来看，陈文绛其人之名出现在两座墓中，应该不是墓主人的名字。而在陈氏族谱上亦未见其人，由此推测陈文绛并非士族，可能是制作墓砖的普通百姓。

南安丰州发现的六朝墓葬，从墓葬规格、墓砖图案和随葬品来看，墓主人应为中下级士族和地主富豪。在该墓群发现的众多画像砖中，除了福建地区六朝墓葬中常见的钱文、蕉叶纹等外，尤以佛像、乐器阮的画像砖鲜为发现，其中佛像、僧人画像砖在福建发现不多，而乐器阮的画像砖更是属于福建省内的首次发现，其内涵与意义都值得深入研究和讨论，本文则主要对该墓群画像砖中的佛教形象进行辨析、阐释。

---

① 福建博物院：《21 世纪初福建基建考古重要发现》，福建人民出版社，2009 年。

皇冠山六朝墓画像砖中的佛教形象辨析

佛教进入中原或江南地区的时间，根据史书、出版物或发表的论文，可以总结出十来种，大致可分为春秋说、战国说、汉武帝说、西汉末年成哀帝年间说及东汉明帝说等，但史学界一般采信《后汉书·明帝纪》和《魏书·释老志》的记载，认为是在东汉明帝时①。而佛教因素进入墓葬，大概始于东汉中晚期，比如和林格尔汉墓壁画中的"仙人骑白象"和"猞猁图"②、山东沂南画像石墓中出现的"项光童子"③ 都被认为是早期佛教对中国的影响。④ 在南方东吴西晋墓中也出土了为数不少的白毫相陶俑和带佛像的瓷器、铜镜，还有少量的佛教画像砖、小陶佛像和大量见诸堆塑罐上的佛像等，不过这些佛教因素当时主要是神仙性质⑤，与汉朝的道教、西王母信仰结合在一起。

佛教与墓葬发生内在的联系，要到南朝时期。南朝墓葬中的文化因素比较复杂，除佛教因素之外还有民俗因素、道教因素等，但是可以肯定的是佛教因素以自己本来的性质而与其他因素对等出现。⑥

从已发表的资料来看，南安丰州皇冠山六朝画像砖墓的画像砖采取了两顺一丁的建筑方式，其中横向的砖面印有鱼纹和青龙，纵向砖面印有佛像和僧人两种，佛像采用坐姿，僧人可分为站在底座上和头后有背光两种，动作皆为双掌合一（图1）。从拓片上可以看出，南安丰州皇冠山六朝画像砖墓的僧人形象有两个显著的特点，其一为鼻部在整个面部处于明显而突出的位置，其二为眼部大而突出。

首先笔者通过将省内其他带有明显佛教因素的墓葬一并拿来比较，试图寻找与南安丰州皇冠山六朝墓群的共性。福建省内还有两座墓也带

---

① 姚义斌：《六朝画像砖研究》，江苏大学出版社，2010年，第140页。

② 内蒙古自治区文物考古研究所：《和林格尔汉墓壁画》，北京文物出版社，2007年。

③ 南京博物馆、山东文物管理处：《沂南古画像石墓发掘报告》，文化部文物管理局，1956年，第26～27页。

④ 俞伟超：《东汉佛教图像考》，《文物》1980年第5期，第68～77页。

⑤ 温玉成：《公元1至3世纪中国的仙佛模式》，《敦煌研究》1999年第1期，第159～170页。

⑥ 韦正：《试谈南朝墓葬中的佛教因素》，《东南文化》2010年第3期，第91～100页。

有明显的佛教因素，同样位于南安丰州华侨中学的南朝墓①中，其坐姿佛像画像砖与皇冠山并无太大差异（图2）。而闽侯南峪墓②中佛教因素有飞天、僧人、供养人这三种。其中供养人头戴冠，身着宽袖长袍，双手拢于胸前（图3）；僧人有供花僧人（图4）和诵经僧人两种造型，与皇冠山的僧人相比较，都具有面部朝向右侧的特点。飞天为飘带于身后飘舞，做飞翔状。

图1　南安丰州皇冠山南朝墓

很明显，该两座墓中的佛教人物形象与南安丰州皇冠山六朝画像砖墓存在差异。那么笔者将范围进一步扩大至全国范围，将比较的重点放在佛像、僧人、供养人、飞天这几种带有明显佛教因素的题材上。

为方便起见，笔者将含有佛教因素的22座南北朝墓葬以表格（表一）的形式列出。需要说明以下几点：1. 本文只是就南安丰州皇冠山六朝墓群的画像砖展开讨论，属于墓葬装饰的范畴，具体有画像砖、画像石、壁画以及画像石棺等，因此所选取的墓葬不涉及如堆塑罐等的一般随葬品；2. 南北朝多数墓葬中都含有画像砖，花纹多重复莲花、忍冬、缠枝等几种，比如莲花纹在东汉以前的画像砖资料中就有发现，属于传统的花卉纹饰之一，因此可能需要区别对待，有些可能具有佛教含义，有些可能仅仅作为装饰纹样，故仅含有此类画像砖的墓葬不予列出；3. 所列举的墓葬绝大部分都没有发现明确的纪年物，给判定年代带来了一定困难，本文所采用的年代均出自已发表的资料，大体均在南北朝时期。其中，福建墓葬3座，江苏6座，浙江2座，湖北2座，河南2座，河北1座，山西3座。

---

① 福建省文物管理委员会：《福建南安丰州东晋、南朝、唐墓清理简报》，《考古通讯》1958年第6期，第18～28页。

② 福建省博物馆：《福建闽侯南屿南朝墓》，《考古》1980年第1期，第59～65页。

与福建相邻的浙江仅在余杭发现带有僧人画像砖的南朝墓①，共计僧人四名，僧人形象同样为面部朝右，第一、第三人双掌合一，第二、第四人均手持净水器皿（图5），但面部表情、服饰上与福建没有相似性。

图2　南安华侨中学南朝墓　　图3　南屿墓供养人　　图4　南屿墓僧人

江苏南京西善桥油坊村南朝墓②发现有侍男侍女像，其造型既有面部朝右的，也有面部朝左者。其中一侍女发髻高直，上身着褶，下身着裤，与南峪墓中一僧人同样做供莲花状。另一侍男头饰巾，身着褶裤，脚穿鞋，双手拢于胸前。最后一侍女头饰髻，身着宽袖衣，下束裙，穿履，双手拢于胸前（图6）。

江苏扬州邗江县酒甸M1③中出现男女供养人像和小佛像，均为正面像。男供养人头戴冠，女供养人头梳髻，均外穿交领外衽衣，脚着云头履，双手拱于胸前。小佛像则端坐莲花宝座之上，背后有佛座，四周有宝光（图7）。

江苏常州戚家村④可视为佛教因素的主要内容为飞天，束发向上，双手捧博山炉，衣裳及飘带向后飞舞，显示凌云直上之势。

江苏常州田舍村⑤的情况同戚家村，以飞天为主。头部有发髻，着开襟长衣，束腰，衣带飘舞。左手托一葫芦形器物，舒展右手，有凌云

---

① 杭州市文物考古所：《浙江省余杭南朝画像砖墓清理简报》，《东南文化》1992年第3、4期合刊，第123～126页。

② 南京市博物馆：《南京油坊桥发现一座南朝画像砖墓》，《考古》1990年第10期，第898～902页。

③ 扬州市博物馆：《江苏邗江发现两座南朝画像砖墓》，《考古》1984年第3期，第243～248页。

④ 常州市博物馆：《常州南郊戚家村画像砖墓》，《文物》1979年第3期，第32～41页。

⑤ 常州市博物馆、武进县博物馆：《江苏常州南郊画像花纹转墓》，《考古》1994年第12期，第1097～1103页。

之上之势。还有一侍女头扎双环发髻，着开襟宽袖长衣，腰部束带，右手托莲花，左手下垂，身前后有卷叶花卉纹饰衬托。

江苏丹阳两座墓[①]、南京江宁区南朝墓[②]和邓县学庄墓[③]亦发现飞天形象，皆髻发束腰，花带随风飘舞，作腾空飞翔姿势，但一部分飞天双手捧盘，盘中置一三足鼎，鼎中直冒火焰，或持果盘、悬罄、持鲜果、吹笙和散鲜果状，和北方敦煌壁画中飞天持花朵形象略有不同。吹笙形象与一般伎乐天性质相近，但笙却是一种传统中国乐器。所以该两墓飞天可能不全代表佛教的性质，还有道教思想或其他思想参与其中。另外江宁区南朝墓还有侍男侍女像，亦双手拢于胸前。

图 5 浙江余杭南朝墓

图 6 南京西善桥油坊村

图 7 扬州邗江县

图 8 贾家冲小佛像

湖北发现两座墓，一为襄阳贾家冲墓[④]，该墓中的佛教因素主要有飞天、供养人、供养羽人和小佛像，而且发现墓砖数量较多，且大部分为侧面形象。其中小佛像为一尊小佛盘腿坐于佛座上，身穿开领薄衫，双手合置于胸前，身后有背光，空间饰有忍冬花纹（图 8）。飞天相对呈蹲踞状，手中捧物仙桃过他物，头梳双髻，裙带后上飞舞，画面中博

① 南京博物院：《江苏丹阳县胡桥、建山两座南朝墓葬》，《文物》1980 年第 2 期，第 1～12 页。
② 南京市博物馆：《南京市江宁区胡村南朝墓》，《考古》2008 年第 6 期，第 51～57 页。
③ 河南省文化局文物工作队：《邓县彩色画像砖墓》，文物出版社，1958 年。
④ 襄樊市文物管理处：《襄阳贾家冲画像砖墓》，《江汉考古》1986 年第 1 期，第 16～32 页。

山炉或净瓶立于覆莲之上，空间饰莲瓣，两边饰莲草纹，四周有忍冬纹边框。供养人形象最为丰富，该墓葬中的供养人画像砖分为两型六式，所有供养人都站在覆莲台座上，周围散布莲瓣、卷草等纹饰纹样。主要分为普通供养人和羽人供养人（图9）。动作为按剑、持莲草、捧香炉、提佛球等。羽人是比较典型的道教形象，很早就出现的墓葬壁画之中，南北朝时期多以羽人戏龙、羽人戏虎的形象出现，而在该墓中却与供养人一样站在莲台之上，那么所表现的到底是佛教性质还是道教性质？二为谷城肖家营墓①，佛教因素为持莲侍女（图10）及宝瓶插花。

图9　贾家冲供养人　　　　图10　谷城肖家营　　图11　大同智家堡

以上是南朝墓葬的大致情况，通过比较不难看出，北朝墓葬的佛教因素与南朝是有明显差异的。就墓葬装饰本身来说，南方以画像砖为主，而北方以壁画、画像石及画像石棺为主。装饰内容上除了同样的佛教、道教、儒家等因素外，南方更流行各种单一的人物、几何形图案、植物等造型。北方以壁画为主则更多反映日常生活，如宴饮、出行、仪仗、奏乐等内容。在佛教因素上，北方墓葬要单一的多，茹茹公主墓②、娄叡墓③以摩尼宝珠为主；洛阳北魏画像石棺④亦有摩尼宝珠，另有持莲方士；仅在山西大同智家堡⑤发现了手持莲蕾的供养人形象（图11）。

最后还有东北的的长川一号墓⑥，该墓葬中的佛教内容丰富而具

①　襄樊市考古队、谷城县博物馆：《湖北谷城县肖家营墓地》，《考古》2006年第11期，第15～37页。

②　磁县文化馆：《河北磁县东魏茹茹公主墓发掘简报》，《文物》1984年第4期，第1～15页。

③　山西省考古研究所、太原市文物管理委员会：《太原市北齐娄叡墓发掘简报》，《文物》1983年第10期，第1～23页。

④　洛阳博物馆：《洛阳北魏画像石棺》，《考古》1980年第3期，第229～241页。

⑤　王银田、刘俊喜：《大同智家堡北魏墓石椁壁画》，《文物》2001年第7期，第40～51页。

⑥　吉林省文物工作队、集安县文物保管所：《集安长川一号壁画墓》，《东北考古与历史》（第一辑），文物出版社，1982年，第154～173页。

体，除了大量的莲花图案，还出现了佛、菩萨像以及信徒礼佛的场面（图12）。图像充分表明，佛教不仅传入了高句丽，而且还成为5至6世纪高句丽丧葬信仰的一部分①。

图12 吉林长川一号墓

由上述对南北方几座墓葬的简述可以看出，福建省内南朝墓葬中的佛教因素中，飞天、供养人与江苏有联系，僧人则在浙江出现，湖北出现了佛像、供养人和飞天。持莲形象在江苏、山西有出现。长川一号墓虽然佛教因素较为丰富。但非常遗憾，在这些墓葬中，没有发现一座其佛教人物形象与南安丰州皇冠山六朝画像砖墓一样，具有鼻高且大，眼大突出的特点，为一个特例。从另一个方面来说，即南安丰州皇冠山六朝画像砖墓中发现的佛教人物画像砖，很可能不是以中国本土的佛像和僧人为样本而制作的。

而在两晋、南朝墓葬中，还有很大一部分人物形象以俑的面貌出现，在这之中胡人俑又占有很大的比重。李刚在《汉晋胡俑发微》一文中从人种学的角度将汉晋时期南方地区的胡人俑粗略地分为三大类，其中有一类以长江中下游及广东地区为代表，面部特征为大眼、鼻高且大、颧骨略显，下颌稍宽于额部脸庞稍窄，当为印度欧罗巴人种印度地中海类型，他们当来自于印度一带②。其特征与南安丰州皇冠山六朝画像砖墓中的僧人形象基本相同，很有可能所反映的是胡僧形象。

皇冠山六朝墓画像砖中佛教因素的来源考略

笔者认为，福建省内南朝墓葬的佛教因素，不外来源于三条路线，第一从北方自北向南传入，这条路线包括陆路和海路的传播；第二鉴于

① 李清泉：《墓葬中的佛像——长川1号壁画墓释读》，《汉唐之间的视觉文化与物质文化》，文物出版社，2003年，第497页。
② 李刚：《汉晋胡俑发微》，《东南文化》1991年3、4期，第74～76页。

福建为沿海省份，也可以从海上由国外直接到达泉州或者福州；第三还可能由南向北传入，即先在福建以南的省份登陆，再经陆路或海路传入。

综合来看，由北向南传播的可能性更大些。江苏、浙江、福建三个沿海省份依次由北向南分布，三个省份都发现有带有佛像、僧人等因素的画像砖，并且内容也相差不大。而且江苏建康作为东晋、南朝历代的都城，在政治、经济、文化上都属于领先的地位，因此其墓葬因素向周边辐射的可能性相对较大。而湖北距离福建相对较远，而且只发现了两座墓葬，在资料上比较匮乏，其中站在莲台上的供养羽人形象更可能是地方因素或南北方文化融合的产物。更为重要的一点是，在湖北和福建两省之间的江西省，目前发表的资料上并没有如上述省份一样带有明显佛教因素的墓葬，只有少数带有莲花纹的画像砖。南朝时期江西地区较少接受外来影响，而以输出砖柱为主，在东西南北四个方向均可见明显的痕迹①。所以在考古资料上不大足以支撑"福建南朝墓葬佛教因素来源于湖北"这一论点。

而福建、广东地处东南海滨，又有闽江、晋江、珠江等一系列入海口便于连接海洋与内陆，其原住民又有较为丰富的航海经验，因此在很早就成为重要的港口和海洋贸易的中心区域。

在东汉时，福建已是南北海上交通的枢纽，据《后汉书·郑宏传》载："建初八年，旧交趾七郡贡献转运，皆从东冶泛海而至，风浪艰阻，沉溺相系。"② 西晋、南朝时社会经济已相当繁荣，有大舶往海外贸易。其中《南齐书·蛮传》、《梁书·诸夷传》记载南海诸国颇为详细，大致有扶南国、呵罗丹国、阇婆达国、中天竺、天竺迦毗黎国、狮子国等。因此和印度往来的佛教诸国，经阇婆，而至狮子国的航线早已被发现，那么亦有可能部分僧人或商人直接在福州及泉州宣扬佛法。早在太康三年（282），福州就兴建了福建第一座佛寺——乾元寺（绍因寺）③，太康九年（288）又于南安丰州建立延福寺，为闽南最早的寺院，④ 南朝时西印度僧人拘那罗陀便在此寺翻经八载，至太建元年（569）入寂。⑤说明当时福建本地的佛教思想已经深入大众，特别是胡僧形象，可能并

① 韦正：《江西六朝墓葬综述》，《南方文物》2009 年第 4 期，第 114～123 页。
② 《后汉书》卷 33，《郑弘传》。
③ 黄启泉：《福州史话》，鹭江出版社，1998 年，第 26 页。
④ 吴幼雄：《泉州宗教文化》，鹭江出版社，1993 年，第 104 页。
⑤ 李玉昆：《泉州海外交通史略》，厦门大学出版社，1995 年，第 7 页。

非是由国内其他省份传入。

第三条路，即由南向北的传入的方式。我国古代对外的海上交通，大致分东向、南向两途，广州则是南向一途的重要港口。魏晋南北朝时期，中国的南海交通在两汉形成的基础上进一步发展。于是，不少中外僧人乘船到达广州等东南沿海城市，来往于中印之间。天竺人耆域是最早从海路来到中国的外国僧人，他"自发天竺，至于扶南，经诸海滨，爰及交广"。于晋惠帝末年到达洛阳。在东晋法显之后，更有多位中外佛教高僧是沿这一海上丝绸之路来广州的。[①] 但是广东省南朝墓葬的发掘资料相比于江西省，所含佛教因素更加匮乏，不能找到福建南朝墓葬佛教因素来源于广东的直接证据。另一方面，东晋、南朝时期僧人由沿海所进出的地点约如下几处：即扬州、广州、梁安郡（泉州）、晋安郡（福州）、青州。僧人中路线明确者取道青州 3 人，建康 1 人，广州 4 人，交趾 2 人。广州多为中转，最终目的地仍是建康[②]。

因此笔者认为福建两晋、南朝时期的墓葬中开始加入佛教因素，特别是类似于佛像、僧人等比莲花、忍冬更能体现佛教思想的图案，存在着共性与个性的差异，其共性诸如一般的僧人、飞天等形象可能来自于建康、浙江，是当时士人及百姓南下的一种反映；而类似于胡僧画像砖的形象则为南安地区所独有，尽管在其他地区的堆塑罐上发现有作深目或突目，高鼻，珈趺坐或侍立，着长袍，双手合十等动作的胡僧形象，但与作为墓葬装饰的胡僧形象应属于不同的范畴，因此其来源不能一概而论。南安丰州皇冠山六朝画像砖墓中的墓砖胡僧形象，在国内其他墓葬中尚未有其他的发现，极有可能是外国僧人从海路进入该地区并留下影响的反映。如果能在南安地区发现其他类似该画像砖墓的现象，那对于研究两晋、南朝时期佛教的海路传播以及对外航海问题都将有一定帮助。

余论

中原汉人入居泉州地区的时间当在三国孙吴时，三国吴景帝永安三

---

① 广东省社会科学院：《海上丝绸之路与广州》，《中国社会科学》1992 年第 1 期，第 207～223 页。

② 费泳：《南北朝时期佛教造像传播格局的转变》，《敦煌研究》2004 年第 2 期，第 43～47 页。

年（260）设东安县，县治在今南安丰州，辖地约当南安、晋江、同安三县辖地。三国后期由于中原汉人入居泉州，闽南地区人口增加，所以在丰州置县加强管理。丰州在西晋时，是晋安郡所在地，不过仍属边境，而入居高潮在永嘉之乱以后，[①] 中原一部分士族和大批劳动人民南迁入闽。到了南朝梁时，晋安分为晋安和南安两郡，丰州为当时南安郡城，一直到隋，南安丰州都是福建南部政治、经济中心。

中国历史上的魏晋南北朝时期，是一个长期处于分裂割据的状态，黄河流域战乱频繁，百姓流离失所。福建偏处东南海滨，局势相对稳定。宋代地理总志《太平寰宇记》记载："东晋南渡，衣冠士族多萃其地，以求安堵。"清乾隆《福州府志》引宋路振《九国志》载："晋永嘉二年（308），中洲板荡，衣冠始入闽者八族，林、黄、陈、郑、詹、邱、何、胡是也。"即一般所说八姓入闽。宋王象之《舆地纪胜》亦云，晋江"在县南一里，以晋之衣冠避地者多沿江以居故名"。乾隆《泉州府志》卷八《山川》也记载有："晋南渡时衣冠避地者，多沿江而居"，故有晋江之名。

南安丰州发现的六朝墓葬，从墓葬规格、墓砖图案和随葬品来看，墓主人应为中下级士族和地主富豪。墓葬集中分布于皇冠山南麓一带，坐北朝南排列，面向晋江，体现当时聚族而居、聚族而葬的社会习俗。

从上述对南朝墓葬中佛教因素的分析可以看出，佛教因素在南朝墓葬中的出现并不是孤立的，而是多样化、成规模的出现，分布范围较大，最北到达吉林，最南达到广东，内容从简单的莲花纹、忍冬纹到复杂的佛像、僧侣、供养人，可以说是丧葬文化与佛教文化融合的一个重要阶段。

这些一方面说明了南朝晚期佛教的世俗化和平民化，另一方面也说明了当时佛教传播方式的灵活和宽松性，闽南地区自然也不能独立于世事之外。至于福建墓葬内的佛教因素来源，是否由南下的士族和普通人民所带来，还是基于本身的便利交通条件，接受了由海路而来的外国佛教因素并受其影响运用于墓葬中，还需要进一步的讨论。

---

① 黄展岳：《泉州南朝以前的历史考古问题》，载《福建历史文化与博物馆学研究》，福建教育出版社，1993 年。

闽北松溪流域六朝墓葬的考古学观察

亓惠林[*]

三国两晋南北朝时，北方战事频仍，南方相对安定，闽地成为北方仕宦百姓躲避战祸的"世外桃源"。大批士民入闽，带来了先进的文化技术，对福建的土著居民的社会习俗产生了巨大的变化和深远的影响，大量六朝时期花纹砖室墓的出现正是这一社会现象的具体表现。[①] 福建的闽江和晋江流域河谷、盆地地带是南迁汉人的主要聚居区。乾隆《福州府志》卷七十五"外纪"载："永嘉二年，中州板荡，衣冠始入闽者八族，林、陈、黄、郑、詹、邱、何、胡是也。以中原多事，畏难怀居，无复北向，故六朝间仕宦名迹，鲜有闻者。"乾隆《泉州府志》卷八"山川"载："（晋江）晋南渡时衣冠避地者，多沿江而居，故名。"闽中境内目前发现的六朝墓葬主要集中在以建瓯为中心的闽北地区、以福州为中心的闽东地区及以泉州为中心的闽南地区。

松溪作为建溪主要的支流之一，与南浦溪、崇阳溪合流于今建瓯市，三溪谷地是闽北地区早期古文化发展的中心，又是闽中地区与浙、赣、皖古代人文交流的重要通道，也是汉晋以来中原北方汉人大规模南迁、开发闽中的第一站。目前已经在松溪流域发现了丰富的六朝时期墓葬遗存，为了解该流域乃至闽北六朝时期的文化发展提供了重要的实物资料。

---

* 作者单位：厦门大学人文学院历史系。

① 羊泽林：《福建古代墓砖纹样初探》，《福建文博》2002 年第 1 期。

松溪流域六朝墓葬的考古发现

孙吴时期，闽中还属于蛮荒之境，只是作为被贬谪官员或罪人的流放发配之地。放眼整个闽中，目前为止，也只有在霞浦城关发现两座东吴时期的纪年砖墓：东吴永安六年（263）砖墓、眉头山天纪元年（277）墓，[①] 其他地方则是一片空白，松溪流域的六朝墓也多为西晋至南朝时期。

1. 西晋墓葬的发现

西晋后期，已有一定数量的汉民进入闽中，松溪流域作为闽地与北方交流的重要通道，自然也成为了汉民迁居较多的地区。本期发现的六朝墓数量不大，多有纪年。

2010 年，厦门大学历史系考古专业在建瓯东峰九郎科发掘了一座西晋墓葬，编号 M1。[②] 由于高速公路施工破坏，清理时部分墓圹已露出地面。该墓墓向 205°，平面呈"凸"字型，由甬道和墓室两部分组成（图 1）。墓顶已被破坏殆尽。墓葬全长约 6 米，甬道长 1.22 米，宽 0.88 米，墓室宽 1.76 米。墓壁残存 2～11 层砖，为四顺一丁垒砌；铺地砖一层，为斜向排列成曲折人字形铺砌。墓砖全为长方形青砖。墓壁砖均为花纹砖，多有铭文。纹饰多叶脉纹，铭文有"徐盛"、"太岁在甲子"、"太康五年九月十六日余"、"永安元年七月"、"太康七年八月廿四日"、"建安叩头叩头"等。

随葬品包括铜镜、铁剑、青瓷小碟共三件。

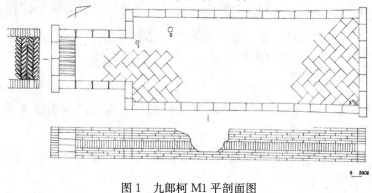

图 1 九郎柯 M1 平剖面图

---

① 黄亦钊：《霞浦发现东吴天纪元年墓》，《福建文博》1989 年 1、2 期合刊。
② 厦门大学历史系考古专业 2010 年发掘资料。

1974 年，福建省博物院在松政县发现一座西晋墓。[①] 墓为券顶砖室，平面呈"刀"形（图 2），分甬道、墓室二部分，全长 8.65 米，方向北偏东 45°。甬道长 2.10 米、宽 0.87 米、残高 1.01 米。封门墙已遭到损坏，原高不详。墓室长 6.55 米、宽 1.85 米，高 2.45 米。墓壁全用平砖叠砌。墓室左右后三壁，在距底高 0.85 米处，各有三个方形壁龛，左右对称。壁龛长宽各为 0.25 米，深 0.1 米。龛内空无一物。铺地砖平铺两层，上层斜砌人字形。墓砖有长方形和楔形两种。楔形砖专用于起券。大部分长方形砖的一个长侧面印有"永兴三年八月廿二日建造"纪年文字（反文），另一个长侧面模印花坟，纹饰有古钱纹、蕉叶纹、莲花纹、双线交叉纹、三个平行的横线纹，砖的一端印有兽面纹。砖的正背两面，一面平，另一面印粗绳纹。

在该墓室的前部共发现了十八件随葬品，包括青瓷钵、青瓷壶、青瓷双耳罐、青瓷虎子、青瓷双耳盘口壶、三足铜盘、铜鐎斗、铜盘、神兽镜、四龙镜、金手镯（3 件）、银手镯（2 件）、银耳挖。

图 2　松政渭田西晋墓平面图

2. 东晋墓葬的发现

西晋末东晋初，大量汉民被迫南移。"永嘉二年，中州板荡，衣冠入闽者八族，所谓林、黄、陈、郑、詹、丘、何、胡是也。以中原多事，畏难怀居，无复北向，故六朝间仕宦名迹，鲜有闻者。"[②] 这就是所谓的"八姓入闽"。此阶段举族入闽者不在少数。而这大批汉民有相当一部分就到达了松溪流域，并在此定居。北方移民大量涌入，反映在考古学上，就是六朝墓的增加。松溪流域东晋时期的六朝墓葬也显著增多。典型墓例有建瓯阳泽小学咸和六年（331）墓和建瓯小桥东晋永和三年（347）墓。

1987 年，建瓯博物馆在阳泽小学发掘了一座东晋"咸和六年"

---

①　卢茂村：《松政渭田永兴三年（306）墓》，《文物》1975 年 4 期。
②　（北宋）路振撰：《九国志》，中华书局 1985 点校本。

墓。① 墓葬为单室券顶，方向 140°，平面呈凸字形，由甬道和墓室组成，保存完整。全长 4.45 米。甬道长 0.94 米，宽 0.68 米，高 1.46 米。墓壁砌法以三顺一丁两组起基后再以平砖错缝叠砌。墓底铺平砖，呈人字形排列。墓砖分长方形砖和楔形砖两种，砖两面模印有网格、绳纹，四侧模印花纹或铭文，花纹有叶脉纹和几何形图案，铭文有"泰宁二年六月廿日□□□起"，"咸和六年八月五日黄作"，反体隶书。

该墓虽然保存完整，但出土器物却仅有四件，包括青瓷钵、青瓷碗（2 件）、青瓷盅。

1982 年，建瓯县文物普查队在小桥发现并清理古墓两座，分别编号 M1、M2。② 墓室坐北朝南，两侧并列，左右相距 4.1 米，左墓室比右墓室向前约 1 米。墓道和墓顶已经损坏塌陷，从墓旁堆积的泥土和楔形砖看，应属于券顶砖室。全墓分墓道和墓室。左墓平面呈"凸"字形，右墓呈"刀"字形，墓道偏左。两墓壁均用形制相同的红色花纹砖一丁三顺叠砌。墓底墓砖有两种，长方形砖和楔形砖，四侧凸印蕉卜纹、交叉纹及少量钱纹。部分墓砖有"永和三年"的铭文。外壁用红壤填实。墓底铺平砖，呈人字形排列。

墓中出土青瓷双唇罐、双系罐、盅、盂（2 件）及陶纺轮（2 件）、陶钵等共 8 件随葬品。墓内出土瓷器数量不多，但造型小巧，釉色莹润，时代特征明显。其中双唇口罐系北方墓葬常见的随葬品。它的出现可能与东晋士族地主阶级偏安江南有关。死者很可能是当时南下入闽的士族阶层一员。从两墓葬埋的时间、位置、墓室的用材和砌法看，它们应该是两座夫妻并列合葬墓。而墓葬形制和大小的不同，墓室前后距离的差异，正好是男女有别的尊卑观念的体现。

3. 南朝墓葬的发现

南朝时，随着人口自然繁衍，而且汉人带来了先进的耕作技术，可以养活更多的人口，以及进一步的移民潮，松溪流域的六朝墓的数量更是大幅增加，墓葬形制也更加复杂，福建地区晋、南朝墓葬以中小型墓葬居多，结构多为砖构券顶单室（前加甬道）墓，平面呈凸形（或刀形）。仅有建瓯、政和等地南朝墓，结构最为复杂，除前后室甬道外，

---

① 建瓯县博物馆：《建瓯县阳泽晋墓清理简报》，《福建文博》1988 年第 1 期。
② 建瓯县博物馆：《建瓯小桥东晋"永和三年"墓》，《福建文博》1987 年第 1 期。

尚有两耳室和多个壁龛设置。^① 松溪流域此时还发现了家族墓地。在兵荒马乱的年代，南移的汉民为了求得最大的生存力量，往往举族迁徙以相互扶助。当他们入闽之后，又必须借助乡族的整体势力才能进一步稳固和拓展生存空间，聚族或聚乡而居也便成为其必然的选择。^② 家族墓地也就由此产生。下面介绍一下政和松源的多室墓和春坑口、牛头山的家族墓地。

1983 年，在政和松源、新口清理发掘了一批南朝墓葬，^③ M833 是其中最大的一座，形制最为复杂。M833 为十字形凸字头多室券顶结构，方向 210°（图 3）。该墓通长 7.76 米，分为甬道、前室、中室（附坐、右耳室）、后室。墓内砌砖柱 28 垛，墓门以砖直砌封门，厚 0.34 米，其他各壁用砖错缝平砌。甬道和后室为纵长方形，前室和中室为横长方形，左右耳室在中室的两侧。右耳室东壁以一层平砖砌筑三个小平台。后室作为棺床。墓室底部墓砖铺设不甚规则。墓砖多为平砖，两面多素面，或饰麻布纹，两侧及两端饰交叉线纹。

随葬品共 13 件，器类包括青瓷的罐、灯、托盘、碗、瓶博山炉、分格盘、盘托三足炉以及 2 件石猪饰件，集中于甬道和中室，只有一件盘托三足炉置于左耳室东壁的下层平台上。

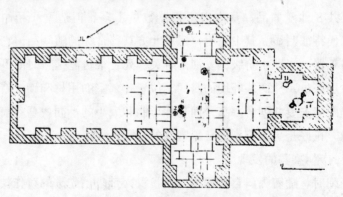

图 3　松源 M833 平面图

2010 年，厦门大学历史系考古专业与南平市博物馆合作在松溪流域东峰溪沿岸春坑口、牛头山两处遗址中发现并清理南朝时期墓葬 23 座，从其形制看，大体可分为三种：刀形砖室墓、凸形砖室墓、长方形

①　郑辉：《福建地区六朝考古的发现与研究》，《福建文博》2008 年第 4 期。
②　张燕青：《福建文化生态与历史文化传承》，《东南学术》2003 年第 5 期。
③　福建省博物馆、政和县文化馆：《福建政和松源、新口南朝墓》，《文物》1986 年第 5 期。

砖室墓，另外三座则为长方形竖穴土坑墓，墓中出土了青瓷器、铁器等随葬器物50多件及一批花纹、铭文墓砖。

春坑口遗址的六朝时期墓葬分布沿河坡地上，共发现19座集中分布的南朝墓葬，其中砖室墓16座，土坑竖穴墓3座。这19座墓葬的方向基本一致，都是朝向南偏西，规模相近，相互间未有叠压打破关系，而随葬品的组合除土坑墓中有出土金属器之外，其余均为青瓷器。因此，综合墓葬形制和随葬品情况来分析，这应该是一处经过统一规划的南朝家族墓地（图4）。

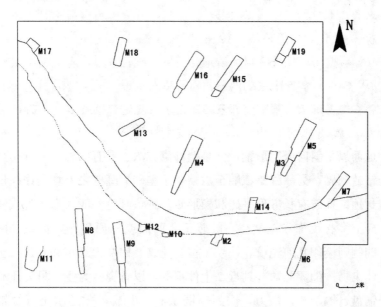

图4　春坑口家族墓地分布图

牛头山遗址的六朝墓葬位于春坑口遗址的西侧约200米处，其中经过发掘的为4座砖室墓，均为红砖垒砌的带甬道砖室墓，墓向亦是朝南偏西。在已发掘墓葬的西、南部还发现了大量古代墓葬的盗洞36个，大多属于六朝时期的砖室墓盗洞。这些墓葬分布规律，墓向基本一致，随葬品组合相近，显然也是一处经过规划的家族墓地（图5）。

松溪流域六朝墓的阶段性特征

1. 西晋时期

西晋时，松溪流域的六朝墓平面形状以"凸"字形和刀形居多，很少发现长方形墓。墓室底部未见分级，前部不设祭台，有些墓设有壁

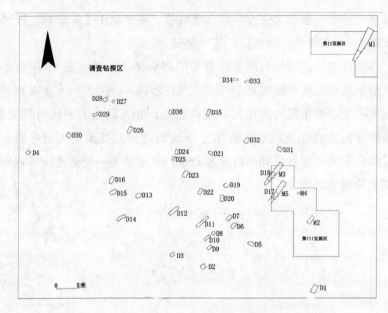

图 5　牛头山家族墓地分布图

甃。地面以平斜向人字形铺设。墓壁堆砌方法主要有两种，一种是全部平砖错缝顺砌，另一种是三顺至六顺一丁垒砌。墓壁之上均是用楔形砖起券封顶。墓砖有长方形平砖和楔形砖两种，颜色一般为青灰色或者红色。砖上多有纹饰和铭文。一般砖正背两面或一面压印粗绳纹、网格纹，四侧则模印几何花纹、钱纹、植物花纹。铭文为纪年和姓氏，正体或反体隶书。随葬品数件到近二十件不等，以青瓷器为主，另外还有铜镜、铜盘、铜鐎斗，铁刀，铁剑等铜铁器，少数墓葬还出土有金银手镯、银耳挖等金银器。

此时期青瓷器胎骨多成淡灰色，是选用了铁、钛含量较高的瓷土作坯料，或者在坯料中加入了少量紫金土等。[①] 胎质细腻，釉色以青灰釉最为常见。施釉均不及底。纹饰有网格纹、弦纹等，多见于器物口径肩部或上部。器物种类包括餐具、酒具、水器以及卫生器具，有盘、碗、钵、碟、耳杯、罐、壶、虎子等。器物组合常见钵、碗、罐、壶。这些瓷器，无论胎釉、造型还是纹饰，都与浙江越窑的产品相似。[②]

2. 东晋时期

松溪流域东晋时的墓葬绝大多数为中小型墓，平面形状仍以刀形和

①　林正利：《浅论福建六朝青瓷》，《福建文博》2003 年第 2 期。
②　中国硅酸盐学会编：《中国陶瓷史》，文物出版社，1982 年。

凸字形为主，也有少量长方形墓。墓室底部未见分级，没有壁龛的设置，地面与西晋时一样为曲折人字形铺设。墓壁堆砌方法也与西晋时相同。墓壁之上均是用楔形砖起券封顶。墓砖颜色多为红色。砖上纹饰与前期差别不大，纪年铭文仍是正体或反体隶书。随葬品数量多在十件以内，较前期有所下降，仍以青瓷器为大宗，青铜器及金银铁器少见。

本阶段的青瓷器胎釉沿袭前期的作风，带冰裂纹的青黄釉开始出现。器物种类和常见组合与前期基本相同。盘口壶、双耳罐、钵、碗较西晋同类器物形体增高。

3. 南朝时期

南朝时，松溪流域六朝墓葬形制更加多样，除了两晋时常见的刀形和凸字形，长方形、十字形、凸字形墓也都有发现。大型多室墓开始出现，大中型墓中砖柱经常可见，一般沿着墓室圹壁间隔一定距离砌砖柱，砖柱上起券与券顶重叠以加固圹壁和撑托券顶，形成多券门多砖柱。墓室底部分级，从甬道至墓室后端呈阶梯状增高，中小型墓一般为两到三级，大型墓为四到六级。这样的设计有助于排水，保持墓室内的干燥。墓室前部不设祭台。墓底人字形的铺设方式已比较少见，取而代之的是两横两纵的平砖相间铺设法。墓壁以平砖顺砌为主。壁龛已少见，但保留了伸出一两块平砖放置器物的做法。墓砖以泥质红砖为主，青灰色砖已少见，质地较两晋时期细致坚硬。墓砖两面均压印绳纹、网格纹或均素面，也有一面绳纹一面光素。四侧纹饰除沿袭之前图案外，开始流行莲花、忍冬缠枝等佛道题材的图案。墓砖铭文主要还是纪年和姓氏，但字体有所变化，多介于楷隶之间。随葬品数量较前期有所增加，从未被盗扰的南朝墓来看，每座墓的随葬品在十到三十件左右，其中最常见的依然是青瓷器，另外铁剪刀、石雕猪饰件、陶纺轮等也多有发现。

本阶段青瓷釉色以青灰、青黄、淡青和青绿三类并存，后三者制作多选用含铁量较低的原料做胎料，所以瓷器多呈灰白，施上青釉后，色彩淡雅，晶莹剔透。[1] 青绿釉釉层较厚，色调略显深沉，又被称为黝青釉，具有浓郁的地方特色。纹饰流行凹凸弦纹和莲花、莲瓣纹，手法以模印或刻划为主。器物品种较前两期明显增多，有罐、壶、钵、碗、盘、耳杯盘、五盅盘、托碗、托盏、托杯、瓶、唾壶、三足砚、虎子、

---

① 林正利：《浅论福建六朝青瓷》，《福建文博》2003 年第 2 期。

分格盘、博山炉、四管插器、灯架、鐎斗、盘托三足炉、水盂；器物组合为壶、罐、碗、盘、五盅盘、博山炉、鐎斗、灯架。本期器物与前两期相比，要瘦长一些。

松溪流域六朝墓与闽北早期历史

六朝时期是闽中文化主体转变的关键时期，由西晋到南朝六朝墓葬的变化，清晰地展示了该流域古代文化的主体内涵由土著性向汉文化演变的具体过程。

孙吴时期，松溪流域还未出现六朝墓，整个闽中也只有霞浦发现了带有孙吴纪年的两座，说明此时汉人入闽的还极少，有的也只是因为政治原因被迫迁至此处。

西晋晚期，六朝墓在松溪流域开始出现，但数量不大。墓葬形制以刀形和凸形为主，墓长多在六米以上，随葬品比较丰富，墓主应为有一定身份地位的人。此阶段已有一些北方汉人迁入闽地，但数量并不是太多，且多为中小地主。他们的影响还不足以从根本上改变当地的文化面貌。

西晋末东晋初，由于"八王之乱"和"五胡乱华"，大批中原汉民南迁，有相当一部分就来到了闽地，而松溪流域处于闽地的最北端，也就理所当然地成为了重要的"接受地"。本阶段六朝墓中发现数量最多的是中小型砖室墓，我们也未在其中发现与江浙同时期六朝墓中大量出现的墓志铭。[①] 随葬品比较简单，以实用器为主，金银器等贵重物品少见。说明大量迁入闽地的虽然有一些士族地主，身份还达不到望族的地位，多数都是社会地位比较低下，以小地主和平民为主。相较西晋时，东晋时期的六朝墓数量要多，是受大规模的移民影响。数量众多的南迁汉人是汉文化强大的载体，它大大加强和深化了汉族文化扩展浸润的历史趋势。

南朝时，松溪流域的六朝墓数量有了显著的增加，并且出现家族墓地。家族墓地出土的随葬品并不丰富，多以实用器为主，一方面符合当时薄葬的风俗，另一方面也说明家族葬并非世家大族的专利，一般的地主富户也有聚族而居的习俗。随着中原汉民的继续涌入和其本身的自然

---

① 罗宗真：《略论江苏地区出土六朝墓》，《南京博物院集刊》第 2 集，1980 年。

繁衍,汉人的数量已经非常可观,而且经过前一段的汉化融合,当地越人亦有相当部分被汉化,南迁汉人和被汉化的越人已经逐渐成为了当地人口的主要组成部分。相应的,汉文化因素也已深入当地社会的各个层面,土著文化的主体地位被汉文化取代。

而春坑口墓地的 3 座长方形土坑竖穴墓更是值得我们注意。3 座土坑墓随葬青瓷四系罐、双系罐、子母口双系罐、盘口壶及青铜盘、铁鼎、铁剪刀、铁刀等物,其中青瓷器与砖室墓中的青瓷器形制接近。而且砖室墓与土坑墓都位于同一层位下,相互之间也没有打破关系,与其他砖室墓应该为同一家族墓地,其年代相差不远,应该同为南朝。这种土坑竖穴墓的出现,具有十分重要的意义。这是南迁汉人"土著化"在丧葬习俗上的一种体现。从陪葬品来看,墓主的身份可能为士族地主。没有使用砖室墓而选择了土坑竖穴墓的形式,是汉文化长期与当地土著文化交流融合的结果。这种交流使得民族文化深层的丧俗习惯也悄悄发生了改变。据此,我们可以推测,本时期,南迁的汉人已经适应了当地的生活,并与当地土著进行了深入的文化交流。以至于某些最稳固的习俗都开始悄然改变,融合了当地土著的文化因素。但汉文化对于当地土著文化的影响是主流。南迁汉人的"土著化"说明了两者交流的层次已很深。为了加强对闽中经济统治,太康三年(282)设置晋安郡,将福建地区行政建制分为建安、晋安两郡(《闽书·地理志》),建安郡仍为闽北的浦城、建瓯、将乐等 7 县,而晋安郡有侯官、温麻(霞浦)、同安、晋安(南安)等 8 县。但两郡人口都不多,各有 4300 户,即全闽人口不过 8600 户,平均每县只有几百户人家。[①] 整个松溪流域的人口也不是很多,而大量发现的六朝墓,特别是家族墓地的发现,让我们认识到此时南迁汉人在当地人口中一定是占据了非常大的比重。而某些随葬品和墓葬形制的"土著化",说明了此时汉人和当地土著融合程度之深。

福建地区六朝墓葬以中小型墓葬为主,结构多为砖构券顶单室(前加甬道)墓,平面呈凸形或刀形。只有建瓯、政和(松溪流域)等地南朝墓,结构最为复杂,除前后室甬道外,尚有两耳室和多个壁龛的设置。[②] 这说明松溪流域在接受北方文化影响上要明显大于福建其他地

---

① 郑辉:《福建地区六朝考古的发现与研究》,《福建文博》2008 年第 4 期。

② 郑辉:《福建地区六朝考古的发现与研究》,《福建文博》2008 年第 4 期。

区，同时从墓葬的规格来看，松溪流域也是北方士族南迁闽中的主要栖居地。这些十分有利于汉化的快速深入进行，也使得松溪流域成为整个福建地区中较早完成汉化的地区。在春坑口的家族墓地中，发现有土坑竖穴墓，入闽汉人在丧葬习俗上吸收了土著文化因素。说明此时的南迁汉人已经深深地融入当地社会，土著汉化和汉人"土著化"共同进行，汉化程度迅速加深。

从出土的青瓷等随葬品来看，随着时间推移，地方特色愈加鲜明，其形制也已不是完全照搬北方。这与福建日益发达的制瓷业有关，南朝时福州怀安窑产的青瓷"是中国古瓷分相釉时代最早的一种，而且胎质也是上乘"[①]。制瓷业的发展显然来自南迁汉人带来的先进技术的促进，而地方特色的显现，说明了汉文化和当地土著文化的融合。

松溪流域六朝墓，从孙吴时期的零发现到南朝时的大量发现以及家族墓地的出现，生动地展示了本地区南迁汉人由无到有，由少到多的历史过程，作为汉文化强大载体的南迁汉人以及被汉化的土著居民已经占据整个地区人口的多数，这也表示本地区的汉化基本完成，汉文化已成为主体文化。松溪流域六朝墓的变化趋势与闽北地区，乃至整个闽地基本一致。[②] 对于松溪流域六朝墓的研究，既可以了解本地区的六朝历史，也有助于更加详实地还原整个闽地六朝历史的发展进程。

---

① 陈显求：《公元五世纪出现的分相釉瓷——梁唐怀安窑陶瓷学的研究》，《第二次中国古瓷学术讨论会论文》，1986年。
② 林忠干、林存祺、陈子文：《福建六朝墓初论》，《福建文博》1987年第2期。

略论漳州窑兴衰缘由及其历史地位

林登山[*]

漳州月港是古代福建四大商港之一。明景泰到天启年间（1450～1627），月港从一个民间自由贸易港口发展成为我国东南沿海外贸中心，其兴起到繁荣昌盛近 200 年。它与东南亚、印度支那半岛以及朝鲜、琉球、日本等 47 个国家和地区有直接贸易往来，并以吕宋（菲律宾）为中转，与欧美各国相互贸易，在我国外贸史上占有重要地位。

一、漳州窑兴衰缘由

1. 月港的兴衰

月港（今福建省龙海县海澄），在漳州府城东南五十里，"在县城西，南接南溪，东北通海潮，其形如月而得名"。它位于九龙江入海处，处在海上交通和内河交通之要冲，"海舟登泊最易"[①]。月港在明代以前尚是个名不见经传的小渔村，根据沈定钧《漳州府志》卷 25 记载，在明景泰四年（1453）月港海外贸易已经兴起。至成化、弘治年间（1465～1505），月港已是"风回帆转，实贿填舟……巨贾竞鹜争持"的"小苏杭"[②] 了。

然而，月港并非一个深水良港。它之所以在明朝中叶兴起成为著名的海外贸易港，靠的不是港口自身的优势，而是其特殊的地理位置。首

---

* 作者单位：福建省漳州市博物馆。
① 顾祖禹：《读史方舆纪要》卷九十九。
② 乾隆《海澄县志》卷十五。

先，月港由于"僻处海隅，俗如化外"，故国内外走私船只多数汇集在这里进行交易，特别是从事走私贸易的闽人，一般都从这里出洋。因此，明朝政府决定开海禁时，就不能不考虑到沿袭闽人到海外经商皆由此出洋的习惯，以免再受其扰，可保持"境内永清"。其次，月港为一内河港口，其出海口在厦门。月港的管理官员仅需在厦门设立验船处，则可以对进出口商船实行监督，避免出现隐匿宝货，偷漏饷税等现象。且当厦门出现倭患或海寇掠夺的警报时，停泊在月港的商船可来得及转移或采取防范措施。这在当时走私严重、倭患与海寇猖獗的形势下，是作为私人海外贸易港必备的重要条件。第三，月港距离省城甚远，非市舶司所在地，海外贡舶一般不由此入口，故不至于发生扰乱事件。[①]

此外，月港从默默无闻的小渔村发展成"闽南第一大都会"[②] 的这种巨变是和明政府推行的海外政策直接相关的。明朝前期厉行海禁，海外仅见外国来航之朝贡贸易，国内私舶则严禁出海。但连绵不断的民间出海走私贸易不仅屡禁不止，反而形成规模。1557 年明地方当局允许葡萄牙人在澳门居留经商，实际上亦为民间海上贸易创造了条件。[③] 明朝政府既无力禁绝海上贸易，又迫于财政困境，内外交困之下，开始盯住"洋市"的收入。这些原因终于迫使明朝政府于隆庆元年（1567）正式取消海禁，明穆宗批准福建巡抚涂泽民的建议，即"请开市舶，易私贩为公贩"，有限制地取消海禁。随即正式开放漳州月港为对外通商口岸，准贩东西洋。月港的地位得到了政府的确认，从此月港就正式作为我国东南沿海一个外贸港口迅速地繁荣起来，到万历年间（1573～1620）走向全盛。

随着西方殖民势力不断侵入远东，如葡萄牙强租澳门，西班牙占领马尼拉，荷兰在明朝天启年间把战船开到福建澎湖列岛一带海面，并于1624 年占据台湾，不断骚扰我国东南沿海，使漳州地区的海外贸易遭到严重的打击，月港也因之走向衰落。而且月港的崛起只是明朝政府为缓解因海禁造成走私问题严重而采取的一种权宜之计，因此，明朝政府制定了"于通之之中，寓禁之之法"的政策，对海外贸易商实行种种限

---

① 李金明：《月港开禁与全球贸易在东亚海域的形成》，《闽南日报》2009 年11 月14 日。

② 朱纨：《增设县治以安地方疏》，见《甓余杂集》卷三。

③ 黄涛：《从月港兴衰看明代海外贸易》，《福建史志》，2006 年。

制，即"凡走东西二洋者，制其船只之多寡，严其往来之程限，定其贸易之货物，峻其夹带之典型，重官兵之督责，行保甲之连坐，慎出海之盘诘，禁番夷之留止，厚举首之赏格，蠲反诬之罪累"①。这种种严酷的限制，注定了当时的海外贸易不可能有太大的发展，也注定了漳州月港只能是一个短命的贸易港。再加上当时频繁的海禁，与此同时郑成功以厦门为基地建立政权，为了巩固自己的政权，选择比月港更为有利的厦门作为开展海外贸易的港口，以增加财政收入，到清初，厦门港已经取代月港而成为闽南沿海对外贸易的中心。

2. 月港对漳州窑业的影响

瓷土、燃料、航运是古代窑业崛起的三大基础要素。月港作为一个走私港而崛起，并不是由漳州窑业兴起的，但漳州窑业的兴盛却是和月港的崛起分不开的。文献记载的明清漳州窑业和考古调查、发掘的漳州窑址都分布于靠近月港的九龙江三大支流东溪、西溪、北溪的中下游地区，更说明了漳州窑业的发展与月港的海外贸易的发展是直接关联的。②

月港崛起后，作为明代东南最大的商贸口岸，对于包括瓷业在内的东南沿海腹地经济形成了强烈的辐射作用，海外市场的扩大对沿海瓷业的拉力是漳州窑业兴起的有一个重要因素。据《巴达维亚城日记》记载："1603 年荷兰在麻六甲海峡捕获葡船 1200 捆生丝，价值 225 万盾，以及大量瓷器，运回本国出售。"据万历三十七年（1609），我国民间海外贸易开往日本商船的《装载货物清单》和《华夷通商考》所载，福建省输出日本的商品，除丝织品、瓷器、糖、果品外，还有铁、纸、布、竹器、药材、茶、酒、漆器、金线等。③ 又根据荷兰人侯德孟万历年间在印尼万丹（下港）看到中国商人出售的商品有：各种丝布、各色生丝、缎子、天鹅绒、金丝、瓷器、皿、美丽的漆笼、水盘、嵌铜、大罐小罐、水银、首饰盒、色纸、历、金表纸的书、镜、梳、眼镜、硫黄、中国刀、漆鞘、人参、扇、遮太阳的唐伞等。以上史料记载的海外贸易中都有提到瓷器一项。

另根据相关资料记载：1600 年沉没于菲律宾海域的西班牙"圣迭

---

① 许孚远：《疏通海禁疏》，载《明经世文编》卷四〇〇。
② 吴春明、王新天：《论明清青花瓷业海洋性的成长——以"漳州窑"的兴起为例》，《厦门大学学报》2006 年第 6 期。
③ ［日］木官泰彦：《中日交通史》，商务印书馆。

戈号"舰，打捞出漳州窑系的青花开光盘（图1），与平和窑烧制的产品相一致；[①] 1613年沉没的荷兰"白狮号"舰，打捞出许多中国明万历时期的开光青花瓷器，产品主要出自漳州地区；[②] 1626年"希达姆号"载运清单中有从自漳州河购到的细瓷器12814件；[③] 1627年"德尔夫特号"船的载运清单中有各种瓷器9440件，部分购自漳州河。[④] 从上述材料可以看出当时漳州地区陶瓷海外贸易繁荣的一面，当时的漳州河应该是指现在的九龙江，而九龙江的出海口就在月港，从中不难看出漳州地区繁荣的陶瓷贸易是和月港的兴盛分不开的。

图1　圣迭戈号沉船出水瓷器

从时间上来看，据史料记载和考古调查、发掘发现漳州窑外销瓷的鼎盛时期应该是在明末清初，就目前的考古资料尚无法断定漳州窑的始烧年代，现有明确纪年的器物为江西广昌万历元年（1573）墓出土的青花盘，[⑤] 这个时间段正是月港的鼎盛时期，前文提到的大量漳州窑海外贸易也大都集中在这个时间段。漳州窑外销瓷衰落于清初，从现有的窑址遗存及传世品上看，清代的漳州窑外销瓷的数量已经大幅度地减少，而这个时间段正是郑成功在厦门建立郑氏政权，月港衰落的时间。因

---

① 林忠干：《月港兴衰时期的东西方贸易与闽南陶瓷》，厦门博物馆编：《厦门博物馆建馆十周年文集》，福建教育出版社，1998年。
② 林忠干：《月港兴衰时期的东西方贸易与闽南陶瓷》。
③ 林忠干：《月港兴衰时期的东西方贸易与闽南陶瓷》。
④ 林忠干：《月港兴衰时期的东西方贸易与闽南陶瓷》。
⑤ 林元平：《略论月港与漳州窑业》，厦门市博物馆编《闽南古陶瓷研究》，福建美术出版社，2002年。

此，在时间上，漳州窑和月港有着同进同退的关系，这也印证了月港对漳州窑业的影响之深。

二、漳州窑的历史地位

纵观漳州窑业的发展历史，它的出现显得很突兀，其存在的历史也很短暂，在文献资料中可查询的痕迹不多，甚至国内相关的传世品都很少见，在中国浩瀚的陶瓷历史长河中可谓沧海一粟。直到20世纪90年代初，在中外学者的共同努力下，有关单位展开了对漳州地区明清时期古窑址的发掘与研究，尤其是通过对平和南胜、五寨窑址的考古发掘，与海外沉船、古遗址出土的器物以及大量外销流传到海外的传世品的比较分析，证明蜚声海外的外销瓷"克拉克瓷"、"沙足器"、"吴须彩绘"、"饼花手"、"汕头器"、"交趾瓷"、"华南三彩"等的产地就在漳州，使一些外销瓷的考古问题得到了解决。至此，漳州窑才揭开了它神秘的面纱。从目前考古发掘资料和海外遗存情况来看，漳州窑在中国的窑业历史中是占有一定地位的，特别是在中国外销瓷的历史中占有重要的历史地位。

1. 从外销瓷的角度看漳州窑的历史地位

考察中国瓷业发展的历史，可以发现明末清初时期的一个有趣现象，即自明王朝建立起，以烧制精美高雅而声名远扬，日益繁荣昌盛的官窑瓷器，从明万历朝开始至清初康熙朝的一段时期，日趋式微，衰竭没落，甚至为了勉强完成朝廷下达的沉重任务，而走向"官搭民烧"，名存实亡的末路。而同时期，民窑瓷业却抓住契机，在吸取官窑优点，发挥自身长处的条件下，加速蓬勃发展，承担了延续明末到清初瓷业命脉的重大责任。可见，民窑瓷业在明末至清初，乃至我国瓷业发展史上，都具有不容忽视的地位。[①]

关于漳州窑的性质及发现意义，熊海堂有着极为精辟的论述。他指出，华南沿海的贸易陶瓷生产是急功近利的产业，生产的目的纯粹是为了利润，是故在中国范围内，华南沿海对内地技术的吸收与改造最为快捷与活跃。而华南沿海的产品相对于内地窑址的产品而言在质量上虽然更为粗制滥造，但一定程度上却填补了海外对中、下等瓷的需求，弥补

---

① 张仲淳：《漳州窑系瓷器的特征、年代及其对日本的影响》，厦门博物馆编：《厦门博物馆建馆十周年文集》，福建教育出版社，1998年。

了内地各窑商品瓷供给的不足，福建漳州窑正是在这种背景下兴起与发展的，"漳州窑仿景德镇窑的青花、彩瓷和仿龙泉窑的青瓷这种仿造没有地域上的限制也没有技术者的交流，而只是出自对商品的表面模仿"，"漳州窑等沿海诸窑的陶瓷工匠多是利用原有的技术仿造景德镇产品，尽管它们的产品在花纹上有许多相近之处，但是窑炉技术、装烧技术和成形技术上的差别甚大"①。

漳州窑生产是在景德镇窑的兴衰起伏中与海外对中国贸易的需求中夹缝求生存的，在这样的背景下，漳州窑的兴烧既填补了景德镇等官窑产品的不足，又满足了海外市场对中、下等瓷器的需求，迅速占领海外市场，并得以传播扩散，为我国外销瓷业画上了隆重的一笔，在我国的外销瓷业占有重要的一席之地。

2. 从文化传播的角度看漳州窑的历史地位

中国瓷器一直都扮演着文化传播使者的角色，16 世纪欧洲与东方贸易往来的新航线开辟之后，中国瓷器给世界文化以最广泛、最深刻的影响，② 这种影响不仅体现在物质文化生活方面，也体现在精神文化生活方面。漳州窑作为中国外销瓷的一个重要组成部分，其在对外传播中国文化方面也起着不可磨灭的作用。

在物质文化生活上，中国瓷器对海外的影响最基本的体现是在饮食文化上，中国人民在长期的生活实践中创造出辉煌灿烂的饮食器皿文化，而伴随着中国陶瓷的流传海外，它们对海外的饮食文化也产生了重要影响。据明张燮所著的《东西洋考》所载："文郎马神（相当于今天印度尼西亚的加里曼丹）初盛食以蕉叶为盘，及通中国，乃渐用磁器"③；"柔佛（即今天的马来西亚）王用金银器盛食，民家磁器，都无匕筋，以手拈之而已。"④ 这是中国陶瓷通过贸易逐渐影响东南亚当地饮食文化的真实写照。

在精神文化生活方面，中国陶瓷或被作为显示身份财富的象征，或被用于婚礼喜庆用品，甚至还体现在丧葬与宗教生活上。据《东西洋考》所载："美洛居（即今印度尼西亚马鲁古群岛）东海中稍蕃富之国

① 熊海堂：《华南沿海对外陶瓷技术的交流和福建漳州窑发现的意义》，《福建文博》1995 年第 1 期。

② 王莉英：《中西文化交流中的中国瓷器》，《故宫博物院院刊》1993 年第 2 期。

③ （明）张燮：《东西洋考》卷四《西洋列国考·文郎马神》，中华书局，1981 年。

④ （明）张燮：《东西洋考》卷四《西洋列国考·柔佛》。

也……嫁女多市中国乘酒器，图饰其外，富家至数十百枚以示豪侈。"①考古调查与发现已证实印度尼西亚乃明清福建漳州窑系陶瓷的重要销售地，福建陶瓷受到当地人民的普遍欢迎是不争事实，至今在北苏拉威西地区漳州窑系陶瓷还被用于婚宴上盛放食物。在当今富有的印尼人家庭中，也会把中国瓷器当做装饰品，摆设出来以示身份。当然，更有意思的是在北苏拉威西地区漳州窑系青花大盘还被用作接生之用。②《东西洋考》又载："文郎马神（相当于今天印度尼西亚的加里曼丹）又好市华人瓮，画龙其外，人死，贮瓮中以藏。"③ 说明作为丧葬用品的中国瓷器在东南亚部分地区十分普遍。

军持（图 2），是外销瓷中的一个特殊器形，马来语叫 Kendi，最初使用跟印度佛教密切相关，自 13 世纪中后期伊斯兰教在东南亚传入并得到进一步发展后，军持仍然为当地人民所用，并被穆斯林用于携带圣水，至今在巴厘明代青花军持仍被当做贮存圣水用。④ 目前漳州市收藏的漳州窑军持有三件，都为国家珍贵文物，也是漳州窑瓷器在文化传播方面的见证。

图 2　军持

3. 从对海外瓷业的影响看漳州窑的历史地位

随着陶瓷贸易的发展，窑业技术的往来成为一种必然，在相互模仿学

---

① （明）张燮：《东西洋考》卷五《东洋列国考·美洛居》，中华书局，1981 年。

② 林清哲：《明末清初福建与东南亚的陶瓷贸易——以漳州窑系为中心》，厦门大学图书馆收藏，2006 年。

③ （明）张燮：《东西洋考》卷四《西洋列国考·文郎马神》，中华书局，1981 年。

④ ［英］艾迪斯：《在菲律宾出土的中国陶瓷》，《中国古外销陶瓷研究资料》第一辑，中国古外销陶瓷研究会编印，1981 年。

习的过程中，中外窑业互取所长，进而推动世界陶瓷的发展。漳州窑作为外销瓷，其产品首推海外市场，对于海外陶瓷技术的影响更是显而易见的。

1999年11月底中国古陶瓷研究会年会暨学术讨论会在漳州举行，被称为日本古陶瓷研究之父的楢崎彰一在接受记者采访时说道，福建漳州是日本16至17世纪陶瓷业的故乡。楢崎彰一指出：当漳州窑系瓷器大量从月港销往日本之时，其窑业技术亦随之外传。而在此之前日本尚未掌握在陶瓷上绘画等技术。那时一个日本人称作"阿米夜"的中国人在京都一带传授漳州窑的热烧技术和绘画工艺，他很可能来自漳州。在通过与漳州窑系诸窑址中发掘出的大量器物进行对比分析，得出"织部"、"志野"、"黄濑户"等产品是受漳州窑的影响而出现的。楢崎彰一先生认为漳州窑系在日本独特的民族陶器文化形成中产生过重要影响，日本人是在模仿漳州窑技术的同时融进了日本民族特有的风格从而形成了本民族的陶瓷文化，日本人应该重新考虑自己的陶瓷历史。①

日本古陶瓷专家森村健一在《志野陶器源于对漳州窑白瓷、青花的模仿》一文中也提到：漳州窑陶瓷和日本的唐津、志野的陶器被称为"三大新餐具"，显示了近世陶瓷的辉煌。……十六世纪末期，丰臣秀吉进口了漳州窑的青花、白瓷，让陶工仿制。这些仿制品就是志野陶器。志野陶器是作为漳州窑青花、白瓷的代用品而出现的，它不是美浓陶器在一定阶段上所形成的自身的发展。……模仿漳州窑青花、白瓷烧制志野陶器，应是始于十六世纪九十年代。②

综上所述，明末清初漳州窑外销瓷的生产是伴随着月港的兴衰而经历了相同的历程，应该说，如果没有月港的兴起，就不可能有漳州窑业的兴起和蓬勃发展，而漳州窑业也见证了月港海外贸易的兴盛和衰落。作为中国外销瓷中的重要一员，漳州窑瓷器特别是以平和的南胜、五寨生产的开光大盘即"克拉克瓷"曾蜚声海外，深受欧洲各国王公贵族的青睐，成为向欧洲、东南亚等国传播中国人文精神的媒介和载体，为中国陶瓷史的发展作出了巨大的贡献。

---

① 张磊：《明末清初福建与日本的陶瓷贸易——以漳州窑系为中心》，厦门大学图书馆收藏，2003年。

② ［日］森村健一：《志野陶器源于对漳州窑白瓷、青花的模仿》，《福建文博》1999年增刊。

五 文化图像

明清时期畲族盘瓠传说的再发明及其原因

石奕龙 *

　　20 世纪 80 年代后期，福建闽南、闽西、江西某些地方的蓝雷钟姓居民兴起一股"恢复"其畲族身份的热潮，但是在大多数的申请报告中，他们所根据的识别资料，主要是畲族的蓝雷钟姓氏的来源等，大都没有提供"盘瓠传说"等显性的畲族文化因素作为识别的依据。如 1985 年，福建南安县善坛村的钟姓为了恢复其畲族身份所撰写的报告《关于申请恢复吾善坛村钟氏"畲族"族名的报告》就是如此表述的。在报告中，其提到祖先的来源以及与闽东钟姓畲族的关系，说："吾族钟氏源于河南许州颍川郡宗昌县安邑乡。传至三十世，时值东晋末朝。恭帝禅位于宋，草寇猖獗，钟氏一门荡析离居，元熙二年渡江避难于赣州，三十二世会公奉命入闽剿寇，见汀州府白虎村山川秀丽，遂同母黄氏及妻三人定居是地。北宋王安石推行新法，遭反对派抗逆，殃及士庶，吾九十四世公兄弟十四人，各移他方，其兄弟毅公（即本县盛富村钟氏之祖）移上杭，齐公移武平；吾祖温公（讳道器）移漳州海澄，传三世后，三房公泮儒移居同安钟宅，迨一四二三年，吾善坛始祖颜德公由钟宅来安溪盐坛，后易名善坛，迄今五百六十二年。""汀州根裔分后于广东惠阳、潮州和本省宁德的福鼎、福安、寿宁及德化县的瑞坂村等等。""我善坛祖始建于五百年前，横匾'颍川世泽'，灯号'颍川'，祖宗联文有'脉发托龙溯钟宅飞腾知自颍川跃出'，至今保留。"

　　上述这些内容，讲的是钟姓的历史，并通过远祖迁徙历史的陈述以及查阅"吾海澄始祖谱牒"，认为他们跟广东惠阳、潮州，本省的武平、

---

* 作者单位：厦门大学人类学研究中心。

上杭、福鼎、福安、寿宁等地的钟姓是兄弟宗支。善坛钟姓是移居海澄的这支钟姓的直接后裔，其迁徙路程为：龙海海澄——同安（厦门）钟宅——安溪善坛。这样的表述，其言下之意是，由于和福鼎、福安那里的钟姓畲族是"兄弟宗支"，与他们同血缘，所以他们也是畲族。

其次，该报告还提到，钟姓有自己相认的方式，"汝字是钟氏后裔子孙相认时必须问津的秘密暗号。吾邑钟铭两 1956 年往云霄修筑公路，丢失钱包，被寨仔村钟氏一小孩拾到，见内有证件，知失主是钟氏，返家告其母，主动送还。后邀至乡中设宴款待，因对不上暗号，而被冷落、罢宴。钟铭两莫名其妙，百思不解。回乡后请教乡老钟志觅（是年93 岁，现已病故），方知吾族子孙彼此相认需对暗号，即见面时出示三个半指头，或道出'一根竹劈成三条半篾'隐语，或写出一个'汝'字（意指盘、蓝、雷、钟三男一女）。翌年，钟铭两与钟铭匣、钟江华等再度至云霄寨仔村对上暗号，村人甚悦，置酒菜尽其亲谊。"

其三，谈到畲族文化特征时，只说善坛钟姓"男性婚娶时，须穿一套贴身'白短衫裤'交拜天地、祖宗，三天后方能脱下，长期保存，终老时，仍要以这套衣服裹体入殓（据传此一风俗与祖公貌相有关）。不少七十岁以上老人至今沿用此俗，保存是物。"① 而没有其他，如盘瓠传说、服饰等至今被视为是显性的畲族文化特征的因素。

从这种申请恢复畲族身份的报告中，首先反映了这样一个问题，即闽西、闽南的钟姓与闽东的钟姓本是同一个远祖派下的不同宗族，他们有着某种亲缘关系。其次，也显现出隐藏在背后的另一个相关的问题，即闽西、闽南畲族的明清族谱与闽东畲族的明清族谱有明显的不同，即两者的构成不一样，闽东畲族的明清族谱中多有盘瓠传说，或与盘瓠传说有关的记述，而闽西、闽南的明清族谱中都明显缺乏富有畲族文化象征标识的盘瓠传说或相关记述，否则不会如此曲折地找其他方面的相关资料来证明自己是属于畲族的。

如龙海县海澄钟姓清代嘉庆壬戌年（1802）重修的族谱《纯嘏堂钟氏族谱》（抄本）的内容构成有：萃一公重修族谱序，圭芳公修谱原序，世系考，汀州府流传图书一轴，祖训一十二款，寨规，列祖坟址，杂录，官山旧谱牌原序，官山前楼钟氏重修族谱序，海澄冠山大宗总图，海澄屿上大祖墓石碑式，明松洲肇基祖墓碑式，居海澄大始祖道器公传

---

① 福建南安县善坛村：《关于申请恢复吾善坛村钟氏"畲族"族名的报告》。

代图等，虽谈到本支钟姓的历史与渊源，但却没有涉及盘瓠传说。也就是谈到其远祖时，并没有像闽东、浙江的畲族族谱那样直接与高辛帝、盘瓠等联系在一起。如"萃一公重修族谱序"谈到钟姓的来源时，其云："窃惟人生于天地，而本于祖宗，祖宗之德泽，与天地同一高厚也，后世之子孙，当有以溯其源，衍其委，禀仁孝之性，尽尊祖、睦族之诚，方能保族滋盛，而卜世久长也。虽然世愈远，而人愈繁，族愈分，而相亲日少，藉非赖于谱之存，何由考世系，知终始，敦睦族属哉，则族谱之阙，于人诚巨矣。予阅汀州府流传图书一轴，载吾先祖□（谱）系详哉，言矣上世盛自汤王之时，历商周秦汉唐宋元迄至明清，脉脉相承，若此，其远也。上世住河南省开封府许州颍川郡，迁金陵钟离县，又迁江西处州府平传、信丰、宁都等县，又迁闽粤各州府县，居住星布棋置，若此，其广衍也。皆是朝公一脉所传，先世屡受朝廷褒封，螽斯衍庆，猗欤盛矣。惜乎后之子孙不能□（绳）武，以扬先公之美。幸明末闽粤二省有登科发甲，如闽之钟垣，粤之丁先，本邑之元运，皆是黄门侍郎朝公一脉之子孙也，家声稍振。……"却没有提及高辛皇帝与盘瓠等的故事。

　　然而，在闽东、浙江一带所发现与看到和收集到的明清时期纂修与重修的畲族族谱（主要指宗谱），无论是草谱或是刻本，则几乎都记述了盘瓠传说或相关的内容，如福建霞浦县崇儒镇霞坪村雷姓在清代同治癸酉年（1873）修的《雷氏族谱》（刻本）的内容构成有：盘瓠王敕书，雷氏宗谱序，重修族谱序，请修族谱序，明清纪年，宗规条款（四条），谱例列款（一十五条），先儒谱谕（六条），条训规则（六条），颁排行叙，新增行第，世系支图，世纪总图，疏派袝谱，忠勇王祠图，忠勇王墓图，七贤洞胜境等内容。

　　其中的"雷氏宗谱序"云："雷氏之兴，始于高辛之世。"其"受宠锡姓，由来旧矣。但历朝有改革之殊，而分支有荡析之异，其寓居于粤东三楚之间者，皆以田园桑麻之业，亦习诗书礼让之风。今自粤东入闽，散处于福鼎大旗坑、福安茶洋及宁邑东陆、西陆之地。雷氏最为盛族，问其先世谱牒，皆谓兵燹。……溯其由来，必以盘瓠王之第三子巨佑公为始祖。……"[1] 这种陈述把雷姓直接与高辛帝、盘瓠等联系起

---

　　① 福建霞浦县崇儒镇霞坪村藏、清代同治癸酉年（1873）修：《雷氏族谱》（刻本）。

来，明确地说雷姓是盘瓠的直系派下，高辛帝的外孙。除此之外，该谱中的"盘瓠王敕书"、"忠勇王祠图"、"忠勇王墓图"、"七贤洞胜境"等记录的也都是由盘瓠传说派生出来的相关一些内容。

浙江省丽水市老竹镇沙溪口村蓝姓畲族收藏的、宣统年间重修的《宣邑蓝姓宗谱》（刻本）也是一样，从《宣邑蓝姓宗谱》的目录看，其内容有：尝问为序，蓝氏源流序，蓝氏历朝敕赐目录，祖图谱，序，重修宗谱序，蓝氏续修宗谱序，敕赐忠勇王谥护国王盘龙期神像，敕赐护国侯蓝光辉神像，敕赐南郡刺史蓝惠章神像，凡例，排行字母，家规，阄书，周琳伯赞，架琳公赞，李振公赞，李攻公赞，李乾公赞，李照仁兄赞，仕邦兄赞，蓝氏宗谱世系图，蓝氏宗谱行第图等。

其中"蓝氏源流序"记载了盘瓠传说，并明确表述蓝姓为盘瓠的儿子，高辛皇帝的外孙，其蓝姓是高辛皇帝赐的，其云："……高辛皇帝即位之元年，为甲辰四十有一载五月初五日，高辛正宫皇后刘君秀夜梦娄金狗降凡除妖，娘娘惊醒，忽然耳痛，令太诏召医调治，耳中取出一物，其形如蚕，秀美非常，以盘贮之，养至数日，变为龙狗，毫光显电，金鳞珠点，遍身锦绣，牙利如剑，时即能言，献上高辛帝，见之大喜，取名龙期，号为盘瓠。……敕赐忠勇王加封谥为护国王，把守朝纲，忠君爱国。生长子请帝赐名，帝曰以盘为姓，名自能。生次子无姓，以蓝（篮）器盛至殿前，帝曰，以蓝为姓，名光辉。生三子抱至金銮殿上，请帝赐姓，帝将启齿，适遇雷鸣，即赐以雷为姓，名巨祐。后生一女名龙郎宫主，问曰女孙长大当何相攸，帝曰此系天作之合，尔可自择配偶，继世相承。……"[1] 此外，该谱的"敕赐忠勇王谥护国王盘龙期神像"、"敕赐护国侯蓝光辉神像"等所记录的东西，都是与盘瓠传说衍生出来相关内容。

福建省罗源县松山镇树楼村蓝姓的《蓝姓族谱》修于光绪十八年（1892），其虽是手抄的草谱，但其谱牒中的内容也与上述霞浦和丽水的畲族族谱同样，从目录表露的情况看，其有：敕书姓氏封，得赐三姓源流纪，龙首师杖志，上世系谱，高辛驸马龙公墓图，护国侯光辉公像，赞曰，字行，雁行串字，世系图等内容。

其中"敕书姓氏封"记述了盘瓠传说，如：

---

[1]　浙江丽水市沙溪口村藏、宣统己酉年重修：《宣邑蓝姓宗谱》（刻本）。

自昔盘古分天地，伏羲画八卦，造书契，神农艺五谷，尝百草，黄帝设井分州，调音律，备器用。爰乃，高辛氏正宫德成刘帝后，此娄金星所由降生也，于是高辛在位四十五年五月初五日，正宫皇后夜梦娄金星降凡，因是惊醒，陟然耳痛，宣令太医院调治，取出一物如蚕，形样稀奇，以盘贮养，变为龙狗，金鳞珠点，眼光四射，颇会人言，帝见喜之，取名龙期，号曰盘瓠。时方平静，国家安宁。突有西番率党倡叛，行妖使术，无敢与敌。帝心忧虑，宣令有人退敌，许以第三公主为婚，举朝默然，莫敢承命。龙期一见，进前折榜，衔奉帝前。帝命尔能成功，加封敕赐。龙期承旨，漂洋过海，历尽寒冰，直至西番。番王一见此兽，锦色奇形，因命纳在帐内，随从出入。一日番王集群臣欢乐畅饮，各已告退，王醉睡沉迷，夜半首级被龙期咬断，星夜攀城滚浪回朝，及番朝审觉，军前虎将万吉等统兵追赶，已无踪迹。龙期将番王首级跪献帝前，验其首无异，大喜曰：彼苍有灵，生此靖邦，天下定矣。龙期谢恩，即请敕赐。帝悔前言，因以宫女谬称公主，赐盘瓠为亲，龙期不悦，进入内宫，暗认公主，身隐望恩楼金钟下，期以七日夜成人完亲，已至六日，皇后私心窃视，身体已备，但头未成形。本是中幽北斗禄存刘隆星君脱化生凡，助国安民，帝恩曩命既出，宜敕赐加封，即命群臣置酒笙歌，招龙期为驸马，敕封忠勇王。赐忠勇二大将军：左将军邓从成、右将军邹定施带领部众，听其差令，因准会稽山七贤洞优游林泉，并建王府，时御林军千余人护卫，举朝官员备酒饯送，给牒刊颁，永存为照者。诏下：驸马忠勇王除寇有功，给赐敕书，继世相传，长垂不朽，并赐世代免征差费，逢山逢田，任其耕种。凡经过各省府州县，供奉夫役，支给俸薪，仰该部知悉御旨敕书，统付刊颁存照。

通朝主事丞相张令尹押给

端元点表判学士彭光照押给

主部监察天官章裹押给

兵部奏事范日知押给

天下博士参委林竟青押给

按驸马王生三男，长名自能，仍本姓盘；次男以蓝（篮）盛至殿前，因蓝为姓，赐名光辉；三男裹至殿前问姓，适雷鸣应声，因以雷为姓，赐名巨祐。帝以东夷贡三女，长奇珍配盘自能，封为开混柱国侯。次奇珠配蓝光辉，封为护国侯。三奇珪配雷巨祐，封为武骑侯。盘瓠王生一女，名龙郎，匹配钟志清，亦与敌勇侯之封。于斯时也，三株竞秀，百世流芳，螽斯衍庆，瓜瓞绵长矣。①

以上述所引的几个例子，我们可以看到，这些族谱反映了这样一种现象，即生活在隋唐时期畲族聚居的地区如闽西、闽南的畲族，② 其族谱中多不见盘瓠传说以及相关的记述；而生活在明清时期迁徙到的地区，如闽东、浙南，甚至江西、广东等地的畲族，他们的族谱中多有盘瓠传说以及相关的记述。因此，这就出现一个问题，为什么会形成这样的不同？另外，在闽东、浙南等地畲族的各种姓氏的族谱中所记载的盘瓠传说及相关记述也反映出一些问题，即这些表述盘瓠传说的故事并非千篇一律，如有些故事情节、故事中涉及的一些人名等，并非完全一样，而有着许多变数；不过，闽东、浙南等地的盘瓠传说故事的基本结构或者叙述框架却是大休相差无几，而且都与历史上的盘瓠传说有明显的不同。

《后汉书·南蛮西南夷列传》中记载的盘瓠传说来自应劭的《白虎通》，其云：

昔高辛氏有犬戎之寇，帝患其侵暴，而征伐不剋。乃访募天下，有能得犬戎之将吴将军头者，购黄金千镒，邑万家，又妻以少女。时帝有畜狗，其毛五采，名曰槃瓠。下令之后，槃瓠遂衔人头造阙下，群臣怪而诊之，乃吴将军首也。帝大喜，而计槃瓠不可妻之以女，又无封爵之道，议欲有报而未知所宜。女闻之，以为帝皇下令，不可违信，因请行。帝不得已，乃以女配槃瓠。槃瓠得女，负而走入南山，止石室中。所处险绝，人迹不至。于是女解去衣裳，为仆鉴之结，著独力之衣。帝悲思之，遣使寻求，辄遇风雨震晦，使者不得进。经三年，生子一十二人，六男六女。槃瓠死后，因自相夫妻。织绩木皮，染以草实，好五色衣服，制裁皆有尾形。其母后归，以状白帝，于是使迎致诸子。衣裳斑兰，语言侏离，好入山壑，不乐平旷。帝顺其意，赐以名山广泽。其后滋蔓，号曰蛮夷。外痴内黠，安土重旧。以先父有功，母帝之女，田作

---

① 罗源县松山镇树楼村：《蓝姓族谱》（光绪十八年修）。
② 唐代陈元光率部将开漳，主要就是与蓝奉高等当时所谓的"蛮獠"争夺生存空间，其主要的活动地域为现在的闽南与闽西地区，这说明唐代以前，闽南、闽西还是畲族的先民"蛮獠"的主要聚居地。

贾贩，无关梁符传，租税之赋。有邑君长，皆赐印绶，冠用獭皮。名渠帅曰精夫，相呼曰姎徒。今长沙武陵蛮是也。①

这一记载表明，盘瓠传说在西汉、东汉时期就已形成，当时这一传说是属于长沙武陵蛮的。

而相比之下，明清甚至民国时期闽东与浙南等地畲族族谱中的盘瓠传说则更加复杂一些，故事情节也发生了一些变化。在本文的上面，已引述了一个比较完整的例子，下面再看一个浙江南部畲族族谱中的盘瓠传说例子。其云：

黄帝诏曰：助国龙期咬断燕寇有功，敕封驸马，钦赐三宫主成婚。

粤稽太古遗风，盘古开混沌者三才分也，人禀天地之气，乃为万物之灵者，连山归藏周易也，连山首艮，取终始之义，烈山氏所作，夏人用之也，归藏首坤，取包含之义，轩辕氏所作，商人用之也，周易首坤，取有天地而后有万物之义，周文王所作，设官分职，以为民，极明其道而不易，正其序而不紊也，杨雄著太元法言，老聃作道德经训，伏羲开六书文字，自是风气盛，文明开，将古之名人而笔之于书籍。古帝尧于生高辛皇帝即位之元年，为甲辰四十有一载五月初五下。高辛正官皇后刘君秀，夜梦娄宿降凡除夜妖，娘娘惊醒，忽然而（耳）痛，当令太诏召医调治，耳中取出一物，其形如蚕，美秀非常，以盘贮之，养至数日，变为龙犬，毫光显电，金鳞珠点，遍身锦绣，牙利如剑，时即能言。献上，高辛帝见之大喜，取名龙期，号为盘瓠。高辛曰：朕自登位以来，国泰民安，突有西方燕寇结集吴将行妖作孽，呼风唤雨，飞沙走石，武艺高强，无人敢敌，诚恐倾国乱家，朕心忧之，其奈之何。当天祷告，圣旨出令，若左右人有能除服燕寇吴贼，以定天下者，朕即将第三宫主赐之为婚，满朝听命，至三日，文武百官无一敢承，特有龙期进前给榜，胆敢退敌。高辛曰：尔果能一战成功，朕即加封赐，而龙期领旨殿前，喝声天动地应，翻身即去，呼风唤雨，飘洋过海，入夜九日，真至燕寇吴贼殿前，燕寇见此兽大有锦色奇形，遂问曰：尔从何处而来。乃对曰：我是助国龙期，腾云驾雾而来，见高辛无道，我来护助尔

---

① （南朝宋）范晔撰：《后汉书》卷八十六《南蛮西南夷列传》，中华书局标点本，第 2829～2830 页。

朝。燕寇听其言，心中大喜，纳在帐内，共追随从出。一日高筵大宴，流连荒亡，满朝告退，至半夜后，斩首吴贼，燕寇之首被龙期咬断，燕朝惊觉，官将统兵各执器械掀火追捉，而龙期遂入海中，渺无踪迹可寻，此时黑雾连天，昼夜不分，因领回朝，呈上高辛殿前。头放在地下，龙期奏曰：此是燕寇头首也。高辛验了，遂大喜曰：今天下定矣，尔之功也。而龙期奏曰：请君加封敕赐。当时辛帝恐三宫主不允合配，乃假装三宫主赐龙期成婚。龙期已先知之，遂入宫中认定三宫主，书绅为记，将身隐在望恩楼上，伏处金钟底内，期七日七夜变成人身，奈至六日六夜间，皇后心思，龙期本我耳中所出，系我身之血肉，此数日未曾饮食，不知生否，乃私自窥探，只见遍身全美，头发尚未成形。本是中天禄存星，君王照脱化凡尘，为护国佑民之人也。高辛曰：朕想囊时原以三宫主许配，今当敕赐加封，由是御旨宣左右，令群臣置酒笙歌，赐三宫主招龙期为驸马，爵封忠勇王。赐敕勇猛二大将军邓从成、邹支施带领众部听其差令，恩准会稽山七贤洞遨游，快乐地赐造驸马王府，御林军千万护卫。嗣后，满朝文武官员俱备九曲名伞、弓矢干戈，听从使用，永执刊颁为照。诏下：忠勇王收服燕寇，大有勋劳，敕赐世代免征差费，逢山离坟三丈，离田三尺，任从开种。御旨亲赐忠勇王金枝玉叶世代相承，永存敕据，并治天下，准授执照。

通朝主事张令押给

端殿表押给

判学士押给

彭光照押给

户部侍郎兼都御史章名寰押给

主部监察天官鲁平原押给

吏部奏事范日智押给

天丁簿士参委林竟青押给

敕赐忠勇王加封谥为护国王，把守朝纲，忠君爱国。生长子请帝赐名，帝曰：以盘为姓，名自能。生次子无姓，以蓝器盛至殿前，帝曰：以蓝为姓，（名）光辉。生三子抱至金銮殿上，请帝赐曰姓，帝将启齿，适雷鸣，即赐以雷姓，名巨祐。后生一女名（龙）郎宫主。问曰：女孙长大需何相攸，帝曰：此天之作合尔，可自择配偶继世相承。帝辛曰：朕思驸马三男一女逦乃我朝皇子皇孙，俱有封赐，我陛下有东夷王贡献奇珍、奇珪、奇珠三人，美貌丰姿。长女奇珍赐配长子盘自能，封为开混武骑侯。次女奇（珪）赐配次子蓝光辉，封为护国侯。三女奇珠赐配三子雷巨祐，封为柱国侯。孙女龙郎官主配与钟志深为婚，封为敌国勇侯。皇子皇孙俱封侯王，螽斯衍庆，麟趾呈祥，将见克昌厥后，永保无疆之休矣。①

相比较两者，迁徙出原住地的畲族族谱中的盘瓠传说都有大幅修改或重新创造。

首先，增加盘瓠诞生的神异性。创造了盘瓠是由高辛皇帝的刘皇后的耳朵中诞生的故事情节，强化盘瓠是天上某星宿下凡，以一种非同寻常的神异方式降临凡间，并变成五彩斑斓金光闪闪的灵异形象，因此，为其后来能征服番王或燕寇或吴将军的"文化英雄"行为做一些前期铺垫，同时也由此来强调盘瓠本身所具有的神异性。其次，增加盘瓠由金钟盖身而变身的情节，并表述为由于皇后的心急，而功亏一篑。其也暗含盘瓠原本就与高辛皇帝等并非同一族类，希望加以改变，但却没有完全成功的意义。其三，将《后汉书》的盘瓠传说中盘瓠与高辛帝公主生有六男六女，并因居住在极其闭塞之处而无法与外族交往，不得已才"自相夫妻"，改变为实行外婚制的盘瓠夫妻生了三男一女，并由于高辛帝的赐婚，盘瓠的三男与东夷王的三女通婚，或者与吏部尚书、户部尚书、刑部左侍郎等高官的女儿通婚，②忠勇王的女儿龙郎则招赘钟姓为赘婿，从而将原先的婚姻制度外婚制，因为特殊原因转变成为血缘婚（兄妹通婚的"自相夫妻"）的陈述，改变除了畲族自盘瓠以来，就一贯实行外婚制的叙述。其四，增加高辛帝敕赐姓氏的故事情节，使得畲族的主要几个姓氏有一个姓氏来源的解释，同时强化畲族这几个姓氏的贵族身份，和盘蓝雷钟几个姓氏的畲族身份。最后，特别强调盘瓠王助高辛帝除掉燕寇或番王或吴将军而有大功，不仅娶得高辛皇帝的三宫主，而且其子孙可以世代代免除差役，并可以到处开垦山地，以此为生与繁衍，而不是像《后汉书》中的盘瓠传说所说的那样"好入山壑，不乐平旷"，躲在所封的偏僻的山里生活，不与外人交往。如浙江丽水老竹镇立新村的《冯翊雷氏族谱》说："诏下：忠勇王收服燕寇，大有勋劳，敕赐世代免征差费，逢山离坟三丈，离田三尺，任从开种。御旨亲赐忠

---

① 浙江省丽水市老竹镇立新村藏：《冯翊雷氏宗谱》（民国辛未年重修）。
② 福建省霞浦县水门乡茶岗村藏：《冯翊雷氏宗谱》（共和戊午年重修）。

勇王金枝玉叶世代相承，永存敕据。"而福建罗源松山镇树楼村的《蓝氏族谱》曰："诏下：驸马忠勇王除寇有功，给赐敕书，继世相传，长垂不朽，并赐世代免征差费，逢山逢田，任其耕种。凡经过各省府州县，供奉夫役，支给俸薪，仰该部知悉御旨敕书，统付刊颁存照。"换言之，盘瓠的子孙后代可以"世代免征差费，逢山离坟三丈，离田三尺，任从开种。"或"世代免征差费，逢山逢田，任其耕种"。也就是说，可以到处开垦山地。

总之，与闽南、闽西的畲族族谱相比，在闽东与浙南等地的畲族宗谱中，不仅增加了盘瓠传说以及相关的表述，而且对历史上的盘瓠传说进行了改造或再创造。这种传统的再创造与发明，重点都在于强调蓝雷钟等是盘瓠忠勇王的后裔，高辛皇帝的驸马，是王朝的贵胄，因忠勇王的旷世功劳，高辛皇帝敕赐他们世代免除差役，所以可以"逢山逢田，任其耕种"，或者"逢山离坟三丈，离田三尺，任从开种"。

为什么会产生如此差异？为什么会出现如此的再发明？当我们把这种现象与畲族在明清以后的迁徙事实联系起来看时，这种现象的功能意义和实践意义就显露出来了。

我们知道畲族在明清时期有一个大迁徙的阶段，在这个阶段，许多畲族从原地闽粤赣交界地区向闽东，乃至浙南等地迁移。在这个过程中，他们实际上是到一个土地都已私有化的地区寻找生存之路，可以想象，在这种地方要想生存下去，就需向土地业主租地、买地，或者别人赠地才能从事开垦和定居下来。例如浙江景宁惠明寺的雷姓畲族，就是因为当地惠明寺和尚将庙产赠一部分地给他们才定居下来。据说明代万历年间进裕公等四兄弟从福建罗源起程迁徙浙南时，在路上邂逅从江西云游来闽的僧人昌森、清华师徒二人，因进裕与僧人昌森颇有"缘分"，故相伴去浙江。抵达景宁后，雷氏兄弟在"景宁七都包凤开垦耕种，以后散落他乡"。而昌森师徒则前往景宁大赤寺修禅。直至顺治七年(1650)，僧人清华来南泉山修缮惠明寺，因孤单无人作伴，遂邀请明玉公来惠明寺旁开基落业。恐空口无凭，僧人清华与雷氏之间签了一个"僧雷同是一家人"的协定：顺治七年庚寅岁，僧清华对明玉公知说，我惠明寺单马独寺，无人作伴，和尚清华以雷明玉公出来坐（住）在上村铁炉砻居住，耕田落叶。吾惠明寺山场上下左右分你明玉公子孙以作柴火之山，山外有吉地安厝穴，不用山价之理，倘来到我地方犁钞，我寺院赐你作用也，僧雷二姓即是本家人一样，日后永不得言说异乎序，万无一失。① 由于这样的赠地，所以明玉公这支雷姓的派下人就在惠明寺定居并繁衍下来。

但是，这种好事并不是常有的，常见的应是向当地的山场业主租地或买地进行垦殖。当然，有时躲在当时人迹罕至的深山里，在他人私有的山场中偷开一块地来维持生活，也应该是可能的。不过，在这种情况下，一旦被人发现，一定会引起纠纷，被当地山场业主告官，被驱逐，或被罚等。为了在这样的尴尬中获取主动，或占据有利、有节的地位，所以畲族才对他们的盘瓠传说加以再发明与再创造。增加一些内容，特别强调他们是皇亲贵胄，祖上对汉族来说有大大的功劳，所以历代皇帝都让他们免差役，有"逢山逢田，任其耕种"的特权，从而，使他们如果遇到占田占山发生纠纷时，有一些可以力争的"法律"依据，从而使他们的非法行为成为一种"合法"，使他们能在当时已没有什么公地的情况下，得以生存下去。所以，闽东、浙南等地的盘瓠传说应该是在这样的社会生活的实践中，为了满足畲族迁徙后的生存而再发明或再创造出来的。

综上，我认为，闽东、浙南地区与历史上有所不同的盘瓠传说，是在明清以后再发明出来的。这是畲族面对清明时期大迁徙这样的社会环境的变化而进行的一种传统再发明或文化再生产，其目的是：为了满足其被迫到处迁徙，并在该地区的土地与山林均已私有化的情况下，占他者的土地垦荒维生的需要，为他们在"侵占"他人私有的山地或田地并可能引起纠纷时，建构一定的"法律"根据，使他们的占地成为"合法"，从而使他们在万一被人发现他们占地，发生纠纷的争斗中，处于有利、有节和不败的地位，从而使他们在迁徙地的生存与定居增加一份保险。

---

① 王逍：《走向市场：一个浙南畲族村落的经济变迁图像》，中国社会科学出版社，2010 年，第 52 页。

惠东方言和民俗的历史文化解析

郭志超*

　　如同考古学的文化层叠，越文化是闽南文化的下层。下层的某些文化也会延续或延异到上层。当代文化中或有古代文化遗存，对其加以发掘和解析的民族学探讨，或喻为"活化石"研究。越文化即古壮侗语族文化，属南岛语系文化系统。蕴含南岛语系文化因素的闽南文化，不仅展示闽台文化的现实类同，也透露闽台文化的远古亲缘关系。惠安东部（简称惠东）的方言和民俗，正是古代南岛语系文化在闽南遗存的重要个案。

　　西汉平闽越。东汉设东部侯官都尉于冶县，属会稽郡。后冶县改为东候官（后省称候官，清改为侯官）县。①《史记》则载："（汉平闽越）于是天子曰东越狭多阻，闽越悍，数反复，诏军吏皆将其民徙处江淮间。东越地遂虚。"② 然而，汉平闽越后约三十年，原为闽都的（东）冶重立区划行政建制，称为冶县，属会稽郡。③ 这一事实说明，闽越人口主仍有大量在本土。这就是说，闽越人大致延续下来。

　　林惠祥《中国民族史》把"蛋（疍）民"和"黎人"作为"百越系"一章的附录，也就是把疍民视为越族的直接后裔。④ 疍民是保留越文化传统较多并且保留较持久的越人后裔。直至明清时期，闽粤等地的疍民还有些相同或相似的文化习俗。清代《侯官县乡土志》认为："大

---

　　* 作者单位：厦门大学人类学研究中心。

　　① 朱维幹：《福建史稿》，福建人民出版社，1985年，第46页。

　　② 《史记》卷114，中华书局标点本，第2984页。

　　③ 朱维幹：《福建史稿》，第45页。

　　④ 林惠祥：《中国民族史》，商务印书馆1996年据1939年初版影印，第138页。

抵闽之蜒族与粤之疍户种类相同"。① 明清时期各地疍民汉化进程明显加快，到民国时疍民的文化陆续融于汉族，但族群特点仍未完全消失，有的特点甚至是一目了然。

一、惠东的环境与历史

疍民是古代我国东南沿海的少数民族。古称"蜑"、"蜒"、"蛋"等，此外还有"白水郎"、"庚定子"、"裸体"等别称。宋代将疍民编为"夷户"。宋《舆地纪胜》云："蜒户，以船为生，居无室庐，专以捕鱼自赡。"② 明清时期疍民汉化明显加快，至迟到民国，疍民陆续融入汉族。疍民是古代越人的后裔，保留有较多传统的越文化特征。

古代泉州湾是疍民较集中的地方之一。北宋《太平寰宇记·泉州·风俗》载："白水郎即此州之夷户，亦曰游艇子，……唐武德八年，都督王义童遣使招抚，使其首领周造陵、细陵等，并受骑都尉，令相统摄，不为寇盗。贞观十年始输半课。其居止常在船上，兼结庐海畔，随时移徙，不常厥所。船头尾尖高，当中平阔，冲波逆浪都无畏惧，名曰了鸟船。"③ 地处泉州湾东北隅的惠东沿海也是疍民的活动区域。

惠东地区像展开双螯的螃蟹，大岞、小岞半岛（原皆为海岛）犹如双螯探海。该区包括崇武（含大岞）、山霞、小岞、净峰、东岭、涂寨、辋川共七个乡镇。惠东有曲折的海岸线，有数十处泊船避风的港澳。附近海域，正处台湾海峡高温、高盐暖水回流和泉州晋江入海口排出的低温、低盐冷水团的交汇处，是南来北往鱼群必经而又利于栖息之域。惠东沿海具有很适合疍民生存的天然条件。

明代《惠安县志》记载小岞有令"好事者或往观其家"的特别族人："男女业作，毕归于公，家长掌之。无私蓄，无私馈，衣服稍美者，别藏之，有嘉事递服以出，鸡鸣皆起，听家长命其日所业，无敢怠惰。士大夫、好事者或往观其家，甚有古朴之风，至今不替。"④ 清代《广东新语》云："……蛋人则编以甲册，假以水利，每十艇为一队，十队为一长，刬川使守，略仿洪武初以蛋人为水军之制。择其二三智勇者，

① （清）郑祖庚：《侯官县乡土志》，海风出版社，2001年，第384页。
② （宋）王象之：《舆地纪胜》，中华书局，1992年，第319页。
③ （宋）乐史：《太平寰宇记》卷102。
④ 嘉靖《惠安县志》卷13。

为之大长，授以一官，俾得以军律治其族，与哨船诸总相为羽翼。……一有事，旦暮可集矣。"① 此处述说的是广东的情况，福建的情况可能与此相似。《重纂福建通志》载："永乐四年，命丰志侯李彬等，沿海捕倭，招岛人蛋户……为弁。"② 作为海防重地的惠东，应有蛋户应召为弁。若此，疍民在此地地位应有所提高。

惠东至今仍可找到疍民后裔。惠安于北宋初建县，而汉民对惠东，特别是沿海地带开发较迟。明代以前，汉民在惠东基本上是零星迁入。明代迁入的诸姓，很多不知其来源。大岞村今有近万人口，主体张姓，传云从河南固始迁来，但不可考。港乾张姓传说是从兴化湾的南日岛乘船漂徙而至，初来时看船寮，后始定居。族源不详者，在惠东沿海比比皆是。由于疍民在历代封建社会受歧视，他们一旦逐渐转为陆居，就刻意隐瞒自己的身份。山霞乡下坑村位于海边，有李姓人口近 6000 人。靠陆方向与下坑村近邻的东坑李姓近 6000 人。东坑李姓传说：下坑李姓本不姓李，原是"科题仔"（疍民的别称），世代业渔，栖息海边，后改姓李而被接纳在此地定居建村。下坑李姓对此说十分反感，认为所谓的"科题仔"和"改姓"是不实之词，但也承认：他们祖先船居业渔，四百多年前，漂至东坑西侧一条溪流的入海处搭寮居住，至今仍有遗址。几个世代后逐渐向岸上移住建村，已历 20 余世。现在下坑村中心距海岸线有一二华里。至今，他们根据祖上遗言，认定凡是海潮涨至的绵延数公里的异姓村落附近的海滩都是他们祖先的地盘。下坑李姓先人应是疍民。异姓族人以改姓为契机迁入某姓村落或其势力范围，是移民史常见现象。在惠东，特别是沿海地带，改姓的情况突出，但这些改姓的族人是否为疍民后裔有待甄别。

二、惠东方言的特异现象

惠东方言有一种特殊的土腔，俗称"咸水腔"。"咸水腔"有两个特点。其一，舌尖塞擦清音送气音 [ts'] 读为清擦音 [s⁻]，例如，惠安话的柴 [ts'a²⁴]、草 [ts'au⁵⁴⁴]、菜 [ts'ai³¹]、秋 [ts'iu³³]、错 [ts'O³¹]、车 [ts'a³³]、亲 [ts'in³¹]、唱 [ts'iu³¹]、测 [ts

---

① （清）屈大均：《广东新语》卷七《疍家》，中华书局，1985 年，第 250 页。
② 同治《重纂福建通志》卷 86《历代守御》。

'ik^4]，"咸水腔"读为：［sa^{24}]、［sau^{544}]、［sai^{31}]、［siu^{33}]、［so^{31}]、［sa^{33}]、［sin^{33}]、［siu^{31}]、［sik^4]。其二，本来的［s$^-$]则变为［t$^-$]，例如，惠安话的三［sa^{33}]、四［si^{31}]、死［si^{544}]、新［sin^{33}]、税［se^{31}]、收［siu^{33}]、细［se^{544}]，"咸水腔"读为［ta^{33}]、［ti^{31}]、［ti^{544}]、［tin^{33}]、［te^{31}]［tiu^{33}]、［te^{544}]。① 关于惠东"咸水腔"的成因，黄典诚先生有这样的解释：惠安"是突出海面多风的地方，对于舌齿塞擦送气音，因受大风的影响，必然会吹去塞音送气的部分［th］，只留下擦音的部分［s］"②。但是，类似惠东这种濒海风大的自然环境，在闽南沿海比比皆是，何以唯惠东有这种所谓受海风影响的土腔？这种解释实际上还停留在主观感觉的层面。笔者认为，惠东"咸水腔"的成因，应溯源于地方人文历史环境，惠东闽南话受疍民语言特点的影响，是惠安"咸水腔"形成的原因。

疍民原有自己的民族语言。唐代，福建的疍民语言"与华言不通"③。宋代，疍民入籍编为"夷户"④，与汉民的社会关系日益密切。入明以后，除了个别居住在岛屿上的疍民群体带较封闭，不晓汉语，绝大多数疍民已逐渐熟悉汉语方言，但所操的汉语方言仍夹杂着一些原来本民族的语言词汇和语法特点，一些汉语方言发音不准。据清代《南越笔记》记载："蛋人则谓饭曰迈，箸曰梯，碗曰爱，瓦盆曰把浪，拿网曰今网狼。人谓父曰扶，我曰留，彼曰往。女谓男曰友友，又曰友二。男谓女曰有助，谓娶曰换野。郎曰苦郎家，家曰扶间，有心有意曰眉心眉意。扁担曰闲，木曰肺，以榕木担相赠送曰送条闲肺榕。头曰图，有歌曰：三十六图羊，四十双图鸡。"⑤

疍民少用喉、舌音。⑥ 惠东的咸水腔卷舌音［ts '］读为清擦音［s~］，正反映了疍民的语言特点。黄典诚先生在探讨惠东"咸水腔"时指出："据所知，闽南方言范围内，还有漳浦（旧镇）和海南（文昌）两个地点。"⑦ 漳浦旧镇港为向西南海域延伸的六鳌半岛所侧抱，是优

① 参见黄典诚：《崇武语言特点》，载《崇武研究》，中国社会科学出版社，1990年，第318～319页；曾少聪：《崇武话研究》，载《崇武研究》，第324页。

② 黄典诚：《崇武语言特点》，载《崇武研究》，第321页。

③ （唐）刘禹锡：《刘宾客文集》卷3，《丛书集成》初编本。

④ （宋）乐史：《太平寰宇记》卷102。

⑤ （清）李调元：《南越笔记》卷6，《小方壶斋舆地丛钞》第9帙，第230页。

⑥ 林惠祥：《中国民族史》，商务印书馆1993年影印版，第141页。

⑦ 黄典诚：《崇武语言特点》，载《崇武研究》，第321页。

良的避风港。旧镇曾有疍民栖息，处于喇叭形海湾内的海南文昌曾是较多疍民聚居的地方。① 漳浦旧镇和海南文昌的"咸水腔"与疍民共存的事实也佐证了惠东的"咸水腔"系源于疍民。

然而，并不是历史上有疍民的闽方言区就会有"咸水腔"。在福建的闽江、晋江和九龙江下游入海口也曾有数量较多的疍民，但在封建社会他们不能上岸定居。在长期的封建社会里，疍民的社会地位低下，被视为贱民，不准上岸居住，不准与陆上汉民通婚。虽然雍正朝在广东曾有不许疍民陆居之开禁，② 但整个清代，封建社会对疍民的歧视性陈规仍无明显松动。在福建，封建政府从未解除不许疍民陆居等不平等的规定。《清稗类钞·蜑人》载："光（绪）宣（统）间，闽人呈递说帖于福建谘议局，请准（蜑人）与平民平等。谘议局以不平等乃习惯之相沿，不须法律所规定，置否决。"③

惠东的人文地理环境是便于疍民陆居之区。《惠安县志》载："环邑之疆，西北跨山，东南际海，……可耕之地无多也。矧东南系半斥卤。"④ 惠安是泉州府最迟建县的，说明这一地区在当时的闽南是人口较少，开发较迟的。惠东有文献记载的历史，最早也只可追溯到五代时期。惠东是僻处海隅的典型岬角地带，三面环海，西连大陆处又有峰峦阻隔，境内山丘杂陈，港叉交错，早年几乎与外界隔绝，鲜为人知。而早在唐代，包括惠东沿海在内的泉州湾就有疍民。由于疍民较早就出现于惠东，而当时此地的汉民还甚稀少，这就使疍民在惠东的陆居有可趁之机。即使入明代以后，汉民开始较多迁入惠东，但一时未形成较强的宗族势力，对继续陆居疍民不能产生足够的排斥力。这样就有利于汉、疍两个族群的共存相处，有利于在较少歧视疍民的氛围中进行汉疍通婚，有利于疍民语言特点对汉民的语言产生潜移默化的影响。

三、惠东民俗的特异现象

惠东特异民俗惠东妇女服饰特质与疍民妇女服饰特质相似。

---

① （清）蒋廷锡：《古今图书集成》卷 138。
② 嘉庆《新安县志》卷首《训典》。
③ （清）徐珂编：《清稗类钞》第 14 册，中华书局，1986 年，第 16 页。
④ 嘉靖《惠安县志》卷 13。

1. 服饰发饰

疍民"男女皆椎髻于顶"①。民国时，福建疍民妇女"喜欢穿黑、穿青、穿蓝，衣袖用袖套，妇女衣襟开得特别高，布衫上下两色"，"梳（位于头顶的）田螺髻"，挂着"如碗大的耳环"。② 直到20世纪60年代，生活在厦门港"连家船"的疍民遗裔妇女仍梳头顶高髻的发式。

惠东妇女的"贝只髻"的头顶部分有疍民"椎髻"的基形。"贴背"衣具有疍妇女的"布衫上下两色"、"衣襟开得特别高"的特征，袖套、大耳环也类同疍女。惠东的"凤冠鞋"较之疍民妇女结婚穿的"浆子鞋"，除无后跟外，样式非常相似。

2. 崇蛇

疍有崇蛇习俗。明代邝露《赤雅》说："蜒人神宫画蛇以祭，自云龙种。"③ 清代李调元《粤风》也说："蛋……或曰蛇种，故祀蛇于神宫也。"④ 福建疍民把一种"四脚蛇"称为"木龙"，视为船灵。民国时疍艇的春联常有"船是木龙游天下，家居水面乐如仙"的联句。

惠东有渔业的村落都崇拜"木龙"，他们所称的"木龙"，据说是一种比蜥蜴小、比壁虎大的"四脚蛇"，皮呈土灰色。"木龙"也被视为船灵，若"木龙"出现，船将有事故，要急烧金纸祭"木龙"以"补船运"。

3. 文身

疍民有文身习俗。清代《粤中见闻》："蛋人俱善没水，旧时绣面文身，以像蛟龙"。⑤

在惠东，特别是小岞、山霞、净峰、崇武，妇女有文身习俗的遗风。妇女在左手臂靠近手腕的内侧或虎口处，有::纹样的刺青，这是在少女初潮前后刺上的。这种刺青今在60岁左右以上的老年妇女中有很高的出现率。

4. 疍歌

① （清）严如熤：《海防辑要》卷15。
② 福建省民政厅民族处：《关于水上居民的名称、来源、特征以及是否少数民族等问题的有关资料》（1951年），福建省档案馆藏件。
③ （清）邝露：《赤雅》卷上《蛋人》。
④ （清）李调元：《粤风》卷1。
⑤ （清）范端昂撰，汤志岳校注：《粤中见闻》，广东高等教育出版社，1988年，第232页。

疍民喜欢唱疍歌来表达情感，疍歌在闽南一带，也泛称"褒歌"。据惠安崇武镇文化站汪峰先生调查，"惠东人很善于编唱一种褒歌。这种褒歌运用比、兴手法，以眼前的某一事物起兴，或写实或明喻或暗喻，……褒歌多数为7字4行短歌，有曲调可唱，也有一些长篇歌行式叙事顺口溜"[①]。

在惠东，尤其是濒海乡村，被神、鬼附身的女巫男觋表达皆以歌。若要为二三个"夫人妈"（已故亲友的亡灵偶像）的相互交流做表达，就需二三个"亡灵附身者"来对歌。

5. 天足

疍民妇女历来天足。清代吴方震《岭南杂记》描写疍民"隆冬单衣跣足"[②]。

惠东俗称为"粗脚乡"，意即没缠脚之乡。

四、结语

惠东的方言与风俗的特异现象应源自疍民。如果没有汉民与疍民姓密切的交往，并有相当数量的疍民融入汉民群体，惠东这些特异的方言和习俗的生成是不可想象的。本文通过对田野调查材料和历史文献的历史、文化分析，证明惠东沿海曾是较多疍民的聚居地，疍民在与汉民发生文化涵化的过程中，不断融入汉民群体，遂将其语言特点融入当地闽南方言，也将其风俗习惯融入当地闽南民俗。

---

① 陈国强、叶文强、汪峰：《闽台惠东人》，厦门大学出版社，1994年，第193页。

② （清）吴方震：《岭南杂记》，《小方壶斋舆地丛钞》第9帙第193页，杭州古籍书店1985年影印本。

台湾艋舺"呷新娘茶"四句联举隅

郑卜五[*]

一、绪言

福建是属于古代楚、吴、越之地，汉唐之后尤重诗书之教导。闽人重家族的观念，是承继儒家教化的熏习，杜佑《通典》说："闽人婚姻多承周制"，对"重人伦、广继嗣、求内助"以达"家和万事成"的齐家概念，是闽人对"婚姻观念"的共同心态。

蔡元长《宣和封事》也认为闽人：虽妇孺辈亦讲《春秋》，明礼义，知廉耻。这些都是闽人对伦理道德、家庭人伦、夫妇婚姻的重视。河洛人特别重视"贫贱之交不可忘，糟糠之妻不下堂"的道义精神，造就闽南人"夫妻好合"的婚姻观念。

"嫁夫选佳婿，娶妻求淑女"虽然是普遍的观念，然而闽人自南宋绍兴二十三年（1153）朱熹夫子首仕同安主簿时，力主以纲常伦理来教化百姓，欲使君臣、父子、夫妇、昆弟、朋友五伦各尽其道，建立礼仪风范的社会秩序。

朱熹夫子将诗书之教融入民间习俗之中，欲使民风敦厚"振纲纪以厉风俗"[①]。明、清之后闽南仍依绪朱子之教，康熙皇帝也认为朱熹的教化可以"导民正轨"，因此民间礼俗，概以朱子所倡礼仪为范式。民国时修定的《同安县志·礼俗》载："婚嫁之礼，从前未详，今遵朱子

---

* 作者单位：台湾高雄师范大学经学研究所。
① 《朱文公文集》卷二十二。

家礼，坊间有文公家礼通用一书"，又言"自朱子簿邑后，礼义风行、习俗淳厚，则谓本邑礼俗，创自紫阳，亦无不可"，是知闽南朴实敦厚的民俗深受朱子教化之影响。

台湾目前的住民除原住民、随国民政府迁台之民、新住民外，从三国之后，经隋、唐、宋、元、明都有从沿海各省移居的住民，明郑成功时期及清代中叶更是大量往返迁栖来台湾居民，以福建与广东一带为多，尤其闽南泉州人、漳州人迁台最盛。闽南人，多数直接来自福建，对于人伦、家庭、婚姻的看法，也都是承袭河洛旧习的婚姻礼俗。

二、呷新娘茶的用意

虽然台湾现行大都会婚礼演变到极为简略，议婚的过程及仪程的节目都可以省略到一次完成，仅保有结婚当日的仪节，或甚至于一切从简，男女双方同时于同一饭店举行结婚典礼，不需车队迎娶，只要从饭店的房间请到宴客厅即为迎娶，也没有闹洞房等节目仪式，当然是受到工商业节省时空的影响，也由于在男女双方的自由恋爱过程中，双方的基本家族成员都已经非常熟识，因此某些旧时空的"缘人情而制礼，依人性而作仪"[①] 的美意，在这个时空中，常被视为多余。

但是再如何省去仪节，"介绍亲友"这个节目仍然保存，男女双方在恋爱过程中，新娘纵使能认识很多男方亲友，但总有一些疏于往来的长辈亲戚，在结婚当日才会前来一会的亲友，因此古礼中的"拜见礼"、"换花礼"、"面见礼"、"闹洞房"等节目，一并都以"捧茶礼"来代替。

"捧茶礼"也是许多礼俗的融合与创新而成的节目，由古代"抢婚"、"阻婚"、"骂婚"的部分习俗而组成，经过唐、宋文化的洗礼，产生了"以文会亲"的仪俗。

三、呷新娘茶的四句联

在传统婚礼中，女方一定要有一个嫁妆是马桶[②]，叫作"子孙桶"，由女方伴娘敬重地拿进洞房里放定。拿"子孙桶"的人一定要会讲吉祥

---

① 《礼记》、《荀子·礼论》、《史记·礼书》皆记有此言。
② 有些地方以马桶为子孙桶，有些地方以浴盆为子孙桶。

话。当新娘被牵进洞房时，捧子孙桶者跟着新娘边走边念。

最常听到的吉祥话有^①：

大厝厅门两边开，金银财宝一大堆；
新娘新婿入房内，生子生孙中秀才。

也有人说"子孙桶捧起，进财又进喜"，这时夫家就要给一个红包，凡是捧"子孙桶"的人每讲一句吉祥话，夫家就要给一个红包，以讨吉利，会讲吉祥话的人就可以拿很多红包，有的人每走一步就说一句吉祥话。

"子孙桶走一步，明年通好生查甫"、"子孙桶，过户碇，夫妻和好万事成"、"子孙桶捧过庭，明年卡紧作阿娘"、"子孙桶捧入厅，新郎明年做阿爹"、"子孙桶提入房，夫妻偕老心相同"、"子孙桶提高高，生子生孙中状元"、"子孙桶提低低，呼恁两年生三个"、"子孙桶送入房内，永浴爱河相意爱"、"子孙桶放乎正，孩孩孙孙作保正"。

当女方伴娘将子孙桶送进洞房放定后，将要出新娘房时，有的人还会补上一句：

新娘送入洞房内，永浴爱河相意爱；
洞房花烛蕾当开，生育贵子大发财。

传统婚礼于结婚夜，男方宴请前来"相贺"的亲朋戚友，公伯叔舅，姑姨婶妗，都会前来祝贺。宴席首桌的首席是母舅和舅公，其次是族中长辈。当亲戚满堂时，吃完喜宴后，大家争先探问，要请新娘出房拜见，在台湾则需"作四句联"才能请出新娘。这时，就会有人起哄要新郎新娘出房"奉茶"，便开始展开"讲四句"的文会游戏。有人便道：

厅堂菜真多，数千位人客；
喜酒若食过，阁讨新娘茶。

---

① 以下台湾闽南语"呷新娘茶"的四句联，引自《中国民历》板桥信用合作社 1962 年、1964 年版。其中有些错字及绕口不顺的字句，自行加以删正，以便口语通行。亦有作者自行创作品，皆一并用之。

结婚是新人，还在新娘房；
不可给我等，甜茶就紧捧。

又有人唱和道：

新娘还在房间内，不知是在做什歹；
人讲新娘生真美，你嘛出来阮看觅。

有人顺口说：

人客坐满厅，听着碗仔声；
新娘在准备，有食不免惊。

又有人说道：

新郎生做好人才，尪巧某乖即应该；
新娘生美不是丑，大家仆看随我来。

新人在大家的催促下，由媒人或好命婆带路，由新郎牵引新娘出新房"捧茶"请宾客品尝。
这时有人便会说道：

新娘行出房，茶盘双手捧；
确实有诚意，要请咱众人。

媒人或好命婆会带领新人——敬茶，便会说道：

新娘美貌似天仙，天地注定好姻缘；
在家父母有训练，先敬老辈后少年。

介绍母舅，说道：

新娘捧茶出大厅，也有冬瓜糖仔饼；

甜茶新娘亲手燔，要敬母舅头一名。

母舅答词：

来食新娘一杯茶，给您一年生两个，
一个手里抱，一个土脚爬。

介绍母妗，说道：

尪某二人爱同心，这位就是恁母妗。

母妗答词：

新娘娶入厝，家财年年富；
今年买田园，明年起大厝。

介绍姑丈：

这边这位是恁姑丈，通人呵唠是好模样。

姑丈答词：

两姓来合婚，日日有钱春；
给您大家官，双手抱双孙。

介绍姑母：

阿姑做人勤甲俭，红包若少不通嫌。

姑母答词：

今夜大家吃喜酒，着多亲戚和朋友，
相爱着爱手牵手，才会天长甲地久。

介绍姨丈：

凡事就爱来相让，这位就是你姨丈。

姨丈答词：

今日娶媳妇，入门荫丈夫；
新年起大厝，珠宝归身躯。

介绍阿姨：

阿姨真正敖讲话，我看今暝会出问题。

阿姨答词：

门当阁户对，荣华兼富贵；
今夜日子水，赶紧去做堆。

其他宾客接受新娘捧茶时，也要用"四句联"来应答，更可以用来取闹，增加欢乐的气氛：

茶盘金金，茶瓯深深；
新郎新娘，那不相亲；
这杯甜茶，我无爱饮。

您是自由恋爱，或是父母打派；
也是媒人绍介，着向大家交待。

如果新人答不上来，这时媒人或好命婆就要帮忙解围道：

介绍打派亦应该，自由恋爱合时代；
婚姻双方是情爱，家庭美满大发财。

　　有时宾客就是不肯拿"喜茶"，硬是一首一首的"讲四句"接续刁难新郎、新娘。

我看茶盘真正重，新娘不可自己捧；
着叫新郎斗相工，夫妻协力相帮忙。

新郎若是不帮忙，这杯甜茶阮不捧；
新郎若是走去藏，真是刁难阮众人。

拜托新娘着出声，命令新郎着能行；
照理不免用相请，叫伊自己出大厅。

新娘捧茶来相请，请问新娘的芳名；
拜托讲乎阮知影，贵姓尊名讲阮听。

新娘您着想乎定，无讲甜茶阮不食；
不通格骨一个癖，甜茶那冷就歹食。

新娘头插是红花，脚穿一双新皮鞋；
新娘康慨要到底，要讨手巾来交陪。

真知新娘嫁妆多，甜茶食过讨冬瓜；
爱食冬瓜讲好话，紧捧冬瓜来交陪。

冬瓜食过讨冰糖，真知新娘有好物；
钱银春甲无块放，金满房间福满堂。

冰糖食过讨红枣，恭喜全家真协和；
夫妻相爱百年老，新娘贤淑敬公婆。

红枣食过讨福员，食着福员心会专，
夫妻个性同一款，世间真少找这全。

福员食过讨桔饼，我讲四句分您听；
夫妻福气尚好命，有缘千里配亲成。

桔饼食过讨生仁，物件好食各项新；
恭喜发财大广进，寿比南山福满臻。

生仁食着真正好，大家爱食鸡蛋糕；
新娘慷慨肚量好，相尊相敬家协和。

各式食完嘴甜甜，要乎新娘生双生；
早生贵子大欢喜，乎您新婚大赚钱。

以上是一联串的闹捧茶以讨食给大家品尝，使得婚礼更生动有趣。
也有其他"四句"联：

来食新娘一杯茶，给你二年生三个；
一个手里抱，二个土脚爬。

手捧新娘茶温温，好时吉日来合婚；
入门代代多富贵，后日百团传千孙。

新娘捧茶手正正，房间出来莲步行；
一杯好茶来相请，致荫尪婿早出名。

新娘生水兼伶俐，亲像牡丹花一枝；
捧茶相请真好意，恭喜福禄庆眉齐。

眠床四角，蚊罩空壳；
新娘困坦笑，新郎困坦覆。

门当阁户对，荣华兼富贵；
今夜日子美，赶紧去做堆。

人讲做人三摆喜，第一着是结婚时；
新郎新娘相合意，鸳鸯水鸭成一池。

好田也着好种子，播种着爱应时机；
尪某双人着欢喜，协力合作生双生。

茶盘圆圆，新娘入门大赚钱；
茶瓯粗粗，新娘入门生查甫。

新娘脚若举得高，生子生孙中状元；
新娘脚若提得正，新娘入门得人疼；
新娘脚若举得起，一世人坐金交椅。

月圆圆饼圆圆，夫妻一对好团圆；
喜烛光礼烛明，富贵荣华万万年。

双双对对，万年富贵。

饮甜甜，生后生；
饮礁礁，作阿爸。

龙凤相随，代鱼开嘴；
夜夜相对，万年富贵。

新娘好学问，今日配郎君；
翁姑着孝顺，百子传千孙。

今日娶新妇，入门荫丈夫；
年年起大厝，珠宝归身躯。

花烛堂煌喜筵开，盈门贺客一齐来；
娶妳要来接后代，月下老人来安排。

最后新郎牵引新娘收茶瓯：

新娘茶瓯紧来收，新郎新娘可自由；
红包乎妳添福寿，二姓合配定千秋。

新娘好学问，儿女好诗韵；
茶瓯收起返，翁姑着孝顺。

茶盘浅浅，茶瓯显显，皮包仔空空，只有剩二钱。

新郎牵引新娘收茶瓯时，亲戚族人的答词。
母舅答词：

先下虎威予妳惊，新郎做马予妳骑；
姊妹厝边四界行，尊重新娘若阿娘。

母妗答词：

新娘生水笑纹纹，欢喜嫁给水阿君；
美丽才华有学问，全望新娘疼郎君。

姑丈答词：

新娘水丑拨一边，内才真好才是奇；
不信二人嘴含嘴，合唱恋爱的歌诗。

姑母答词：

新娘嫁妆拿入内，今夜不是给妳习；
想要给妳讨绣包，两姓合婚好到老。

姨丈答词：

新娘嫁妆逐项有，只欠一揎美国珠；
请你夫妻双手扶，挂着新娘的身躯。

阿姨答词：

甜茶吃了爱卜熏，大家要刁趁这裤；
吃茶红包那多份，敢着提来大家分。

好命婆代答并结束谢词：

金钱何必着计较，人爱有量才有肴；
汝厝家伙如山头，那有看这小红包。

新娘巧化妆，学问真相当；
国语阁会讲，英文也能通。

新娘头累累，脚穿一双红绣鞋；
娶来两年生三个，一个手里抱，两个土脚爬。

大家免细字，对象排齐备；
提提起来食，即知好气味。

新娘和新郎，酒杯举悬悬；
一嘴哈予干，明年较紧做阿爸。

子婿紧升状元，新娘紧做大家。

新娘娶入来，进丁甲发财。

当捧茶将结束时，宾客们也会给新郎新娘下台阶，以成全其好事。
有人又会说一些吉祥"四句联"来圆满"捧茶礼"：

好意请人客，物件捧真多；
有食阁有提，不通加讲话。

大家紧起行，给伊去输赢；
着爱较打拼，粘也做阿娘。

新娘真古意，闹久新郎会生气；
大家量早返，给你通去变把戏。

四、结语

古代的婚礼有其应遵守的礼节，现在看起来虽然有些繁杂，也有些地方不合实际，但换个角度来看，这些礼俗其实都有他们的宗旨意义与习俗典故，仔细探讨其因由，其实也有其趣味的一面存在。

在整个婚礼的过程，从"婚前礼"、"正婚礼"至"婚后礼"，仪式非常繁琐而复杂，但也正显现"谨慎"和"隆重"的精神贯串于整个婚礼之中，更显现婚姻的重要性。传统中国社会的凝聚，也就在这种婚姻的绳绳相继里，维持了长久的稳定与发展。

在传统婚礼的过程中，所展现的主要精神，在于"合两姓之好"，而且男女双方是相互"匹敌"平等的关系，绝无贬抑任何一方的意味，因为"夫妇一体"。故《中庸》所云："君子之道，造端于夫妇"，又诗云："妻子好合，如鼓瑟琴；兄弟既翕，和乐且耽；宜尔室家，乐尔妻孥。"因此在婚礼过程中，欺压对方的陋俗，实为不可滋长的乱象，也非礼俗的美好本义。

经由本文的探讨，能够让我们深刻地了解台湾闽南婚礼中"呷新娘茶"的四句联形式，更可从四句联的内容，看出其祈祥、祝福及闹新人的浓浓人情味。这种对"重人伦、广继嗣、求内助"以达"家和万事成"的齐家概念，正是闽南婚礼中"呷新娘茶"的四句联的具体展现。

浅析 18 世纪末巴达维亚华人妇女的婚姻地位

上官小红[*]

红溪惨案后，巴达维亚（今雅加达）未成年人口男少女多，殖民当局积极招徕华人，其中以男子为主，所以总体来说，华人男子的比例较高。18 世纪末是荷兰东印度公司最后的统治时期，巴达维亚华侨的人口剧烈下降，从 1780 年至 1800 年二十年间，华侨人口由 28 000 余人降至 14 000 余人，下降了将近 50%。[①] 这一时期，移入吧城（即巴达维亚）的华侨男子减少，而侨生男和侨生女约同比下降的情况下，使得男女比例差距缩小，华人与侨生女的婚姻也随之增加。在吧城华人婚姻中，华人妇女的地位表现出不同于中国本土的特点。

关于巴达维亚华人妇女及其婚姻地位的研究有包乐史、吴凤斌合著的《吧城公馆档案研究——18 世纪末巴达维亚唐人社会》一书对华人妇女及婚姻案件作了较详细的分析。蒲晶、甘奇的《吧城华人社会中的女性》由个案考察分析认为吧城男尊女卑的现象仍然存在，但是华人女性的地位较中国国内高[②]；硕士论文集中于研究 19 世纪，而对 18 世纪的情况较少论及。由吴凤斌、聂德宁等人整理的《雅加达华人婚姻：1772～1919 年吧城唐人成婚注册簿》及《公案簿》系列等吧城华人公馆档案丛书对巴达维亚的华人婚姻及其他社会生活情况作了大量的描述。本文仅拟以《公案簿》第一辑为基础，对 18 世纪末的巴达维亚华

---

[*] 作者单位：厦门大学国际关系学院。

[①] 黄文鹰：《荷属东印度公司统治时期吧城华侨人口分析》，厦门大学南洋研究所，1981 年，第 135 页。

[②] 蒲晶、甘奇：《吧城华人社会中的女性——以公案簿为中心的个案考察》，《海南师范大学学报（社会科学版）》2011 年第 5 期。

人妇女在婚姻及家庭中的地位做粗浅的分析。

《公案簿》第一辑记载了 1787 年 10 月 31 日至 1791 年 2 月 8 日，吧城华人公堂处理的大量华人事务，是荷兰东印度公司时期最早的公案簿。吧国公堂主要是处理一些民事案件，涉及了社会经济纷争、遗产纠纷、夫妻婚姻问题、社会治安等等方面。可喜的是，在《公案簿》中可以看到许多妇女的身影。这些纠纷案件在一定程度上，可以从侧面反映出这一时期华人妇女（包括侨生女）在巴达维亚社会所处的地位。

一、传统的延续

从 17 世纪初巴达维亚建城，至 18 世纪末，巴达维亚华人社会仍然保留着许多祖国的习惯和意识。中华民族几千年根深蒂固的封建传统思想随着移民移植到了吧城，深刻地影响着移民社会。

（一）重男轻女

在特定的社会环境下，侨乡地区的"重男轻女"、"男尊女卑"现象长期存在，如闽南地区的"生干埔（男孩）若作乞食（乞丐），心头也骄举（轻松）；生渣某（女孩）若作奶奶，心头也结茧（郁闷）"[①]，女子一概不入族谱。这种观念延伸到了海外华人社会，但是其程度已不复如初。

除了日常生活，重男轻女还表现在遗产继承上，在黄志娘投诉雷珍兰高根官遗产事中，高根官根据荷兰的习惯，留下遗嘱将遗产进行划分。这个遗嘱受到传统思想的影响，充满了重男轻女的色彩。在高根官的遗嘱中，将大部分遗产留给了 4 个儿子，"一付男高荣全钱贰万文。万一荣全早萎，此钱付男高荣杰、高荣辉、高荣叠三人均分。其余所有物业尽付高荣全……四、洪溪酒灶付高荣全，二百戈部（蔗厂）付高荣全，洪溪寮窑之地付高荣叠"。高根官将少部分遗产留给了女儿。除此之外，"二、寄钱五千文建置厝宅，付儿曹（儿辈）居住"[②]，这就体现了要把儿子带回唐山认祖归宗的传统的思想。总的来说，男女继承遗产

---

① 马建钊、乔健、杜瑞乐主编：《华南婚姻制度与妇女地位》，广西民族出版社，1994 年，第 68 页。

② ［荷］包乐史、吴凤斌著：《吧城公馆档案研究——18 世纪末巴达维亚唐人社会》，厦门大学出版社，2002 年，第 121 页。

明显秉承着重男轻女的原则。

（二）华番之分

当地华人社会还有着明显的华番之分。巴达维亚华人男女比例严重失衡，华人男子与当地妇女结婚的现象普遍。若是华人女子要与番人结合则是不可接受的，但由于荷兰人在当地居统治地位，所以对于荷兰人是例外。在与丈夫离婚之后，华人妻子只能再与其他唐人结婚往往成为离婚的附加条件，她们被要求离婚后不能与番人结婚。这就限制了华人妇女的自主选择权。

1789 年 11 月 25 日，龚喜娘叫杨结观。杨结供谓："前期约与妻分离，日后若改适唐人，固所愿也，奈妻现与番人同住，今若分离，必适与番人为配。"[1] 1788 年 10 月 29 日，钟辰观叫廖庚娘、廖钱观。钟辰观告其妻廖庚娘随高奢番私奔，玷辱门面，恳乞分离。列台问钟辰曰："如泊割后汝妻欲再别配如何？"答曰："若配与唐人，固所愿也；若私嫁与番人，寻探得知，恳乞将妻禁入高墙。"[2]

丈夫不允许妻子在离婚之后与番人结婚，而且当对于妻子与人私奔之事，丈夫认定这是事实，执意要求离婚时，只要妻子没有强硬拒绝离婚，公堂便会按丈夫的意愿去处理。

但也有个别华人妇女在丈夫身故后可以改适番人。1787 年 3 月 25 日，杨怡观、李惜娘叫陈昌左。案中陈昌左提及"家叔临终，实以二妹嘱托于左，此后家婶愿适番人"[3]。这说明在丈夫身故后，妻子再醮还是允许选择番人的。

华番之分的观念对于巴达维亚的华人妇女来说，虽然限制了妇女的结婚对象，却也有着别样的意义。"由于华人群体对当地民族的歧视，虽然实际上存在与当地人不断融合的趋势，但是大唐情结的作祟，让吧城华人只在无奈之余才与土著通婚。"[4] 华番有别的观念及保持血统的纯洁观相互交映，使得华人女性在华人社会中的地位高于当地女性。在

---

① ［荷］包乐史、吴凤斌校注：《吧城华人公馆档案丛书——公案簿（第一辑）》，厦门大学出版社，2002 年，第 231 页。

② ［荷］包乐史、吴凤斌校注：《吧城华人公馆档案丛书——公案簿（第一辑）》，第 87 页。

③ ［荷］包乐史、吴凤斌著：《吧城公馆档案研究——18 世纪末吧达维亚唐人社会》，第 178 页。

④ 邹涵芳：《18 世纪末至 19 世纪中期巴达维亚华人家庭生活管窥》，厦门大学，2009 年 6 月。

富有家庭中为妾者，通常是当地女子，在华人女性不足，有多重选择的情况下，华人父母一般也不愿意把女儿嫁与人为妾。于是她们在婚姻家庭中的地位虽然实际上仍处于夫权之下，但是却不再是最底层，而是处在丈夫和妾之间，有了一定的主动权。

（三）女性的从属地位

巴达维亚华人社会中，男性是主要的劳动力，是家庭的主要经济来源，大多妇女在家管理家庭内外事务所需费用都要从丈夫的经济收入中抽取。妻子每月的生活费用由丈夫提供，这就决定了妇女在家中的从属地位。妇女依附于男性而生存，在家庭中，妻子从属于丈夫。这就不可避免地发生一些家庭暴力事件，妇女往往成了受害者。在《公案簿》第一辑中，可以看到一些夫妻的离婚纠纷案便是由家庭暴力而引发的。1790 年李瑞娘、邱弼娘都曾告丈夫暴力殴打。但这只是个别被呈上公堂的案件，不为人所知的受到家庭暴力伤害的妇女自是不在少数。

此外，结婚后，将妻子留在家，丈夫在外另娶一妻，不照顾妻子生活的案例也常见。然而，妻子跟番人私奔，即使是被诱拐，仍然要受到严厉的惩罚，除非丈夫不追究其责任，仍愿意原谅妻子。年仅 16 岁的李艳娘于 1790 年被宰猪荷兰人拐匿，并于 9 月与谢道忠登记结婚，次月又被卖花番私诱奔逃。随即公堂即判夫妻二人离婚，李艳娘受到沿街示众的责罚。[①] 这与传统的贞洁观不无关系。

二、传统的式微与新的社会现象

这一时期，华人妇女在婚姻中的地位主要表现在传统对妇女的束缚减弱，妇女自主意识的增强，妇女再嫁成为寻常，社会对妇女的尊重，妇女对子女可有抚养权，妇女对经济有一定的支配权、参与权。

侨乡的传统思想移植到海外之后，所谓入乡随俗，它在一个新的环境下生长，必然会与当地的习惯相融合，由此相互影响，形成异于两地的新的社会形态。

（一）妇女有限的自主意识与离婚、再醮的普遍

传统思想对巴达维亚华人妇女的影响减弱的一个重要表现是妇女不

---

① ［荷］包乐史、吴凤斌著：《吧城公馆档案研究——18 世纪末吧达维亚唐人社会》，第 195 页。

再完全受制于道德的束缚，被要求对丈夫从一而终。妇女离婚、再醮（再嫁）成为了可能。据研究，在1775～1791年期间，"有58位女性离婚，占成婚注册女性人数的3.28%。有89位女性再醮，占成婚注册女性总数的10.06%，即每10个女性成婚者中就有一个女性为再嫁"。当然这一时期男性再婚也是很高的，"每6个男性成婚者中就有一个为再婚"①。这在同时期的中国是不可能出现的。在中国唐朝时期，妇女较少受到封建礼教的束缚，妇女提出离婚的现象还较为普遍。但是经过宋朝以来，封建礼教的加强，这种开放的意识逐渐减弱，在18世纪末的清朝便不再成为常态。

而18世纪末的巴达维亚华人妇女在婚姻上表现出了一定的自主意识。

1. 离婚。在18世纪末的巴达维亚，在特定的社会下，华人在当地大都无暇也无力娶妻，男多女少。同时吧城社会仍然存在"父母之命、媒妁之言"，很多夫妻在结婚几年后就宣告离婚，"各择婚配"。很多离婚由妇女提出，而离婚的理由更是多种多样：夫妻不和、夫弃妻另求新欢、家贫、夫未付抚养金、夫患有癫狂病等等。在《公案簿》第一辑记载的18例夫妻纠纷案件中，由妻子告丈夫的有13例，占了总数的三分之二以上。

巴达维亚华人社会中有些夫妇要求离婚甚至是基于很小的理由。1790年，陈莲娘叫林印观一案中，林印提出离婚仅仅在于妻子"日看好戏"，这是离婚普遍化的一个表现。

2. 再醮。华人妇女除了主动提出离婚之外，还能再婚。再婚再醮的结婚男女只能由自己充当主婚人，父母亲属只能为子女任一次的主婚人。但是再婚的妇女，离婚之后再婚的不多，更多的是丈夫身故，家贫无法生存才选择再醮。

据统计，在1775年～1791年的八年半中，女性36岁以上注册结婚者共有14人，除了2人离婚，2人未注明，其余10人均为前夫已经身故，因贫再醮。②

---

① ［荷］包乐史、吴凤斌著：《吧城公馆档案研究——18世纪末巴达维亚唐人社会》，第322页。

② ［荷］包乐史、吴凤斌著：《吧城公馆档案研究——18世纪末巴达维亚唐人社会》，第292～293页。

可见这一时期华人妇女再醮虽多，却大多终究是迫于无奈才选择再醮，自身对婚姻质量的追求程度仍然有限。但当寡妇面临贫困时，再醮至少是一个选择。

还有因丈夫回唐多年，妻子一人无以为生，请求再醮的。除此之外，前文所提到杨结供谓："前期约与妻分离，日后若改适唐人，固所愿也，奈妻现与番人同住，今若分离，必适与番人为配。"及钟辰曰："若配与唐人，固所愿也；若私嫁与番人，寻探得知，恳乞将妻禁入高墙。"这两个案件，一方面反映出华人强烈的华番之别的意识，另一方面，也可以看出，这一时期，华人妇女在离婚后再醮已是常见，为世人所广泛接受，连丈夫也不反对。

在夫权制时代，妇女主动离婚需要很大的决心和毅力，也说明了华人妇女有一定的离婚自主权。这一时期，巴达维亚华人妇女在提出离婚与再醮的过程中表现出了很大的勇气和独立自主的意识，虽然有限，却是前进了一大步。

（二）社会对妇女的尊重

巴达维亚社会也为妇女地位的提升提供了良好的环境，社会尊重妇女的个人意识，尊重妇女的选择，这在一定程度上达到了男女平等。从《公案簿》记载可知，巴达维亚华人社会在一些方面是尊重妇女权利及选择的，在离婚案件中，华人公堂遵循劝和不劝离，离婚必须得到夫妻双方的同意，一方不同意就不能离婚。而且荷兰律法规定丈夫不得休妻，这使得中国传统的"七出"休妻依据在巴达维亚失去了效力，丈夫可以提出离婚，却不能休妻，这在一定程度上起到了保护妇女的作用。①

巴达维亚的唐人社会受到了当地番人的影响，其处事亦有所变化。"按当地风俗，男人别弃妻子一年以上且不给费用者，女方即可休夫他求"② 而华人妇女以丈夫不知所踪或弃妻不顾，不给费用的原因状告丈夫，要求离婚的案件并不鲜见。1790 年 10 月 6 日，施爱娘叫王廉使。施爱娘供谓："本夫王廉使，抛氏八年，并无分文给用，恳乞分离。"这是一起因丈夫无经济能力抚养妻子而导致离婚的案件。

---

① 张雪：《18～19 世纪吧城华人社会婚姻状况研究》，暨南大学，2007 年 5 月。
② ［荷］包乐史、吴凤斌著：《吧城公馆档案研究——18 世纪末巴达维亚唐人社会》，第 187 页。

另外，巴达维亚社会还维护妇女在离婚后仍能抚养下一代的权利。在夫妻离婚后，子女中的男孩子归父亲，女孩子归母亲。这与华人大多秉持重男轻女的观念不无关系。但是即使是这样，最终孩子的归属还是要以父亲之见为准。这个大大偏向于华人男性的规定，但是相比于与唐人结婚的番人妇女，华人妇女还是幸运的。

公堂在处理离婚案件中，尽量考虑了夫妻双方的意愿。在离婚的案件中，公堂以劝和为主。若是夫妻双方都愿意分离，或者丈夫执意分离，妻子没有提出反对，双方经劝说无效时，公堂就会判处离婚。但是碰到"妻不愿离"的情况，公堂将不会按丈夫的意愿强迫分离。1790年12月22日，黎捷振叫雅欧政、欧甲娘。黎捷振供谓："拙妻欧甲娘，不循规矩守家，日往四处闲游；故所生之女，屡被酷殴。诚是难堪，特到台前，恳乞分离。"但由于甲娘"不愿分离"，台谕也只能判"不得分离"。公堂的这种判法在妻子无过错的情况下，尊重了妻子的选择，无疑是难得的。

当然，出现"夫不愿离"的情况，自然也是遵循丈夫的意愿。在1790年9月1日中的李瑞娘叫张族观，李瑞娘投诉丈夫常打她，"恳乞分离。"① 虽然张族观否认有殴妻，但是事实已经明了。但是丈夫不愿离，妻子宁死不和的情况下，判处分居。

（三）妇女对部分财产的继承权与支配权

华人妇女对遗产有一定的继承权。特别是已经出嫁的女儿能从父亲那继承少量的遗产。中国传统以为女儿出嫁以后就不能随意回娘家，父亲去世后的遗产也不可能分给已出嫁的女儿。在高根官遗产案中显示，高根官在遗嘱中吩咐"又女儿高清娘系郑栋官之寡妇，付钱一千文。另前已付妆奁物件不得取回"。在高根官案中，他不仅为成为寡妇的女儿留了部分遗产，其几位妻妾也各自继承了数额不等的财产。

1788年3月19日，廖新娘叫董祖韵。在丈夫身故后，吧城妻子与唐山儿子的财产纠纷案件中显示，丈夫留下遗嘱为：财产"作三分均分：一分遗唐山三男，一分遗在吧二男，一分遗吧妻"②。这种遗产分

---

① ［荷］包乐史、吴凤斌校注：《吧城华人公馆档案丛书——公案簿（第一辑）》，第327页。

② ［荷］包乐史、吴凤斌著：《吧城公馆档案研究——18世纪末巴达维亚唐人社会》，第34页。

配明显更为照顾到了妻子的财产继承权。在传统中国社会，儿子继承遗产之后，母亲就会自动丧失权力，案中显示出与中国传统社会很大的不同。

关于离婚之后财产的划分，在巴达维亚社会，夫妻的财产划分是婚前的财产是各自所有，而男性必须养家，所以在离婚时妻子可以带走婚前的财产，主要是嫁妆。

除此之外，个别巴达维亚华人妇女还会自己经营一点小生意，拥有自己的亚朗（店铺），但这种抛头露面的行为还是未被普遍接受。

结语

总的来说，18世纪末的巴达维亚的华人社会，仍然是个典型的男权社会。男性是社会主要的劳动力，女性居于从属男性的地位，传统的重男轻女，男尊女卑思想，都还占据着重要的地位，注重宗法观念，以父系为主。儿女结婚中的主婚人大多是父系家族中的男性长辈，妻子大多仍要靠丈夫的赡养才能维持生活，妻子遭打现象屡见不鲜，并由此引发了一系列夫妻对簿公堂的案件。

但是传统社会移植到巴达维亚之后，受当地社会和荷兰殖民者的制度影响，与其相互融合，产生了一个不同于侨乡的新的社会形态。在这样的社会形态之下，华人妇女在婚姻上的地位也产生了一些变化。婚姻对巴达维亚的华人妇女来说，不再是个不可打破的牢笼。华人妇女不再必须严格遵守传统的从一而终的定律，有权在夫妻不睦等情况下提出离婚，有权在丈夫身故或离婚后选择再婚。她们对婚姻有了自身一定程度的自主选择意识，对财产也有了有限的所有权。同时社会在对妇女自主意识方面给予了一定的尊重。所以，18世纪末的巴达维亚华人妇女在婚姻中的地位仍然从属于男性，但又有了有限的自主意识，是19世纪华人妇女更大自主意识的萌芽阶段。

闽南民俗文化的保护与传承
——以晋江安海"嗦啰嗹"为例

王宛真*

"嗦啰嗹"又称"采莲",是泉州安海镇一项古老而独特的民俗活动,于 2008 年 6 月列入第一批国家级非物质文化遗产扩展项目名录。每逢端午节,安海总是热闹非凡,人们抬着木雕龙王头,由造型奇特的铺兵开路,队伍伴着优美动听的嗦啰嗹曲,走遍古镇的大街小巷。"嗦啰嗹"正日益成为继安平桥、龙山寺之后,安海古镇的又一大文化名片。

一、"嗦啰嗹"的历史渊源

"嗦啰嗹"旧时也流传于泉州地区,据《泉州府志》记载:"五月初一采莲城中,神庙及乡村之人以木刻龙头击鼓锣迎于人家,唱歌谣,劳以钱或酒米。"① 但目前只有安海完整地保存下来。"嗦啰嗹"民俗始于何时,如何演变,何时流传至安海,这些问题史籍均无明确记载。经过各方面的调查考证,目前对"嗦啰嗹"的历史渊源大致有以下几种说法:

(一)"嗦啰嗹"由中原地区的采莲演变而成

"嗦啰嗹"申报材料介绍:"安海'嗦啰嗹'是中原地区的古民俗。

---

* 作者单位:福建师范大学闽台区域研究中心。

① (清)怀荫布修:《乾隆泉州府志》卷 20《风俗》,上海书店出版社,2000年,第 492 页。

两晋时期，一大批士民避乱南迁，带来中原的民俗文化，包括广为流行的采莲。"① 另有资料显示"唐末五代时期，河南光州固始人王审知率兵入闽，龙启元年（933）其子延均在福州称帝时，封陈金凤为皇后。闽后能诗，在'端阳日'携宫眷泛舟西湖赏莲，还曾作《采莲曲》让宫廷乐师吹奏，宫女伴舞助兴。后来采莲舞曲流传于泉州民间，并逐渐演变为与龙图腾崇拜相联系，发展成一种端午节群众性祈求龙王赐福，扫除梅雨天气，驱除瘟疫的民间习俗。"② 然而这些介绍过于笼统，未说清采莲如何演变为"嗦啰嗹"。就此，中央艺术研究院的陈燕婷对"采莲"与"嗦啰嗹"的关系进行辨析，她根据史料提出一条相对清晰的演变轨迹："现实生活中的'采莲'活动，可以想象在劳动过程中会有相关民歌产生——以'采莲'为题材的文学作品层出不穷——同时'采莲'歌舞蓬勃发展 ——受此影响，催生了供娱乐的采莲船，甚至有乞丐唱《采莲歌》行乞，据说之后演化成为'莲花落'——最后，衍生出与龙舟有关的节日风俗。"③ 另有学者认为"嗦啰嗹"是一种旱龙船，描述的是"端午节采'午时莲'的采莲船在水上游游荡荡的情状……属于行进间的'巡境'形式，它所塑造的视觉形象是水上采莲"。④

（二）"嗦啰嗹"正名为"采莲"，意为"采尘"、"采梁"

"嗦啰嗹"活动中，旗手挥舞着采莲大旗，在厅堂梁间各角落挥旗横扫，代表着扫除屋内的晦气，因此不少人认为"嗦啰嗹"正名是"采莲"，意为"采尘"或"采梁"。颜呈礼指出"采莲"方言的本字应该是"筅撢"，意思是刷扫驱赶，即为辟邪消灾。⑤ 《福建民间音乐简论》也称"采莲之'采'为方言，意为拂拭去尘，（俗称大扫除为采尘），当地民间借'采莲'以寄托驱邪除魔，保庇平安的意愿。"⑥

（三）"嗦啰嗹"是一种端午驱疫傩

---

① 福建省文化厅主编：《福建非物质文化遗产名录》，海峡文艺出版社，2008年，第436页。

② 《安海端午"嗦啰嗹"民俗》，http://www.fjwh.net/fjfy/fjfyml/category/ms/200906/t20090625_31951.htm#。

③ 陈燕婷：《安海嗦啰嗹》，浙江人民出版社，2012年，第80页。

④ 沈继生：《民俗舞蹈"嗦罗连"赏析》，《艺术论丛3》，福建省艺术研究所，1990年，第270页。

⑤ 颜呈礼：《端午安海"采莲"习俗本字考》，内部资料。

⑥ 刘春曙、王耀华编著：《福建民间音乐简论》，上海文艺出版社，1986年，第126页。

"嗦啰嗹"曾有"唆啰莲"、"嗹噜嗹"等写法，后统一为"嗦啰嗹"三字，一般认为其名称源于活动中反复演唱的"嗦啰嗹啊伊都啊啊啊咧"。然而不少学者认为"嗦啰嗹"有特殊含义，如"与我国佛教、道教及戏神驱邪祈福唱诵平安咒语时所常见的唱'啰哩'、'啰啰哩哩'、'啰哩嗹'属同出一源，有着千丝万缕的联系"。① 更有学者考证该民俗是端午驱疫傩，此观点认为"嗦啰嗹"三字来源于傩仪中反复诵唱的"啰哩嗹"，是驱邪避灾的咒语；其次认为家婆、铺兵、旗手的角色装扮和舞步与傩有很大的渊源关系；最后对比全国各地的傩民俗，"各例的共同点就是走街串巷、沿门逐户、驱鬼逐疫、驱邪消灾。而且多数情况下要敲锣打鼓，手持扫帚、鸡毛竿、剑等道具。只是任务、装扮、所用道具各不相同。其内容、形式与'嗦啰嗹'何其相似"②。再者，端午节的来源之一是春夏季候变化引起的原始信仰与巫术习俗，许多端午习俗旨在禳灾祈福，《端午节》一书中载有相似民俗："节日期间，所有人家都要到邻近庙宇去迎接神灵出巡，这些神灵在巫师的引导下，从庙宇来到俗界为人们消灾驱邪，驱病除疫。"③ 因此"嗦啰嗹"可能源于古时为应变季节变化的巫术和神灵信仰，后演变成为一种端午驱疫傩。

（四）"嗦啰嗹"与龙王崇拜有密切关系

关于"嗦啰嗹"的来源，泉州流传着一段传说故事：唐太宗时，龙王违反天规，滥施雨水，造成严重水灾，天庭派魏徵为监斩官将龙王斩首，龙王遂向唐太宗求情。开斩当日，太宗召魏徵到宫中下棋，午时，魏徵闭目养神，太宗以为得计便任由魏徵小憩。哪知魏徵的魂魄已至天庭监斩，龙头从天降落，太宗后悔不已，遂号令天下于端午节祭祀龙王，龙王则诚心诚意帮助天下臣民。从此，民间便有端午节抬"龙王头"以祈求龙王消灾纳福的习俗，而活动中反复吟唱的"嗦啰嗹"便是龙王爷的驱邪咒语。另有材料提到"安海的耆老贤达根据传说，龙有上天吞云吐雾、下地吐水吸水绝招而倡令全镇24境各木雕龙王爷头像，平时安位于各境主宫神坛右侧（大位）供奉，并于每年结合纪念伟大爱国诗人屈原投江的端午节举行全镇群众性采莲歌舞《嗦啰嗹》活动"。④

---

① 蔡湘江：《〈嗦啰嗹〉舞探微》，许在正主编：《泉州文史研究》，中国社会科学出版社，2004年，第386页。

② 陈燕婷：《安海嗦啰嗹》，第94页。

③ 孙正国：《端午节》，中国社会科学出版社，2006年，第48页。

④ 《安海霁云殿与〈嗦啰嗹〉》，内部资料。

虽传说无法作为史料依据，但"嗦啰嗹"与龙王崇拜的关系或可从中寻得踪迹。据霁云殿"嗦啰嗹"队负责人介绍，安海以农历五月五为龙王诞辰日，当日举行"嗦啰嗹"活动，一方面纪念龙王诞辰，一方面借龙王神威，驱除邪气，祈求平安。在活动中，龙王头毫无疑问占据核心地位，安海"嗦啰嗹"示范队的事例便可证明：该队伍"由于没有为龙王举行开光点眼仪式，众人都说这尊龙王没有'神'。上街采莲时，很多人都不回赠红包。……于是，颜昌瑞就挑了个吉日，请来锣鼓吹乐队，大吹大擂地把龙王送到龙山寺，举行开光点眼仪式。此后，这尊龙王才算等到了众人的认可"①。

当然，"嗦啰嗹"的历史渊源并不是单一的流传和演变，而是不同历史时期经过南北方民俗的结合、巫术文化与神灵信仰等多种因素相互影响、相互糅合而成。以上四种说法各有立足点，但其中先后关系错综复杂，已经难以理清，尚待深入研究。

二、"嗦啰嗹"的活动概况

旧时安海共有 24 境，各境都供奉龙王，每到端午节都要抬着龙王头巡街采莲。《安海志》载："各境扛木刻龙王，举大旗，提献花篮，敲锣鼓，奏弦管，唱采莲歌，迎于各户。执旗者舞于各家厅堂，呼吉祥语；提篮者送户主鲜花，人家以'红包'劳之。是谓'采莲'。"②

每年端午前三天，人们便将供奉的龙王头抬出来焚香叩拜，到端午午后才将龙王头抬出游街采莲。队伍通常由前道牌和队旗开道，以表明队伍身份，如"泉郡安平霁云殿龙王爷采莲队"、"鸿江澳妈祖宫彩梁队"等。接着是装扮滑稽的开路铺兵，头戴清兵笠，身穿斜披衣服，脸涂红抹黑擦白，手持锣杵，肩挑扁担，一头系着锣和代表驱邪的榕枝，一头系着盛酒的夜壶、生猪蹄和草鞋。他边走醉步边敲锣，大喊道："龙王出巡了，请让路啊！"随后是手持竖长幅采莲旗的前导旗，上书"安海镇霁云殿龙王公祈求平安"、"安海当兴源泉境龙王公合境平安"等字样，旗头系有艾叶榕枝。然后是男扮女装的家婆，头梳高发髻，身穿红绸衫，右手执蒲扇，左手提花篮，里面放着要分发给民众的鲜花。

---

① 陈燕婷：《安海嗦啰嗹》，第 161 页。
② 《安海志》卷 34《风俗》，第 393 页。

她摇摆着身子走着科步,与铺兵逗笑,十分诙谐有趣。其后是旗手队,手持长幅采莲旗,上书各种祝福语。紧跟着的是一尊四人合抬的木雕龙王爷头像,各队的龙王头稍有不同,但都两眼凸出、口露獠牙、两条龙须长伸高翘,显示出龙王爷的威武庄严。队伍最后是锣鼓队和乐队,为了增加气势,一般会雇用其他阵头参与表演,如花姑队、南音队、彩球舞、"公背婆"、"骑驴探亲"、舞龙舞狮队、拍胸舞等。

"嗦啰嗹"队伍通常先到头莲家里采莲,之后才到镇上沿街采莲。头一户接受采莲的称为"头莲",据说可以得到龙王更多的保佑,相应地也要比一般人付出更为丰厚的红包。只要有人招手祈请采莲,采莲旗手便当众喝下铺兵夜壶中的酒,颠着醉步,挥舞着采莲大旗,冲入门内在厅堂梁间各个角落挥旗横扫,高喊着"龙王采莲采四方、主人世代当富翁"、"龙王采莲采百项,主人富贵又安康"等吉祥语,代表着扫除屋内的晦气,结束后退出。花婆紧跟其后,向户主赠花并送上祝福语,代表龙王的庇佑,户主则回赠红包答谢并恭送队伍出门。队伍再转入另一家,流程与此相同。安海"嗦啰嗹"各队的人物角色和活动程序大多相同,只是在服装和队伍排列上有所差别。虽然"嗦啰嗹"民俗经历了长久的演变和传承,但其活动形式仍同《安海志》记载一致,其古风犹存,韵味十足。

"嗦啰嗹"有着悠久的历史渊源和独特的活动形式,融合了中原文化、闽越文化、海洋文化、信仰文化,蕴含着深厚的文化内涵。首先,"嗦啰嗹"由中原采莲演变而成,保留了古中原原生态的民俗活动。其次,"嗦啰嗹"的龙王崇拜体现了当地的闽越文化和海洋文化,由于山多田少,安海人自古便走向海洋谋生,除了信奉妈祖、玄天上帝等水神之外,安海各境普遍敬奉龙王头,并将其作为"嗦啰嗹"的驱邪神灵。再次,"嗦啰嗹"蕴含着安海地区的信仰文化,虽然安海城镇发展迅速,但安海人仍十分注重信仰,对他们而言,这一活动不仅是娱乐性的踩街活动,更是一种以龙王的神威驱邪消灾、祈求平安的神圣仪式。

三、"嗦啰嗹"的保护现状

"嗦啰嗹"在"申遗"前后,政府相关部门和民间文化工作者共同为抢救这一古老民俗做了不少有益工作,取得了丰硕成果。

（一）对"嗦啰嗹"的研究保护

为了最大限度抢救和保护"嗦啰嗹",不少学者分别从民俗学、历史学、舞蹈、音乐等学科角度对其进行研究。例如蔡湘江的《〈嗦啰嗹〉舞探微》从汉晋以来的宫廷采莲古乐舞来探寻"嗦啰嗹"的踪迹,并且探讨了采莲旗与古代引舞之"旌"、"纛"、"竹竿子"的关系。[①] 颜长江的《海峡两岸"嗦啰嗹"——安海与鹿港端午迎龙王习俗初探》考证了"嗦啰嗹"与鹿港迎龙王的渊源关系,对增进闽台文化交流和文化认同有重要意义。[②] 中央艺术研究院的陈燕婷发表了多篇相关论文,其专著《安海嗦啰嗹》于 2012 年 10 月出版,该书结合多学科角度,囊括"嗦啰嗹"的生存环境、历史渊源、当代传承、文化意义等重要内容,这是第一部相关研究专著,具有重要价值。此外,许多媒体也对此进行关注,例如《泉州晚报》、《晋江经济报》等都对"嗦啰嗹"进行相关报道,使其展现在更多世人面前。

(二)安海各境"嗦啰嗹"的保护和传承

安海现有九个境有"嗦啰嗹"队,分别是霁云殿、妈祖宫、当兴境、三公境、明义境、兴胜境、玄坛宫、西宫和西河境,此外还有一支颜昌瑞组织的"嗦啰嗹"示范队。由于人力、物力、财力上的差别,各境队伍规模大小不一,其中最大的为霁云殿队,其次是妈祖宫队。"嗦啰嗹"的保护和传承很大程度上得益于各境群众的支持。以霁云殿为例,黄素珠从 2004 年开始负责组织"嗦啰嗹"活动,她本着对传统民俗的热爱,将活动办得有声有色,对"嗦啰嗹"的申遗工作有重要帮助。队伍成员大部分是本境人,并且都是自愿参与,活动酬劳仅是一桶油、一箱饮料等。成员年龄大多在 30～40 岁之间,年纪最大的已过 70,例如扮演家婆的黄祖南年近 70,演家婆的历史已有 40 多年了。为了"嗦啰嗹"的传承,黄素珠培养了两个十几岁的小男孩作为旗手,成为队伍里面最年轻的演员,也为队伍带来更多活力。

(三)政府对"嗦啰嗹"的大力支持

政府的重视和支持对"嗦啰嗹"的保护和传承发挥着重要作用。2004 年,泉州被列为全国第二批民族民间文化保护工程三个综合性试点城市之一,共有 25 个保护项目被列为首批重点保护对象,其中便有

---

① 蔡湘江:《〈嗦啰嗹〉舞探微》,许在正主编:《泉州文史研究》,第 385 页。
② 颜长江:《海峡两岸"嗦啰嗹"——安海与鹿港端午迎龙王习俗初探》,周仪扬主编:《谱牒研究与五缘文化》,中国文联出版社,2009 年,第 335 页。

"嗦啰嗹"。2005 年，为申报第一批国家级和省级非物质文化遗产，并对晋江优秀民族民间传统文化进行普查、规划和保护，晋江市启动了民族民间文化保护工程，并成立"嗦啰嗹"项目组，积极对其进行抢救和保护。2006 年，晋江市启动了"乡土文化进校园"活动，以乡土文化资源丰富的安海作为试点，试点项目也包括"嗦啰嗹"。2007 年"嗦啰嗹"入选第二批省级非物质文化遗产名录，随后积极申报国家级非物质文化遗产名录。2008 年，"嗦啰嗹"由国务院公布为第一批国家级非物质文化遗产扩展项目名录，这是政府和群众共同努力的结果。2008 年 6 月，晋江市政府以"嗦啰嗹"申遗为契机成功举办了"晋江市（安海）首届端午民俗旅游文化节"，"嗦啰嗹"成为文化节上最大的亮点。此后又成功举办了第二、三届端午民俗旅游文化节，且规模更大，内容更丰富。端午民俗旅游文化节的举办不仅促进了"嗦啰嗹"的宣传和推广，也有益于安海乃至晋江市旅游文化的发展。2011 年，安海启动旧城改造工程，端午文化节只能停办，值得欣喜的是，当年 6 月由泉州市文物保护管理所主办，安平桥历史文化研究会承办了"安平桥（五里桥）端午节暨全国第六个文化遗产日诗书画摄影大型展览"活动，邀请了"嗦啰嗹"队伍参加，在各界引起热烈反响。

（四）"嗦啰嗹"的舞台化

"嗦啰嗹"作为传统时节民俗，一年仅举办一次，再者人们生活日益丰富，对传统民俗兴趣日渐淡薄，这对其传承和发展有很大制约。而"嗦啰嗹"的舞台化在一定程度上解决了这一问题。早在 1956 年，安海文化站长颜昌瑞就成立一个创作组，由尤金满负责将"嗦啰嗹"搬上舞台，并成功进京会演。新时期"嗦啰嗹"的舞台化硕果累累，形成了不同风格的表演，既有保留原汁原味的表演，也有兼传统与创新的表演，其中最突出的是安海养正中心小学艺术团和安海镇音乐舞蹈协会艺术团的表演。"嗦啰嗹"民俗歌舞在保留民俗活动的风貌上，添加了创新元素，获得了一致好评，不仅在泉州市级大型活动多次演出，甚至受邀到全国各省进行表演。2012 年 6 月，安海"嗦啰嗹"作为唯一一项代表福建省入围的歌舞表演，参加了由国家文化部、浙江省人民政府主办的2012 年"嘉禾万事兴"全国端午民俗歌舞展演活动，使其在传承和发展中迈上新的一步。

四、"嗦啰嗹"保护与传承的建议

"嗦啰嗹"作为安海乃至泉州古老而独特的民俗活动，受到了政府和民间的关注和重视，在其保护和传承上取得良好成就。但随着社会商业经济发展，生活节奏加快，诸多现实问题使"嗦啰嗹"不可避免地陷入困境。首先是"嗦啰嗹"的资料整理和研究方面问题，虽然在这方面取得一定成果，但普及性不高，影响"嗦啰嗹"的深入传承和发展；其次是传承人问题，"嗦啰嗹"踩街活动强度较大，一些技艺出众的队员因年事已高，不得不退出活动，而年轻一代对此兴趣不浓，学习者寥寥无几；接着是活动经费问题，各境队伍的经费主要来自本境捐助，经常入不敷出，影响活动者的积极性；再次是活动范围问题，由于镇区改造、旧街道拆迁，原在境埔居住的居民减少，而新式高层建筑不适合采莲，这使得活动阵地大大萎缩甚至难以进行。对此，笔者结合自己的调查，对"嗦啰嗹"的保护和传承提出自己的几点建议：

（一）坚持资料整理和研究，并加大普及力度。为将"嗦啰嗹"打造成国家级民俗文化品牌，必须坚持对其相关资料进行搜集、整理和分析，可从地方志、各代文人作品等文献中查找相关资料，并整理各时期的活动唱词、祝福语，从中可反映不同时代安海乃至泉州的政治、经济、文化状况。此外需注重搜集口述资料和各种声像资料，并录制"嗦啰嗹"歌曲、民俗活动和民俗舞蹈等。在此基础上，加大对"嗦啰嗹"民俗文化的普及，除在学校开设课程外，可在镇文体中心等地举办展览，以图文并茂的形式加强群众对"嗦啰嗹"的认识和了解。

（二）重视传承人的保护和培养，并给予一定的经济奖励。安海各境"嗦啰嗹"队是该民俗存在的基础，然而由于经费来源不稳定，甚至经常入不敷出，导致一些队伍活动热情消减，甚至难以顺利举行。对此，政府应给予队伍一定的活动经费，并对活动突出的"嗦啰嗹"队进行一定奖励。此外，政府应对旗手、家婆、铺兵等重要角色进行保护，定期给予这些民间艺人一定物质或经济奖励，并注重培养年轻一代的传承人，以避免出现断代危机。

（三）将学校作为"嗦啰嗹"保护和传承的重要基地。在保护和传承传统民俗和乡土文化的过程中，年轻一代占据着重要角色。有关部门应继续大力推广"乡土文化进校园"活动，开设乡土文化课程，在全镇所有中小学进行"嗦啰嗹"和其他民俗的普及教育活动，增强青少年的家乡文化认同感，使"嗦啰嗹"在新时期能够有长远发展。

（四）建立安海原生态民俗文化保护区，整合安海珍贵的文物古迹、传统民俗和技艺。安海不仅有"嗦啰嗹"这一珍贵的遗产，还有龙山寺、安平桥、石井书院等珍贵的文物古迹以及扎吉花、胜金橘红条制作、土笋冻等多项传统技艺和元宵游灯、中秋烧塔仔等频临消失的民俗。在对"嗦啰嗹"活动阵地的保护中，应结合其他古迹和民俗的保护，建立安海原生态民俗文化保护区，这不仅有利于"嗦啰嗹"的保护和传承，还有利于安海传统文化的弘扬和推广。

（五）继续举办端午民俗旅游文化节，走创新之路。在新时期，传统民俗的保护和传承势必要有所创新，端午民俗旅游文化节由政府组织，实行招商引资的方法，使得传统民俗与地方经济相结合，不仅有益于"嗦啰嗹"等传统民俗的保护和传承，而且在一定程度上促进了地方经济的发展。在前三届民俗旅游节取得成功的有利条件下，政府应当总结成绩和不足，日后继续举办一年一度的端午民俗文化节，为"嗦啰嗹"开创更大的发展空间。

五、结语

闽南传统文化积淀深厚、源远流长，是中华传统文化的一个重要支系，包括众多丰富而独特的民俗文化。在当今经济快速发展的社会，必须加快对闽南传统民俗的保护和传承，不仅有利于闽南文化的传承发展，更有利于加强闽台文化交流，促进祖国早日统一。对"嗦啰嗹"等闽南民俗的保护和传承，最重要的是调动各方资源，有效提高当地群众、相关部门对传统民俗文化的保护意识，共同参与到传统民俗的保护、传承和发展中。

台湾弥勒信仰探论

何绵山[*]

一、台湾寺院供奉的弥勒佛

弥勒形象共有三个。第一个形象出现在十六国时期，是交脚弥勒菩萨形象。第二个形象出现在北魏时期，演变为禅定式或倚坐式佛装形象。第三个形象五代开始出现，再演变为肥头大耳、咧嘴长笑、身荷布袋、袒胸露腹、盘腿而坐的胖和尚形象。最后一个形象也称"布袋和尚"，相传为一位唐代末年的禅师"契此"，因为"契此"长得很福态，又背着一个大布袋，劝人施舍，因此在圆寂之后，被人奉为弥勒佛。其"开口常笑笑古笑今万事付之一笑，大肚能容容天容地于人何所不容"，说明了大家喜欢他的原因。此外，在台湾，弥勒佛多少还有另外一种意思：由于弥勒佛经常驮负着饱饱的布袋，有"口袋满满"之意，故也被尊奉为财神。这是弥勒世俗化的结果。

台湾寺院供奉的弥勒佛，大多以第三个形象为主。

台湾佛寺有不少佛寺都设有弥勒殿，大家烧香顶礼时，也因弥勒佛的可爱模样而为之一乐。代表性的有新修建的佛寺设有弥勒殿，如位于台北士林区台北地藏禅寺，于 1990 年建成，2005 年重新修整，设有包括弥勒殿在内的六圣殿。有的弥勒殿中的弥勒佛像造型别致，如位于基隆市信义区的大佛禅院，于 1969 年建成，全院采用唐代佛教寺院格局，

---

[*] 作者单位：福建广播电视大学闽台文化研究所。

楼高四层，内设有弥勒殿，莲花座上的弥勒佛一副喜笑颜开、悠然自得模样，有多位小子爬在其身上嬉戏，或摸其垂耳，或抚其肚皮，但他不但不以为忤，还一如既往地笑脸相迎。有的在寺院中另辟一地设弥勒殿，如位于台中市北屯区的慈善寺，于1916年初建，1984年至1986年间重新修建。寺院左方另有两层建筑，二楼为弥勒殿，一楼为寺务处。有的弥勒殿兼有文化功能，如位于云林县斗六市的湖山寺，于1712年初建，其中多次重造，1960年由明戒法师和明一法师任住持，寺从此开始走向兴盛。于1988年开始建造15丈高的弥勒大佛殿，殿内设有佛教文物陈列馆、戒一图书馆、戒一纪念馆、会议厅、展览馆、禅堂、寮房等设施。弥勒大佛像肚内设有电扶梯，可眺望嘉南平原。有的弥勒殿所供奉的弥勒佛呈深思状，如位于嘉义县竹崎乡的香光寺，初建于1876年，其间多次翻修，至20世纪80年代初，又进行扩建，前殿为弥勒殿，以深思弥勒和拱手围抱形的曲道，迎接每位入寺者。不少台湾最古老的佛寺，也保存完好的弥勒殿，如位于台南市北园街的开元寺，最早可追溯到1680年，当时称为"北园别馆"。后于1690年改建为"海会寺"，由福建泉州承天寺僧人志中和尚为首任住持，1777年改称为开元寺，至今已有300年历史，是台湾历史上最古老的佛寺之一。开元寺坐西朝东，整体配置为山门、天王殿、弥勒殿、大雄宝殿、大士殿、左右护室、钟鼓楼及法堂。有一进山门就设弥勒殿，如位于桃园县中坜市的圆光禅寺，于1918年建造，1980年重新扩建。其建筑遵照传统的丛林规制，山门内即是弥勒殿，供奉弥勒菩萨，弥勒菩萨左手执布袋、右手执念珠，坐在正门口。

台湾佛寺有的虽然没有专设弥勒殿，但也在不同地方供奉弥勒像。代表性的有：

在寺院所属之处另辟一地供奉弥勒。如位于基隆市仁爱区宝明寺，于1933年建成，最近一次于1976年重新翻修，其右侧佛光洞为台湾最大山洞寺庙，宽敞清凉，内供奉一尊弥勒佛。位于基隆市仁安的仙岩洞最胜寺，1874年曾有人来此修炼，由主、左、右三洞构成，主洞最为宽敞，分内、中、外殿，外殿供奉弥勒佛。

在建筑群内的殿堂内供奉弥勒佛。如位于基隆市信义区的正明净寺，于1987年建造，寺院因依山建筑而呈梯田状，其一楼设莲花池并供奉弥勒佛。位于基隆市信义区的灵泉禅寺，于1898年建造，1988年又行修造，其寺前殿奉祀弥勒菩萨，位于台南市东门路的龙山寺，其初建时间可追溯到 1769 年，其间多次重修，最近一次重建为 2003 年。现为三层楼钢骨结构建筑，一楼供奉弥勒菩萨。位于台南华平路的净宗学会，于 1992 年成立，其建筑有五层，一层天王殿后，供奉弥勒菩萨。位于高雄县林园乡的林园佛教堂，初建于 1963 年，扩建于 1967 年至 1974 年间，建筑主体为三层楼，一楼供奉地藏菩萨等，二楼主要供奉释迦牟尼佛及西方三圣立像，左右两侧分别为药师佛及弥勒菩萨。

在山门处供奉弥勒。进了山门后，首先看到的是笑容可掬的弥勒佛，这里有欢迎来者的意思。如位于基隆市信义区的极乐寺，初建于 1905 年，1946 年改建，1984 年成为佛光山派下分院，一入山门，即有一尊笑口常开的弥勒菩萨端坐其中。南投县埔里镇的十方法华寺，建于 1976 年。此寺虽然不大，但一入山门，就见笑脸相迎的弥勒菩萨金身坐像一尊，再后面是供奉三宝的大殿。位于台北市中山区临济护国禅寺，于 1911 年建造，是现存全台湾最大、保存最久远的日据时期木构建筑，2005 年到 2008 年又进行了全面修复。寺的山门前弥勒菩萨笑口常开，似乎在对每个来访者"欢迎"。位于台北市士林区的慧济寺，1959 年创建，进了山门后，有一个凌空架起的阁楼，上面供奉着弥勒菩萨喜笑的法相，这个楼阁因之被称为"弥勒阁园"。位于台北县中和市的圆通寺，始建于 1926 年，其正门是一城门式的拱形洞，内里供奉着一个乐不可支的弥勒菩萨像，其垂耳凸肚、袒胸露乳、咧嘴大笑与往日见到弥勒菩萨一样，只是原来额头上光溜溜的而此处却有皱纹、原来是笑眯了眼而此处却是笑弯了眼、原来是左手持佛珠而此处却是右手持佛珠，眼前的这位弥勒菩萨喜笑颜开、悠然自得。位于高雄县大树乡的佛光山寺，由星云法师于 1964 年在麻竹园开山，现已成为台湾著名的四大道场之一，[①] 佛光山有三道山门，弥勒佛像就立于第一道山门旁边。位于台东县太麻里乡的清凉净苑，创建于 1991 年，整个建筑依山而建，一进山门，即见弥勒菩萨在欢迎，一副"笑开天下古今愁"的大量。位于澎湖县马公市的海天佛刹，始建于 1983 年，全面完工于 2005 年。进山门后，迎面是弥勒菩萨，周围四大天王。位于台北市士林区的永明寺，始建于 1962 年，1996 年至 2000 年又重新修建。进了山门后，有一露天弥勒菩萨坐像，眯眼张嘴，似乎在欢迎每一位来者。

在正殿前方供奉弥勒佛。如位于台北县深坑乡的万福禅寺，1981

---

① 何绵山：《台湾佛教》，九州出版社，2010 年，第 247～265 页。

年创建，2007年重新修整，其正殿前方入口处供奉弥勒菩萨。宜兰县礁溪乡兰阳仁爱之家，早期为基督教"私立仁爱救济院"，后因经济困难，无法经营，于1979年由佛光山派人接手，更为现名，主要收容安养孤苦无依的老人。其主体建筑大楼前，有一座金色的弥勒大佛端坐其中，笑容可掬，似乎在欢迎每一个前来安养的老人。位于屏东县佳冬乡的泰明寺，创建于1975年，为二层楼黄瓦红墙建筑，中央为主殿，供奉释迦牟尼佛及西方三圣，殿前供奉有弥勒佛。

在大殿的供桌上供奉弥勒佛。如位于台北市环河北路的劝化寺，创建于1927年，大殿供奉的释迦牟尼佛前，还供奉一座白色的弥勒佛，弥勒佛呈端坐态，张嘴大笑，眼睛眯成一条线，胸前挂着香袋，一手放于膝前，一手持着佛珠。位于台北市北投市北投区的普济寺，始建于1905年，后又经多次修整。其大雄宝殿的供桌上，供奉着站立的弥勒菩萨，供桌后是供奉观世音的佛堂。位于台北县新店市的广明寺，初建于1952年，1972年又重建。其大雄宝殿的佛桌上，弥勒菩萨端坐其上，迎接礼佛信徒，教人放下一切，安然自在。韦驮、伽蓝尊者分立弥勒菩萨两侧，普度众生。位于台北县新店市的广照寺，始建于台湾光复后的几年。其大雄宝殿供奉阿弥陀佛、药师佛和释迦牟尼，三宝佛前的弥勒菩萨，垂肩长耳，大肚笑脸，使人即使有天大的忧愁，看了弥勒菩萨，也会放下。"眼前都是有缘人，相见相亲，怎不满腔欢喜；世间尽多难耐事，自作自受，何妨大肚包容。"位于台北县新店市的净业禅寺，为20世纪80年代修建，大雄宝殿为一楼的钢筋水泥建筑，弥勒菩萨也在供桌上，只是这尊弥勒菩萨睁大了双眼，与以往见到笑眯了眼的弥勒菩萨似乎不太一样。位于台北县三峡镇的元亨堂，始建于1931年，1970年重新扩建。元亨堂供奉的千手千眼观音菩萨，座前有弥勒佛，众多供香就插在弥勒佛前，这尊弥勒佛与众不同的是，脸部被香火薰得发黑，经过擦拭，显得乌黑发亮，虽似乎有些无奈，却不改其乐观本性。位于嘉义市东区的普济寺，始建于1709年，1910年曾重新修建，1989年重建，完成楼高4层庄严宏伟的宫殿式建筑。一楼大殿供奉观世音菩萨，供前有三宝佛，供桌上有弥勒佛及伽蓝跟韦驮护法。位于澎湖县西屿乡的慈航寺，于1778年初建，1979年重建，大雄宝殿为两层楼，供奉观世音菩萨，善财、龙女分侍两侧，前置小尊三宝佛，供桌上奉祀弥勒菩萨。

在寺院其他地方供奉弥勒佛，主要根据寺院的结构和布局决定，如位于台北市北投区的弥陀寺，始建于 1952 年，因寺地不能集中，分为大雄宝殿、知客室及功德堂三个地方，知客室入口的弥勒菩萨，正笑脸相迎，两边的偈语道："人定佛从心中见，天高月射海东明"。位于苗栗县大湖乡的法宝寺，始建于 1908 年，其间多次修建，最近一次修建为 1996 年。其大雄宝殿高约两层，殿外廊下另外供奉一小尊弥勒佛，与一般供奉于一进山处或殿内供桌上不一样。位于台北县新店市的云阳寺，初建于 1991 年，2003 年殿堂扩建完工，其地下室为五观堂，设置弥勒菩萨香案。

在大殿中供奉弥勒佛。如位于嘉义县阿里山乡的慈云寺，始建于 1915 年，后多次修整。其大雄宝殿供奉释迦牟尼佛，一进殿门，即见两尊高大的弥勒佛站立两边，对着来访者露出会心的笑容，这是寺里让来访者求签结缘处。十元硬币投下，即从弥勒的肚中发出唱诵的佛经一段，并缓缓地送出诗签一张。位于澎湖县湖西乡的灵法寺，于 1980 年兴建。大殿主供三宝佛，韦驮、伽蓝菩萨分立两侧，前置十八臂观音菩萨、弥勒菩萨。前述位于嘉义市东区的普济寺，一楼大殿供奉观世音菩萨，前有三宝佛、弥勒佛及伽蓝跟韦驮护法。位于澎湖县马公市的普德寺，始建于 1959 年，1975 年重建，为两层钢筋水泥建筑，大殿主供释迦牟尼佛和西方三圣，下置一尊释迦牟尼佛卧佛及弥勒菩萨，护法韦驮、伽蓝菩萨分立两侧。

有的寺院供奉的弥勒佛很有特点。日本在台湾统治 50 年，一些寺院至今还可看到日据时期的残存。如位于台中市西区的法华寺，于 1901 年由来台日本比丘尼所建，初名信受院，主祀"鬼子母尊者"。1945 年后日本僧人返日，遂改为现名。1997 年重建完成，为独栋六层式建筑，三楼除三宝佛外，尚有源自日本的弥勒佛像及鬼子母像。

集佛道于一寺的寺院也供奉弥勒佛。如花莲县瑞穗乡青莲寺，初建于 1877 年，1975 年再建，为两进、两殿、两护室，大雄宝殿供奉释迦牟尼佛，陪奉弥勒佛等众多菩萨，侧殿左右供奉关帝圣君、神农大帝等十几位道教神仙。位于澎湖县马公方市的坤元寺，集佛道为一体，始建于 1692 年，历经多次修整，近期修整为 1987 年。寺为两层，室外前往二楼的阶梯中央塑有弥勒菩萨坐像，笑容可掬地欢迎来访之客。

二、弥勒信仰在台湾的传播

20 世纪 90 年代初，在台湾 2200 多所寺院中，所供奉主神是弥勒佛的并不多，仅五所，即位于台中市西区的财团法人台湾省台中市天道三佛院、位于南投县名间乡的明木堂、位于云林县斗六市的崇修堂、位于云林县西螺镇的信义佛堂、位于高雄县鸟松乡的雷音禅寺。进入21世纪以来，弘扬弥勒净土法门或专修弥勒法门的寺院，以下两所最有代表性。

位于南投县竹山镇延平里的慈照寺，是弘扬弥勒净土法门、引导有缘人求生兜率净土的弥勒道场。慈照寺建筑风格独特，周围风景幽雅，可远眺中央山脉和浊水溪。进了山门后，沿斜坡而上，扑面而来的是在显著位置镶立着主持释常照法师敬题的"入大慈门弥勒净土"8个大字，以示与众不同。建筑庄严而雄伟的大慈宝殿占地约1公顷，建筑面积1万5千平方公尺，内设图书馆、讲堂、斋堂、厢房、寮房及停车场等。大慈宝殿内供奉兜率三圣——弥勒菩萨、大妙相菩萨及法华林菩萨，三位菩萨皆端坐在莲花瓣上，法相庄严。常照法师俗名王文川，1939年出生于高雄市。曾于1985年深入研读佛教《大藏经》，发现社会上有人对佛法进行了种种曲解，尤其对弥勒法门更是误解多多，因而带领众多信徒，依止台南开元寺悟慈法师皈依三宝，并于全省设立弥勒讲堂，以弘扬弥勒法门为其终身之志业。1992年，常照法师于台中慈明寺圣印法师座下舍俗出家。常照法师发愿在台湾为弥勒菩萨建立"大慈山"道场，以弘扬弥勒净土法门。并于1995年在南投县竹山镇购地，2005年启建慈照寺大慈宝殿，2007年正式建成投付使用，供奉弥勒菩萨，弘扬弥勒菩萨净土法门。但常照法师却因长年巡回奔波于全省5个讲堂，操累过度，于2007年7月示寂。之后，由如昆法师接任住持。如昆法师继承常照法师遗志，弘扬弥勒法门，并完成大慈山弥勒道场的建设。大慈山弥勒道场定期于全省各地举办八关斋戒，并于全省各讲堂讲授佛法，并设有弘法网站，将常照法师讲授佛法的内容录制成光碟，供佛教弟子点阅，坚持每天上午及晚上两个时段，在电视媒体"法界卫星"播放弘法节目，将佛法远播各地。

位于花莲市国强里的慈心念佛会，专修弥勒法门。慈心念佛会为尼众道场，创办人比丘尼观守法师专修弥勒法门，因深感人生苦短，自出家以来，天天精进礼拜当来下生弥勒尊佛，日日恭诵弥勒三经，40余年不改心志，一心祈求当来得生兜率弥勒内院。1999年2月19日观守法师秉持弥勒菩萨与众生乐的慈心，创办了"慈心念佛会"，带领居士用功念佛，朝山忏悔业障，并不遗余力地推动社会公益慈善事业与社会教化工作，诸如花莲县佛教会举办的慈善救济、浴佛盛会、南亚大海啸赈灾等公益活动，从不落人后，年年获花莲县佛教会表扬为县内绩优寺院团体。

台湾弘扬弥勒信仰的法师，如以台湾光复以来为例，前期可以慈航法师为代表，后期可以成一法师为代表。

慈航法师（1895～1954），福建建宁人，18 岁时至福建泰宁县弥勒山峨嵋峰庆云寺礼自忠和尚出家，长期在国内和东南亚讲经弘法，1948 年来台湾创办"台湾佛学院"，1950 年在台北县汐止镇秀峰山创建弥勒内院，每日为学僧讲授经论，使弥勒内院成为当年培养台湾弘法人才的摇篮。1954 年，慈航法师于弥勒内院示寂，5 周年后开缸，肉身完整，成为台湾第一尊肉身菩萨。弥勒内院于 1974 年被改建为三层楼宇，一楼为太虚纪念堂，供奉弥勒化身布袋和尚及太虚大师法像，一切按当年开山旧制；二楼为千佛殿，供奉释迦牟尼佛铜像；三楼为兜率天之摩尼殿，供奉弥勒菩萨天主像。慈航法师生前的法华关房仍维持旧貌保存，并设斋堂、禅堂、讲堂、视听室、图书室等。2007 年 9 月，福建省举办了规模盛大的慈航菩萨圣像回归祖庭系列活动。慈航法师对台湾佛教贡献是多方面的，本文仅就他对弥勒信仰的弘扬阐述做一简单介绍。

慈航法师对弥勒菩萨的阐述，如《台湾汐止静修院启建念佛法会疏文》[①]："是故本师释迦，为一大事因缘，说法四十九年，悉皆会归净土。最后灵山会上，亲嘱弥勒慈尊，授以无量寿经，敕为弘扬净土。经云：'弥勒当知：我今如理宣说如是广大微妙法门，一切诸佛之所称赞。付嘱汝等，作大守护。为诸有情，长夜利益。莫令众生，沦坠五趣，备受危苦。应勤修行，随顺我教'。我等今日，三复斯文，岂非如来预知末法众生之苦厄，唯弥勒慈尊为能救济。故于会中，不咐嘱其他文殊普贤诸大士，而独叮咛重嘱我慈氏也。所以者何何？经云：'弥勒发愿，于刀兵劫中，拥护众生。'现在兜率内院，当来三会龙华，菩提树下，成等正觉，福德无边。由是知吾辈众生今日福报之薄，遂感刀兵之劫。我释迦如来，已早鉴知，于其大圆镜智之中。乃特嘱弥勒，为众生解刀兵之难。为末法培植福厚之田，务须弘扬念佛一法门。令诸众生，现生得增福报，命终咸归安养。同时世尊又告弥勒：'当孝于佛，常念师恩。

① 慈航大师纪念集编印处编《慈航大师集》（上集），弥勒内院 1998 年 2 月印刷，第 1～3 页。

当令是法久住不灭。当坚持之无得毁失。乃至我法如是，作如是说，如来所行，亦应随行。种修福善，求生净刹'。反复告诫，语重心长，苦口婆心实令人感泣。本院以静修为方便，奉弥勒作圭臬。"

此外，再以《弥勒内院定名的意义》①一文为例。慈航法师阐明了"弥勒内院"的来历，他指出："欲界有六重天，而兜率院是第四重天，中有内外两院，外院有天男天女，与世界上是一样的；内院是弥勒菩萨讲经说法的处所。听讲的，都是十方菩萨。"为何将所创建的寺院定名为"弥勒内院"呢？他指出："弥勒菩萨（称为慈氏）在兜率陀内院宣说慈悲，度众生于苦海；所以，这所房子定名为弥勒内院。就是要发扬弥勒菩萨大慈大悲的精神，阐述弥勒菩萨大慈大悲的教理，希望每个众生，都来学习弥勒菩萨。如是由小向大，以及由近而远的方法，以便消弭人类互相残杀的根源。"慈航法师提出要修唯识："要对治这个病症（作者案，指斗争），还是要修弥勒菩萨的唯识观才能收效。要知道他一方面教化众生，一方面自己修行，用唯识来观察一切东西，都是心识所变的，自然就无'我'，'我'既无，也就无有'我所'了。既然无'我'、无'我所'，哪里还有什么斗争呢？"慈航法师提出要传播宣传弥勒菩萨的精神："兜率陀天的内院，是弥勒菩萨住在里面，教化众生无'我'、无'我所'、万法唯识的道理。现在要把弥勒菩萨大慈大悲的精神，及无我、无我所的唯识道理，由台湾传布到中国大陆，由大陆传布到全世界，使人人都能够信受奉行。"慈航法师进一步提出要通过说法普渡众生："弥勒菩萨就来此世界龙华三会说法。可以说弥勒菩萨是候补释迦牟尼之职位而传行教化的，现在要预备龙华三会，普渡众生。"慈航法师还提出讲经就等于念佛的观点："念佛可以到西方，讲经也可以到西方；讲唯识就等于修净土。本院供的佛，是释迦世尊、弥勒菩萨、太虚大师，是表示三位一体；本人即在这弥勒内院代表三位阐扬唯识教理。"

成一法师（1914～），江苏泰县人，15 岁时在本邑营溪观音禅寺依春远和尚出家，曾于 1945 年毕业于上海中医学院，即在上海玉佛寺开设"佛教利生施诊所"。1948 年来到台湾，协助南亭老和尚在台湾弘法，曾担任台北华严莲社住持，并创办华严专宗学院。1984 年到美弘

---

① 慈航大师纪念集编印处编《慈航大师集》（上集），弥勒内院 1998 年 2 月印刷，第 8～13 页。

法，并在美国加州创办华严功莲社。成一法师在弘法时，常在法会上弘扬弥勒净。晚年在台湾莲社禁足静修，专心写作，撰有《弥勒净土法门简介》等书十余部。1996 年赴祖国大陆朝礼名山，于浙江奉化溪口镇的雪窦寺弥勒佛像前发愿，决心大力倡导弥勒净土法门，建设人间净土。成一法师对弥勒法门的阐释，可见于《成一法师访谈录》第十六章"弥勒法门"①。

成一法师提出成佛的法门，指出修弥勒净土也可以成佛："释迦牟尼佛要弥勒佛到兜率天，替我们开辟的一个临时净土。让我们修行，修到 56 亿 7000 万年以后，弥勒佛就从兜率天下来，将我们的世界变成佛国。那时候我们的世界，再没有痛苦，也没有水火刀兵这些劫难了，而是清净庄严的佛国。所以我现在要教大家，不必念阿弥陀佛往生西方，也不必念药师佛往生东方，就在本土修行。这是释迦牟尼最后的遗旨，把责任交给弥勒佛，要把我们世界变成佛国，把世间苦难众生都度成功，要我们能够离苦得乐，这是一个大好的机会，一个大好的消息，否则痛苦没有了期。"成一法师提出弥勒法门在中国流传，指出中国早期都是修弥勒法门："佛教传到中国来，最初 400 年，都是修弥勒法门的。在印度等南亚与南洋诸国家，都属小乘法门，为何我们中国会有念阿弥陀佛的法门出来？到隋唐五代，有人假借弥勒下生思想，曲唱'老佛退位，新佛掌盘'来造反，企图推翻政权。这种战争也曾发生过几次，死了不少人。原先大家都修弥勒净土，根土没有修阿弥陀佛净土的。等到造反这些人掀起战争以后，大家不敢再修弥勒法门。刚好，那时鸠摩罗什法师，已经把大藏经里面的《阿弥陀经》译出，道安法师的大弟子慧远，就去弘扬弥陀净土，因为有这一段历史渊源，阿弥陀法门才在中国流传下来。"成一法师提出现时学佛的社会风气，指出修弥勒净土更容易成功："西方净土，在中国历代以来，很多大德都热烈弘扬。实际上，弥勒净土比它更容易修、更易成。修行弥陀净土，除了念佛要念到一心不乱外，还要有善根、福德、因缘，事事都要具备，才能成功；现代人，老实讲，不方便修此法门了。农业时代还可以，但是现代工业社会，很多人都要上班，很难把佛念到一心不乱。历史上，有些修成功的人，要念到一心不乱，一天要念十万声佛，现在要念一万声都很困难，白天上班工作非常辛苦，晚上回家洗好澡，恐怕念不到十声佛就打瞌睡

① 《成一法师访谈录》，台湾三民书局股份有限公司，2007 年，第 275~290 页。

了。"成一法师提出弥勒法门的三种经典，并进行了评述："弥勒净土法门有三种经：《佛说观弥勒菩萨上升兜率天经》、《佛说弥勒菩萨大成佛经》、《佛说弥勒菩萨本愿经》。民国以来太虚大师提倡恢复弥勒净土。'弥勒三经'才在民间流通，太虚大师也做了讲解。第一部是上升兜率天经，第二部是下生成佛经（即大成经），这两部最重要。第一部上升兜率天，给我们一个方便净土，我给他取一个好记的名字，说这是弥勒菩萨给我们开的速成班。第三部是本愿经。"成一法师还提到自己弘扬弥勒净土的因缘经，呼吁大家共修弥勒净土："我先前很忙，自从10年以前决定，想了解太虚大师。我本以为太虚大师是在标新立异，不愿意和别人一样走同路线念阿弥陀佛，但是看到他关于《上升经》、《下生经》的讲解后（《本愿经》尚未讲解），在我禁足以后（禁足到年底满10年，不去开会、应酬），才有时间来整理这些，理解这些情况，我才决定弘扬弥勒净土。现在我特别大声疾呼，弥勒净土才是我们的本土净土，我们是本地人，应把本土净土庄严起来。到那时候我们多生多世的父母、亲人、同胞、好友，都能相见了。生西方条件固然难，成功了也只有一人解脱，救不了他人，这一点我请大家多加考虑。"成一法师还提出修弥勒净土的好处，指出修好后大家都能受益："修弥勒净土法门还有一个好处：修其他的法门，你只能一个人去，带不了任何人；修弥勒净土成功后，我们跟弥勒佛下来把娑婆世界变成佛国，到时过去多生多世的父母、师长、兄弟、姊妹、夫妻、儿女、亲戚等一切一切，都能蒙受大益，都在佛国里面，不会再生死痛苦了。修行成佛的时间看来虽长，但是其他法门的时间更长，且这一生修好了，就到兜率天去，跟着弥勒修行，不会再轮回转世了。"成一法师进一步指出弥勒法门是殊胜法门，并对其进行评介："释迦牟尼佛的传人是弥勒佛，最后他将佛学传给弥勒，要人照着他的方法修。当然十方世界他都去了，但是重点放在娑婆世界。弥勒接受这个任务后，在佛灭度以前12年，就上升到兜率天去。弥勒佛很早就已发心学佛，《弥勒经》上说他于释尊前四十九劫就发心了，但他是以慈心度众生，不让世人苦上加苦，所以他较晚成佛。最后他成为释迦牟尼佛的弟子，并受其付托，将来要到这个世界来成佛。在民国初年，太虚大师为了革新佛教，使人们能接近佛法，于是提倡弥勒净土。在佛法传来中国最初的400年当中，弥勒法门传得十分普遍。现在南传佛教，如泰国'缅甸'斯里兰卡等地流传的经典，都有提到弥勒菩萨，却不曾提及阿弥陀佛。"成一法师最后指出修弥勒净土法门的原因，强调其必要性："所以我们现在修弥勒净土法门，就是将来我们到兜率天去修。弥勒佛下来娑婆世界，在龙华树下开龙华三会，都可去参加，被度化。像《法华经》所说，佛陀为我们再受菩提记，成在乘佛。修弥勒净土法门，实际上我们已经有了大乘的根基，我们成就的是大乘佛，所经我们才提倡学弥勒净土。佛陀在经典中常常提醒我们说：'人身难得，佛法难闻'。现在我们既得人身，又闻佛法，若不把握此身，随便度过，那就又要坠落轮回，流转生死，那样就苦不堪言。佛也说过：'人身难得而易失，从人生转世再得到人身的人，如人的指甲上的一点土；而从人生转世失去人身的人呢？如大地上那么多的土。'真是不成比例。我们要特别小心，千万不能大意。生弥勒净土就太方便了，六度修好了，就是上品，其他只要信弥勒佛、恭敬相信弥勒佛是最高、最理想的接引者，就可有愿必成，可见求生弥勒净土是最方便的法门。"

三、台湾对弥勒信仰的研究

台湾 1977 年至 1999 年，共发表研究佛教论文约 6700 余篇，其中研究弥勒信仰的约二十余篇，具体如下：

对弥勒信仰的全面评介，如：幻生《弥勒信仰及其应化事迹》（1～6）（《菩提树》总第 326～331 期，1980 年 1～6 月），刘益宏《弥勒菩萨偈衍说》（《慧炬》总第 228 期，1983 年 6 月），新觉生《泛论弥勒》（《新觉生》总第 22 卷第 1 期，1984 年 1 月），杨白衣《弥勒信仰在中国的流传》（上、下）（《中国佛教》总第 29 卷第 5～6 期，1985 年 5～6月），陈华《中国历史上的弥勒——未来佛与救世主》（《历史月刊》总第 86 期，1995 年 3 月），黄敏枝《唐代民间的弥勒信仰及其活动》，（《大陆杂志》总第 78 卷第 6 期，1988 年 6 月），萧登福《六朝道佛二教谶记中之应劫救世说——论李弘与弥勒》（《台中商专学报》，总第 31期，1999 年 6 月），杨富学《回鹘弥勒信仰考》（上、下）（《中华佛学学报》总第 13～14 期，2000 年 5 月～2011 年 5 月）。

对弥勒信仰的艺术研究，如：李玉珉《隋唐之弥勒信仰与图像》（《艺术学》总第 1 期，1987 年 3 月），胡永炎《北朝弥勒的形象蜕变——二元性艺术创造历程》（《艺术家》，总第 285 期，1999 年 2 月）。

对统治者与弥勒信仰关系的研究，如：陈华《王政与佛法——北朝至隋代帝王统治与弥勒信仰》（《东方宗教研究》总第 2 期，1988 年 9 月），汪娟《唐代弥勒信仰与政治关系的一侧面——唐代皇室对弥勒信仰的态度》（《中华佛学学报》总第 4 期，1992 年 7 月）。

从唯识的角度研究弥勒信仰，如：蔡瑞霖《法性与存有——弥勒法法性分别与海德格存有论区分的对比研究》（《国际佛学研究年刊》总第 2 期，1992 年 12 月）。

从净土角度研究弥勒信仰，如：杨金水《论弥勒净土之殊胜》（《菩提树》总第 381 期，1984 年 8 月），慧广《谈往生净土的意义及弥勒菩萨的信仰与感应》（《中国佛教》总第 32 卷 5 期，1988 年 5 月），如吉《弥勒净土法门初探》（《内明》，总第 283 期，1995 年 10 月），胡顺萍《弥勒净土法门于现今之意义》（《哲学杂志》总第 28 期，1999 年 5 月）。

从弥勒经角度研究弥勒信仰，如：演培《〈佛说弥勒大成佛经〉讲记》（1～22）（《狮子吼》总第 22 卷第 9 期～24 卷第 8 期，1983 年 9 月～1985 年 8 月），杨惠南《汉译佛经中的弥勒信仰——以〈弥勒上、下生经〉为主的研究》（《文史哲学报》总第 35 期，1988 年 12 月）。

台湾 1963 年至 2006 年研究佛教的博硕士论文有 2103 篇，其中研究弥勒信仰的仅有三篇，具体如下：

由郑阿财指导，文化大学中国文学研究所研究生汪娟撰写的硕士论文《唐代弥勒信仰研究》（1990 年）认为：唐代是弥勒信仰由盛趋衰的关键时期，因此釐清弥勒信仰在有唐一代的消长状况，将有助于明了净土信仰在佛教史上的发展轨迹。唐代除以武后利用弥勒信仰革唐为周，对政治影响最巨外，唐代的弥勒信仰并上承南北朝的遗绪，开启了宋元明清秘密宗教的新貌。唐代弥勒信仰除了与宗教、政治关系极为密切外，其在经变图和造像上的艺术成就亦不容忽视。弥勒下生经变所见的耕获图、嫁娶图等图样，尤能反映出唐代农业生产、寺院经济、社会风俗等实际面貌。作者论述以唐代各石窟、寺院保存的弥勒造像与壁画、雕塑等实物，以及有关弥勒信仰的经典论疏（含敦煌写卷）、历史和石刻史料为主要依据，并参考中外学者相关著述及研究，对唐代弥勒信仰提供了新的诠释。

由刘国威指导，佛光人文社会学院宗教研究所研究生袁淑美（释妙记）撰写的硕士论文《弥勒净土之研究》（2004 年），以"弥勒净土"的"出世与入世的融合"、"现世"的安顿与"来世"的解脱为论题，以当代人间净土发展实践方法的理念为说明。值得关注的是作者以当代台湾弥勒净土弘扬的现况为例，提出当代太虚、印顺、星云法师等人的说法，并分析了台湾南和北弘扬净土的现状，以具体事例说明其弘扬因缘等推广概况。作者研究了弥勒净土与人间净土的结合，强调弥勒净土的人间佛教思想，以及对现代思潮提供的价值，提出了净土对人生的影响、对当今社会的启示等独到的思考。

由赖宗贤指导，法光佛教文化研究所研究生释真常撰写的论文《阿闪佛、阿弥陀佛与弥勒菩萨的净土观之研究》（2003年），研究了弥勒菩萨的世界，提出弥勒菩萨净土所依经典和弥勒菩萨信仰的传播，分析了兜率净土与人间净土、弥勒菩萨的本愿和往生弥勒菩萨净土，最后将弥勒菩萨与诸菩萨的净土进行比较，阐明净土的生长，来自诸佛本领和众生功德成就。

四、弥勒信仰对台湾民俗与艺术的影响

由于弥勒信仰世俗化，弥勒信仰也对民俗活动产生了一定影响。有的弥勒佛成为开展民俗活动的场所。如位于台中市北区的宝觉禅寺，始建于1927年，1964年，为台中指标性宏伟建筑之一。为推展民俗文化，弥勒大佛落成之日，宝觉寺将其内部作为"台湾民俗文物馆"文物陈列场所。大佛内有7层，最下层为民俗画廊，图片显示台湾各种民俗活动；二层为综合陈列馆，展示台湾先民的衣食住行各种文物及图片；三层为古街馆，陈列台湾昔时船、轿、人车、三轮车、马车、骡车等各种交通工具；四层为农村馆，陈列旧时农村用具及食物器皿，如酒具、炊具、茶具、炉灶等物品；五层为民屋馆，陈列古老富裕农家用具，如八仙桌、太师椅、床、柜、梳妆台、茶几、衣架、古装衣服等物品；六层为山地馆，陈列台湾世居少数民族的手工艺品，如石刻、木刻、竹器、陶器及古代台湾的铜器、漆器、灯具等物品；七层为顶层，即佛头部分，陈列寺庙的各种用具，如佛具、神案及神佛雕像等，并有民间戏曲各种乐器等物品。[①] 有的弥勒佛成为民俗活动的角色，如香阵原指参与进香的阵头，后范围扩及参加活动的每一个人，是台湾民间民俗活动

---

① 阚正宗：《台湾佛寺》（五），台湾菩提长青出版社，1993年，第52～53页。

常见的样式。香阵队伍中，常常出现笑口常开的弥勒佛，引逗得大家乐不可支。正如《台湾民间信仰小百科》辑二"香阵队伍"中"弥勒佛"节中描绘："造型圆滚、胸大肚肥的弥勒佛，整张脸也是圆圆胖胖的，耳朵肥大垂肩，笑口常开，被认为是福气与欢乐的象征，因此一直广受到欢迎。""大神尪仔中的弥勒佛，常两尊或三尊一起行动，组成一个弥勒团，一路上忽前忽后，或左或右，不只热闹有趣，生动活泼，更为沿街的善信带来了最大的欢乐与期待。"①

诸多寺院因弥勒佛像而留下了绝妙的偈联，现仅以两个寺院为例。如桃园县中坜市的永平寺，其圆通宝殿有一石柱，上面用毛笔正楷写着："有弥勒肚皮千金易化　无维摩手段滴水难消"。"弥勒肚皮"是指弥勒佛"大肚能容了却人间多少事"的慈悲忍让气度，而"维摩手段"便是维摩诘居士以智慧方便示现的教化精神。"弥勒肚皮"及"维摩手段"提示的正是佛教"悲智双运"的修行功夫。② 再如位于彰化县员林镇的弥陀岩，有许多与弥勒有关的对联，如"弥勒恩深大院门通三界路　陀山法广一瓶柳酒万家春"，横批："弥高上界石盘陀"。又如："弥勒云升西竺佛灵传鹫岭　陀盘法布中台名胜据湖山"，横批："弥天佛性隐山陀"。再如："弥勒三摩面壁九年成正觉　陀罗半偈传衣三乘悟灵光"，横批："弥因菩果在普陀"。

也有的寺院将弥勒菩萨的说法绘成彩图。如位于新竹县峨嵋乡的灵霞洞，为客家式建筑，依天然岩而立，其正殿左侧门板上绘的弥勒菩萨说法图。图中是弥勒菩萨在兜率天宫说法，弥勒菩萨左手执佛珠，右手安放于膝前，虽然仍是袒胸露肚，但却是神情专注，一改往日咧嘴大笑的神情。图中祥云飘浮，弥勒菩萨左右两人，或端坐静思，似在专注聆听；或站立双手翻掌向上撑去，似恍然有悟，听讲的其他 5 位人物，个个神情各异，栩栩如生，笔法精细，惟妙惟肖。

台湾关于弥勒菩萨的艺术品很多，其中不乏诸多精品。限于篇幅，本文仅以笔者 2011 年 4 月参观台湾苗栗木雕博物馆所见为例，谈谈粗浅的看法。

---

① 刘还月：《台湾民间信仰小百科》"迎神卷"，台湾台原出版社，1994 年，第 196 页。

② 杨国连：《台湾佛寺》（三），台湾菩提长青出版社，1991 年，第 34～35 页。

在台湾苗栗木雕博物馆的典藏品中，有关弥勒佛题材类别下的数量最多，其造型多为福泰圆胖，喜感十足，身体主要分成四个部分几斤肉雕饰：圆脸、圆乳（宽阔的胸膛）、圆肚（占最大的体积）；矮短的腿、足（立姿、蹲姿、卧姿）；面容咧嘴欢笑，手上撑或自然摆放。大部分的作品仍保留木材的色，仅交付涂上生漆保护作品，使作品看起来有光泽具价值感。漆的颜色在早期并无太多选择，而台湾的木雕师傅大多注重材质纹理的天然美，尽量保留木头本身的颜色。[1] 现仅以其二件藏品为例。第一例是在人间的布袋和尚形象：一个怒目圆睁、张开血盆大口的老虎，无奈地驮负着一个大布袋，布袋上端坐着一个笑得眼睛眯成一条线、嘴巴合不拢的弥勒佛，他袒胸露肚，一副怡然自得的悠闲。在弥勒佛的驾驭下，凶猛的百兽之王也只好俯首帖耳，任其摆布。第二例是在兜率天宫修行的菩萨形象，其外型为半跏思惟姿式，呈交足端坐相。头带宝冠台，左手平放在跏趺的右足上，右手肘撑在右膝上，以右手指轻托右颊，作思考状。这是一幅极为宁静的造型，以沉思的状态，表现出这位正在兜率天宫的弥勒菩萨，正在全心思索未来降生时应如何救助人间。这些精美的木雕，已成为珍贵的镇馆之宝。

综上所述，台湾寺院中供奉的弥勒佛，给参访者带来了喜悦和放松。弥勒信仰在台湾的传播，使台湾出现了弘扬弥勒净土和专修弥勒法门的道场，也出现了弘扬弥勒信仰的著名法师，更出现了研究弥勒信仰的论文。弥勒信仰在台湾的流播，还对台湾的民俗和艺术产生了深远的影响。

---

① 吴姿莹：《三义木雕源流》，苗栗县文化局，2004年，第59页。

台湾凤山关帝信仰文化回传泉州考略

李国宏*

一、田野调查

1. 信息由来

1999 年，晋江市博物馆研究人员粘良图通过实地调查，在晋江金井镇"崇义庙"发现一方清代碑刻《新建崇义庙碑记》。[①] 当年，笔者与粘良图均参加泉州市民间信仰研究会，时常有学术上的交流。当得知我正在从事"泉台民间信仰文化回传现象研究"课题时，良图兄及时向我提供了这份重要的碑记，笔者随即前往崇义庙实地考察。根据碑记的内容判断，光绪二十七年（1901）创建的"崇义庙"，奉祀关帝，其香火来自台湾凤山县。2000 年，笔者撰文《从泉州民间信仰文化回传现象看闽台民族文化认同》，在"国际汉民族 2000 年学术研讨会"上宣读，即以晋江深沪宝泉庵（奉祀保生大帝，香火来自台南学甲慈济宫）、晋江金井崇义庙为探讨对象。[②]

2. 晋江市金井镇崇义庙概况

崇义庙位于晋江西资岩下岩，地属晋江市金井镇岩峰村（清代为晋江县十四都），《新建崇义庙碑记》即竖立于庙宇对面戏台左侧。

---

* 作者单位：福建省石狮市博物馆。

① 《新建崇义庙碑记》收录于粘良图著作《晋江碑刻选》，2002 年 5 月厦门大学出版社。此次根据姜玉荣先生拓制的碑记拓片进行校勘。

② 《从泉州民间信仰文化回传现象看闽台民族文化认同》收录于李国宏著作《泉州民间信仰文化论集》，2003 年 10 月中国广播电视出版社。

庙宇依山而筑，由门楼、天井、拜亭、左右护廊、正殿组成。门楼为硬山顶建筑形制，基础抬高与内殿成水平，显得高耸壮观。庙宇名曰崇义，故庙中楹联多以"崇义"冠头，如：

崇奉丹瑞期济世；
义施符水挽回天。

崇墉自壮荆襄镇；
义旅能宣华夏威。

崇高汉室威兼德；
义结桃园古到今。

拜亭为石构，镌刻两副集句联。第一副："乃所愿，则学孔子也；知我者，其惟春秋乎?"上款署："光绪癸卯年仲春建"；下款署："陈棨仁敬篆"。由此得知，崇义庙始建于光绪二十七年（1901），而拜亭则落成于光绪二十九年（1903）。

陈棨仁（1837～1903），字铁香，晋江永宁（今属石狮市）人，移居泉州城内。同治甲戌科（1874）进士，授翰林院庶吉士，任刑部主事，诰授中宪大夫。精通训诂、金石之学，擅长书法。著述《闽中金石录》十五卷、《藤花吟馆诗录》六卷等。崇义庙篆书对联为陈棨仁晚年作品，较为难得。这副集句联，上联语出《孟子·公孙丑上》，下联语出《孟子·滕文公下》。清楹联家梁章钜《楹联丛话》卷三《庙祀》收录此联。

拜亭镌刻的另一副集句联："三分割据纡筹策；万国衣冠拜冕旒。"撰书者陈模。上联语出杜甫《咏怀古迹（武侯祠）五首》之五；下联语出王维《和贾至舍人早朝大明宫之作》。这副集句联历来被誉为关帝庙楹联中的佳作。清初刘原圃《片刻余闲集》卷一记载：

关侯庙联甚多，佳者绝少。余所见集唐二联，一曰：三分割据纡筹策；万国衣冠拜冕旒。一曰：吴宫花草埋幽径；魏国山河半夕阳。二联俱脱俗，而次联意在言外，尤佳。[①]

正殿呈三开间格局，上方悬挂一方 1935 年信士王珍水敬立的匾额《乃圣乃神》。"乃圣乃神"一词出自清代顺治九年（1652）《敕封忠义神武关圣大帝祭文》。

1912 年，崇义庙局部修缮。香火鼎盛之时，影响遍及泉州、金门、厦门、漳州一带。晋江英林东村、伍堡等村善信到此分灵关帝香火，顶礼膜拜。"文革"期间，善信隐藏关帝神像以避免遭受破坏，庙中石刻楹联则刷上灰土掩盖字迹。但是，由于常年缺乏看管，造成庙宇主体建筑残破严重。直至 20 世纪 80 年代，方由菲律宾华侨以及晋江塘东、金井、围头、英林等地善信捐资重修。

二、资料考证

1. 光绪《新建崇义庙碑记》考

关于崇义庙香火来自台湾的信息见于光绪二十七年（1901）镌刻的《皇清新建崇义庙碑》。兹据姜玉荣先生所制拓片，对照碑记原文，抄录如下，并略作考证。

皇清新建崇义庙碑

原夫兴基建庙，藉人力以奏功；维岳降神，关人心之诚敬。钜任之举，非苟焉已，有其诚必有其神矣。溯自飞凰山之钟灵，在台众生受其拯救之恩，实繁有徒。衍香火而来唐，其时英灵已溥，由沙堤迎薰于西资。当此南都沐佑，遐迩均沾，即金厦两岛及漳石二镇亦携男带女接踵来岩。或求治病，或求解烟，符水丹沙遂服立效，足徵圣恩之浩大，诚无远而弗届耳。兹建圣庙于西资，甚得地势之吉，穴称金狮，庙号崇义，坐岩山而前映，拱围水以来朝。今庙爰兹告竣，唯善信之至诚，斯神灵之感应欤！末非敢擅笔，承诸董敬勒碑志，委原慕叙而书之。

---

① 《片刻余闲集》卷一，清代乾隆十九年刻本，中国科学院图书馆收藏。作者刘原圃，字畅亭，河南新郑人，雍正年间在福建莆田、德化、南平等地任职，乾隆元年调任台湾彰化县令，官至顺宁知府。梁章钜《楹联丛话》卷三《庙祀》上亦收录此联，评价"二句较为雅切"。

湖厝许经邦敬笔　　东营范贤翘敬碑

光绪辛丑年重建崇义庙至壬子荔月吉日

（1）飞凰山

根据碑文所载，崇义庙关帝信仰"溯自飞凰山之钟灵，在台众生受其拯救之恩，实繁有徒"。其香火来自台湾是毫无疑问，关键是"飞凰山"所指何地？

笔者认为"飞凰山"即是台湾凤山。范咸《重修台湾府志》记载："凤山，在县治南三十里。横列邑治东南，形若飞凤，旁有二小峰如翅，故名。东北有数小峰，错落如凤卵，曰凤弹山。"①

另据尹士俍《台湾志略》中卷《民风土俗》记载："凤弹汛，因凤山取名，山形如飞凤，其最高处，民庄有三。"②

（2）沙堤

晋江有两处"沙堤"，其一位于石狮市永宁镇，宋代属晋江县安仁乡永宁里，明清属晋江县二十都。其二位于晋江市罗山街道，原名"沙塘"，又称"沙堤"，宋代属晋江县安仁乡聚仁里，明清属晋江县二十六都。《新建崇义庙碑》记载的"沙堤"应为晋江罗山沙堤（沙塘）。理由如下：

罗山沙塘旧有两大水利设施，称为"大沙塘"、"小沙塘"。大沙塘宋代建有"沙堤亭"，状元梁克家题匾，故沙塘又名"沙堤"。据道光《晋江县志》记载："沙堤亭，在郡城南聚仁里，《隆庆府志》云：宋梁克家书匾，即《水利部》大沙塘处也。"③

元末，潮州路总管王翰一度寓居沙堤（沙塘），后隐居永福县。据万历版《泉州府志》记载："王翰，字用文，其先庐州人，袭祖千户爵……累迁潮州路总管……既而参政陈复代领州事。翰归，道经晋江，寓居沙堤（沙塘）……后徙居永福山中，号友石山人。"④

洪武时，朝廷征召，王翰自尽以全忠节。沙塘（沙堤）王氏即奉王翰为太始祖，据明代万历元年（1573）王志庚《重修一世始祖致政公暨

---

① 范咸：《重修台湾府志》，卷一《封域》，中华书局，1984年，第1371页。

② 尹士俍：《台湾志略》，中卷《民风土俗》，乾隆刻本，李祖基点校，九州出版社，2003年，第45页。

③ 道光《晋江县志》卷二十《古迹》，福建人民出版社，1990年，第243页。

④ 黄凤翔编纂：《泉州府志》，卷十八《人物志》，明万历版，泉州志编纂委员会办公室复印本，1985年。

妣二泰谢孺人坟茔志》记载："来自金陵庐郡者，守潮太守（即潮州总管王翰）也。公于沙堤碧山麓，构已成有云归处，海天一色奇观……然终不隐沙堤，而翼其季子去永福山，使吾沙堤王氏不得不鼻祖其仲子后林致政公。"①

可见，沙塘又名沙堤，始于宋代，并一直沿用至今。甲午战败，清廷割地议和，许多大陆移民义不臣倭，毅然离台回籍。割台之举，人神共怒。于是，晋江沙堤（沙塘）王姓移民离台返乡时，将台湾凤山关帝香火传回沙塘。

光绪二十四年（1898），沙塘王姓西山房弟子王亦祁、王亦业、王若勇捐资在村中必仙桥顶创建"武庙"，奉祀关帝，又称"新宫"。又在"新宫"北边创建"北畔宫"，奉祀东岳大帝，村民将北畔宫与新宫合成为"文武庙"，作为"镇锁全乡水门"。② 据光绪《重修文武庙碑记》记载："本里西山房□□□弟子王亦祁、亦业偕侄若勇，敬捐自备文武圣庙，共成业事。光绪戊戌年十月董事同立。"③

综上所述，凤山关帝信仰回传泉州的事实是清楚的，回传路线及时间如下：台湾凤山县（雍正五年建关帝庙）→晋江县沙塘（光绪二十四年建武庙）→晋江县金井镇（光绪二十七年建崇义庙）。

2. 台湾凤山关帝庙考

凤山县最早的关帝信仰文化来自福建泉州府同安县烈屿（小金门）。凤山县治原设在兴隆庄（高雄市左营区），管辖区域东至淡水溪，西至打狗仔港，南至沙马矶头，北至台湾县文贤里二层行溪。明郑时期，凤山县域原属万年州，顺治十八年（1661），受迁界影响，金门、澎湖、厦门等地民众迁居台湾。小金门青岐村洪姓信众将烈屿关帝信仰传入台湾南部，在万年州土墼埕建庙奉祀。蒋毓英《台湾府志》卷六《庙宇》即记载这座早期的关帝庙。另据尹士俍《台湾志略》记载：

---

① 王志庚：《重修一世始祖致政公暨妣二泰谢孺人坟茔志》，收录于《太原王氏沙堤乡志》卷十二《文献》，王金城、王孝谦主编，1991 年 9 月编印，第 335～336 页。

② 《太原王氏沙堤乡志》卷七《庙宇》，王金城、王孝谦主编，1991 年 9 月编印，第 134～135 页。

③ 《太原王氏沙堤乡志》卷七《庙宇》，王金城、王孝谦主编，1991 年 9 月编印，第 134～135 页。

台自荡平郑氏之后，所在祀宇或修或创……其灵应最著而为民所咸奉者，曰关帝庙……在土墼埕者，旧原庙于烈屿。相传海寇犯岛，居民震惊。是夜，见帝提刀跃马，沿海驰击，寇遂披靡遁去。后澎民来台，洪氏因迁祀焉……至于联门比户，莫不丹青其像，蕉荔其亨。壮缪之名播及重海，忠义食报，愈可见矣。①

可见关帝信仰明末清初由福建传入台湾后，迅速发展成为台湾最有影响的信仰文化。而凤山县关帝信仰则源自福建泉州府同安县烈屿青岐村。

但是，这所凤山县创建时间最早的关帝庙却不是泉州沙堤武庙以及金井崇义庙的源头。理由如下：

其一，据范咸《重修台湾府志》卷二《规制·坊里》记载，雍正十二年（1734），原属凤山县管辖的土墼埕堡（关帝庙所在地）、罗汉门庄以及永宁里、新昌里、依仁里、效忠里（即安平镇）划归台湾县。

其二，据余文仪《续修台湾府志》记载，乾隆二十五年（1760），位于土墼埕堡的关帝庙已经荒废。

根据沙塘《重修文武庙碑记》记载，泉州沙塘王氏从凤山县带回关帝香火，光绪十七年（1898），"敬捐自备文武圣庙"。据此推测沙堤关帝香火应该来源于凤山县武庙（即列入官方祭典的关帝庙）。

根据乾隆版《重修凤山县志》卷五《典礼志》记载，雍正五年（1727），凤山知县萧震在县治东门内（高雄市左营区）创建关帝庙（时称壮缪侯庙），作为官方祭拜之所（武庙）。县志所附凤山县舆图，关帝庙也标注在县治东门内。

但是，乾隆版《重修凤山县志》卷八《职官志》记载，萧震，湖广潜江人，康熙丙戌科（1706）进士，雍正元年（1723）到任，雍正四年（1716）离任，继任者为四川安县举人熊琴。② 范咸《重修台湾府志》卷三《职官志》也有同样的记载。

---

① 尹士俍：《台湾志略》，中卷《寺庙旧迹》，乾隆刊本，李祖基点校，九州出版社，2003年，第93页。另蒋毓英《台湾府志》卷六《庙宇》记载："关帝庙，三所。府治镇北坊二所，凤山县治土墼埕堡一所。"厦门大学出版社，1985年，第64页。

② 王瑛曾纂修：《乾隆重修凤山县志》，《中国地方志集成·台湾府县志辑》，上海书店出版社，1999年，第45、65、100页。

这就出现一个问题：如果萧震雍正四年已离任，怎能在雍正五年主持创建凤山关帝庙呢？其实，王瑛曾《续修凤山县志》和范咸《重修台湾府志》的记载未经核实，陈陈相因，造成以讹传讹。

萧震确系雍正元年由福建漳平知县调任台湾凤山知县，而离任时间并非雍正四年，而是雍正七年（1729）。据《清世宗实录选辑》记载：

> 雍正七年夏四月初三日，福建总督高其倬遵旨题覆：原任台湾府凤山县知县萧震向因命案迟延，经前抚臣题参革职。查萧震居官勤力，人亦朴直。但因伊父母年俱八十，时时思忆，精神渐减，以致办理不及从前。得旨：凡官员等有父母年高而补授路远地方者，经朕闻知，皆曲体其情，改用近地……萧震着回籍，省亲后来京赴部引见，朕再降谕旨。①

除了萧震于雍正五年所建关帝庙之外，至乾隆年间，凤山县还存在三所民间创建的关帝庙，分别位于半屏山大湾（高雄市左营区）、冲崎庄（高雄县内门乡）、大竹里（高雄市前镇区）。

乾隆二十八年（1763），知县王瑛曾（字玉裁，无锡举人，乾隆二十五年到任）重建凤山武庙并撰《重建武庙碑记》：

> 邑城东厢壮缪侯庙，迄今称武庙。凡长官、行部、令宰，俱修展谒礼，盖祀典之巨者。岁久且圮，壬午岁冬月，予捐俸新之，邑人咸乐输恐后……且神之志在《春秋》，功在名教，凡忠义志节之乡尤心向往之。②

后来，受到林爽文事件的影响，乾隆五十三年（1788），凤山县治迁往埤头街（高雄市凤山区）。嘉庆十年（1805），埤头街被蔡牵攻破。道光四年（1824），因受杨良斌事件的冲击，一度要求将凤山县治迁回兴隆庄旧城。并由知县杜绍祁督建石城一座，至道光六年（1826）落成。可是，由于埤头街新城交通发达，商业繁荣，官民对迁回旧城的命令消极应付。道光二十七年（1847），最终决定凤山县治仍设于埤头街。

---

① 《清世宗实录选辑》，《台湾文献丛刊》第167种，第29页。
② 王瑛曾纂修：《乾隆重修凤山县志》，第45、65、100页。

日本殖民统治时期，凤山县并入台南县。1938 年，日本殖民当局将凤山旧城"万丹仔港"（左营港）扩建为军港。1940 年，将凤山旧城及龟山一带划为军事区，将旧城内的居民强制迁出，并拆毁原有的衙署、寺庙等建筑，凤山县武庙（关帝庙）等历史古迹毁于一旦。

3. 凤山关帝信仰回传泉州时间节点考

凤山关帝信仰回传泉州的文化现象并非孤例。仅笔者就在田野调查中发现四个类似的例子：

其一，乾隆三年（1738），晋江衙口（现属晋江市龙湖镇）施阿模到鹿港经商，将鹿港奉天宫苏王府信仰带回，在衙口桥头村建"水灵殿"（现改称桥头奉天宫）奉祀苏王爷。[1] 鹿港奉天宫保留的清代手抄本尚存有"衙口大桥"（即桥头村水灵殿）信众往鹿港祖庙进香的记录。

其二，乾隆五十三年（1788），晋江蚶江（现属石狮市蚶江镇）船户将鹿港奉天宫苏王府带回，供奉在蚶江"澉汉五王府"中。有趣的是，苏王爷分灵蚶江不久，根据鹿港苏王爷的"谕示"，台湾信众迎请蚶江澉汉五王府供奉的"纪、尤、温、答、李五府千岁"入祀鹿港奉天宫。[2]

其三，晋江深沪镇南春宝泉庵（奉祀保生大帝），其香火系咸丰十年（1860）由深沪后山堡协庆号船商从台南学甲慈济宫传入。[3] 宝泉庵也一直与学甲慈济宫保持密切联系，台湾保生大帝联谊会董事长、台南学甲慈济宫董事长周大围先生、李炳南教授等嘉宾曾多次组团到宝泉庵参访。

其四，晋江上浦村（现属石狮市宝盖镇）发现一座奉祀"潘王爷"的"保顺堂"，据称系咸丰年间，由上浦王姓船商从台湾彰化县鹿港传入。[4]

不难看出，之所以产生台湾民间信仰文化回传泉州的现象，与泉台之间密切的"五缘关系"是分不开的。正如连横《台湾通史·宗教志》所说："夫台湾之人，闽粤之人也，而又有漳泉之分。粤人所到之处，

---

① 晋江市龙湖镇衙口桥头村《千岁入境神威显赫》碑刻。

② 参见拙文《蚶江五王府与鹿港奉天宫互为祖庙文化现象研究》，载《蚶江鹿港文化论集》，武汉大学出版社，2011 年，第 145～159 页。

③ 晋江市深沪镇南春宝泉庵《大道真人传记》碑刻。

④ 石狮市宝盖镇上浦村《重建保顺堂碑记》。潘王爷信仰传入及其灵验事例抄录于《保顺堂潘王爷择字钞书》。

多祀三山国王，而漳人则祀开漳圣王，泉人则祀保生大帝，是皆其乡之神，所以介福禳祸也。"①

正因为海峡两岸一本同源，具有相同的信仰文化心态和对故土文化的认同感，才有大陆崇拜的"神祇"源源不断地传入台湾，并由此产生信仰文化回传现象。

上述笔者所举四例有个共同的特点，即台湾民间信仰回传泉州的时间段正好是泉台两地经济、文化等各项交流日益频繁的时期，信仰文化回传的"中介"均为从事两岸贸易的船户或商人。

而凤山关帝信仰回传泉州的时间节点更值得关注。因为，它发生在台湾被日本殖民占领的特殊时期，所以凤山关帝回传泉州也就具有特殊的文化意义。

甲午战败，割台议和，对于两岸民众（尤其是闽台民众）所产生的冲击与影响无疑是从未有过的。不仅许多台湾民众不接受日本殖民统治，毅然返回大陆，甚至有的连祖宗灵柩也一并迁回大陆。如祖籍莲塘村（现属石狮市蚶江镇）的蔡晓沧举家护送先人棺椁返回泉州。据陈棨仁撰《清诰封夫人蔡母陈太夫人墓志铭》记载：

> 光绪甲午，中日构衅。当局束手，割台湾与讲。二百年茂育之区，一旦沦为戎索，伤已。一时佩节纫义之士，捐宅里，背邱垄，携家而南，泉、漳二州之廛辙轨满焉。
>
> 蔡晓沧观察昆弟，先世晋江人也。庐于台为巨阀，水田百双，第宅云亘。观察去利就义，复我邦家。时其祖母太夫人之殡犹在于阼，扶以行迈。侨寓乎泉，且簪籍焉。回首故乡，顿成异国。凄凉广柳之车，悯悯枌榆之社。播迁之慨，异地同悲。②

"回首故乡，顿成异国"，"播迁之慨，异地同悲"，设身处地，情何以堪。凤山关帝信仰在这特殊时期回传泉州，其文化意义不容小视。

而凤山关帝信仰回传沙堤，再传金井，光绪二十七年（1901）建崇

---

① 连横：《台湾通史》，卷二十二《宗教志》，商务印书馆，1983年，第413页。

② 《清诰封夫人蔡母陈太夫人墓志铭》拓片，原件藏台湾梧栖，陈棨仁撰文、吴鲁书丹、陈望曾篆额，由台中县陈炎正先生提供复制件。

义庙时捐银者大多为金井镇各村善信。如围头洪溯顶、陈党、东营范期科各捐银三佰圆；钞岱纪宋、金井存心堂、湖厝许枝各捐银贰佰圆；捐银超过壹佰圆的有围头洪习、洋厦陈辅、塘东蔡助、下丙蔡愿、溜江陈明仁等。此外，捐资者中还包括塘东蔡合吉、蔡顺隆两家商号以及金井旅居缅甸仰光华侨开办的"协泉号"。

崇义庙关帝香火虽然来自台湾凤山县，最初的信仰圈以晋江金井为主。但是，在短短时间内其影响遍及泉州、厦门、金门、漳州、石码等地，据《新建崇义庙碑》记载："当此南都沐佑，遐迩均沾，即金厦两岛及漳石二镇亦携男带女接踵来岩。或求治病，或求解烟（戒除鸦片毒瘾），符水丹沙遂服立效。"可见，共同的信仰文化基础在关帝信仰传播过程中所起的作用也是不容忽视的。

三、主要观点

1. 台湾凤山关帝信仰回传泉州的文化现象，说明海峡两岸对中国传统文化和民族心理的一种特殊的认同感，其核心是文化认同。中华民族的传统文化始终是台湾社会的文化主流。包括关帝信仰在内的中华文化传入台湾后，基本上也沿着传统的传承方向得到保留和发展，并始终作为中华传统文化的一个组成部分，成为维系两岸民众民族感情的一条精神纽带，具有强大的凝聚力。

2. 凤山关帝信仰回传泉州发生在甲午战争爆发之后，它更说明两岸之间的这种文化认同和归属感的力量是巨大的，它即使是在非常时期也以其独特的韧性，顽强地延续着。

3. 必须看到在"文化认同"的基础上，海峡两岸的文化交流活动，尤其是宗教文化、祖地文化、宗族文化以及基层民间的各项交流日趋活跃，这对于增进两岸中国人的民族文化认同意识和推动国家和平统一大业的进程均有巨大的现实意义。

泉州城历史宗教地理与神圣空间的争夺

林雅婷[*]

宗教的传播和扩张不仅仅是对教徒的争夺，还有对空间的争夺。传统中国虽然儒、释、道常常兼容并蓄，可谓"三教合一"。但并不意味着宗教对人群和空间的争夺因此减弱或不存在。事实上，本土宗教与外来宗教始终有信众和空间争夺的现象。这种现象在丝绸之路上的一些交通枢纽城市尤为显著，因为在这些城市中，宗教不仅包含儒、释、道，在不同时期还加入了伊斯兰教、基督教、犹太教、印度教等等。泉州就是如此。

一、泉州宗教发展的空间基础

泉州城位于晋江入海口的江海交接地，既是河港，又是海港，拥有内陆和海洋双重腹地。南宋时政治、经济和文化中心南移，为泉州提供了广阔的市场和经济腹地，促进了泉州的发展。繁荣的经济与发达的交通，使世界各地商人云集于此，也带来了他们的宗教。同时，泉州依山傍海、西北高东南低的地理特点，使得这个地区对于海洋的依赖性较大，使其具有开放性的海洋文化特性。受多山地形影响，泉州的农业并不发达，但商业十分兴盛。从人口构成上看，泉州居民以移民为主，因此对于不同文化适应性较强，表现在宗教上便是多教共存。

唐、宋、元时期，泉州海上交通发达，是海上丝绸之路的起点，被称为"东方第一大港"，与埃及亚历山大港齐名。泉州汉人与蕃商胡贾

---

* 作者单位：厦门大学人文学院历史系。

杂处，可谓"云山百越路，市井十洲人"[1]，"涨海声中万国商"[2] 的繁华都市。随着海外贸易的发展，佛教、伊斯兰教、基督教、犹太教、印度教、摩尼教等纷纷从海路和陆路进入泉州，加上本土的儒教和道教，泉州就成为世界各种宗教的交汇之地，因此有"世界宗教博物馆"之称。泉州城毕竟是一个有限的空间，因此宗教各派难免在空间、教徒等方面会产生冲突。

泉州城与大多数中国古代城市初建的目的一样，即作为一级地方行政中心而建。相传唐天佑二年（905），节度使王审知筑泉州子城，"周围三里，为门四，东曰行春，西曰肃清，南曰崇阳，北曰泉山"[3]。时于城周环植刺桐，于是有名曰刺桐城。子城城壕环绕，广深丈余。南唐保大年间，节度使留从效筑衙城于子城中，即州治垣墙，其时，又筑罗城，"周围二十里，为门七，东曰仁风，西曰义成，南曰镇南，北曰朝天，东南曰通淮，西南曰临漳，曰通津……先是，王延彬于唐天佑间，权知军州事，其妹为西禅寺尼，拓城西地以包寺，及陈洪进于宋乾德初领清源节度使，以松湾地建崇福寺，复拓地城东"[4]。城由此变为葫芦形，故曰葫芦城。宋绍定三年，郡守游九功增筑瓮城，并于南城外拓地增筑翼城。"元至正十二年，监郡偰玉立拓南罗城地合翼城为一，周三十里，高二丈一尺，改镇南曰德济，废通津门，复于临漳、德济间建门曰南熏。"[5] 明洪武初，指挥使李山复增高五尺，又建月城六，城垣内外皆筑以石，全城状如鲤，故称鲤城。清顺治十五年（1658），"总督李率泰檄各府城依关东式改造，时提督马得功、兴泉道叶灼棠、知府陈秉直改筑，堞二千三百一十五，月城堞二百有五，每堞高七尺，厚三尺，宽一丈五尺，垛口宽一尺八寸"[6]。翼城并入罗城，今统称罗城。外壕广六尺深二丈，余三面通流，潆回如带，独东北一隅，盘石十余丈，地

① 《全唐诗》卷九十九，张循之《送泉州李使君之仁》，中华书局，1979 年，第 1065 页。

② （宋）祝穆撰，祝洙增订，施和金点校：《方舆胜览》卷十二，中华书局，2003 年，第 214 页。

③ （明）阳思谦修，许敏学、吴维新纂：万历《重修泉州府志》，卷四《规制志上·城池》，台湾学生书局，民国七十六年影印本，第 298 页。

④ 同上。

⑤ （清）郭庚武、黄任、怀荫布纂修：乾隆《泉州府志》，卷十一《城池》，《中国地方志集成·福建府县志辑 22》，上海书店出版社，2000 年，第 2 页。

⑥ 乾隆《泉州府志》，卷十一《城池》，第 3 页。

势高仰，潮不能通。

至道光年间，泉州城主要的街道由顶、中、下三个十字街组成，见图1：

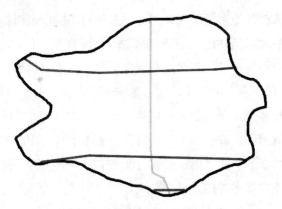

图1　泉州主要街道示意图①

顶十字街以今钟楼前的双门为中心，向东直抵仁风门，即为东街，西抵义成门为西街，由双门南抵南桥为南街，北抵朝天门为北门街。东、西街在同一条直线上，横贯鲤城的北部。南街和北门街则是唐子城的中轴线，也是泉州最重要的南北向交通要道。城南以镇南桥为中心点，是中十字街。由镇南桥东抵通淮门为涂门街，西抵叠芳福巷口为涂山街，再向西至临漳门为新门街。此三条街呈东西一线，与南街的延长线交汇，构成了中十字街。下十字街在泉南，镇南桥南有亭前街，亭前街南直抵德济门为排铺街，与今土地后路、天后路相交，文献中经常提到的通淮街、聚宝街、青龙巷都在泉南范围内。三处十字街，构成了泉州最重要的交通干线。三个十字街代表了泉州城市蔓延的不同阶段，宗教空间也随着城市的蔓延而变化。

二、泉州城市宗教的空间格局

1. 佛教的空间分布

佛教早在西晋时，就已传入泉州。南安九日山延福寺②建于太康元

---

　　①　底图据乾隆《泉州府志》"城池图"改绘。

　　②　万历《重修泉州府志》，卷二十四《杂志·寺观宫庙类》，第1803页："延福寺，在九日山下，晋太康时建，去山二里许。唐大历三年移建今所。宋乾德中陈洪进增建，乃改名曰延福。"

年（280），宋曾会延福寺《修寺碑铭》云："昔天竺三藏拘罗那陀，梁普通中，泛大海来中国，途经兹寺，因取梵文译正了义，传授及今，后学赖也。"①

唐时，佛教开始逐渐渗入泉州城。唐泉州子城以东西街为界分南北两部分，其中北部是"唐六曹新都堂署"②所在地，南部设东西二坊，是主要的工商业集中区。著名的开元寺就在子城肃清门外，相传为垂拱二年（686）黄守恭舍宅而建，初名莲花寺。因开元二十六年（738）敕天下佛寺皆改名开元寺，故名。咸通六年（865），僧文偁③于寺内建九层木塔——镇国塔。乾宁四年（897），开元寺重建。唐时开元寺有许多名僧，如世祖匡护④及文偁、常炭（无等门人）、弘则、叔端和道昭等禅师。此外还有许多寺庙，见表1：

表1　唐泉州佛教寺庙分布列表⑤

寺名	地点	时间	创建者
水陆寺	肃清门西	天宝六年后	
普照寺	城西临漳门外灵应山下	天祐间	僧鄙操
安福院	城南通津门外龙首山下	垂拱三年	
法云寺	城南青阳山	天祐间	刺史王延彬
布金院	城东南二十四都		
东禅寺	城东仁风门外东湖畔	乾符中	郡人郭皎卓
杉植院	城北四十三都	咸通间	僧无想
福先招庆院	府治北山梅岩	天祐中	王延彬

五代时，留从效拓罗城至二十里，城门增至七，东仁风，西义成，南镇南，北朝天，东南通淮，西南临漳及通津。城内有两个十字街，顶十字街是子城四街的延长，从子城内延长到子城外。从子城南门延长到

---

①　乾隆《泉州府志》，卷十六《坛庙寺观》，第43页。
②　乾隆《泉州府志》，卷十二《公署》，第11页。
③　乾隆《泉州府志》，卷十六《坛庙寺观》，第19页："文偁，仙游人，时仙游为泉州属邑，州刺史闻偁有道，延请偁到泉州。文偁到泉州后，在四个城门募施。以所得钱财，于咸通六年在泉州开元寺东建造木浮屠（佛塔）高九层。"
④　《闽书》，卷一百三十七《方外志》，第1页："匡护，泉州开元寺世祖也。姓王氏律行良，谨幽讲上生经辄致千人门徒甚广。"
⑤　乾隆《泉州府志》，卷十六《坛庙寺观》。

罗城镇南门外，连接着中十字街，东西经涂门街、新门街，这是五代最热闹的街市。此时，商业中心集中在东门、涂门，手工业集中在东南门外。其时，位于罗城之内的寺庙，有开元寺、水陆寺、西禅寺以及承天寺①。城东北松湾故地，建有千佛庵②。府城北五十里有玉泉广济院，"五代时留从效与朱文进交兵于此，杀伤甚众，从效遂即其地作数区葬之，名千人冢，后建是院以荐冥魂，后废"③。梁贞明二年（916）于开元寺建仁寿塔，并大规模创立支院，朝□、从允、法辉，行通、栖霞，义等驻锡于此。在临漳门外五里许，有广教寺一座，留鄂公建。城西南有方广寺，僧文真建。西南龙首山麓，建有保福寺，南唐保大间僧雪证建，初名尊胜。城南灵秀峰下有空相寺，后梁开平中僧如默建。城南三十二都有金地寺，五代梁龙德间建，王审邽匾曰"荐福寺"。

宋乾德间，因陈洪进有女在泉州城外千佛庵出家，故拓罗城包之，拓宽了城东北隅。南宋绍定三年（1230），郡守游九功增筑瓮城，并于南城外拓地增筑翼城。到南宋时，泉州城的街道已有了顶、中、下三个十字街。商业中心在中十字街的阛坊，对外贸易集中在下十字街。④ 崇阳门外是手工业作坊区。开元寺的支院已拓展到百区，寺内建筑不断修缮，尤其以东西塔为代表。镇国塔"天禧中改十三层。绍兴中改木为砖，高七层"⑤，绍兴中仁寿塔遭火坏，亦改造为砖塔，宝庆中易砖为石，共五层。嘉熙二年（1238），本供禅师易镇国砖塔为石塔，仅一层，后增修至五层。此外，宋时亦兴建了一批寺庙。郡城东南隅有光孝寺，崇宁二年（1103），郡守潘珏奉诏以南草场废地建，初名崇宁寺，绍兴十年（1140）改光孝寺。行春门外北隅的资寿寺，俗呼北藏寺，宋初陈洪铭建，为兄洪进祈寿，故名资寿寺。在城东南通淮门外万岁山有法石寺，建隆元年（960）建寺，乾德四年（966）改为西方禅寺。在府城北山阿的泰嘉寺，宋绍兴间僧灵源建。在府治西有报亲崇寿寺，宋开宝八年（975），里妇赵氏以其舅姑及夫俱亡，舍宅为寺。城东仁风门外东湖

---

① 万历《泉州府志》，第 1795 页："承天寺在崇阳门内之东南，南唐天祐中王延彬始创福先招庆院于北山，后毁于兵，留鄂公从效乃以别墅南园为寺，号南禅，舍田庄九百石，而并以招庆之业归焉，宋景德间赐名承天。"

② 万历《泉州府志》，第 1796 页：元祐六年改崇福。

③ 乾隆《泉州府志》，卷十六《坛庙寺观》，第 31 页。

④ 周焜民主编：《泉州古城踏勘》，庄为玑《泉州历代城址的探索》，厦门大学出版社，2007 年，第 186 页。

⑤ 万历《泉州府志》，第 1793 页。

上的视圣禅院，郡守刘颖建于宋庆元间，以湖为放生池，构亭其上，额曰恩波。城东北三十七都有瑞峰院，建于端拱间。城东南三十五都建有浯渡宏济院。城南二十都有虎岫寺旧为真武宫，宋绍兴中改为庵，匾曰虎岫。府治北清源山舟峰下建有无尘庵，庆老禅师建，匾曰无尘。

元至正十二年（1352），监郡偰玉立将南罗城拓宽，与翼城合并，将南门街向南延长至晋江边，城周三十里。泉南聚宝街为元朝商业贸易中心。南门厂口街是造船业分布区。元时，泉州许多寺庙都遭到不同程度的毁坏，新建的寺庙很少。只新建了两座寺庙，即至元间在城东北回龙岭下的七里庵，及至正中在城北四十七都建的禅悦寺。

元代毁坏的寺庙，在明大部分得到重建。如洪武二十四年（1391）僧远山重建保福寺，永乐间重建空相寺、广教寺，永乐、宣德间重建回龙七里庵。泉州的佛教空间分布如下图：

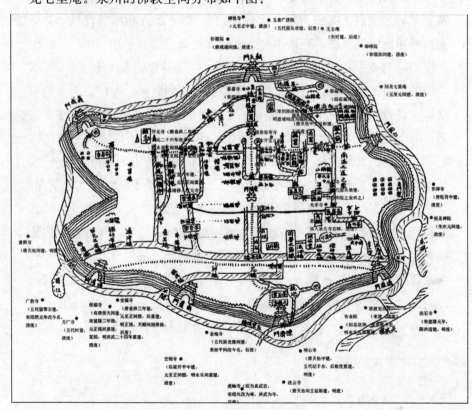

图2　泉州城历代佛教空间分布图①

---

① 底图据乾隆《泉州府志》"城池图"改绘，该图详细标明了城市各功能建筑，便于体现佛教空间与世俗空间的联系。

总体而言，从空间分布变化上看，唐朝佛家寺庙在城东南分布最多，五代主要在西南，宋东北方向数量增加、南部依然很多，元朝则主要在城北，明清时期基本无变化。

2. 伊斯兰教的空间分布

关于伊斯兰教何时传入泉州，观点不一。一种说法是，唐时传入。《闽书·方域志》有一段关于灵山圣墓的记载："回回家言：默德那国有吗喊叭德圣人……门徒有大贤四人，唐武德中来朝，遂传教中国。一贤传教广州，二贤传教扬州，三贤、四贤传教泉州，卒葬此山。"[①] 但除此之外，并无其他旁证。一些学者认为该证据略显单薄，并不能说明当时伊斯兰教已传入泉州。但是，唐时文人们的诗句中，不乏对泉州海外贸易繁荣盛况的描写，如"市井十洲人"[②]、"船到城添外国人"[③]。为促进泉州与阿拉伯、波斯穆斯林客商的贸易，唐朝还在泉州设"参军事四，掌出使导赞"[④]。职官的设置又为更多外商来泉贸易提供方便，使越来越多的外商来泉。商人的到来，必然会带来他们的宗教。

宋代进一步发展海外贸易，于元祐二年（1087）设置了"提举市舶司，掌蕃货海舶、征榷贸易之事，以来远人通远物"[⑤]，贸易制度更加健全。远来的客商一般是每年四、五、六月，乘着太平洋上的西南季风来到泉州，直到十、十一、十二月东北风起才离开。在此期间，政府设置"蕃坊"[⑥] 以供他们居住生活。蕃坊亦称"蕃人巷"[⑦]，位于泉州城南，因地临晋江，便于出海，可谓"一城要地，莫盛于南关，四海舶商诸番探贡，皆于是乎集"[⑧]。西人希尔德亦认为外人居留之地多在泉州

① （明）何乔远：《闽书》，卷七《方域志》，福建人民出版社，1994年，第165页。

② 《全唐诗》卷九十九，张循之《送泉州李使君之仁》，中华书局，1979年，第1065页。

③ 《全唐诗》卷五百五十九，薛能《送福建李大夫》，中华书局，1979年，第6487页。

④ （明）陈懋仁：《泉南杂志》卷上，《丛书集成》初编本，中华书局，1985年，第13页。

⑤ （元）脱脱等：《宋史》，卷一百六十七《职官七》，中华书局，1977年，第3971页。

⑥ 宋朝，政府在各港口城市经常设有"蕃坊"，供外商集中居住。北宋朱彧在其《萍洲可谈》中就记载"顷年，在广州蕃坊，献食多用糖蜜脑麝……"

⑦ 《方舆胜览》卷十二，第212页。

⑧ 《泉州古城历代碑文录》，《重浚罗城外壕记》，第128页。

南郊，靠近泉州港或碇泊处。[①] 市舶司及蕃坊的设置，便于阿拉伯商人的往来，于是胡贾由海上纷至沓来，因此城南聚居了许多富商。由于阿拉伯商人在此滞留时间长，以至于许多人终老于此，因此在泉州城东南部，灵山山麓，有许多穆斯林的公墓——"拱北"如大食巨商施那帏就曾"侨寓泉南，作丛冢于城外之东南隅，以掩胡贾之遗骸"[②]。

出于信仰的需求以及资财条件的丰硕，建造清真寺已成大势所趋。现立于泉州涂门街清净寺即建于此时，《重立清净寺碑》中载有"宋绍兴元年，有纳只卜·穆兹喜鲁丁者，自撒那威从商舶来泉，创兹寺于泉州之南城，造根灯香炉以供天，买土田房舍以给众"[③]。由于清净寺毗邻贸易中心泉南的繁华地带，北部为泉州府学、文庙，东边有关岳庙一座，因此其扩张空间有限。

宋元鼎革之际，社会动荡，清净寺破坏严重。直至元皇庆间（1312～1313），夏不鲁罕丁随贡使来泉州，住在城外排铺街，"修回回教，泉人延之主持礼拜寺"[④]，之后，他与金阿里商量出资进行修茸，并请金宪赫德尔、监郡偰玉立主事。因此，涂门街上的清净寺得以修缮。在清净寺破败的这段时间内，也有重要的伊斯兰教人士迁入泉州。嘉定初年，居住在广州的蒲姓，其祖先为阿拉伯人，在广州曾富甲一方，后来"其富不如曩日"[⑤]，蒲开宗举家迁徙，蒲寿庚、蒲寿晟兄弟也随其父迁居到了泉州。蒲寿庚，"与兄寿晟总诸蕃互市，因徙于泉，以平海寇得官"[⑥]。宋元鼎革之际，兄弟二人的叛宋仕元，使其到了元时官禄亨通，其子孙亦颇得志——这对之后穆斯林客商在泉的发展以及伊斯兰教的传播都起到十分重要的作用。

来自草原的蒙元政府对宗教采取"兼容并包"的措施，泉州的伊斯

---

① ［日］桑原骘藏著，陈裕菁译：《蒲寿庚考》，中华书局，1929年，第54页。

② （宋）赵汝适：《诸番志》卷上，台湾大通书局，《台湾文献丛刊》本，1984年，第23页。

③ 吴乔生、林德民、林胜利编：《泉州古城历代碑文录》，中国文史出版社，2009年，第36页。此碑记载的建造时间"宋绍兴元年"（1131）与寺内的阿拉伯文碑上的时间（1009）有出入，所以有的学者认为两块碑文指的不是同一座寺，也有的认为只是创建和返修时间不同。

④ 乾隆《泉州府治》，卷七十五《拾遗上》，第40页。

⑤ （宋）岳珂：《桯史》卷十一，商务印书馆，1936年，第85页。

⑥ （明）陈懋仁：《泉南杂志》卷上，《丛书集成》初编本，中华书局，1985年，第21页。

兰教得以迅速发展，"造礼拜寺增为六、七"①，目前位置可考的有5
座。据出土的清真寺石刻位置推测，除现今的清净寺外，泉州南门城附
近有三座清真寺，通淮门靠南教场一侧还有一座。②

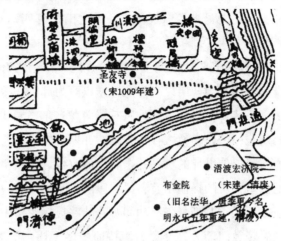

图3 元朝泉州清净寺分布图

永乐五年（1407），皇帝颁布保护伊斯兰教的敕谕："所在官员军民
一应人等，毋得慢侮欺凌，敢有故违朕命慢侮欺凌者，以罪罪之。"③
这是朝廷在政策上对穆斯林存在的认可，而教众也一直在修建清真寺，
如"明正德间住持夏东升、教人苏养正等修塔五层"④，"万历三十七年
地大震，楼颓其角，而寺中房屋占住者百余人，污秽破坏，知府姜志
礼、知县李待问捐俸重修，悉驱出之，仍构亭宇，令教人林日耀住持，
夏日禹董其役。"⑤ 但是，清净寺中的占住者一度达到百余人之多，整
个寺院也"污秽破坏"，伊斯兰教的衰败可见一斑。这与洪武年间撤销
泉州市舶司及一系列的海禁政策密切相关，也与同本土宗教争夺的落败
不无关系。

李光缙在《重修清净寺碑记》中甚至以中土流行的堪舆之说来为清
净寺的存在辩解："楼峙文庙青龙之左角，有上下层，以西向为尊。临
街之门从南人，砌石三圜以象天三；左右壁各六，合若九门。追琢皆九
九数，取苍穹九天之义。内圜顶象天，上为望月台，下两门相峙，而中

① 《泉州古城历代碑文录》，《重立清净寺碑》，第36页。
② 吴幼雄：《泉州宗教文化》，鹭江出版社，1993年，第197页。
③ 《泉州古城历代碑文录》，《清净寺明永乐〈敕谕〉碑》，第29页。
④ 道光《晋江县志》卷六十九《寺观志》，第8页。
⑤ 道光《晋江县志》卷六十九《寺观志》，第8页。

方，取地方象，入门转西级而上，曰下楼。南极上，曰上楼。下楼右壁门从东入，正西之座为奉天坛。中圜象太极，左右二门象两仪，西四门象四象，南八门象八卦，北一门象乾元，天开柱子，故曰天门。柱有十二，象十二月。上楼之正东，曰祝圣亭。亭之南之塔四，圈柱于石城，设二十四窗，象二十四气。"[1]

《重修清净寺募缘疏》："据此层楼之设，岂非？土之奇，筹坎离而宅其中，通震兑以作其会，门以南为向，堂以西为尊，叠叠重重，规制异人间之庙宇……峙文庙之东，则如凤有翼而龙有角，崛武台之北，宛若虎斯隐而豹斯藏……诚净教之存亡攸系，亦斯文之兴废所关。"[2]

清代中国与阿拉伯世界的贸易并未有大的改善，泉州伊斯兰教的发展只凭借个把主事官员的提倡稍有转机。康熙五十一年（1712），"福建汀延郡等处地方总兵官左都督陈有功和福建陆路提标左协中军游府陈美来泉，欲眷顾温陵教门渐替，奏达宕聪持简中多丁讳美诞膺投戎左军。甫下车即延师谏督，我教门诸子学经解纂，慧□使讽诵，无敢经声"[3]。同治十年（1871），提督福建全省陆路军务江长贵来官泉州，起而倡导伊斯兰教，重奠教基，代聘阿訇，住持清净寺。泉州伊斯兰教又得到一次兴复的机会。但随着主事官员的离去，教务随之而颓，清真寺亦未有大的改善。

3. 基督教的空间分布

中世纪时代，聂士脱里派（Nestorianism）由于在西方受到了巨大的打击，于是向东传教，唐初传入中国。

据弗朗多《多明我会士在菲律宾岛及日本、中国等国传教史》一书记载："另一个十字架是 8 世纪时人们建造福建省泉州城墙时发现的，后来很尊敬地被置于城墙面东的一边六英尺高处。"[4] 而"教堂的废址在重建城墙时被利用了，许多石上刻有十字架。泉州的城墙（老城）建造于南唐保大时期（公元 943~958）"。[5] 由此可知，在公元八世纪以前

---

① 《泉州古城历代碑文录》，《重修清净寺碑记》，第 76 页。
② （明）李光缙：《景璧集》卷十一，《重修清净寺募缘疏》，江苏广陵古籍刻印社，1996 年，第 1767~1768 页。
③ 《泉州古城历代碑文录》，《重修先贤墓碑》，第 110 页。
④ ［英］阿·克·穆尔著，郝镇华译，蒋本良校：《一五五〇年前的中国基督教史》，中华书局，1984 年，第 91 页。
⑤ 《一五五〇年前的中国基督教史》，第 93 页。

即有了基督教的教堂，在唐中叶，基督教应已传入。

阳玛诺在《唐景教碑颂真铨》中，附有三幅木刻版画，他在书中对三幅版画有如下说明：

> 闽泉州府城仁风门外三里许东湖畔，旧有东禅寺。郡志云：唐乾符中，郡人构庵，居僧齐固。广明元年更名东禅，后废。近寺百武许，有古十字石在田畔，未有识者，于崇祯十一年二月吾主复活之四日，教友因拜墓见之，三月望前，同教者供奉入圣堂云。

> 闽泉州城水陆寺中，有古十字架石，为大司寇苏石水先生之太翁所得。崇祯十一年二月中，教友见之，于吾主受难之前日，奉入圣堂。按郡志，水陆寺，唐玄宗六年建，今废。

> 泉郡南邑西山古石圣架碑式：万历己未出地，崇祯戊寅摹勒。圣架兹古石，置温陵东畔郊，年代罔知，往来无睹。崇祯戊寅春，因余兴怀，帝心鉴格，昭示郡朋获之，爰请铎德竖桃源堂中，张庚记。

此书末附有按语一段："水陆、东禅二寺，皆起于唐。十字碑石，亦悉于该寺内外得之。是十字架即不能遽指为唐以前所有，亦当与景教碑先后有也。"[1] 这是景教于唐朝在泉州发展的实证，可惜的是，除了几个十字架，并无其他遗迹可考。之后景教一度衰弱，直到元朝在"兼容并包"的宗教政策之下才有了新的发展。

1984年，在泉州通淮门附近出土了一方吴咹哆呢嗯撰文的碑：

> 于我明门，公服荫里。匪佛后身，亦佛弟子。无憾死生，升天堂矣。时大德十年岁次丙午三月朔日记。管领泉州路也里可温掌教官兼主持兴明寺吴咹哆呢嗯书。[2]

该碑证实了元朝大德十年（1306），泉州曾有一座景教的教堂，只是其名为兴明寺。在此之前，《马可波罗游记》中并未记录泉州有基督教，此后鄂都立克到泉州，只记载泉州有天主教堂，并未提及景教教堂。该碑的发现，以实物证明了景教教堂的存在，只是兴明寺所在之处

---

[1] 《泉州宗教石刻》，第36～37页。
[2] 《泉州宗教文化》，第251页。

已无可考。1940 年，在泉州通淮门外津头埔出土聂斯脱里教主失里门墓碑，碑面阴刻两行汉字和两行叙利亚文字。汉字的录文如下：

> 管领江南诸路明教、秦教等，也里可温、马里、失里门、阿必思古巴、马里哈昔牙。皇庆二年岁在癸丑八月十五日，帖迷答、扫马等泣血谨志。[①]

这方墓碑表明，元代时泉州的景教十分兴盛，以至于要设立教区，并派遣"管领江南诸路"的也里可温僧官驻扎泉州。

元代，在泉州流行的基督教派别，除景教之外，还有天主教的圣方济各教派。至元二十八年（1291），意大利圣方济各会派教士约翰·孟德高维奴，受东罗马教皇尼古拉斯第四的派遣，自塔伯利兹城动身，经印度抵中国，在刺桐港登岸，然后到汗八里（今北京），在汗八里设总主教区。至大四年（1311），东罗马教皇克莱孟第五世再任命哲罗姆和彼得为主教。彼得到泉州后，主持泉州一座天主教堂。[②]

1313 年，驻中国总主教约翰在刺桐港增设一个主教区，派日辣多做第一任主教。[③] 1318 年第二任主教裴莱格林在信中写道："我们在刺桐城内有完备教堂一所，此乃一位亚美尼亚妇人留与我们的，她还为我们及其他来人配给生活必需品。我们在城外树林购置一块优美的地方，欲在此建造若干小屋和一所小礼拜堂。"[④] 同年安德鲁迁往泉州，"于附近小林中建美丽教堂一所。堂距城仅四分之一迈耳（mile）而已。"[⑤] 应就是裴莱格林所购之地。1322 年裴莱格林逝世，安德鲁接任。1326 年安德鲁在信中，叙述了泉州基督教堂建设的一些情况："滨大洋海有大城，波斯语称之曰刺桐港。有亚美尼亚某妇人，富于资财。在此城建教堂一所，雄壮华丽，为一方冠。由总主教（指约翰·孟德维奴）创办一

---

① 《泉州宗教文化》，第 250 页。

② 吴幼雄、黄伟民、陈桂炳主编：《泉州史迹研究》，厦门大学出版社，1998 年，第 189 页。

③ 德礼贤：《中国天主教传教史》五《第一个天主教传教区》，上海商务印书馆，1934 年，第 38 页。

④ 《一五五〇年前的中国基督教史》，第 236 页。

⑤ 张星烺编注，朱杰勤校订：《中西交通史料汇编》第一册，第一编《古代中国与欧洲的交通》，第五章《元代中国与欧洲之交通》，中华书局，1977 年，第 232 页。

所教堂。建筑之外，该妇复捐资以维持之。"① 也就是说当时泉州的天主教堂有两座。泰定时，方济各会修士鄂多力克②过泉州，也记其地有小级僧人教堂二所。而 1946 年在泉州通淮门的城基内出土了一块安德鲁的墓碑，据碑上的文字，得知 1326 年安德鲁逝世，葬在泉州。天主教的习惯一般是主教逝世之后，葬在教堂内。而根据"堂距城仅四分之一迈耳"，可以推断出，安德鲁于林中所建的教堂大约也在城外，距通淮门不远之处。但那座"雄壮华丽"的教堂就无处觅其踪迹。方济各会修士马黎诺里③在游记中记录这样一条讯息："又有刺桐城为大商港，亦面积广大，人口众庶。吾小级僧人在此城有华丽教堂三所。"④ 可见，至 1346 年，泉州有三座天主教堂。其中一座大约在通淮门附近，另两座根据基督教的居住地和坟地可以推断，其位置大体在泉州东、南的城墙内外。

明朝实行海禁，基督教在泉州的传播受阻。明万历二年（1574），福建把总王望高的船队，因追击林凤海上武装力量，抵达菲律宾马尼拉。第二年，西班牙以协助追剿海寇为名，派遣以奥士定会大主教德·拉达为首的四人使团，由王望高引导，从厦门登岸，路过泉州。他们向兴泉道官尹提出居留和传教的要求，遭到拒绝。

明中叶泉州港的日趋繁荣及海上交通的进步，尤其是福建沿海私人海上贸易的发达，促进了中西方的交流，为基督教的传播提供了十分有利的条件。此时，在泉州传播的基督教派主要是天主教，除了方济各会，主要是耶稣会和多明我会。崇祯八年（1635），耶稣会教士聂伯多到泉州传教。崇祯十四年（1641），任在华耶稣会会长的艾儒略曾到福建传教，他尊重中国文化传统，重视与社会名流交往，又广泛接触社会下层的农、工、商，甚至对异教僧侣亦不排斥。虽未到过泉州，其传教方式深得人心，对泉州教区天主教传播起到推进作用，崇信天主教的人渐多。泉州举人张庚在为杨廷筠所著的《天释明辨》作序时谈到当时许

---

① 《中西交通史料汇编》第一册，第 231 页。

② 鄂多立克（Friar Odoric：1265～1331），罗马天主教圣方济各会修士，他是继马可波罗之后，来到中国的著名旅行者。他到泉州时主教是安德鲁，时间即1322～1326 年间。

③ 马黎诺里（Giovanni dei marignoli）于 1342 年（至正二年）到达北京，居留 3、4 年之久，始南至刺桐港。

④ 《中西交通史料汇编》第一册，第 254 页。

多士大夫弃释信主的情景："吾以为深入禅理，其转入天学，更弥精也。"① 至崇祯末年，泉州已出现十三座天主教堂。② 艾儒略逝世之后，西班牙多明我会和方济各会逐渐控制福建地区的传教事务。他们否定艾儒略的传教方式，甚至严禁教徒沿用中国传统礼仪。③ 对此，康熙皇帝特意召见耶稣会士、罗马教廷多罗主教、福建宗座主教颜当等人，要求其必须遵从中国的礼仪，未果。之后颜当、多罗先后驱逐出境。1724年，雍正皇帝下诏，禁止传习天主教。所以康熙至道光的一百多年期间，天主教在中国被禁绝，在泉州亦渐弱。

清末，基督教新教开始进入泉州。咸丰六年（1856），英国长老会教士杜嘉德试图在安海传教，遭到当地人极力反对，"始而禁人赁以房屋，继而禁人与传教士接触"。同治二年（1863），杜嘉德进入泉州，二次布道均未成功。同治五年（1866），杜嘉德第三次进程，始得当地人谢琛介绍，租西街旧馆驿李坦之店屋为讲堂，之后又别赁南街头新花山为堂所。④ 后受到邑人阻挡，教堂被焚烧、抢掠。光绪1875年，泉州堂会拟购井亭巷一所大厦作教堂，由于绅士、群众反对而未果。后来，在清地方官员支持下，才于光绪十四年（1888）建立聚宝街讲堂，光绪二十一年（1895）又创建西街礼拜堂。⑤

为了呈现历代城池建置与宗教空间发展状况的关系，现将泉州佛教、伊斯兰教、基督教的宗教空间具体分布图附于此。

---

① （明）杨廷筠：《天释明辨·序》，明末清初耶稣会思想文献汇编，北京大学宗教研究所，2003 年。

② 《泉州宗教文化》，第 260 页。

③ 《中国天主教传教史》十一，《内外交迫的艰难》，第 38 页。

④ 吴炳耀：《百年来的闽南基督教会》，《厦门文史资料》第二十三辑。

⑤ 泉州市地方志编纂委员会编：《泉州市志》，中国社会科学出版社，2000 年，第 3555 页。

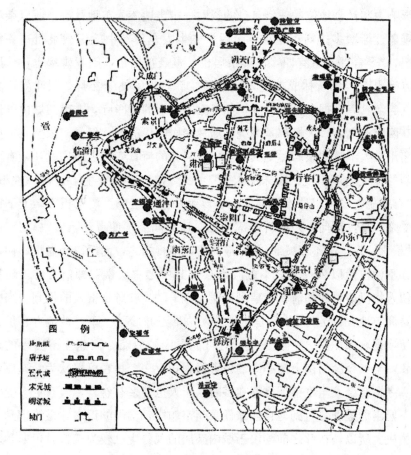

图4　泉州宗教空间分布图①

三、泉州城不同宗教的空间争夺

　　外来宗教在进入中国时，并非一帆风顺，进入泉州城亦如此。外来宗教，一方面要受到政府的控制，另一方面更要与本土宗教和其他外来宗教争夺信徒与空间。泉州城有限的空间，要承载如此多的文化元素，斗争和冲突是不可避免的。

　　宋朝时，不甘偏安于"蕃坊"的阿拉伯商人，为提高自己在当地的

---

　　①　该图根据《泉州市志》之《泉州古城变迁图》改绘，该底图清晰地展现了各时代外来宗教建筑与城池的关系，其中●表示佛教寺院，▲表示清净寺，■表示基督教教堂。

影响力和社会地位，凭借自身的资财一步步地渗入本地社会，所以杂居现象逐渐增多。刘克庄在其《后村先生大全集》中就记载泉州这一状况，"今言郡难者有四：民夷杂居也，贵豪盘错也，财粟殚竭也，珠犀点涴也。"① 穆斯林成功进入城中居住后，为了便于参拜，因此就近建立起清真寺。据考，宋时除了如今涂门街上的清净寺，在南门城内外还有两座清真寺，大概都是围绕穆斯林聚居区建造的。但是，依然有一些名士文人不赞同杂居，尤其是当伊斯兰教的清真寺进占城内时，就有强烈的反抗之声出现。南宋绍兴二十一年（1151），发生了这样一件事："有贾胡建层楼于郡庠之前，士子以为病，言之郡。贾资钜万，上下俱受赂，莫肯谁何，乃群诉于部使者，请以属公，使者为下其书，公曰：'是化外人，法不当城居。'立戒兵官，即日撤之，而后以当撤报。使者亦不说，然以公理直，不敢问也。"② 其中之"层楼"即清真寺。阿拉伯人将伊斯兰教的清真寺建到府学之前③，引来当时士人的批判。当时蕃商与地方官员勾结，"是化外人，法不当城居"一事，被地方官员们所漠视，如非傅公一腔正气，有可能再度被忽略。而这座清真寺的位置，与如今涂门街上清净寺的位置极为相近——是否可以认为，这座清真寺在此事发生之前就已存在多时，士人也曾多有怨言，但官吏多受贿不愿出面处理，直到傅自修来任泉州市舶司，士子的诉求才最终得到了解决。所以，在此之前蕃汉于城内杂居的现象应已较为普遍，伊斯兰教也运用自己的方式慢慢渗入到当地社会中。只是在严重碰触到儒教空间和权威之时，不得不败下阵来。但之后这座靠近府学的清真寺，在泉州的伊斯兰教历史上发挥着极大的作用，依然良好地运作着。可能是傅公调任后，故态重萌，士人即便多怨言，亦是徒劳。再加之宋末元初阿拉伯穆斯林的后裔蒲寿庚在泉州势力的逐渐庞大，对于地方事务有着很大的控制权及影响力，也支持了伊斯兰教在泉州城的发展。

在外来宗教中，佛教似乎发展得最快、最好。或许是受掌权者的喜

---

① （宋）刘克庄撰，王蓉贵、向以鲜校点，刁忠民审订：《后村先生大全集》第四册，卷六十二《吴洁知泉州》，四川大学出版社，2008年，第1647页。

② （宋）朱熹：《晦庵先生朱文公文集》四十六，卷九十八《朝奉大夫傅公行状》，《四部丛刊》，第3页。

③ 《泉州古城历代碑文录》第186页收录了一块嘉庆十五年的《泉州府正堂金示禁碑》："本府正堂金示禁：文庙栅栏外不许侵占搭盖，排卖货物，污秽作践。如违，立拿重处。"碑虽是嘉庆时立，但文庙之神圣威严早已确立，如是规定应早有先例。

好所影响，亦或是对传统文化高度适应性，佛教一直没有受到太大的阻碍。历朝历代，泉州城内寺院建造数量最多的更是非浮屠莫属。但是，明朝时在儒教兴盛的背景之下，佛教也不得不被迫退让。泉城"龙脉发于清源山，转赐恩山，从东北隅入城治，起崇福岭，过虎头山，中抽为今福地资寿刹之。当是时，有识之士不欲使府治正脉尽为浮屠氏所据，故构此两先祠以高压其后，一为闽开道学之祖，一为闽开甲第之祖。不徒寄高山仰止之思，且以寓五百年道脉归儒之意，则寺之所以废与郡人文之所以兴，未必非赖于此"①。士人用两先祠来压制资寿寺，以使"五百年道脉归儒"的意图，跃然纸上。儒学教育之下的士人，是社会各层次管理机构的中坚力量，他们在政治上有着话语权。科举制的发展为儒教增加了更广泛的信众，也将儒教与政治紧密结合，使得儒教更加壮大。在此情况下，即使是再强大的外来宗教，在面临政治力量支持下的主流宗教文化时，也会显得十分弱小。

即使不与本土宗教进行争夺，不同外来信仰之间也难免产生各种冲突。原因是即使不进城，城外的生存空间也是有限的，在这样聚居的空间里生存，并非是自由而轻松的。元时，泉州城东有一地，名为色厝尾，北边主要是天主教的坟地，南边则是伊斯兰教的地盘，信众的相互争夺大概很少，但空间争夺则不可避免。《马黎诺里游记》中记载了一段关于天主教和伊斯兰教矛盾的文字："有二钟，为余在该城所命铸者。铸成，举礼悬挂于萨拉森人居留地之中央。"此段之下，张星烺先生注解为：回教徒最忌恶钟，有则必禁之。依宾拔都他记在喀发市时，闻四面钟声，几于惊慌失措。② 马黎诺里在此处记录置钟于回教徒居留地中心之事，言辞之中似乎还欣欣然有喜色。足见杂处的外来宗教间矛盾之深，为排挤他人和发展自己，想尽各种办法。在城东的这块不起眼的地方，就存在着外来宗教间争夺信仰空间的状况，更不必说泉州城内这样的风水宝地会隐藏怎样的明争暗斗了。

四、结语

泉州，这个曾经繁华的刺桐城，一度成为与亚历山大港齐名的东方

---

① 《景璧集》卷十一，第1760页。
② 《中西交通史料汇编》第一册，第254页。

第一大港，在这天然的交通优势之下，自从建制以来，不断有外来信众的进驻。佛教、伊斯兰教、基督教、犹太教、印度教、摩尼教等纷纷从海路和陆路进入到了泉州这个神奇的城市，与原有的儒教、道教一起建构起这个城市的信仰空间。由于本土宗教与外来宗教始终存在着信教民众和宗教空间的争夺，而每个时期不同宗教的力量是不同的，因此每一个时期，泉州城的信仰空间是不同的。而信仰空间内部的碰撞总是存在，不同的只是争夺者以及争夺的结果。

早在西晋时，道教已在泉州冒芽，佛教也发展起来。唐代建造了子城，有了城墙，墙内的资源更显珍贵，但都被政府牢牢地控制住。道教的白云观进驻城内，立于靠近行政机构之地，而佛教则在城西肃清门外觅得安身之所，佛寺数量增多。若如回回家言所说，城东的圣墓有唐朝来泉传教的三贤、四贤之墓，伊斯兰教或开始踏足。五代地方割据势力尚佛，为泉州的佛教发展提供优越条件，不仅增建梵刹，还将一些纳入城中。宋朝设立市舶司，引致各路商人到泉州，蕃商到达刺桐港之后，在聚居的"蕃坊"附近建立清真寺，占据了泉南一定的空间。而此地在宋时建有道教的天后宫，附近还增建了一些佛寺，是一个信仰空间复杂之地。南宋绍兴年间，由于清真寺建在了府学前，与官府产生了冲突，遭到拆毁。但之后因阿拉伯富商巨贾与不少官员千丝万缕的联系，最终似乎也重新建立。儒教力量实现在地方行政上时，有时候，官员的利益倾向会对一地的信仰空间产生难以言喻的影响。这在宋末元初蒲寿庚家族对伊斯兰教发展的推动作用上，也表现得很明显。元代兼收并蓄的宗教政策，使得这个时期，泉州城的信仰空间内并存着更多的元素。基督教的再度兴起，为了更好地传播，接受了佛教的部分影响。而由于与伊斯兰教一样也集中在城东、南地区，宗教空间的争夺难以避免。元末的十年兵乱，使得在泉的异邦人大量减少，强烈打击了伊斯兰教，清真寺被毁得仅剩涂门街上一座。甚至还波及了其他外来宗教，打乱了原有的信仰空间。这种影响一直延续至明初，伊斯兰教也逐渐衰弱下去。明代佛教以儒释道三者合流的方式，逐渐渗透到泉州社会生活中，尤其对士人的生活产生广泛的影响。度过动乱之后，更多的基督教徒来泉传教，以艾儒略为代表的尊孔的传教方式，促进了泉州基督教的进一步发展，教堂甚至增至13座。之后随"礼仪之争"而来的清朝的禁教及海禁政策，将泉州的基督教发展又推入低谷。

从唐朝建筑子城开始，城墙之内的空间，诱惑力极大。各色宗教都试图要进驻城内，而城内原本已有衙署等行政机构、儒教信仰、商业中心、民居等，空间十分有限，真正能够进城的并不多。但是随着城市的不断扩建，这种理想也变成现实，不少的寺院宫观也逐渐进城，占据了一定的空间，或是商业中心，或是交通枢纽等等。各种信仰的杂处，必将招致空间的争夺，由此产生的冲突是值得深究的。同时，对于信仰的认同产生出各自的信徒，而这种认同随着外界坏境的变化有时也会产生变化，这是各色信仰争夺信众的结果。不管是信仰空间抑或是信众的争夺，在泉州这个历史悠久的城市里一直在上演，这对于泉州的社会文化发展的影响是十分重大的，值得进一步探究。

六

姓氏源流

泉州的宗族及其文化

黄英湖*

泉州是我国第一批 24 个历史文化名城之一，这里不但有璀璨辉煌的悠久历史，而且还有积淀深厚的独特地域文化："爱拼才会赢"的拼搏精神，保留许多汉唐古音和词汇的闽南话，被称为我国音乐、戏剧活化石的南音和梨园戏，还有造型独特的红砖大厝建筑，南少林武术，高甲戏，布袋戏等等，都是这种文化的具体表现形式。而泉州人注重自己的血缘关系，当地的宗族文化比较厚重，也是其独特的地域文化之一。

一、泉州众多的单姓村庄和大姓巨族

1. 泉州众多的单姓村庄

由于特殊的地理、历史环境，泉州各地普遍存在着一村一姓的社会现象。如北部的泉港区前黄镇所在地前黄村，就是个黄姓聚居的行政村，下有前黄、西黄和涂楼 3 个自然村，10 个村民小组。其东边相邻的是后张行政村，有后张、北坑两个自然村，全都姓张。东北边是一个连姓聚居区，有 7 个行政村，28 个自然村都姓连。在其东南边，也有 7 个庄姓聚居的行政村和居委会，下辖 24 个同是姓庄的自然村。前黄的西边是三朱行政村，下有 11 个自然村都姓朱。在其西南边的几个村庄中，普安行政村有 6 个自然村都姓张，钟厝、鸢峰两个行政村都姓钟，叶厝行政村姓叶。只有西北边的前烧，西南边的香芹，南边的海滨，东北边的古县是多姓的行政村。不过，即使是这 4 个多姓的行政村，其下

---

* 作者单位：福建社科院华侨所。

辖的自然村中也有一些是单姓的村庄。如香芹行政村所辖的 4 个自然村中，香芹姓蔡，前炉姓曾，许厝斗姓许，大林姓林。古县村行政村中，村部所在的古县自然村姓黄。海滨行政村中的崇福自然村姓陈。另外，三朱行政村中 3 个不姓朱的自然村中，顶宝姓黄，田厝姓蔡。普安行政村中唯一不姓张的金山自然村，则都是姓唐。由此可以看出，在前黄村近邻的四面八方，也大多是各个姓氏聚居的单姓的村庄。

泉州的一些单姓村庄，往往从它的村名上就可以看得出来。同样在泉州北部的泉港区，就有施厝、柳厝、柯厝、邱厝、萧厝、郭厝、许厝、方厝、林厝，以及上述的钟厝和叶厝等等。这些村名都冠以该村村民共有的姓氏，再加一个"厝"字而成，使人一目了然。在古代，人们所说的"厝"，就是村里同宗族的人逢年过节祭祀祖先，以及老人逝世后停放灵柩，举行葬礼的祖屋，也是他们论事决议的场所，被称为"祖厝"① 或"大厝"，是族人心目中的中心所在。因此，人们就把这种"祖厝"冠上其所有者的姓氏，称为"X 厝"。以后，随着这个姓氏的繁盛壮大，"X 厝"也就逐渐成为村名，泉州各地也因此出现了众多被称为"X 厝"的单姓村庄。

另外，在泉港区各地，还有许多没在村名上体现出来的单姓村庄。如郑姓的荷池、峥嵘、外厝和西枫村，郭姓的龙山村，刘姓的涂坑、后田、后垅、东山和白潼村，林姓的上楼村，陈姓的割山、世上、路口、大前、玉湖、东张村，吴姓的汶阳村，萧姓的惠屿村，潘姓的鹅头、河阳村，等等。它们都是一些行政村，也都有几百或上千年的历史，数千的人口。

2. 泉州各地的大姓巨族

泉州不仅有许多一村一姓的单姓村庄，而且还存在着周围几个、几十个村庄，数千、数万人都是同一姓氏，同一祖宗衍传下来的子孙后裔这种社会现象。如惠安东桥镇型厝的王氏，据说是五代建立闽国的三王后裔，其开基祖王梅奄于明朝皇武九年（1377）定居型厝，耕山犁海。经过 630 多年的繁衍，如今其后裔已有 3033 户，12970 人，分布在相邻的珩海、珩山、南湖三个行政村和东桥行政村的东埭雅、西埭雅等自

---

① 祖厝与祠堂不同，祖厝只属于同姓村庄里某一支族（民间称为"房头"或"角头"）的人所有，而祠堂则是全村人所共有。并且，祖厝可以停放灵柩，举行葬礼，而祠堂则不可以。

然村。

在南安市英都镇，还有一个人数更多、分布更广的大姓巨族，就是清朝开国重臣洪承畴所属的翁山洪氏。该族的肇基祖洪俊卿因为避难，于南宋度宗咸淳三年（1267）从南安丰州迁居英山，身后仅存一女洪娘子，就招异姓陈温斋入赘。据说陈温斋是五代后期清源军节度使陈洪进的后裔。宋末元初为躲避元兵追剿，在父亲陈顺斋的带领下也迁入英都。温斋入赘洪家后，所生之子良斋就承母姓为洪。至今已历740多年，其后裔聚居在英都镇的十个行政村，总人口达8万多。另外还有许多后裔派衍分布于省内外、港澳台地区及东南亚各国，现在的族裔总数已经超过15万人。仅在古代同属泉州府的同安县一个分支，就有109个村庄，3万多人口。晋江也有许多洪氏人家，他们主要分布在青阳镇的钱屿、莲屿、梅屿，以及英林、金井、龙湖这三个镇一带，被称为"五十三乡洪"。现在，晋江、石狮两市的洪氏，据说有68个村庄，总人口达6～7万。

在泉州一些地方，有的大姓巨族还紧密地连接在一起，形成一种独特的社会景观。如在惠安县辋川镇，就相邻着陈、何这两个各有数万人口的巨姓大族。其中的陈姓分布在更新、京山、玉围、居仁四个行政村，23个自然村，这些村庄被统称为"后坑"。还有一些后裔迁居本省的福州，厦门，泉州的晋江、永春，浙江的温州，广东的海丰、陆丰、翁源、北京，以及港、澳、台和海外各地。这些陈姓的始祖陈伯升，据说是宋末莆田抗元英雄陈文龙的后裔，明朝初年迁居辋川。如今已繁衍至27代，约10万人口。其二世祖陈彦文（1351～1419）于1381年修建的祠堂至今尚存。

与后坑陈姓相邻的"埔崎"（峰崎）何姓，主要分布在峰崎、峰南、庄上、坪埔、后许、试剑等26个村庄，人口近3万。他们都是何元剑于元朝至元年间（1335～1340）迁入后，600多年来繁衍的后裔。仅主村埔崎村就有10个自然村，21个村民小组，共有1300多户人家，5500多人口。另外，在泉州市洛江区陈三坝，也聚居着大宅、坝南、三舍、后轩、营内、后仁口、坝仔下、庄坑头、下沪9个自然村，上万人口的何姓人家。其祖上据说是唐代随陈政、陈元光父子入闽平叛的河南光州固始人。其始祖何观兰于明初洪武年间（1368～1398）由泉州丰泽区浔尾黑屿迁入，至今已有630多年。

在泉港区，也有相邻在一起的庄、连两个大姓巨族。庄姓始祖是庄元奇（1371～1420），明建文年间（1399～1402）从惠安洛阳迁入。经过600多年间的繁衍，如今已有5万多人口，分布在锦山、锦连、锦川、锦塔、锦祥、埭港、菜塘7个行政村和居委会，24个自然村，统称为"山腰"。另外，其边上的陈庄、新宅两个行政村，也有一部分人姓庄。

地理上与山腰庄姓连接，统称"坝头"的连姓也是个大姓。其先祖连钊于南宋宁宗嘉泰年间（1201～1204）由仙游县连坂迁入，开基至今已有800多年。其后裔至今已传至32代，分布在凤山、凤北、凤阳、凤安、凤南、凤林、坑内7个行政村，以及相邻的南埔镇岭口行政村，共28个自然村，近3万人口，是全国最大的连姓聚居地，约占连姓总人口的十分之一。

不仅是崇尚多子多福、人丁兴旺的汉族，就是一些拥有不同文化的异域民族，在迁居泉州这方土地后，也都会受四周汉族的影响，重视本民族人口的增长，几百年间繁衍出数万的子孙后裔。如晋江陈埭的丁姓，是阿拉伯穆斯林入籍中华传衍的后裔，自始祖丁硕德于元朝末年的至元二十六年（1366）从泉州城内文山里迁入后，至今已历640多年。这些丁氏主要聚居于陈埭镇的岸兜、江头、鹏头、花厅口、四境、西坂、溪边这7个回族行政村，现有5400多户，21953人口。

惠安县百崎（白奇）乡的郭姓也是回族，其始祖郭仲远（1348～1422）于明洪武九年（1376）由泉州东海镇法石村迁入。百崎是个回族乡，现辖白崎、里春、莲漆、后海等5个行政村，13个自然村，人口15000多人，90％以上是回民。据白奇族谱记载：大约500年前，郭仲远的孙子郭廷魁"出祖晋江石湖"。现在分布在石狮市蚶江镇的石农村、石渔村、宝盖镇前坑村、永宁镇郭坑村这4个回族聚居村，以及蚶江镇莲东村、后湖村、洋井村和蚶江镇区、永宁镇区、祥芝镇区、石狮市区等回族散居点，总人口近8000人，占石狮全市常住人口的3％左右，是该市最大的少数民族。

类似这样经过数百、上千年繁衍传承，形成许多毗连在一起、拥有几千几万同宗同族人口的同姓村庄，在泉州各地比比皆是。如民族英雄郑成功所属的南安石井郑姓，著名华侨领袖陈嘉庚所属的厦门集美陈姓，陈嘉庚女婿、国光学村创办人李光前所属的南安梅山"芙蓉"李姓，清康熙年间率兵统一台湾的施琅所属的晋江衙口"浔江"施姓，还有南安大盈的李姓，晋江前港的"钱江"施姓，以及泉州市郊的黄龙吴姓 13 乡，等等。

二、泉州众多单姓村庄和大姓巨族的原因探析

包括泉州在内的福建各地许多姓氏族谱里，都说自己的祖先是来自河南省的光州固始县。因此，2008 年笔者趁到固始参加一个学术研讨会之机，在这个祖籍地进行了调查。据当地居民说，那里的每个村庄都有几个姓氏，并不存在一村一姓的社会现象，更没有像福建这样，形成周围几个、几十个村庄，数千、数万人都是同一姓氏，同一祖宗衍传下来的子孙后裔这种局面。那么，这些光州固始人移入泉州后，为什么会出现这种一村一姓，大姓巨族众多的情况？

1. 我国多子多福传统观念的作用

几千年来，我国一直处于农业社会的发展阶段。在这种社会里，人是最重要的生产力，下田耕种的劳动力多，家庭经济宽裕和致富的希望就比较大。而在农村地区，当村民之间出现纠纷时，往往又存在看人头，比拳头的情况。儿女多就人多势众，这样的家庭往往会使他人生畏，而不至于受到欺负。所以，我国民间历来就有多子多福的传统观念，子孙后裔人丁兴旺是人们心中一直存在的愿景，而单丁独传则是一个心理上的缺憾。因此，生育率高是长期存在的社会现象，人口众多也成为我国的一大特征。据《汉书》记载，早在公元二年的西汉，我国的人口总量就有 5727 万之多。到了清代，据《清实录·宣宗实录》记载，道光十四年（1834）的全国总人口更是达到 4.01 亿。虽然清末以后历经战乱，人民大量死亡，但到 1949 年新中国成立时，全国仍有 4 亿多人口。在人多力量大、干劲足的人口生育思想主导下，加上长期和平的社会环境，到 20 世纪 60 年代中期，我国人口总数已达到 6.5 亿的空前之多。以后则屡破记录，节节爬升，达到现在的 13 亿多人口。

泉州人的思想中，同样也存在着这种多子多福的传统观念。另外，泉州温暖如春的良好气候，也必然会使它有比东北、西北等寒冷地区更高的生育率；沿海多种来源的充足食物，也为泉州人的大量繁育提供了物质保证。所以，自南北朝梁天监年间（502～519）在泉州设立南安郡后，当地人口就不断地大量增多。据《新唐书·地理志》记载，到唐玄宗天宝元年（742），虽然漳州已从泉州析出，但清源郡（泉州）仍有 23806 户，人口达 16 万，居全省之首。唐宪宗元和六年（811），泉州

被升为"上州"。到了北宋，泉州又是全国 28 个"望郡"之一，与大名（京城开封）、江宁（南京）、苏州、杭州和省会福州地位相等。以后，莆田、厦门和同安也都脱离泉州，使它的辖区越来越小，可现在泉州的人口数却仍居全省前茅。在其所辖的 6 个县中，南安、晋江、惠安和安溪这 4 个县的人口数都超过 100 万。以后晋江和惠安这两个县虽然分别析出石狮市和泉港区，但它们的人口仍都有 90 多万。全市的常住人口总数有 700 多万，排名仍是全省第一。

2. 福建安宁稳定的社会环境

不过，多子多福，祈望子孙后裔人丁兴旺的传统观念，在全国各地都是普遍存在的。因此，泉州地区一村一姓，大姓巨族众多的社会现象，还有更为重要的原因，那就是我省特殊的区域位置和地理环境。福建偏处我国的东南边隅，一直远离西安、洛阳和北京等国家政治中心，也远离中原和长江中下游平原等国家经济中心，历来都不曾成为改朝换代等政治动乱时兵家必争的战略要地。福建历来又有"东南山国"之称，具有三面高山耸立，一面朝海的独特地理环境。从中原南下我省必经的北面浙江，西面江西交界处，都被连绵不断的大山所阻隔，互相往来十分不便，在交通落后的古代，要进入福建是比较困难的。

所以，在我国漫漫几千年的历史长河里，福建几乎不受中央政治动乱和无情战火所波及，社会环境长期都比较安宁和稳定。而反观北方大地，尤其是河南、河北和陕西、山西等中原各省，由于地处我国政治中心，区域地理位置十分重要，历来都成为政治动乱中的兵家必争之地。各种政治势力在那里的反复征战，常常导致人民大量死亡或外逃，造成千里无人烟的惨烈后果。如在西晋末年，不长的时间内就连续发生了"八王之乱"和"永嘉之乱"，使河南洛阳一带出现"流尸满河，白骨蔽野"的悲惨景象。明朝初年，朝廷还把大批山西居民强制迁移到河南等地，以填补那里因元末惨烈战争而稀少的人口，从而产生了我国历史上著名的"洪洞大槐树移民"故事，以及"要问我家在何处，山西洪洞大槐树"的凄凉民谣。

3. 福建不易水涝的地形地势

陕西和河南、河北等中原地区地势平坦，陕西的八百里秦川和河南、河北一望无际的广袤平原虽然土地肥沃，十分适合农业耕种，使那里成为中华文明的发源地。可是，这种平原广大的地形地势，也容易使它在历史上经常发生的黄河决口泛滥后成为千里泽国，造成荒无人烟的悲惨景象。据说现在的开封城地下，埋藏着七座开封古城，它们都是历史上黄河泛滥后被淹没冲垮的开封城遗址。曾经由于"县委书记的榜样"焦裕禄而闻名全国的河南兰考县，就是因为历史上黄河多次在当地决口泛滥后，留下 11 条故道而形成了大面积盐碱地和遍地流沙，不适合人类居住，导致当地人烟稀少。20 世纪 60 年代焦裕禄到任时，1800平方公里的平原大地上只有 36 万人口。人民长期处于贫困之中，不得不外出逃荒要饭。抗战期间的 1938 年 6 月 9 日，国民党政府为了阻挡日军西进，用炮轰开郑州东北花园口的黄河大堤，人为制造了一次大水灾。泛滥的黄河水淹没了黄淮平原上河南、安徽、江苏三省 44 个县市，29000 平方公里的广大土地成为黄泛区，致使 1200 万人受灾，89 万人死亡，390 万人流离失所，背井离乡逃往陕西、甘肃等西北省份。

相对于黄河和长江而言，福建的闽江等河流都比较短小，径流量也不大。而在素称"东南山国"的福建，大山和丘陵占绝对多数，民间历来就有"八山一水一分田"的说法。仅有的沿海福州、莆田、泉州和漳州这四个平原，也大多是在海边滩涂上人工围垦而成，最大的漳州平原也只有 566 平方公里，相对北方的平原而言，显得十分狭小。由于我省这样的地形地势，即使是江河决口发生水灾，洪水也会很快流走消失，人们稍避一时即可回家。而不会像北方平原那样，江河泛滥后形成千里泽国，久涝难退，人们流离失所，不得不远走他乡。

4. 泉州众多单姓村庄和大姓巨族的形成

总之，温暖的气候和充足的食物，加上多子多福传统观念的作用，使泉州历来都有较高的生育率，总是人丁兴旺。而且，福建历史上也没有像河南等中原地区那样，由于改朝换代等政治斗争引发的兵祸战乱，或者由于黄河发大水而导致人民死亡相藉、争相逃亡，出现千里无人烟的惨烈景象，整个社会长期比较安宁和稳定。

所以，在福建这个相对封闭和安稳的区域里，许多姓氏迁居到一个地方后，从肇基始祖开始，往往会几代、几十代地在那里生存和繁衍发展，几百甚至上千年都守着同一方土地而不必挪动。这样代代相传下来，就必然会形成众多的单姓村庄和大姓巨族。笔者的祖先自宋代从莆田迁入后，就一直在村里繁衍下来，至今已有近千年的历史，传到笔者已是第 31 代，最快的已到第 38 代。像这样迁入一个地方后，在那里衍传了二三十代后裔的宗族，在泉州各地比比皆是。

三、泉州地区厚重的宗族文化

所谓的宗族文化，就是一种以宗族为原点，滋生并围绕、附着在宗族之上的文化。由于各种原因，泉州各地分布着众多的单姓村庄和大姓巨族。这些宗族在长期繁衍发展的历史过程中，积淀、形成了一种厚重的宗族文化，并以各种形式在现实社会生活中显现出来。

1. 门上嵌刻石，慎终追远

泉州厚重宗族文化的一个突出显现，就是泉州人都喜欢在自家大门上方的正中间，镶嵌一块长方形青石板，上面镌刻着"XX 流芳"或"XX 衍派"4 个字，以显示自家的来历和渊源关系。所以在泉州，当你走到一家大门口，即使不熟悉了解这一家，可只要抬头看一眼他家门上的刻字，就能马上知道这家姓什么，怎么称呼。如这家门上的青石上刻着"江夏流芳（衍派）"，那么，进去称户主"黄先生"一定没错；如果刻的是"西河流芳（衍派）"，那就该称"林先生"了；刻"陇西流芳（衍派）"则是"李先生"。同样地，刻"临濮流芳（衍派）"的姓施，刻"延陵流芳（衍派）"的姓吴，刻"颖川流芳（衍派）的姓陈，刻"荥阳流芳（衍派）"的姓郑，等等。

这是一种很有趣也很有泉州地方特色的宗族文化。在闽南文化影响所及的泉州等地以及莆田地区，笔者还没看到这种普遍存在的独特社会现象。而莆田在历史上曾是泉州的一部分，宋太宗太平兴国四年（979）设立兴化军后，才从泉州析分出去。因此，历史上的莆田和泉州曾是同一种文化区域。研究福建方言的专家就认为，现为福建 5 大方言地之一的莆田话，原本应是和泉州话同类的。宋代莆田从泉州析出后，莆田话也逐渐从闽南话中分立出来，在吸收一部分福州话以后，形成现在的莆田方言。[①]

2. 重视修宗谱，寻根溯源

宗谱是一个宗族繁衍发展的历史记载，它蕴含着许多的历史资料，显得比较珍贵。如过去的历代王朝都反对人民向国外迁移，把海外华侨视为背弃祖宗坟墓的化外莠民。所以，官方文献史料中很少有关于华侨

---

① 关于莆田方言的来源，详见李如龙所著的《福建方言》，福建人民出版社，1997 年，第 65 页。

的记载，给华侨史研究造成不小的困难。厦门大学庄为玑教授就另辟蹊径，带领林少川教授等人从各地宗谱中寻觅这方面的资料，辑录出来编辑成书，为华侨史研究增添了许多资料来源。另外，泉州的一些地方历史学者，也从宗谱中考证出菲律宾国父黎刹、总统阿基诺夫人的祖籍地，为发展中外友好关系做出不小的贡献。

泉州人的宗族观念浓厚，热衷于对自身进行寻根溯源。因此，他们历来都很重视编修谱牒，各个宗族基本都有自己的宗谱。而且，每隔一段时间，族中人就会增修宗谱，使自己宗族的历史得以延续记载下去，而不至于中断。如南安梅山"芙蓉李氏族谱"始修于明朝的嘉靖十二年（1533），以后先后 8 次重修。最后一次重修于 1948 年，有 23 卷刻印本。晋江《钱江施氏宗谱》修得更早，宋嘉定十二年（1221）就由其八世孙施梦说编修。明朝嘉靖、万历年间和清代，又多次进行了重修。改革开放后，许多宗族又组织力量，重修了自己的宗谱，以联系国内各地和海外的宗亲。

3. 合力建宗祠，敦宗睦谊

宗祠是安放祖先牌位之宅，也是子孙追孝思之所。泉州宗族文化浓厚的另一突出显现，就是各宗族都会举全族之力，大规模地修建宗祠。泉州的地方经济历来发达，人们的生活比较富裕，各宗族大多具有较大的财力。因此，在泉州的许多地方，尤其是那些大姓巨族和出了高官大商的村庄，人们都修建了富丽堂皇的宏大祠堂。如晋江衙口施琅所属的施氏大宗祠，是一座五开间三进，硬山顶，仿木构架的庞大建筑，总面积达 1740 平方米，是典型的闽南皇宫式古建筑，也是省重点文物保护单位。

我国改革开放后，泉州各地又兴起一个整修宗祠的热潮。位于泉州市区涂门街的吴氏大宗祠，是一座五开间四进三天井的木构建筑精品，艺术精湛，规模宏大，气宇非凡，集闽南木、泥、石、砖传统技艺于一体，深具历史、艺术、科学价值，被列为福建省、泉州市两级文物保护单位。1997 年 10 月，吴氏宗亲共同发起修复吴氏大宗祠。海内外宗亲共捐出 400 多万元的巨款，对其进行了全面落架的大修，历时一整年才竣工。并于 1997 年 11 月 12 日，举行修复竣工的"文物重光庆典"隆重庆祝活动。

4. 隆重办祭礼，孝敬祖宗

泉州浓厚的宗族文化，还显现在各宗族举办的隆重祭祖活动上。泉州吴氏在涂门街大宗祠修复后，就依照闽南地区的习俗，每年都举行春、冬两次盛大的祭祖活动。来自海内外各地的宗亲身穿红礼服，佩戴红绶带，按照古老的习俗祭拜祖先。大家在典礼上敬献祭品，宣读祭文，上香祭拜，十分庄严肃穆。南安翁山洪氏自宋末元初定居英都后，经过 700 多年的繁衍，现在海内外族裔已超过 15 万人。2006 年 11 月 5 日和 2012 年 12 月 5 日，他们先后举办两届世界翁山洪氏恳亲大会。来自海内外的翁山洪氏宗亲相聚在英都镇，举行隆重的祭祖仪式，并举办世界翁山洪氏恳亲大会。通过这些祭祖活动，大家加强了对本宗族历史的了解，共叙宗谊，增进团结，也加强了沟通和联系。

现在，一些宗祠的管委会也与时俱进，在祭祖的同时开展各种有益的社会活动。如泉州市吴氏大宗祠管委会就先后举办了"抗震灾迎奥运书画展"、"海丝文化书画展"、"吴氏十家书画联展"、"吴氏学子奖学仪式"等活动。并先后接待菲律宾让德宗亲总会、印尼吴氏宗亲总会、马来西亚吴氏宗亲总会、菲律宾延陵吴氏宗亲总会以及日本、台湾、香港等地的宗亲前来寻根谒祖，还接待日本、南韩等国建筑专家学者，以及国内的东南大学，华侨大学师生前来考察实习。

5. 人们思想意识里浓厚的宗族观念

泉州地区厚重的宗族文化，更为重要的是人们的思想意识里，存在着浓厚的宗族观念，并以各种不同的形式，外在地表现出来。

在泉州众多的单姓村庄里，村民们既是宗亲，又是乡亲，即有血缘关系，又有地缘关系。现在还有一些人打破过去同姓不能婚配的传统，通过儿女婚姻而成了姻亲。大家牵扯起来，都有各种这样或那样相互交叉重叠的关系，彼此之间都有一定的感情，人们也都愿意互相帮助。如果其中一家有婚嫁或丧葬等大事，整个家族的人都会主动地前往他家，尽心尽力地帮着操持各种事务，而不计任何报酬。

在宗族观念的影响下，村里如有人在外面发展了起来，都会把宗亲——引带到自己所在的地方，帮助他们也发展起来。泉州新门外树兜村的居民都姓蒋。其中的蒋备球 19 世纪末在印尼事业发达后，不仅把自家的兄弟、儿子、侄儿，而且把村里的许多宗亲都先后引带到印尼。经过不断地互相引带，使泗水的树兜蒋姓宗亲越变越多，到一战期间就已达千人以上。① 同样地，泉州郊外亭店村是杨姓聚居的村庄。该村的许多杨姓宗亲，也是由一个叫杨嘉种的人引带到菲律宾的。到一战发生时，旅居菲律宾的亭店杨姓宗亲总数也有 600 多人。②

在这种单姓的村庄里，人们更容易心往一处想，劲往一处使，村民的凝聚力比较强，也往往比较团结。因此，人们可以集中全村的力量，进行一些关乎全体村民利益的重大工程。笔者所在的黄姓村庄，就曾组织全体村民，在大片的海边滩涂上，建造了一个不小的盐场。惠安县东桥镇型厝村众多的王姓族人，也曾一起对村前的滩涂进行改造，发展海蛎和蛏等滩涂养殖，造福全体村民。

可是，宗族又具有一定的封闭性和排外性。因此，在单姓村庄里，其他姓氏的人往往比较难以迁入和立足。即使在那些多姓的村庄里，如果其中一姓兴旺发展了起来，成为具有压倒性地位的宗族，那么，其他姓氏的人就往往会逐渐衰微，乃至消失。笔者所在的村庄，据说原来还有张、林、苏、洪等姓氏，后来都不见了。林、洪两姓仅存的后裔，最后都入赘到黄姓人家。

人们的宗族观念浓厚，必然会使宗族势力也比较强大，从而导致一些社会问题的产生。清末和民国年间，泉州不少地方都发生不同姓氏之间严重的宗族械斗。许多姓氏之间拼得你死我活，死伤累累，经年历月而难以停止。械斗之后，这些宗族往往成为世仇，长时间地互不往来。笔者所在的黄姓村庄，就曾与隔壁村的朱姓宗族械斗，双方各死亡 22 人。两个宗族从此发誓，子女互不婚嫁。一直到解放后，尤其是改革开放后，这种情况才稍有改变，有少数的人恋爱结了婚，组建成家庭。

---

① 庄为玠：《泉州旅印（尼）菲侨村的调查研究》，载泉州市侨联编印：《泉州华侨史料》第一辑，第 8～10 页。

② 庄为玠：《泉州旅印（尼）菲侨村的调查研究》，载泉州市侨联编印：《泉州华侨史料》第一辑，第 8～10 页。

高雄红毛港李氏始祖原居地初探

陈桂炳[*]

　　《闽南》杂志 2008 年第 4 期刊载了台湾陈瑛珣教授写的《想到故乡，心头凝》，讲的是作者帮助高雄师范大学李亿勋教授（高雄红毛港人）到南安市石井镇溪东村寻根溯源的经过。南安溪东村位于我国著名民族英雄郑成功故乡石井村西南隅 6 公里处，依山临海，资源丰富，是泉州沿海地区的一个富庶之乡。溪东村地灵人杰，李氏族人在清初跟随郑成功逐荷复台的战斗中，即涌现出左都督李启轩、水师二镇先锋营副将李富和李氏十八猛士等俊贤。至今台湾还有溪东李氏的后裔。笔者以为，李教授的寻根之路还可以进一步延长。

　　根据《双溪李氏族谱》记载和溪东村退休教师李金表先生的介绍，溪东李氏始祖姓陈名鸿仪，号一翁，南宋末年人，原居惠安县南辋，后迁至南安县石井双溪（溪东村因有双溪环抱入襟带，溪外有溪，故又名"双溪"）。其二世娶邻村李氏，即由李氏外家的内侄李崇儒承继，是为三世，此乃姓李之由来。李崇儒生有三子，其后分为长、二、三房，瓜瓞绵延，逐渐发展为当地一望族。为纪念其始祖来自惠安南辋，溪东李氏世代所奉灯号为"南辋分源，双溪衍派"。

　　查阅有关文献资料，惠安县历史上没有"南辋"地名的记载，而只有"辋川"。那么，"南辋"是否就是"辋川"？如果是，为什么一个地名会有两种不同的写法？在两岸关系发生重要变化的今天，回答这个问题可望为印证泉台血缘之亲添上新的一笔，因此还是有加以考证的价值。

---

　　* 作者单位：泉州师范学院政治与社会发展学院。

说实在，由于历史上保留下来的有关地方文献资料十分缺乏，要探讨这个问题难度很大。不过，今人新编《惠安县志》里的一句话，倒是给了我们很大的启发。《惠安县志》第一章《建置》对辋川之"辋"是这样解释的："辋川形如网，谐音辋"①。我们知道，"网"与"辋"普通话发音同，但用闽南方言发音却有所不同，显然"辋"字是出于古代文人笔下。

由于历史的原因，闽南有不少地名都较为粗俗，但在书写为文字时，往往会被书写者有意地加以雅化。例如泉州的洛阳江，古人即已指出原名应为落洋江："《闽书》：宋淳祐志引沈存中《笔谈》云：水以漳、洛名甚众。洛，落也。水落于下谓之洛，旧号落洋。《九域志》作'乐洋'，以落为乐，误矣。后又以洛阳名之，以好事者云唐宣宗出家时至此，谓风景类西洛，则不根为甚。"② 当然，古人亦有不同看法："旧传以为落洋，乃洋水之所落处。其说俚甚，当以洛阳为正。"③ 如果换个角度来理解后面这段话，反而可以给我们两点有益的启示：其一，"旧传以为落洋"，说明古代当地民间确实流传有江名为"落洋"的说法；其二，认为"当以洛阳为正"，其理由仅为"其说（"落洋"）俚甚"，殊不知，正是因为"其说俚甚"，没经过文人的雅化，才得以保留了历史的原貌。因此，我们有理由认为，称"辋川形如网（渔网）"，其说亦"俚甚"，在"网"未被文人雅化为"辋"之前，应是一个与辋川原名有关的关键字。

那么，当初人们在为辋川命地名时，为什么会想到渔网的"网"这样一个粗俗字呢？其实，当我们对辋川的历史稍作了解后，这个疑问亦可迎刃而解。

明代隆万年间任过惠安知县的叶春及，在其施政笔记《惠安政书》中这样写道："大概阗都（按：即三十四都，为今辋川镇所辖范围内）海殖多矣，竿屿之殖，别为一区，渔有实利，帆樯辏入，辋川尤为浩穰，而河泊所置焉。"④ 如今，辋川行政村还有个名叫"渔仔街"的自

---

① 惠安县地方志编纂委员会：《惠安县志》，第一章《建置》，方志出版社，1998年，第84页。

② （清）怀荫布等：《泉州府志》卷八《山川三》。

③ （宋）祝穆：《方舆胜览·泉州·山川》。

④ （明）叶春及：《惠安政书》，政书八《二十九都图表至三十四都图表》，福建人民出版社，1987，第315页。

然村。据民间传说，古代辋川莲花山麓居住有一个以造船为业的家族，执斧者九十九柄。而捕鱼直至当代还是与辋川行政村比邻的后任、大潘两个行政村（这三个行政村的民居自20世纪后期以来已逐渐联成一片）主要的传统谋生手段。

因此，辋川的地名最初与"网"字有关，也就不奇怪了。

基于以上认识，笔者进行了实地调查访问，又有了重要发现。

辋川镇的辋川、后任、大潘三个行政村（即明代惠安知县叶春及《惠安政书》中"三十四都地图"所标注辋川城内的"辋川"、"后任"、"前潘"①），早时是被称为"南网"或"网城"（方言的传统叫法），至今不少年纪较大的人还是这么叫。

至此，我们就很容易把"南辋"与"南网"这两个地名联系在一起了。由于"南辋"已明显带有被雅化的痕迹（即"网"写成"辋"），可以认为"南网"的叫法早于"南辋"。

下面还要谈几个有关的问题。

第一，为何最初文人书写地名时，要把"网"写成"辋"，而不写成别的谐音字呢？而且还要写成"辋川"，把原"南网"之"南"字也放弃了。粗略了解中国古代文学史的人，都知道唐代著名诗人、画家王维（701～761，一作698～759）晚年所居地在陕西蓝田辋川，故其作品的命名亦有冠以"辋川"两字，如《辋川图》即为其代表画作之一。显然，"辋川"两字的由来与唐代著名诗人、画家王维的名气有直接的重大关系。但同时我们也看到，尽管泉州是闽南地区最早的政治中心，且时间很长，但直至唐德宗的贞元七年（791）才出了第一位进士林藻（时为泉州莆田县人），次年，晋江人欧阳詹（约756～800）才继之登进士（第二名），因与贾棱（第一名）、韩愈（第三名）等名流联席同榜，时称"龙虎榜"，轰动朝野。可惜欧阳詹自登进士后离开家乡至逝世，十多年间仅回乡一次，且40多岁即病故于异地他乡。估计王维的名气影响到边远的、文化教育长期相对落后的泉州，其时间上限可能是唐末或更迟。这或许可为我们推测最初文人把"俚甚"的地名"南网"写成"辋川"的大约时间提供参考。就认同和接受大传统文化的角度而言，文人把原来"俚甚"的地名雅化，其文化价值取向应是值得肯

① （明）叶春及：《惠安政书》，政书八《二十九都图表至三十四都图表》，第316页。

定的。

第二，"南网"两字的再分析。如果"南网"之"网"字最初是因"形如网"而得名，"网"字或许就可以视为形容词，而"南"字应该是方位词了。如果这样的理解可以成立，那么，"南网"之"南"又是相对于何地而言呢？笔者这里有个猜测，不妨也谈谈，以供有意继续深入研究者参考。辋川的地理位置十分重要，明代惠安知县叶春及在其《惠安政书》中称三十四都"实唯县之咽喉"，"斯独为县巨镇"①。清代嘉庆《惠安县志》卷七《城池》的绪论也说："山海要地，各置城寨墩台，皆以制险御备非常也。惠邑治城、辋川城，明嘉靖间中丞王公忬始建；崇武、獭窟诸城，江夏侯周公德兴所建。"② 辋川位于惠安县治（今螺城镇）之东北，崇武、獭窟之北。因此，笔者有个猜测，"南网"之"南"有可能是相对于"南网"之正北方的古县（原为惠安县山腰乡所辖的一个行政村，现属泉港区）而言。明代惠安人张岳（1492～1552）于嘉靖年间纂修的首部《惠安县志》中，有这样一条记载："今县北龙窟岭下有古县遗址，市廛私呼，与今治所颇类似，岂始基于此，而后乃迁与，概不可考矣。"③ 张岳是明代著名的闽学学者，治学严谨，作为《惠安县志》的首创者，不轻易定论，而是在《惠安县志》中记载了修志过程中的有关采访资料，以供后人考证。于张岳逝世 18 年后前来任惠安知县的叶春及，在其《惠安政书》也有记载："宋太平兴国六年，始割晋江东乡十六里置县。然六都有古县遗址，若始建于彼，后乃迁之，则今署非六年建矣。故老又传建自崔令。"④ 泉州师院原历史系主任张家瑜先生自 20 世纪 80 年代以来，即先后发表数篇文章加以考证及肯定。⑤ 如果惠安置县时最早的县治所在地确是在今泉港区之古县（这也可说明，原惠安北部及今泉港区在惠安置县前已经是一个经济文化较为发达的地区），那么，称"南网"之"南"与其地理位置是处于古县之南有关，或许能说得通，同时也可为我们推测地名"南网"形成的大

---

① （明）叶春及：《惠安政书》，政书八《二十九都图表至三十四都图表》，第 315页。

② （清）吴裕仁等：《惠安县志》，卷七《城池》。

③ （清）吴裕仁等：《惠安县志》，卷三《建置》。

④ （明）叶春及：《惠安政书》，政书二《地理考》，第 23 页。

⑤ 张家瑜：《一个被遗忘的惠安古县城址》，《福建地方志通讯》1986 年第 3期；《值得认真研究的惠安古县遗址》，《泉州市志通讯》1994 第 1～2 期；《惠安古县遗址必须引起重视》，《惠安文史资料》1995 第 10 期。

约时间提供参考。

第三，"南辋"（方言叫"南网"）又称"辋城"（方言叫"网城"），为什么溪东李氏世代所奉灯号要写"南辋分源"，而不写"辋城分源"？辋川又称"辋城"，这是明代嘉靖年间为拒倭而建筑辋川城（该城于1958年开始拆除，如今只留下极少部分遗址）后的叫法。清嘉庆《惠安县志》载："辋川城，在县东北十里许。明嘉靖四十一年（1562年），知县陈公玉成、萧公继美建，里人倾资捐助。城周七百余丈（按：崇武城之周长为七百三十七丈），高一丈八尺，门四，东、北小门各一。"溪东李氏的灯号写"南辋"，而不写"辋城"，这说明陈鸿仪移居南安双溪的时间较早，其上限可视为南宋末年（因仅靠家谱的一条孤证，尚难以最后定论），下限则为辋川建城（1562年）之前。

第四，据明代隆万年间任惠安知县叶春及施政笔记《惠安政书》和清嘉庆版《惠安县志》中所绘的地图可以看出，古代所说的"辋川"是指"辋川城"，即"辋城"（方言叫"网城"），与我们今天所说的镇名"辋川"是不同的。"辋川"二字作为地方基层单位的乡镇名，始于民国时期，"辋城"为当时辋川乡公所辖的15保之一，辋川乡公所的所在地是"辋城"的辋川街。辋川街现称辋川行政村，为辋川镇下辖的25个行政村之一，陈为该行政村的第一大姓。这里就是南安溪东李氏始祖陈鸿仪迁居溪东前的原居地。

由于历史的原因，寻根之路往往是曲折漫长的。我们还可在上述的基础上进一步延伸，即辋城陈氏是从哪里迁来的。

根据有关谱牒资料，辋城陈氏迁自惠安山霞，《惠安辋城标美陈氏族谱》对于标美陈氏迁居辋城前的资料，转摘自"山霞山柄谱"。《山霞山柄陈氏族谱》记：唐一世祖瑞珪公自河南光州固始随王潮入闽，从福州徙居兴化阔口，迁移惠安岑兜，再徙宣美园边开基。宋传有巨清、巨渊、巨源三兄弟。巨清后裔在元时有元伯。元伯后裔被各分支尊为明一世祖的有伯友、伯荣、伯政三兄弟，伯政之下一支分派辋川标尾（俗称辋城峣尾），辋城陈氏一世祖祖墓在今辋川镇梧山村承天岭下。如果《山霞山柄陈氏族谱》的记载是可信的话，那么，山霞山柄陈氏迁入"南辋"（俗称"南网"），前引《双溪李氏族谱》记载称"南辋"人陈鸿仪于南宋末年迁到南安石井双溪的时间显然有误，其上下限的时间就应更改为：上限可视为明代初年（但目前仍缺乏有说服力的佐证资料，同样难以最后定论），下限则为辋川建城（1562年）之前。

就目前看来，虽然陈鸿仪迁居南安县石井双溪的具体年代尚难最后确定，但认为东溪李氏灯号所写的"南辋"，就是今天惠安县辋川镇的"南网"（明代建成后又称"网城"），而"南辋"陈氏则是迁自惠安山霞，应该是没问题的。不过有必要再次说明的是，由于历史上保留下来的有关地方文献资料十分缺乏，要探讨这个问题难度很大，本文在考证的过程中，存在着一些"大胆猜测"，至于能否接近或符合历史事实，尚有待于日后的进一步"小心求证"。

千年古镇　百姓聚集

——福建省武平县中山镇姓氏文化调查

纪谷芳[*]

　　在福建闽西武平县有一个千年古镇——中山镇。中山镇也是全国罕见的"百姓镇",因此有着深厚的姓氏文化积淀。据调查,中山镇之所以有众多的姓氏及其丰厚的姓氏文化底蕴,与其独特的历史背景有关。它的独特性主要体现在历史上中山镇曾经是"千户所"（简称"武平所"、"武所"）所在地,也曾经是武平县的场治、县治所在地,因此,外来移民及姓氏众多,也因此,它的姓氏文化就比较丰富。

一、古镇的变迁

　　据考证,唐玄宗开元二十四年（736）,始置汀州,置州之后,辟武平（今中山）、南安（今城关）两镇。南唐保大三年（945）,并武平、南安二镇为武平场。宋太宗淳化五年（994）,始升武平场为武平县。升县以前,中山是镇治和场治所在地;升县以后,又是最初的县治所在地。明洪武二十四年（1391）设立千户所于此地。一九四〇年,设中山乡。新中国成立以后,延续中山乡建置,1958 年改置中山人民公社,1984 年改回中山乡建置,1989 年改回中山镇建置至今。

　　千户所建置在中山镇历史上存续的时间最长,对中山镇姓氏变迁的影响也最大。为此,有必要特别介绍一下千户所的由来情况。

　　据《明史·地理志》载,设武平千户所时间为洪武二十四年

　　　* 作者单位:中国闽台缘博物馆。

（1391）正月①。又，《明史·兵志二》云："天下既定，度要害地，系一郡者设所，连郡者设卫。大率五千六百人为卫，千一百二十人为千户所，百十有二人为百户所。"②《汀州府志》记载：武平千户所隶于汀州卫，设正千户一员（后加二员），副千户二员（后加十一员），镇抚一员，百户十员（后加二十四员）③。

明代福建因有倭寇侵袭这一问题，朝廷十分重视卫所的建设，当时"闽地……有二都司，五水寨，旧额共马步官军四万八千二百余员名，视浙之三万九千九百余员名，广之三万九千四百余员名，其军尤多，自昔然矣"④。这些军队分辖驻福州的"福建都司"与驻建宁府城的"福建行都司"，都司都属于省级机构，其长官为都指挥使。福建都司有福州左卫等 11 个卫、梅花千户所等 14 个所，福建行都司有建宁右卫等 5 个卫、浦城千户所等 5 个所。武平千户所隶属福建行都指挥使司下的汀州卫⑤。

武平所的所官千户、百户，均为世袭，军士皆屯田。而屯田的由来，也是有悠久的历史。据史书记载，在我国西汉时期即已有大规模的屯田，此后历经魏晋南北朝、隋唐以至两宋，各代都推行过边防屯田。内地屯田在东汉、曹魏、北魏和唐代曾经存在过，但为时比较短暂，成效也不如边防屯田那么显著。金、元以来，屯田的地域分布发生了变化。女真族入主中原，为了稳定统治，驻军内外各地。金政府于驻军所在地分拨田土，兵士屯种自给，屯田由是遍及内地和边陲。元朝幅员辽阔，"内而各卫，外而行省，皆立屯田"。明代继承元代的军户制度，军户子孙世代为兵，作战而外，平时屯种。清康熙《宁化县志》载："若所谓屯田者，所以休兵息民也。明初既籍民为兵，虑民不足以供军，乃

---

① 《明史》卷 45，中华书局，简体字本，第 753 页。

② 《明史》卷 90，中华书局，简体字本，第 1465 页。

③ （清）曾曰瑛修、李绂纂：《汀州府志》，卷 14《兵制》。

④ 郭造卿：《闽中兵食议》，顾炎武辑《天下郡国利病书》第 26 册，《四部丛刊》本三编，第 14 页。

⑤ 福建都司所属的卫所有：福州中卫、福州左卫、福州右卫、兴化卫、泉州卫、漳州卫、福宁卫、镇东卫、平海卫、永宁卫、镇海卫、大金千户所、定海千户所、梅花千户所、万安千户所、莆禧千户所、福全千户所、金门千户所、中左千户所、高浦千户所、浦城千户所、六鳌千户所、铜山千户所、玄钟千户所、崇武千户所、南诏千户所、龙岩千户所。福建行都司所属的卫所有：建宁左卫、建宁右卫、延平卫、邵武卫、汀州卫、将乐千户所、武平千户所、永安千户所、上杭千户所、浦城千户所。《明史》卷 90，中华书局，简体字本，第 1480 页。

命诸将屯种于龙江诸处,遂推其法于天下。大率卫所军士,以三分守城,七分屯种,又有二八、四六、中半等例。永乐继之,立法愈密,当时课督赏罚俱有等则。其法每屯百户一名,军一百一十二名,每军田三十亩或二十四亩、二十六亩,随远近肥瘠为差,岁输正粮一十二石,给本军月粮,余十二石给守城军士。"[①] 据乾隆《汀州府志》载:"按明制分军屯田,以三分守城,以七分屯种",又武平所屯田,"原额屯田地九顷七十一亩七分二厘"[②]。康熙《武平县志》载清初知县杨宗昌之《武所分田碑记》则云"垦熟田塘二千四百一十九亩有奇"。依百亩为一顷计,得二十四顷一十九亩有奇。所百户十名,是每军在二百四十亩以上[③]。诸说不同,未详孰是。

武平千户所设立之后,开始筑城(即老城),周长二里又百八步另一尺。至洪武二十八年(1395)竣工。正德初年,于老城之东北隅筑新城,费四千五百余金,没有筑成;嘉靖十九年(1540),漳南道侯廷训又一次朝奏动工,获准,续建新城,外,又增筑了一片月城。三城并立,相互构连。今城墙已废,而城址犹存。

武平所就在现在中山镇三城(老城村、城中村、新城村)的所在地,距武平县城二十华里。所城北面有一条河,叫武溪。南唐时,这里叫武溪源。宋时叫武溪里。直到现在,所城西面还有一个村叫武溪村。

二、百家姓的来源

中山镇现有人口 17000 多人,在我国现有的乡镇中,人口规模不算大,但却拥有众多姓氏。据学者考证,中山姓氏过去曾多达 108 姓,迄今仍有 102 姓(不含外地嫁入本地女子的姓)。

根据对中山镇全镇姓氏的调查,现如今全镇的姓氏大体情况如下:

有姓有户的有 102 姓:

赵 李 周 吴 郑 王 冯 陈 杨 朱 许 何 吕 张 严
魏 陶 谢 邹 苏 潘 范 彭 俞 倪 汤 罗 邬 傅 余

---

① (清)李世熊修纂:《宁化县志》,卷7《民兵志》。
② 清《汀州府志》,卷10《田赋》。
③ 转引自王增能:《武平所考》,载《百姓古镇》,武平县中山镇民间文学编委会,2009 年编印,第 75 页。

黄 萧 戴 宋 熊 纪 舒 董 梁 阮 蓝 贾 危 江 童 林 锺 徐 邱 高 蔡 田 胡 凌 卢 莫 邓 洪 包 石 程 陆 翁 巫 车 侯 刘 詹 龙 叶 黎 赖 卓 池 温 连 艾 古 廖 阙 欧 聂 简 饶 曾 南 占 涂 练 杜 郭 曹 修 沈 游 白 方 伍 雷 商 闵 姚。

异地嫁入、本地无此姓的有 9 姓:

麦、带、仁、鲁、管、孙、龚、文、管。

外迁失传的有 13 姓:

毛、夏、祝、柳、向、骆、牛、全、雄、串、绿、华、汪。

中山镇的姓氏如此众多,如此复杂,在我省乃至全国的人口相当的乡镇中,颇为罕见。经过分析,中山镇如此众多的姓氏,其来源主要有以下几个方面。

(一)客家姓氏的迁来。武平升县以前,武所是镇治和场治所在地;升县以后,又是最初的县治所在地。由此可知,武所早在北宋以前,居民必已繁庶。

客家人比较大规模南迁的活动主要三次。第一次是西晋末年,这次迁来的姓氏,今已全部消失;第二次是唐末宋初,这次迁来武平的姓氏,亦剩无几,今查邑中最旧之族,其为何氏,旧志载世居南岩狮子口,而何氏族谱则云后唐明宋时,何大郎始迁。其次为冯、锺、熊三姓,迁来皆在南宋初。其传至今三十余代者,仅何、熊及南洞上坪丘氏数姓而已。何氏而外,北宋前之旧族,无一存者。其他邑中诸姓,皆元、明、清三朝迁来,几乎都是客家人。武平所也不例外。客家人迁来武所,究竟有多少姓,尚未作出准确统计。

(二)军籍姓氏的迁来。明初卫、所兵制的建立,中山成了福建行都司统下的武平千户所。千户所是个驻兵的地方,于是遂有军籍姓氏的迁来。武所建立前后,迁来中山的军籍姓氏有据可查者,计有:丘、艾、何、王、李、危、车、吴、周、胡、洪、徐、夏、翁、陈、陶、连、许、张、黄、舒、程、彭、余、邹、贾、董、刘、郑、古、祝、侯、傅、龙、欧共 35 姓。虽然上述姓氏中,有些是原来当地的客家就已有的,但毕竟使得武所的姓氏净增了不少。军籍姓氏迁来武所之后,大都就地开基立业,繁衍生息下来。

(三)丙戌屠城之后,由岩前兵营迁来。清军入闽后,武所距城抗清,清顺治三年(1646),清军破城之后便进行大屠杀,血洗武所,死难者不下万人。这就是丙戌年（清顺治三年）屠城之事件。实际上，清军屠城还不只一次，据杨宗昌《武所分田碑记》云：“武平所一城，原系全汀门户。自清顺治三年起至五年止，内奸作孽，陷城三次。”武所被屠城三次，原武所军籍，没有杀掉的，大都外逃了（有一部分逃至附近村庄，如今属中山镇辖地），武平所实际成了一座空城。之后，清政府又进行招抚，出示安民，残民们陆续返回所城，重建家园。同时又推动移民，当时的汀漳道张嶙然便命令“岩营原职都司温而嶂、张轸统带乡勇六百名”移驻武所，“即择近城荒田每夫给五亩，永为己业”（杨宗昌：《武所分田碑记》）。这六百名“随征有功乡勇移所”，使得武所的姓氏增加了不少。

（四）从龙岩、上杭、永定等地迁来的姓氏。这种情况甚为复杂，而文献记载又不多见，这里只能根据该镇政府提供的资料，略举数例，以见端倪。

江氏——其先江华宇，顺治中由永定迁武所，今传约十三代，仅数户。

邓氏——顺治中由龙岩迁武所，今传几代未详。

游氏——顺治中由龙岩迁武所，今已失传。

卢氏——其先一为卢奎斋，一为卢怀渊，俱顺治中由永定坎市迁武所，今各传世约十四代，皆仅数户。

龙氏——始祖龙镇海，云南曲靖府寻甸州太乡人，顺治六年，以参将奉调驻武所，招集流民并漳、龙、杭、永居民，遂家武所，今传约十四代，户数不多。

苏氏——其先苏兴远、兴旺、兴宝三兄弟，顺治中由永定古竹迁武所，今传约十四代，户数不多（参见民国《武平县志》）。

此外，还有林、张姓也是第一批从永定迁来。

三、姓氏堂号堂联

中山镇古时虽是个户不盈千、人不逾万的小镇，竟聚居着100多姓人家，确为人世所罕见。由于姓氏众多，因此这里姓氏堂号堂联也非常丰富且颇具特点。

堂号，是老百姓写在家族祠堂正厅横匾上表明家族郡望的名号（也有将郡望写在族谱、墓碑和神祖牌上的）。家族郡望，原指各姓始祖的封地，魏晋隋唐时代，每郡（古时地方区域名称）显贵的家族，称为郡望，意为世居某郡为当地人所仰望。故郡望又指本姓中有名望的先祖的出生地或为官之地，后泛指祖籍地。以郡望为堂号，既有寻根溯源，缅怀祖先的意思，也有教育后代，不忘祖地的目的。

流传在中山的百姓堂号今尚可稽考的有 75 种之多。从产生的年代看，上古产生的有"范阳"，春秋战国时代的有中山、延陵、雁门等 10 种，秦代有陇西、南阳、上党等 12 种，汉代有西河、天水、高平等 34 种，三国有平阳、吴兴、新安、临海 4 种，晋有博陵、兰陵 2 种，南朝宋代有东安，隋有扶风、余杭，五代后汉有济阳、下邳，辽有燕山。此外，还有河南、东海、太原、东鲁诸堂号，其产生的时代待考。从中山百姓堂号的源流来看，有来自陕西、山东、山西、河南、河北的，也有来自湖北、浙江、安徽、江苏、江西、甘肃、湖南的，还有来自朝鲜半岛的。由此可推知，中山百姓来自天南地北，家族历史可谓源远流长。

堂联，又称族氏联、百姓门额氏联。不同姓氏有不同的堂联。中山镇百姓每逢过年过节、婚嫁喜庆便在厅堂两边或大门两侧贴上族氏联，一来渲染了节日喜庆气氛，二来叫人一看堂联便知本家姓氏。并且，这些堂联的内容基本上都是表明历史上本姓知名人士的祖籍、封号和生平事迹的，目的在于颂扬祖先的政绩、文名和功德，所以，氏联被人称为"家族的微型家谱"，把氏联贴在大门上既有炫耀门庭的用意，也有教育和激励后代的目的，即以祖先的辉煌业绩激励后代积极进取、发奋有为、修身养性，以光宗耀祖。如朱姓氏联"汉代名臣第，宋朝理学家"，颂扬了汉代名臣朱云的刚正敢谏和宋代学者朱熹的博学多才，勉励后人要正直敢言，好学上进。又如杨姓氏联"弘农故郡，清白世第"，赞扬了后汉廉吏弘农人杨震深夜拒贿，不欺暗室的高尚品质，告诫后人要廉洁自律，常留清白于人间。再如林姓氏联"九龙新世第，十德旧家风"，蕴含了战国赵相林皋以德教子，九子成才的故事，劝勉后代要以德为本，严于教子，使之有所作为。

堂联不仅内涵隽永，令人回味无穷，更兼对仗工巧、平仄协调，便于记忆和传诵。这正是堂联历经千百年风雨仍流传于世的重要原因之一。氏联以四言、五言为主，也有六言、七言乃至十三言的。氏联还有一种统一的模式，比较流行，即上联基本上以"第、世第、新世第、家声远"等字眼收结，下联基本上以"家、名家、旧名家、世泽长"等字眼煞尾。因为这些特色，堂联又被人誉为对联花苑中的一朵奇葩。

更为可贵的是，每一幅对联的背后都有精彩、传奇的故事，这里举贾姓的堂联为例加以说明。

贾姓的一幅堂联曰"汉著洪儒世泽长，唐封武威家声远"。这是一对嵌有"洪武"二字的姓联。其背后的故事是这样的：

元末，天下大乱，江淮一带农民起义军首领韩林儿在毫称帝时，朱元璋受封为副元帅，奉命率军渡江。贾辅，凤阳安定人，从朱元璋破陈友谅于江西鄱阳湖，他作战机智勇敢，屡建奇功，深得朱元璋的赏识。

三年后，朱元璋在南京登基，建立明朝，国号"大明"。明太祖朱元璋对其部下有功之臣，大加赏赐，贾辅被封为武德将军，世袭正千户。

明洪武十六年（1383）贾辅将军奉命"平寇"来武平所。为首先率将士至所长官。乱平，遂驻所。洪武二十四年（1391）一月，设置武平千户所（是福建十二千户所之一）。贾辅被任命为首任千户。以后转籍为民，成为军籍，定居在所。明王朝鉴于贾辅有功，就赏赐上述嵌字"洪武"姓联一副。该联虽为封建王朝歌功颂德，也褒扬了部下。世代相传至今，每逢春节和办喜事，贾姓皆贴此联。从此姓氏联可知，贾辅是中山镇贾氏的开基始祖。可见，这样的堂联显然具有很高的历史价值和文化价值。

在中山镇100多姓中，除少数姓的氏联失传，绝大多数姓的氏联仍然存在，每姓少则一二对，多者七八对。如林姓氏联多达八对，可见林氏家族英才辈出，各领风骚。从现已收集到的中山镇102姓500多对堂联所涉及的内容来看，有关帝王将相、仕宦名家和文学儒家的最多，有关清政廉吏、科举门第和勤勉奋读的次之，有关上疏直谏、忠君爱国和孝友节操的也不少，这不仅表明从古到今中山百姓的崇尚和追求，实际上也表现出客家百姓的崇尚和追求。中山镇102姓堂号、堂联详见附录一。

四、洪氏家训歌

明清时期谱牒中的家训内容，大体上立足于忠、孝、仁、爱、礼、义、耕、读。家训的整体思想是中华儒家文化的反映。我们查阅中山镇的一些姓氏谱牒，也可以读到许多的家训，其中明朝军籍洪氏的家训歌比较有代表性，特在此作一简要介绍。

明朝中叶，洪良仲、洪良季兄弟（江西抚州、金溪县人）奉调驻所（今中山），以功封武威将军，是为军籍。

洪将军定居后，为了教育好子孙，茁壮成长，制定了洪氏家训——《勤务歌》，要求后生在幼小时，长辈就传授后裔熟记背诵，恪守力行，代代相传，成为好家风。此歌歌词如下：

> 或农或士或工商，为着生涯时时忙；
> 耳听鸡鸣宜早起，莫到日出未离床。
> 勤耕下苦诸般好，浪荡闲游莫学它；
> 公侯将相多么大，也须早起去朝王。
> 昼出耕田夜织麻，村庄儿女各当家；
> 家庭妇少共耕织，地旁桑阴学种瓜。
> 手拿书本论古今，你问我答来追寻；
> 读书需要常勉励，成功之本在于勤。
> 每日清晨一枝香，谢天谢地谢山岗；
> 只求处处禾苗熟，但愿人人寿命长。
> 国有贤臣社稷乐，家无逆子闹爷娘；
> 守国法梦里无惊，吃菜根淡中有味。
> 忍几句无忧自在，让三分何等清闲；
> 大丈夫成家容易，是君子立志不难。

从《勤务歌》歌词看，虽有个别词句宣扬了封建迷信思想，但从总体上看是积极向上的，对后人必然产生良好的教育和警示作用。因此，五百多年来，在洪氏家族中，《勤务歌》相传不衰。《勤务歌》虽属洪氏家训歌，但也成为中山民间文学艺苑丛中的一朵小花。

附录：中山镇 102 姓堂号、堂联

姓	堂号	堂　　联
赵	天水	汴京世系、天水名家；东迁汴水来千古、南渡巍山第一家；玉尺家声远、京城世泽长。
孙	乐安	派衍苏门；奇才播誉、良史扬名。

李	陇西	陇西世家、犹龙门节；犹龙世第、旋马家声（李耳）。龙门世德、柱史家声（李广）。登龙世泽、射虎名家；四平世第、北海名家。
周	汝南	贵德流芳、廉溪门第；将军世第、谏议名高；廉溪世第、细柳名家；家声永照廉溪业、世泽长永细柳风。
吴	延陵	延陵世泽、至德家声（指吴太伯，吴季扎三次、四次让王位）；延陵世德、渤海家声；延陵世第、渤海名家。
郑	荥阳	荥阳世泽、诗礼家声；家传诗教、声响蓬来。
王	太原三槐	太原望族、东晋名家；三槐世德、两晋名家；槐堂世相、珠树家珍；一甲梅花、三公槐树；三槐世第、二晋名家。
冯	上党	文武世第、道德家声；四子四径、一门万石。
陈	颍川	颍川衍旅、曲逆世胄；颍川世泽、太傅家声；海内儒宋、名显殿柱；晋阳世泽、长史家声；师恩世泽、德义家声。
沈	吴兴	修文彦士、匡正名贤。
杨	弘农关西四知	弘农故郡、清白门第；四知门第、弘农世家；四知世泽、三相家声；家传清白、世济经纶；清白传家第、济世经纶家。
朱	沛国	直城四海；紫阳门第、沛国家声；汉代名臣第、宋朝理学家。
许	高阳	高阳世泽、洛水家声；总月旦之评、称天口之隽；积德培才家声远、勤耕爱读世泽长。
俞	河间	星溪十有、父子四公。
何	庐江	庐江世第、东海名家；中丞山峻、水部梅涛。
吕	河东	岳阳仙客、渭水耆英。
张	清河金鉴	留侯世胄、清河衍派；清河世泽、唐相家声；青钱世泽、金鉴家声；九居世泽、百忍家声；金鉴千秋第、青钱万选家。
曹	谯国	南阳世泽、谯国家声。
华	武陵	清平凤称康直、攻守令仰云龙。
苏	武陵	眉山世第；三苏望族、五凤乔年；武功世泽、蜀国家声；眉山世第、武陵名家。
魏	钜鹿	士推儒宗、帝喜臣言；公忠体国、机警能文。
陶	济阳	百梅望重、五柳名高；百梅世第、五柳名家。

谢	陈留宝树	东山世泽、宝树家声；宝树家声远、东山世泽长；冠军世第、太傅家声；陈留世德、东晋名家；东山称旧望、宝树发新枝。
邹	范阳	昭仁世泽、知理家声；仁厚家声远、尊亲世泽长。
潘	荥阳	名高越府、列位楚卿；荥阳世泽、花县家声；花县家声远、荥阳世泽长。
彭	陇西	高贤世德、宋史家声；年高八百、笔扫三千；银江世泽、红杏家声；庐陵世泽、吉水家声；陇西养心、西园翰墨；一门世第、述信家风。
傅	清河	尊儒尚学、崇俭抑奢；望重兰台、赋高玉尺；岩野家声远、清河世泽长。
管	平昌	平昌世泽、相国家声。
萧	河南师俭	兰陵世家；相传八叶、文著六朝；八叶宰相、三瑞御史；文选南朝、勋隆二汉。
黄	江夏	江夏世家；汝南世德、江夏家声；五经新世第、千顷旧家声；前溪世泽、江夏家声；江夏源流远、隆冬世泽长。
邬	颖川	世袭将军第、名贤双冠家。
汪	平阳	平阳衍著、越国流芳；笃操君子、儒士宗传。
包	上党	芝堂映瑞、栋干垂辉。
倪	千乘	佣作研穷、刺史兴教。
罗	豫章	豫章世德、理学家声；豫章世第、理学家风；文武世第、榜首家风；豫章世泽长、理学家声远。
程	安定	乡贤世泽、义化家声；宠隆赐笏、荣重金；安定家声、河南道脉。
汤	中山	天文世泽、宋国家声；品高治国、孝威动天。
梁	安定	安邦世第、定国家声；元魁接衡、台客联辉；佳偶齐眉、令子继绩。
危	汝南晋昌	声振江南第、名登天府家。
宋	京兆	赋梅相国、宰相家声（宋景）；梅花世第、竹渡家声；明庭圭璧、文苑英华。
莫	钜鹿	治能致瑞、真戴舆歌。
舒	京兆	道学衣冠第、京兆翰墨家。

董	陇西	梁氏箕裘、大儒风范。
杜	京兆	兆陵世泽、杜甫家声。
阮	陈留	竹林家声远、陈留世泽长。
余	下邳 绍采	四谏治正气、三台振家声；风采世第、名高三谏；望重四贤；风采世第、谏议家声。
戴	谯国	南阳世泽、谯国家声。
蓝	汝南	汝南世第、节度家声；衡文望重、讨贼功高；持正塞直、弹劾触邦；汝水源流远、兰田世泽长。
田	雁门	荆树世泽、雁门家声。
邓	南阳	南阳望族、新野芳踪；三登世第、两秀名乡；东汉家声远、南阳世泽长。
洪	敦煌	三陪凤阁、四上鸾坡；忠贯日月、兄弟登科；宠隆一轴、名列三奇；鸾坡世第、凤阁名家。
石	武威	文名高于一代、峕望重于八公；万石家声远、双莲世泽长。
贾	武威	祖德崇功；汉著洪儒世泽长、唐封武威家声远。
江	济阳	江山万里国、时礼一家春；文化世第、名宦家声；洛阳世第、柱史家声；生花世泽、映月家声。
童	雁门	歌传循史、荐赐逸民。
卢	范阳	范阳名族、涿郡高楣；金瓯覆名、琉璃挟著；玉筷世第、金瓯名家。
龚	武陵	武弁奇士、荆楚仙人。
锺	颖川	颖川世德、太傅家声；高山流水、舞鹤飞鸿；高山流水第、舞鹤飞鸿家。
林	西河 济南	西河衍派、双桂遗风；九龙世第、十德家风；双桂飘香、九龙衍派；九龙新世第、十德旧名家；九龙齐耀彩、双桂永飘香；高声向礼、泽衍还珠。
徐	东海	乡贤世泽、名宦家声；南州世德、东海家声；东海衣冠第、南闽礼乐家；祠联：东海堂中万派千秋共同注、南州庭上五龙八凤复飞腾。
邱	河南	源宗渭水、学绍琼山；鸿胪世第、枢密家声；河南世泽、渭水家声；渭水家声远、琼山世泽长。
高	渤海	渤海世胄；才高剪马、誉重落雕。

夏	会稽	推高节于黄公、羡相容于子裔；赋传流水、源溯涂山。
蔡	济阳	孝隆东阁、经重石渠；脉永孔孟、注释唐虞。
车	京兆	萤照流芳；芹宫奋迹；丹陛传胪；京兆家声远、萤照世泽长。
胡	安定	安定故郡；春秋心典、理学宗功；苏湖世泽、吉水家声；忠贵金石、节懔冰霜。
刘	彭城	彭城世泽、禄阁家声；黎阁家声远、彭城世泽长；芳名崇白水、重望著屏山。
龙	武陵	镇海世第、武陵名家；夌龙源流远、武陵世泽长。
凌	河间	含山名臣、江表虎臣；邑宰表康德、御书赐老堂。
翁	盐官	百梅名重、六桂望重；六秀终灵第、八堂毓秀门。
叶	南阳	南阳望族、东粤名家；金枝身秀、玉叶流芳；清平似水、介节如山。
幸	雁门	才肖大父、世号龙王。
黎	京兆	蓉城世泽、京兆家声；沙阳流誉、景楼著名。
赖	颖川	颖川世德、东晋家声；秘书世第、积善家声；布衣陈言、权贵敛迹；好古世第、秘阁流芳；好古家声远、秘书世泽长。
卓	西河	器宇宽洪、仁恩周浃。
池	西河	西河衍旅、泉石比踪。
能	太原	宋代良医、明时贤令。
巫	平阳	平阳世泽、宝文家声；一朝贤士、二世相殷；克光相职、保义王家；治勤戴星、功称息警。
牛	陇西	修礼乐明、说书贻后。
温	太原	雅闻鹏举、明初犀然；九龙世泽、三雁家声。
连	上党	连坡存爱、武笔见称。
艾	天水	陵邑彩世第、泰安旧家声。
古	新安	乡贤世德、国宝家声；名扬东汉、勇冠寿齐；君称国宝、人举笔公。
廖	武威世彩	三渊世德、万石家声；万石家声远、三渊世泽长；古今人表、朝野仙凡。
欧	平阳	光被芙蓉、孝格禽兽。

曾	鲁国三省	武城世德、安定家声；武城世第、鲁国名家；南丰世泽、东鲁家声；三班利押、两浙屏藩。
修	天水	天水家声远、永平世泽长；水官留治谱、石榻出仙源。
聂	河东	战国侠士、马邑英豪。
文	雁门	十年三尺命、四海一师臣。
练	河内颖川	赣水家声远、岐山世泽长；涂山家声远、岐水世泽长。
熊	江陵雨钱	江陵世德、宝善家声；江陵家声远、鳌峰世泽长；雨钱家声远、鳌峰世泽长。
饶	平阳	经明行修、学专性谨。
陆	河南	剑南师派、江左文宗。
马	扶风	瑞徵二笔、吉叶三魁。
范	高平	文武世第、名宦家声；龙图学士、文正家声；金玉世泽、将相家声。
纪	高阳	隔云母屏、梦青镂管。
涂	南昌	翰林三妙品、奕叶四奇才。
季	渤海	功封戚国、诗派江西。
郭	太原	文武世第、将相家声；汉臣世德、唐相家声（郭子仪）；汾阳世泽、将相家声。
严	天水	怀仁辅义、励俗激贫；望重客星、名高近古。
侯	上谷	德泽旁流、精忠著节；精忠良佐、王国廉侯；乡贤世泽、上谷家声；蜕龙节度、松鹤仙郎；龙门世泽、上谷家声。
詹	河间	守存诚学、进龟鉴篇。

七
文
献
梳
理

西来庵事件史实考辨二则

郭伟展[*]

1915 年的西来庵事件，又称噍吧哖事件、余清芳事件，是 1907 年至 1915 年间 12 次台湾人民反殖民武装暴动中参加人数最多、范围最广、规模最大、牺牲最为惨烈的一次起义。学界于此已有不少相关的研究成果[①]，但仍然存在一些似是而非的观点有待商榷与厘清。本文拟在革命档案的基础上就此事件的若干细节做一探讨，以求教于方家学者。

一、关于罗俊赴台的初衷

西来庵事件的组织者和主要领导人是余清芳、罗俊、江定等人。学界谈及罗俊的事迹时往往持有这样的一种观点：台南人陈全发[②]于 1914 年密渡厦门寻访罗俊，并告之以余清芳在台南广招同志筹备革命，邀其赴台共谋革命大业。如《国父与台湾的革命运动》一书就写道："民国三年八月，癸丑之役，幸免于难之陈全发，密渡厦门，寻访罗氏。告以台湾现况，罗福星就义之后，抗日情绪，弥散全台。余清芳正在台南广集同志，待机举事，希望其从速返回台湾，共谋大业。"[③]《台湾省通志

---

  * 作者单位：浙江工贸职业技术学院台湾研究所。

  ① 相关研究成果可参见程大学、陈锦忠、池田敏雄、林瑞明、王见川、周宗贤、涂顺从等人的相关论著。

  ② 陈金发，又名陈全发、陈舍发，概因手书形近而笔误。在此依学界常用称呼采陈全发之称。

  ③ 曾乃硕：《国父与台湾的革命运动》，台湾幼狮文化事业公司，1978 年，第 250 页。

稿》亦曰:"民国三年即大正三年,有台南人陈全发,密渡厦门,寻访罗俊。告以余清芳在台南,忙于筹备革命事情。并劝诱其回台共谋大事。"[1] 事实上这种观点是值得商榷的。

据档案记载,罗俊被捕后在台南厅和台中厅警部先后接受了熊井才吉等人的五次侦讯。在这五次的侦讯里,罗俊四次交待了他和余清芳取得联系的大致经过。在第一次接受侦讯时,罗俊称:"台南人陈金发,系一无赖汉,曾渡大陆称,台南人余清芳目前正在招募革命党员云云。余至员林招募党员后始南下见余清芳,藉以确认事实,……"[2] 在第三次侦讯时他提到:"于厦门适遇台南人陈金发,据称台南余清芳处出现新皇帝,两耳垂肩,两手及膝,凡事自由如意,余清芳正为拥立此新皇帝四处奔走招募同志云云。"并提及李镜成劝自己赴台晤余清芳以共举其事[3]。在第四次接受侦讯时罗俊称:"去年(指1914年)旧历八月间,日期已忘,台南陈金发者曾来厦门关口[4]市头余之药店,告以台南之余清芳招募党员于祺堂,并有新皇帝出现,余乃与李镜成协议,决定确认其事实之后,始共举其事。"[5] 通过这些侦讯笔录可以得知:台南人陈全发曾经渡厦门和罗俊会晤,并曾告以余清芳等人在台南招募同志筹备革命俟机起义的情况;罗俊此后曾将所听到的情况谋之于李镜成,在与李镜成协议后他决定先对余清芳之事进行确定后始与余共举其事。但是我们没法从其中得出陈全发邀罗俊赴台与余清芳共同举事的结论。

实际上,罗俊还隐瞒了一个重要的细节,这个细节直至第五次接受侦讯时他才交待出来。其言曰:"实则厦门有一无籍之无赖汉陈金发者,据闻彼原系台湾之土匪,逃亡大陆后投入革命军,为帐台赖乾(据闻亦系土匪已受死刑宣告者)之部下,于去年旧历八月间,至厦门关口市头余之药店,告以台湾出显神主,有姓余者与姓李者(上次曾供称为余清芳,事实当时未闻其名仅闻其姓),拥戴该神主,正企图革命中云云。余曾悉李镜成自二、三年前即正觅神主,遂萌前往台湾发动革命之野

---

① 台湾省文献委员编:《台湾省通志稿》,卷九《革命志·抗日篇》,1973年,第102页。

② 林衡道主编:《余清芳抗日革命案全档》第一辑第一册,台湾省文献委员会,1974年,第253页。

③ 林衡道主编:《余清芳抗日革命案全档》第一辑第一册,第286页。

④ 关口,灌口之误,档案里有时也记为灌口,清代属福建省泉州府同安县,今属厦门集美区。

⑤ 林衡道主编:《余清芳抗日革命案全档》第一辑第一册,第299页。

心，于余宅与李镜成谋议，并授意于余侄赖文彬之结拜兄弟且曾来台二、三次之郑龙，携函至员林赖冰处，征其同意，并乞捐若干费用，乃凭此来台也。"① 显然，罗俊在前四次接受侦讯时刻意隐瞒了这样的一个细节：他赴台之前并未明确知道余清芳其人。陈全发确实曾告诉他台南有余某拥戴神主正企图革命，但并未告知以确切姓名，也没有邀罗俊赴台与余某共谋大计，不过罗俊由此萌发了前往台湾发动革命的计划，但并不是直接赴台晤余清芳以共谋抗日大业。所谓的赴台乃是为确认余清芳的革命筹划情况后与其共举大事只不过是罗俊在面对日警的侦讯时刻意凸显余清芳在此次事件中的首谋作用而为之。尽管他曾和李镜成谋议过，但事实上他的计划是拟定通过赴台独自招募党员起事，这点可以从罗俊幕下股肱人物赖宜、赖冰等人的证词得到印证。

罗俊是嘉义以北以及彰化附近有名的地理师，因此颇受人争聘。该地区的民众经常邀其帮忙相墓地或地理，加上他亦兼行医，因此在台中厅开拓了较深广的人脉，结识了不少在当地有一定地位的实力人物。例如，罗俊因常往赖冰的伯父赖万青区长的住处相地理而认识了赖冰并与其成为挚交②；他在渡厦门前经常出入赖宜之处多次为其相地理和墓地而与其成为知己③；至于嘉义厅西螺堡新宅庄的赖成，则于1897年为造其父之坟墓曾托罗俊代为选定墓地，那时赖成还"食不果腹，贫穷异常"，"嗣后吉运逐开，竟发大财"④，直至"拥有万元以上之资产"，视罗俊为"毕生恩人"⑤。这些人在当地都有较高的地位和经济实力。赖冰为台中厅燕雾下堡过沟庄人，曾任三年保正，事发前为员林公学校的学务委员，财势学识兼具⑥；赖宜系武秀才，曾任职台中厅燕雾下堡黄厝庄保正，"拥有万元资产，系庄内唯一有力有财者"⑦；赖成除了拥有万元资产外，事发时正担任保正⑧。这些人都是在当地各村庄里相当有势力的领导人物。正因为拥有这样的人际网络资源，罗俊赴台的本意是通过这些旧交故知自己独自招募党员而起事的。

---

① 林衡道主编：《余清芳抗日革命案全档》第一辑第一册，第332页。
② 林衡道主编：《余清芳抗日革命案全档》第一辑第一册，第285页。
③ 林衡道主编：《余清芳抗日革命案全档》第一辑第一册，第285页。
④ 林衡道主编：《余清芳抗日革命案全档》第一辑第一册，第285页。
⑤ 林衡道主编：《余清芳抗日革命案全档》第二辑第一册，第363页。
⑥ 林衡道主编：《余清芳抗日革命案全档》第一辑第一册，第163页。
⑦ 林衡道主编：《余清芳抗日革命案全档》第二辑第一册，第360页。
⑧ 林衡道主编：《余清芳抗日革命案全档》第二辑第一册，第363页。

熊井才吉在台中厅警部对赖宜进行侦讯时问道："（罗俊）因闻余清芳之革命计划，乃拟与其取得联系后，为共举其事而前来者乎?"当时赖宜就明确指出"初为各别独立行事也。罗俊本拟以独自招募党员起事之意前来，惟一度返大陆，于再度来台之先，李镜成曾偕同王乌番先行渡台，因王乌番系台南人，乃同赴台南，于此晤张重三，经张重三之介绍，与余清芳取得连系，并以余清芳亦正在企图革命，似以共行其事为宜，迨罗俊返台，晤于李镜成并闻其经过后，即同赴张重三处，旋会晤余清芳，于是罗、余始取得连系，本来罗俊并不识有余清芳其人者。嗣后，罗俊曾偕六名中之四名男者至余清芳处，由余捐出旅费百圆，将彼等遣返回大陆矣。"① 他指出："罗俊本拟独自招募党员而起事也。"② 赖宜亦供认："罗先生初系投靠余等前来，来台后始闻悉余先生其人，嗣再与其取得连系者。"③ 这些都说明了罗俊赴台的初衷乃是利用旧交故知来独自招募党员俟机起事的。而且罗俊在告知赖冰等人其革命计划以及自己将返回大陆取来符簿并聘来熟悉避弹法、隐身法、隐兵法等法术之法术师以助革命时，立即得到赖冰等人的赞成并捐助。但是罗俊返回大陆后再次来台时因未能履行聘来法术师的承诺，从而导致其在员林方面所招募的同志对他颇感失望，甚至连他幕下的挚交兼股肱者如赖冰都感到失望乃至怀疑。赖冰对此曾坦言："余曾为其捐旅费遣返大陆，竟未曾聘来符士，乃起疑其为诈欺者。"④ 为消弭因未能履行承诺而导致的大失众望的负面影响，以坚定大家对革命的信心，罗俊才不得不考虑与"来台后始闻悉"的余清芳取得联系，并商议共同举事。对此，赖宜、赖楚等人的供词都可作为强有力的佐证。赖宜指出"罗俊返大陆之后虽取来符簿，因并未聘来法师，致大失众望，于是罗俊乃赴南部，与余清芳连系，回来后告以南部计划之庞大，致大家再下定举事之决心。"⑤ 赖楚亦言："罗曾一度返大陆，惟未曾聘来有名符士，致员林方面同志均大失所望，致其前赴台南，与余先生取得连系者也。"⑥

当罗俊赴余清芳处，并了解到余清芳已经劝募有众多的党员，且已

---

① 林衡道主编：《余清芳抗日革命案全档》第一辑第一册，第 322 页。
② 林衡道主编：《余清芳抗日革命案全档》第一辑第一册，第 323 页。
③ 林衡道主编：《余清芳抗日革命案全档》第一辑第一册，第 161 页。
④ 林衡道主编：《余清芳抗日革命案全档》第一辑第一册，第 161～162 页。
⑤ 林衡道主编：《余清芳抗日革命案全档》第一辑第一册，第 262 页。
⑥ 林衡道主编：《余清芳抗日革命案全档》第一辑第一册，第 158～159 页。

募集巨额军资，加上余清芳方面所宣传的出现神主一说在某种程度上也促使之前就曾闻"卯年为新皇帝出显之年"的罗俊决定与余清芳联手共举大业。因此他在返回台中后对自己幕下的人物屡次言及"台南之余清芳，自去年即招募党员，且非仅已筹募巨额费用，并称有神主出现"①。

通过上述分析，不难看出陈全发并未邀请罗俊赴台与余清芳共谋大计；罗俊赴台的初衷也并非是与余共举大业，而是独自招募党员以起事。只是由于未能履行自大陆带来法术师以助革命的承诺而大失众望，所以迫使他赴余清芳处与其谋议，而且鉴于余清芳在人员招募、费用募集等方面的优势才最终决定与其共举大业。所谓"罗俊受陈全发之邀赴台与余清芳共谋大计"的观点是站不住脚的。

二、关于余清芳的领导权威

关于西来庵事件，学界一直把余清芳当成事件理所当然的领导者，所以又称此次事件为余清芳事件。例如喜安幸夫就认为余清芳为革命当然的领导人物②。虽然结识西来庵董事苏有志等人并成为西来庵的主要负责人对确立余清芳在西来庵及附近抗日策划的主谋者地位有着极为重要的作用，西来庵也由此成为此次反日革命的发源地，但事实上这并无法完全确立余清芳在整个革命中的领导地位。余清芳的领导地位的确立有一个逐步的过程，这其中，江定的拥护和支持是他最终确立自己革命领导地位不可或缺的关键因素。

在余清芳和罗俊决定共同举事之前，他们各自有招募党员的号召话语和劝募词。罗俊自称知悉避弹法、隐身法、降天兵法等法术，参加者祭祀玉皇上帝和九天玄女之后将授以这些法术以和日人开战，并称将从大陆带来法术高超之法术师以助驱逐日本人。余清芳方面则称台南山中出现神主，即所谓"台湾皇帝"，且有仙人辅助。仙人能自由飞翔，能隐身，且持有一宝剑③，一旦出鞘即可立斩上万日人。在余、罗两个人决定合作并确定以余清芳为首之前，其幕下的人物在招募党员时无不试

---

① 林衡道主编：《余清芳抗日革命案全档》第一辑第一册，第261页。

② ［日］喜安幸夫：《日本统治台湾秘史》，台湾武陵出版社，1984年，第83页。

③ 亦有称持此宝剑者为余清芳。

图通过号召话语将各自的首脑人物神化，并视其为革命当之无愧的领导者。但奇怪的是，余清芳幕下的人物游荣却反其道而行之，在招募党员时将罗俊置于首领的位置。

阿缑厅甲仙埔支厅下大坵园庄的游荣为余清芳幕下的人物，劝募党员极为卖力。他在南投厅林圯埔支厅劝募了李火见和李火生等兄弟加入革命队伍，并且通过他们兄弟在南投厅招募了几十名同志。令人费解的是：游荣身为余清芳幕下人物，但是他在劝募李火见等人加入革命队伍时的劝募词里竟然没有以余清芳为革命首领之言语，反而将罗俊推上革命军统帅者的地位。其言曰："为建筑祭祀观音佛祖、玉皇上帝及汉圣帝君之塔庙于台南，正从事募捐。盼有志者各乐捐二圆，凡乐捐者，将予以神符一枚。惟自本年旧历七月一日起七昼夜，天地将成一片漆黑，暴风雨亦将交加而临，中国革命军将乘机自大陆前来，于同月二十日后，革命军将路经打狗至台南，与日军警交锋。台南甲仙埔山中住有来自大陆之一老翁，平常操泉州语，两耳垂肩，两手及膝，手持一宝剑，一旦挥动其剑，即可歼敌数千，且悉飞翔之术，并能隐身自在，为常人所不能见，届时此老者将起而统帅革命军，本岛同志亦当参与此举。统领军队者为罗俊，第二位为台南之苏有志，第三位为台南西来庵之四人，第四位为甲仙埔人姓名不详，第五位即为本人。……俟革命成功后，罗俊将称皇帝。"① 不难看出，游荣的劝募词系属以余清芳方面的仙人、宝剑与仙法的宣传话语经过改动而来。但问题在于，这些劝募词里和余清芳的号召话语策略存在着实质的区别：革命军的最高统帅者是罗俊，而非余清芳，甚至在所谓的率领革命军的五个人里面也没有余清芳。如果李火见转述的内容与游荣的劝募词果真一致的话，那么余清芳在革命中的领导地位可能需要进一步探讨。

其实，余清芳在事件中的领导地位的确立是一个逐步形成的过程，而江定则在这个过程起到了关键的作用。当余清芳的势力还未强大到足够稳固其在事件中的领导地位的时候，原先在其幕下的有些成员曾脱离出来另起炉灶。

本籍澎湖厅后迁居嘉义厅的苏添于 1915 年 1 月从麻豆支厅的庄民

---

① 林衡道主编：《余清芳抗日革命案全档》第二辑第一册，第 312～313 页。

蔡乾①处闻悉"余清芳为计划革命阴谋，假藉台南市西来庵庙设礁募得大量捐金。"②从此，苏添亦计划通过类似方法来发动革命。于1915年2月告诉台南厅西港仔堡人陈德生说：自己之现住地六重溪，地形成月眉，水火同源，土地肥沃，农产丰富，在本岛各地无有伦比之绝好地方；我山神（土地公）示意，该地将会出现皇帝，届时我可任宰相，由此拟伺机作乱。目前余清芳，虽在阴谋革命，但无我山神（土地公）庇佑，到底不可能成功，事未成前必先被发觉。所以本人不与余清芳一样急激计谋，拟以五年为期，其间于六重溪兴建斋堂一所，匿起迷信，逐渐纠合同志等思考，云云③。并劝诱陈德生与自己共谋革命事宜。陈德生原加盟于余清芳属下，并在其居庄附近劝诱党员十数名，但他对余清芳计谋也有所批评④。在经过实地考察六重溪地形感觉与苏添所说无异后，遂接受苏的劝诱，决定脱离余清芳集团"转意与苏添共同谋议"，"并劝诱陈炎、吴狂等二人加盟。嗣后主要为苏添计谋，招募党员及捐金尽力，亦使曾经为余清芳之党员李万发加盟苏添配下等等，与苏添协力为劝募党员尽力"⑤。李万发者亦系台南厅人，曾"设法余清芳居住其邻居扬文庆宅曰一个月，而且帮助一切事宜。又设法噍吧哖支厅管辖兴化廍保正林吉才介绍余清芳探访匪首江定等等，为余清芳企谋尽力。但于本年二月某日，受被告陈德生劝诱，转移投效苏添，嗣后从事斋堂之建筑，再受苏添劝诱，竟于本年五月某日应允加盟之。"⑥陈德生等人从余清芳盟下脱离而投效他人另起炉灶，在某种程度上反映了当时余清芳的领导地位和权威并未真正牢固。

而余、罗晤面决定共同揭起抗日大旗之前罗俊亦本拟定自己招募党员起事，当时大家更是彼此互不相属，而余清芳方面当时所招募的人数实际也并不多，双方间的实力差距并不是特别大。在这种情况下，余清芳在抗日武装中并没有占据绝对的领导地位。受赖宜劝募入党的李秋霖被捕后在台中厅被问及谁为起义者首领的时候就曾一针见血地指："中部为罗俊，南部为余清芳，因余清芳处有皇帝，似占上峰，惟须起事

<hr />

① 档案里有记为苏乾，有记为蔡乾。
② 林衡道主编：《余清芳抗日革命案全档》第一辑第二册，第637页。
③ 林衡道主编：《余清芳抗日革命案全档》第一辑第二册，第481页。
④ 林衡道主编：《余清芳抗日革命案全档》第一辑第二册，第638页。
⑤ 林衡道主编：《余清芳抗日革命案全档》第一辑第二册，第482、638页。
⑥ 林衡道主编：《余清芳抗日革命案全档》第一辑第二册，第638页。

后，始得分明。"① 所以对革命的首领和革命成功后谁当首领，人们有不同的看法和理解，有人认为是余清芳，也有不少人认为是罗俊。例如，林任在被侦讯问及起义者驱逐日人占领台湾之后将如何时称："据闻，罗俊将任首领，俾以治理台湾。"② 魏字亦称罗俊将在驱逐日人后称帝③。连游荣也认为罗俊是革命军的统帅者，革命成功后罗将称帝④。

不过，在与江定晤面合作并得到他的鼎力支持后，余清芳逐渐稳固了自己在革命队伍中的绝对领导地位。江定是台南楠梓仙溪竹头崎庄（今台南县南化乡玉山村）人，为人侠义，在地方声望颇高。日本占领台湾后江定被举为区长，任职逾两年。后因犯命案逃入山中，召集甲仙埔、六甲方面的隘勇与抗日义勇，形成一股抗日力量，在嘉义后大埔等地出没抗日十多年。江定深受当地群众的拥戴，在他深居后堀仔（位于今台南县南化乡与高雄县甲仙乡、内门乡交界处）山中十多年间，竹头崎庄及附近的庄民都为他严守秘密，并为其提供粮食、物资等诸多方便，是势力颇厚的地方实力派。事实上，罗俊因抗日计划泄露未及起事就被捕，余清芳则于抗日事发后很快被村民诱捕，并在一个月后（1915年9月23日）被处以死刑。而江定却能够在日军和日警的强力搜捕的危急形势下，在竹头崎地区受到民众通风报信以及物资援助而得以安然藏匿山中，直到第二年（1916年）4月才被诱出山自首，同年9月被判处死刑。这显示了江定深厚的群众基础。1915年3月中旬，余清芳、江定在林吉家会晤，着手商讨联手抗日的计划，协议由余清芳担任革命军主将，江定为副将。余清芳自从得到江定的支持和辅助之后，无论在党员人数、资金还是武器上都有了较大充实。从以下两张关于参与革命者的区域分布统计图表，我们可以看出江定在动员抗日力量方面所显示的号召力，以及他对奠定余清芳领导地位和稳固其领导权方面上所发挥的重要作用。

---

① 林衡道主编：《余清芳抗日革命案全档》第一辑第一册，第 280 页。
② 林衡道主编：《余清芳抗日革命案全档》第一辑第一册，第 244 页。
③ 林衡道主编：《余清芳抗日革命案全档》第一辑第一册，第 226 页。
④ 林衡道主编：《余清芳抗日革命案全档》第二辑第一册，第 312～313 页。

表1　各厅参与总人数

台北厅	桃园厅	新竹厅	宜兰厅	台中厅	南投厅	嘉义厅	花莲港厅	台南厅	阿缑厅	全岛
24	—	—	—	41	59	3	—	927	344	1398
1.7%	—	—	—	2.9%	4.2%	0.2%	—	66.3%	24.6%	100%

资料来源：根据《西来庵事件研究——各地动员人数》图示数据整理，台湾历史文化地图网：http://thcts.ascc.net/tempmap/rd101～2_1.jpg。

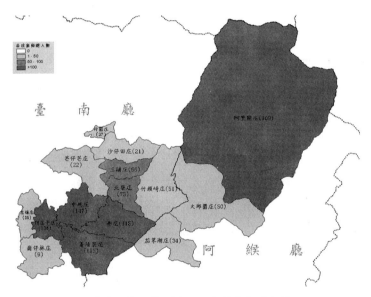

图1　台南厅与阿缑厅内十五庄的参与总人数

资料来源：《西来庵事件研究——各地动员人数》，台湾历史文化地图网：http://thcts.ascc.net/tempmap/rd101～2_2.jpg。

据《余清芳抗日革命全档》统计，光是有文字明确记载的参与此次革命的共有1584人[1]。从表1可看出，台湾岛内各厅参与者共有1398人，台南厅和阿缑厅的参与人数共有1271人。台南厅和阿缑厅的参与人数占参与总人数和岛内各厅参与总人数的80.2%和90.9%。对图1中的数据进行统计可知，台南厅和阿缑厅下属的中坑庄、内庄子庄、南庄、菁埔寮庄、阿里关庄等15个村庄参与人数高达1018人，占这两厅

---

[1]　本文所用的统计数据皆以档案里有明确文字记载的数据为基础，参照台湾历史文化地图网里有关西来庵事件研究的相关数据所得，不包括未被载入档案记载的遗漏部分。

参与总人数的 80.1%。可见，这 15 个村庄参与革命的人数构成了西来庵革命参加者的主体。而这 15 个村庄参与人数之众得益于江定的有力动员和号召，是江定通过联络动员当地有势力的领导人物迅速召集起来的。这些人有的是当地的保正、甲长，有的曾经当过区长，有的人是地主，例如严朝阳就是内庄仔庄的地主和保正，黄旺和张阿赛两人都担任过区长，潘春香为阿里关庄的保正，经由这些地方实力人物使得南部地区的动员得以顺利而迅速地推行。

本来，余清芳对外称台南处出现神主，即所谓的"台湾皇帝"，自己将拥护"台湾皇帝"起而革命，其意图很明显，目的即在于"挟天子以令诸侯"，以此来号召人们加入其盟下，并借以建立自己的领导地位。所以余清芳"故守皇帝，不准常人进见！"① 在罗俊赴台晤与余清芳谋议共同举事时，余清芳仍然对罗俊做如此宣称，并称"皇帝居山中，因极忙无法偕往求见"，只是皇帝将全权赋予他②。对于此种说辞背后的意涵，罗俊其实心知肚明。他观察出余清芳处"山中各部落之男女老幼似均在余清芳面前作跪拜礼"③，知道所谓皇帝即指余清芳。余、罗于 1915 年 1 月会面后盟誓起事，约定由余清芳负责南部、罗俊负责中北部④。其中，除了从大陆所带来的人之外，罗俊所负责的台湾中北部（主要是台中厅和台北厅）的参与人数从表 1 的相关数据可以看出不到 100 人（南投厅 59 名参与者为游荣等人所招募）。而余清芳起先所招募的人数也仅局限在以西来庵为中心的台南地区，人数有限。但余、江联手后，江定充分动用自己作为地方实力派的能量，联络了在台南厅跟阿缑厅的十五个村庄中相当有势力的领导人物和当地保甲制度中的保正与甲长，通过这些人迅速动员了这些村庄的村民加入到余的麾下，从而使得余清芳所负责的南部地区成为此次革命无可替代的大本营。因此鉴于余、江合作后余清芳实力大增的情形，罗俊不得不承认余清芳"确有资格胜任皇帝"⑤，从而承认了余清芳的领导地位。

---

① 林衡道主编：《余清芳抗日革命案全档》第一辑第一册，第 70 页。
② 林衡道主编：《余清芳抗日革命案全档》第一辑第一册，第 287 页。
③ 林衡道主编：《余清芳抗日革命案全档》第一辑第一册，第 115 页。
④ 陈小冲：《日本殖民统治台湾五十年史》，社会科学文献出版社，2005 年，第 55 页。
⑤ 林衡道主编：《余清芳抗日革命案全档》第一辑第一册，第 109 页。

三、结语

通过上述分析，我们可以看出：罗俊赴台原是为了利用旧交故知来独自招募党员发动革命，而非"受陈全发之邀赴台与余清芳共谋大计"。但因为未能履行自大陆带来法术师以助革命的承诺而招致手下人员的失望和怀疑，而且鉴于余清芳的实力，罗俊后来始南下台南与余清芳会晤以定大家起事之决心。余清芳在发动革命的过程中其领导权威的巩固有一个过程，革命动员和人员招募过程中对"起义领导者究竟为谁?"这一问题，各方看法不同。余清芳幕下人物脱离余的势力另起炉灶的事情就证明了余清芳的领导权威还不够稳固，而台南地方实力派人物江定对余清芳的支持最终确立了其在革命中的领导地位。西来庵抗日革命的历史地位和意义毋庸置疑，笔者无意也无法贬低此次革命及其领导者，只是试图通过重新审视事件细节，以期还原翔实而真切的历史。

近代来华传教士笔下的闽南民系文化特征初探

吴巍巍　　洪龙山 *

鸦片战争以后，西方列强用坚船利炮轰开了中国封闭已久的国门，西方传教士在不平等条约的庇护下接踵来闽宣教。闽南地区作为当时重要的宣教区域，遍布传教士的足迹。他们因肩负着传播宗教与文化的使命，深入闽南下层社会，对闽南社会生活与风俗习惯有着比较直观的体验和深刻的了解，并留下许多文字撰述记录。近代闽南社会流行的节庆习俗、宗教信仰与民间崇拜，甚至包括许多当时盛行于地方的陋习恶俗等事象，都一一见诸他们的笔端。西方传教士对闽南民系文化的记载与介绍，带有西方人猎奇的眼光，确有中国人习焉不察的独特之处，从而更能体现出东西方文明在特定的时代情境和环境下碰撞出的绚丽火花。下文将从传教士笔下着墨较多的闽南民俗文化、信仰崇拜和民系性格特征等方面，对闽南民系文化在近代东西方文化交流过程中的表现及其内涵作初步的探讨。

一、节庆民俗文化

1. 节庆习俗

尽管西方传教士一再强调中国人没有节假日，没有礼拜天，不懂得休息，不懂得娱乐，但是中国人丰富多彩的节日习俗足以让他们看得眼花缭乱，闽南地区独特的节庆习俗自然成为传教士们极为关注的对象。春节是中国传统节庆中最为重要的节日，在各地都有不同的传统习俗，

* 作者单位：福建师范大学闽台区域研究中心。

闽南一带的过年习俗显得颇为独特。闽南人过春节也有不同于其他地方的说法——"年兜正月","年兜"是指除夕,讲究吃;而"正月"是指大年初一到正月十五,讲究玩,是"闹热",也就是非常具有闽南味的词——"闹正"。

1874年伦敦会传教士陆一约对厦门地区的社会生活进行调查研究后撰写的《中国人的日常生活——福建水路沿途景象》一书中对闽南人的春节习俗作了如下细致的描述:

实际上,没有任何一个节日会像春节这样庄重、令人注目,甚至还特别有趣……随着这一天的临近,城镇上会发生很明显的变化。在商店的柜台上会堆满了各种花色式样的新衣服,也有数量相当可观的二手商品。这些商品是很便宜的,在这个节期当中,所有人所要做的是要忙于偿还债务,购买衣服、家具以及各种能够经处理变卖换得必备的现金的东西,生意十分红火。专卖商店里贮存了丰富的货品,主要是为满足天朝民众口腹之欲而准备的。家具商、木匠、画家可以过一段好时光;贫困但受人尊敬的知识分子忙着在红纸上写对联,这些对联一般都是贴在店铺的门上或者是个人的家庭中。家家户户在挂旧灯笼的地方又挂上了新的大红灯笼。当铺商人、烟火商、制香者、僧侣和牧师们个个都忙于工作。我们很愉悦的看到一件有趣的事,即每个人都试图向他们日常的坏习惯告别,并且力争革新。……

春节的早上,官府衙门和军事长官们要在当朝君主的圣殿前宣誓效忠。在广州,大小官员,在音乐声和下属的簇拥下,去敬拜一座为皇帝所享有的寺庙,这个庙中有皇帝的御碑。

如果没有去看除夕夜的烟火表演,这名中国人一定是个可悲的或者说古怪的中国人。在那一时段,耳朵旁传来噼啪的鞭炮声,令那些喜欢声音和硫磺的人感到了莫大的满足,正如我们习惯于在十一月五日遵守的习俗那样。……

从午夜到清早,各种各样的仪式在进行着,下面我们就其大概做个描述。

首先是在凌晨三点钟对天地的祭祀,在三面墙壁的客房或大厅前摆放一张桌子,一面对着天空。一桶米饭、十碗菜、十杯茶、两个大红蜡烛、三支香、十双筷子、一本历书,都被摆放在桌子上。冥币,象征着金、银等货币,用来烧作奉献物。家长跪在桌子前,右手里拿着三根香，叩头三次，以这种方式来感谢天地过去赐予的关照和佑护，并希望这种佑护能延续下去，等到黎明的时候，这些祭品拿给家人享用。在桌子上留有米饭、蔬菜、水果、茶、酒、蜡烛、和香，只是数量上会少一点。相同的仪式在祭拜祖先时也同样举行。……

新年拜访帖，一般都是简要的图片铭刻在红纸上，象征性地代表着三样中国人最渴望的事物：子孙后代、政府官员和长寿——即三福（Sam-hok），或谓三种幸福，因为它们都是通俗的称呼。子孙后代以小孩的形象来表示；官职则由极端肥大的满清官吏来表现；而长寿的形象则是由一个伴着仙鹤的老者来呈现，因为在中国鹤有长寿的意思。……

春节是朋友之间互相交换礼物的日子。商人馈赠大量的礼物给他们的客户……在这个季节最常见的礼物是极好的水果、糖果、醇香的茶叶和丝绸原料之类的东西，或各种各样的装饰品。收到礼物的人们也希望回赠礼物。在送出的物品上都会附一张红色纸片，每一张红色纸片上都写上了礼品清单、发件人的名字和一些华丽的赞美之辞。拒绝接收这些礼物会被视为是一种严重的冒犯，但接收的人可以根据自己的意愿选择退回一部分，退送回来的那部分带有字条写着："我们实在不能接受如此贵重的礼物。①

陆氏笔下的中国（厦门周边地区）的春节不但提到了崇拜仪式、拜访礼仪等传统习俗和赌博演戏等民俗活动，甚至还提到了闽南地区传统的除夕围炉习俗，"在厦门，'围炉'的习俗也在春节的过程中进行。桌子下面放着一个盛着木炭火的土锅，家庭的各个成员们围坐在桌子旁放松心情。据说这个仪式可以保护整个家庭第二年免遭火灾的威胁，不过，在一个壁炉前举行这个仪式象征家庭团结的意义要更大一些。"②而且这一习俗，在英国传教士施美夫（又称四美）的笔下同样也有记载："根据习俗，桌子底下放了一大盆炭火，每个家庭成员都围桌而坐，享用丰盛的晚餐。对这种奇特的风俗，人们给我的解释是，火乃五行中最为强盛有力，因此人们觉得火或许具有避邪的功效，或者可以巩固家

---

① Edwin Joshua Duckes：*Every Life in China or Scenes along River and Road in Fuh-Kien*，London Missionary Society，The Religious Tract Society，1885，pp. 84~99.

② Edwin Joshua Duckes：*Every Life in China or Scenes along River and Road in Fuh-Kien*，p. 93.

庭团结。妇女在屋内遵守这一习俗，而一家之长与儿子们、雇工们坐在外屋。"①

围炉结束以后，闽南人通常会进行另一项习俗活动，"晚餐结束了，他们接着准备焚烧小小的木制灯架，通常是在室内阴暗处持续燃烧的。他们声称可以从余下的灰烬中，得知来年确切的雨季与干旱季节。知道这些极其重要，因为庄稼一旦受到损坏，此地就会闹饥荒，使成千上万的人面临饿死的危险。他们拿来三个小小的灯架，放在地上准备点燃。长子走到街上，燃放了一串爆竹，驱赶邪气，而其他的家人则把一簸箕金纸、银纸折叠成银元宝的形状。不久，长子从街上回来，点燃这些材料。大约过了10分钟，一切都烧成了灰烬。还在燃烧的余烬被小心地分成12小堆，与一年12个月相对应。然后，他们焦急地观望着，最先熄灭的一堆表明那个月下雨最多，最后熄灭的一堆预示那个月阳光最足、雨量最少。人们尤其关心3月、4月、5月、6月和7月，因为这些月份如果雨量太多就会导致生霉，影响收成。结果是第二堆最先熄灭，预示着2月份雨水最多，那是最合时令的，最不可能造成损坏，因此大家欢呼雀跃。5月份天气晴朗，无雨。第6堆与第7堆的余烬一半红一半黑，预示着这两个月份半晴半雨。试验结果让围观的人们十分满意。"②

从传教士群体们的文字记载中，我们可以发现闽南地区的春节习俗既传承了大量的中原传统风俗习惯，又保留了许多闽南地区独具特色的习俗。这些习俗有的直至今日依然盛行不衰，体现了百姓日常文化的传承性和稳定性，有的习俗已随着社会环境的变迁、人民生活水平的提高和习惯的改变而日渐消失。

2. 普度习俗

闽南地区是一个"信鬼神，重淫祀"③的地区。每年的农历七月，闽南民间都要举行多次的祭祀活动，人们习惯将其称为"中元普度"。七月普度是闽南地区特有的一种民俗文化现象，它是糅合农历七月十五日道教中元节和佛教盂兰盆会而形成的民俗节日，其热闹的程度不亚于春节。在闽南人的观念中，整个农历七月是鬼月或鬼仔月，他们以城区

---

① ［英］施美夫著，温时幸译：《五口通商城市游记》，北京图书馆出版社，2007年，第323页。

② ［英］施美夫著，温时幸译：《五口通商城市游记》，第324～325页。

③ 《汉书》卷二八《地理志》，中华书局，1987年。

为单位，各个城区又以乡镇为单位，从七月初一日至七月二十九日，各个乡镇有各自的普度日，分乡镇逐日进行。① 普度的主要内容就是以菜肴酒食施舍、安抚、讨好游荡的孤魂野鬼，希望他们能安分守己，莫在人间骚乱作恶，以期确保百姓安居，社会稳定。

英国伦敦会传教士麦嘉湖对普度节俗有一段描述："值得注意的是当地（指厦门）于秋天为饿鬼灵魂举行的节宴，这一节俗起源是为了满足所有鬼魂的需要，即普度众灵。他们认为这些鬼魂为了寻找食物而四处游荡，甚至一些孤魂野鬼也享受人们提供的这些慈善，这一习俗的仪式惯例（在当地）十分普遍地保持着，也是与其同时持续众多狂欢活动的源起。"② 美国传教士葛惠良也记载："在福建，最美妙、最繁缛、也可能是最独特的庆祝仪式就是普度，在英语中找不到它的替代词。它是一种特别专为痛苦而死的灵魂进行的祈祷……在整个普度期间，有时祭坛的数量竟高达四十个之多。与此同时，寺庙的戏台上演生动的戏剧，其内容或为地狱的景象，或告诉人们普度仪式产生的历史背景。仪式中，佛道二教的法师们混杂在一起唱经，他们的宗教仪式也杂糅在一起。群集的人们挤满了街道和寺庙，普度因此为佛道二教提供了最好的宣传和教育。"③

从葛惠良笔下描写的普度场面让我们看到闽南普度习俗深受佛道两教的影响，并且闽南的普度民俗与儒释道"追思亡灵"有着深厚的历史文化渊源。"中元普度"作为闽南地区独具特色的民俗之一，体现了闽南民俗文化既传承了中原文化，打上了传统中华文化的烙印，又因其独特的历史地理环境等因素形成了带有闽南地区特色的地域文化的特征。

---

① 林贤明：《闽南普度民俗信仰考察》，中国社会科学院研究生院硕士学位论文，2008 年。

② John Macgowan：*Sidelights on Chinese life*，London：Kegan Paul，Trench，Trbner，1907，pp. 21～23：Remarks on The Social Life and Religious Ideas of The Chinese，tailed Donald Matheson，Narrative of the Mission to China of the English Presbyterian Church，London：James Nisbet & Co. 21 Berners Street，1866，p. 1103.

③ The Anti-Cobweb Club：*Fukien：A Study of A Province in China*，Shanghai：Presbyterian Mission Press，1925，p. 33.

二、信仰崇拜文化

闽南民间素有祀神敬鬼的风俗，民间宗教文化尤为兴盛，神灵崇拜和民俗信仰纷繁芜杂。正如英国传教士施美夫在厦门游历时所目睹的："人们又开始祈求迷信的力量与异教僧侣的帮助，几乎每天都可以看到载着神像的小船经过港湾，穿行在帆船队伍中间。每只小船上都传来震天响的锣声，向从船下经过前往对面岛屿去的神灵致敬。"① 可见闽南民间信仰崇拜无处不在。因此在一神信仰的基督教传教士视野中，闽南地区是"偶像崇拜"的"异教之邦"之形象十分突兀，这些活在"偶像崇拜"罪恶渊薮之地的"异教徒"正是他们最为迫切关注的、基督教福音亟需拯救的对象。1846 年施美夫游历于福建期间就曾发出这样的感慨："几乎每一种宗教信仰都在这里有其活跃的代表……望着这座充满异教徒的大城市，看到这里的人们沉溺于世俗的追求，对未来世界毫不在意，缺乏基督教教诲的任何方式，作者心里不禁产生无限感叹。"②

对西方传教士而言，这些渗透于闽南民众社会生活，对他们的生活方式、风俗习惯、思维方式等都产生深远影响的民间宗教文化，不啻为传播基督教的最大阻力与障碍。正是在这种境况下，传教士们对民间信仰给予密切的关注，并且对此进行了大量的记述与渲染。

1. 民间神祇信仰

妈祖信仰是福建沿海地区最具代表性的民间信仰之一。西方传教士群体对妈祖信仰在闽南地区及至福建甚至全国的盛行，亦有深刻感触。美国浸礼会传教士叔未士就曾调查过妈祖故乡——兴化地区的历史记录，并结合碑刻牌匾记录的民众传统，撰文述道："妈祖姓林，原来居住在兴化军的 Ninghae 地区，即现在的莆田县，离海岸线约 80 里，住在湄洲的一个村庄中。其母家族姓陈，在妈祖出生时梦见南海观音。整个城市（莆田）公开性地崇拜她，在此城市中有一位结婚十年却尚无儿子的妇女，她跑遍各个地区祈拜各种神灵，最终都无果而回。最后她开始崇拜祀奉妈祖，于是终成为有儿子的母亲。因此，那些无子妇人都毫不犹豫地跟着信奉崇拜妈祖，马上她们祈拜都有了答复……妈祖还被奉

---

① ［英］施美夫著，温时幸译：《五口通商城市游记》，第 305 页。
② ［英］施美夫著，温时幸译：《五口通商城市游记》，第 297～298 页。

为民族的保护神，人们的救助者，美好的精神寄托，祈拜者的解答人，宏大的善行，提供无所不能的普遍性帮助，那些崇拜她的人们遍布整个帝国……她统治着海洋，海水因此无法兴风作浪，她制造幸福，将其大量地施予人们。"① 由此可见，在叔未士眼中妈祖是一位全能的神祇，扮演生育神、海神、保护神等多重角色。

在中国生活长达半个世纪之久的英国传教士麦嘉湖根据自身的接触与考察，进一步论述了妈祖信仰在闽南地区流传的状况："妈祖在厦门和附近地区受到普遍崇拜，但她主要是水手的保护女神。这名女子原本住在福建省，据信具有神力能帮助水手应对海上灾祸……如果没有祈求她的保佑，水手们都不敢出海，他们认为如果没有这位女神的特别保护，航行就会有危险。"他认为妈祖是道教俗神的代表，与玉皇大帝信仰并称，玉皇大帝神祇和女神妈祖婆，都属于道教系统，前者几乎普遍地被中国人视为是最高的统治者和至高神，其主要身份是统治天界和各路神仙。"②

2. 祖先崇拜

祖先崇拜（祭祖行为）曾一度成为 17 世纪末与 18 世纪初爆发的中西礼仪之争所争论的焦点，也是来华传教士们在传播基督教过程中所面临的最大难题，正如毕腓力所言："在所有偶像崇拜的形式中，祖先崇拜被认为是中国人改变信仰的最大障碍……祖先崇拜是中国人转变成基督教徒必将放弃的最后未开化的习俗。"③ 祭祖行为充斥于闽人日常生活与节俗，闽南地区几乎家家户户都供奉着祖先的灵堂牌位，凡有重大事件或节日，都必须先祭祖问安。续祖谱和传统的祭祖仪式等，仍在闽南地区一代一代地传继。

传教士群体对祖先崇拜内容与形式的观察颇为全面而细微，他们所关注的不但是家庭摆置祖先牌位祈拜的现象，也观察到不少如清明节等节日中整个家庭乃至家族前往祖先坟墓祭拜的行为，更为隆重的还有宗

---

① J. L. Shuck: *Sketch of Teen Fe*, *or Matsoo Po*, *the Goddess of Chinese Seaman*, Chinese Repository, Vol. X (1841 Feb), pp. 84～87.

② John Macgowan: Remarks on The Social Life and Religious Ideas of The Chinese, tailed Donald Matheson, Narrative of the Mission to China of the English Presbyterian Church, London: James Nisbet&Co. 21 Berners Street, 1866, p. 128.

③ ［美］毕腓力著，何丙仲译：《厦门纵横——一个中国首批开埠城市的史事》，厦门大学出版社，2009 年，第 87 页。

族祠堂内的祭祖仪式典礼，这些仪式在传教士笔下都有详细记载。

美国传教士毕腓力对中国人的祖先崇拜现象有较为深刻的认识，他在考察了"神主牌"的历史传说后说道："祖先崇拜的基础并非建在神话和传说的那虚幻而不现实的土壤上，而是建立在坚实而有历史依据的大地上。祖先崇拜有其家庭与民族的根源，并且是一个家庭和一个民族的风俗习惯，它和中华帝国自身一样古老……作为凝聚中华帝国的基石，甚至可称得上是其命根子。"[①] 他还进一步详细记录了祖先牌位形制、内容及与之相关的仪式等事项后作出结论："总而言之，祖先崇拜并非一无是处，它具有摩西十诫的第五诫（孝敬父母）一些箴言所体现的特征。祖先崇拜里面也有许多和我们的理念是相像的……但要是我们不知道它的另一面，也就不可能了解这套制度的真正含义和目的。如果中国人能够做到和我们崇敬死者一样——少些礼节多些诚意，那么，也会博得我们高度的赞许和同情。然而，祭拜的行为令人讨厌，因为中国人把已故的祖先当作'配天'（即'神'），从而亵渎和损害了那里面可能有益的东西……其所有表面上的崇敬与热心，说到底最热切想得到的回报是：长寿、发达和福气……但是消除这一特征，是一件比废除整个制度还要难的事。"[②] 由此可见，毕腓力不但认识到祖先崇拜是深植在中国人心中根深蒂固的传统，它与中国人的精神文化、社会生活、政治理念有着密切的联系，还洞悉到祖先崇拜中个人功利性诉求色彩，确实有很深的洞察力。

麦嘉湖也是对闽南地区祖先崇拜现象记述较细致、认识较深刻的一位，他曾对祠堂祭祖仪式的庆典场景有过详细的描述："举行仪式的殿堂是一个庞大的、结实的建筑物，可容纳六七百人……这是一个秋季的祭日，所以也就显得十分隆重，全氏族的人聚集在一起祭拜那个可以给他们每个人带来荣誉和财富的灵魂……大殿里至少容纳了五百个男人，但却没有一个女人。在这样一个神圣的日子里，是没有女人的位置的……这个奇怪仪式的最后一项结束内容是振奋人心的。随着主持人一声号令，屋内所有的人全部跪下，朝灵桌的方向磕头。人人都全身心地

---

① ［美］毕腓力著，何丙仲译：《厦门纵横——一个中国首批开埠城市的史事》，第 82 页。

② ［美］毕腓力著，何丙仲译：《厦门纵横——一个中国首批开埠城市的史事》，第 86 页。

投入到祭拜中，五百个额头撞击着地面，发出清晰而又强烈的声响。"①

麦嘉湖认识到祖先崇拜在中国民间社会的深远影响，"如果要寻求一个对中国社会各阶层均具有巨大影响和统治作用的宗教力量，我们会发现：那就是祖先崇拜。在信仰领域中，没有谁可以替代它们的位置，哪怕只是一瞬间的……既然整个民族的繁荣与苦难都要依赖死去的祖先，因此对祖先的合乎礼仪的膜拜就成了民族中的头等大事，而死者与活人之间联系的纽带是片刻不能中断的……有一种玄奥的观念将生者与死者联系起来，那就是所有在这片土地上居住、耕作、生活过的先祖到了阴间后，就会被赋予神力，而这可以掌握他们子孙的命运"。② 由此可见，在麦氏观念中，祖先崇拜具有神灵信仰的特质，换言之，即中国人对祖先灵魂的崇拜带有诉求性的倾向，而不是仅仅为了发自内心的纪念和敬戴，正是这种祈求祖先灵魂给子孙带来福报和运势的色彩，使对祖先的敬拜行为具染"偶像崇拜"性质，这是传教士所不愿接受的。③

3. 风水堪舆信仰

福建自古"好巫尚鬼"习俗浓厚，特殊的历史地理环境孕育了闽人风水堪舆信仰的兴盛活跃。风水信仰作为闽南文化的重要组成部分，渗透到民间社会经济生活的各个方面，甚至连传教士也认识到"风水对人民的支配力量比偶像崇拜更加强盛"④。风水信仰中的愚昧迷信思想自然成为传教士们口诛笔伐的对象，他们认为风水是阻碍中国发展进步的最大祸根。而且风水问题还曾是引发晚清福建教案的重要因素，因此传教士们对风水信仰自有深刻的体认。

陆一约曾在著述中对风水问题进行过专门的论述，他将风水斥之为"最大的异端"。文中说道："'风水'这个词指代着一种人们很难表达和理解的哲学思想……风水总是与坟墓和葬礼仪式联系在一起。人们认为其亲属或祖先的墓葬是一种风水，坟墓在好的位置或是一片高地适合于安葬的地方，常会被称作'好风水'。妨碍打扰墓地的安宁被认为是

---

① ［英］麦高温著，朱涛、倪静译：《中国人生活的明与暗》，中华书局，2006 年，第 78～81 页。

② ［英］麦高温著，朱涛、倪静译：《中国人生活的明与暗》，第 74、84 页。

③ 吴巍巍著：《西方传教士与晚清福建社会文化》，海洋出版社，2011 年，第 141 页。

④ Edwin Joshua Duckes：*Every Life in China or Scenes along River and Road in Fuh-Kien*，p. 190.

'破坏了风水'……为了确保自己免遭霉运，亲人和祖先的坟墓必须被放对位置。"① 文章还述及宝塔在风水中的作用，并列举实例来说明这一问题："宝塔的建造是为了抑制那些不好的风水所将带来的破坏性灾难，或者是为了聚集那些存在于城市、溪水或平原之间的吉祥瑞气……在靠近厦门河口的地方有一座岛，其距离漳州城有三十英里，在上面修建有一座外观丑陋的宝塔，被称为'漳州的风水'。根据推测，这样一种造型不太漂亮的宝塔被认为能够抵挡住任何不利精气的影响，但是它的存在却可能使河流泛滥，甚至是倾覆漳州的声誉和商业。民众们将希望寄托于这座塔，希冀它能在三十英里外屹立不倒……有时候，人们根植于某事物上的信念会显得更加牢固。在鼓浪屿的滨海地区（欧洲人在厦门聚居的地方）有一块巨大的石头长达 25 英尺高，被称为厦门之'锚'。厦门人相信当这块石头滑落时，城市的运势也将会随之消失。"②

陆一约甚至还提到了清代盛行于闽南地区的拾骨葬习俗，文中有如下记载："在中国这种迷信已经发展出一套非常奇特的风俗，即掘出死者的骨骸。在这片土地上的每一个地区，尤其是在福建省特别盛行。大约在地底下 20 英尺深的地方，时常可见那些骨灰坛排列在岩石的隐蔽处。这些骨灰坛中保存着从坟墓里挖出来的尸骨，因为一些灾难已经发生在这些死者的家属身上。通过这种方式证明了墓地的风水是不好的。很多年以来，那些骨灰坛及其中的骨灰（中国人自称其为'黄金'，而外国人则不尊敬地把它们叫作'盆罐里的中国人'）经常被遗留、暴露在地面上一段持续多年的长时间，直到风水大师选定一个极好的地址重新埋葬它们。在邻近的上海、宁波和许多其它的地方，死者尸体的首次埋葬通常都是在其准备进行安葬后，过了很多年都还没有举行（没有找到合适的地方）。遗体被安放在很大的牢固的棺材内，然后搁置在一间小屋内直到裁定同意埋葬的时间，这个结论有利于坟墓的选址，毫无疑问这座坟墓的风水将被证明是好的。在很多地区，大量的棺材成排地堆放在露天户外，如果不了解的话，这种状况看起来是令人难以置

---

① Edwin Joshua Duckes：*Every Life in China or Scenes along River and Road in Fuh-Kien*，pp. 175～178.

② Edwin Joshua Duckes：*Every Life in China or Scenes along River and Road in Fuh-Kien*，p. 180.

信的。"①

三、民系性格特征

在传教士记述闽南民系文化的笔墨中，对闽南民系性格特征的描写亦有色彩浓郁的一笔。

早在东南亚各国的时候传教士就曾与在当地经商的闽南人有过接触，他们发现闽南人相比广州其他地区的人更为谦逊好学，也正因为他们对闽南人的性情有所了解，并且大为赏识，才决定选择闽南地区作为早期传教的地域。"即使是（闽南）普通的人民，也不像中国其他地方的人那样显得狡猾，知识阶层表现得更谨慎而文雅。"② 麦嘉湖评价道："厦门人⋯⋯是中国人的坚强代表⋯⋯他们在遇到不平之事时会义愤填膺情绪激昂。不过，大体上他们是平和而讲理的。他们像英国绅士一样讲求公平，他们尊崇任何形式的善举与高尚的德行。他们会对每一个德高望重的人表达虔诚的敬意。"③ "这个地区（厦门）的人特别勤劳，而且热爱和平⋯⋯他们从不打扰或妨碍外国人或当地的基督教徒⋯⋯在当前的灾难（义和团）中，迄今为止，中国没有一个地方像厦门那样不骚扰外国人和本地基督教徒，不煽动他们的不满情绪。"④ 施美夫也认为："厦门人性情友好，严格遵守国家律法的公认原则，家庭紧紧团结在一起，勤俭节约，见识开明。"⑤

德国传教士郭士立曾在其航海日志中对闽南人的性格也做过详细描述："厦门本地人生来就富有进取精神，对财富孜孜不倦的追求促使他们踏遍了中华帝国的各个角落，从英勇无畏的船夫做起，他们逐渐在沿海各地发展商业并定居下来。他们将台湾开拓为定居地，自那时起，台湾就开始成为他们的粮仓，不仅如此，更有人涉足印度群岛、交趾支那

---

① Edwin Joshua Duckes: *Every Life in China or Scenes along River and Road in Fuh-Kien*, pp. 185～186.

② Richard Lovett: *The History of the London Missionary Society*, 1795～1895, Oxford University Press, 1899, p. 482.

③ ［美］潘维廉著，潘文功等译:《魅力厦门》（中文版），厦门大学出版社，2000 年，第 106～107 页。

④ ［美］潘维廉著，潘文功、钟太福译:《老外看鼓浪屿》，厦门大学出版社，2010 年，第 191 页。

⑤ ［英］施美夫著，温时幸译:《五口通商城市游记》，第 387 页。

和暹罗等地，在那里定居……厦门人尽管在其他方面还算通情达理，但总是不时地显出他们偏执的一面，很多人是异教徒，不管身处家乡还是异域，他们都在各地兴建富丽堂皇的庙宇，主要用来膜拜妈祖……骄傲、自私和顽固使得他们拒绝接受宗教，拒绝进入以谦虚为训的基督教大门……富有胆识，骄傲自尊和慷慨大方是当地人的性格特征。对于政府的侵犯，他们顽强抵抗，面对鞑靼人的篡夺，他们也是抵抗到最后。许多人宁愿背井离乡远至台湾甚至印度也不愿遵从征服者的风俗习惯或者是向异邦人归顺。"① 由此可见，郭氏颇为准确地概括了闽南人勇于开拓、敢于闯荡、崇拜神灵和顽强不屈的性格品质，也指出其偏执、自私和顽固的一面。毕腓力通过长期考察发现："在厦门和其他地方一样，中国人的生活有一个典型的特点或习惯，那就是所谓的'面子'。这个词语最合适的定义解释一下就懂。人靠它树立声望或者因它身败名裂，社会地位也依它而定。西方人难以理解'面子'这东西的重要性。……一个人宁肯丢掉其在世界上的几乎所有东西，也不愿意失去面子"，"厦门地区的人民都是吃苦耐劳、和平善良的人们。……厦门人一贯秉持这个民族向外拓展的本性，他们移民到新加坡、槟榔屿、马尼拉和荷属东印度群岛。就像善良而真诚的美国人与欧洲人一样，许多人到这些地方，保持他们的国籍和品行，发家致富后回来厦门享受。厦门人的体格看起来不是很强壮。中国南方人比北方人体力要差一些、身材矮一些、体型也轻巧一些。但他们是吃苦耐劳的人民。"② 这里，毕腓力可谓较准确地概括了闽南人"好面子"与向海外开拓的精神面貌。

四、余论

综上可见，近代来华传教士从多个方面、多元维度对闽南民系文化进行了较为细致的考察和报道，为今日闽南文化研究提供了独特的视角

---

① Charles Gutzlaff：*Journals of Three Voyages along the Coast of China in 1831，1832&1833*，Second Edition，London：Frederick Westley and A. H. Davia，1834，pp. 173～174，pp. 190～194.

② P. W. Pitcher：*In and About Amoy*，The Methodist Publishing House in China，1912，pp. 89～90；P. W. Pitcher：*Fifty Years in Amoy，or A History of the Amoy Mission*，The Board of Publication of the Reformed Church in America，1899，p. 34、pp. 37～38.

和资料文献。作为西方文明基督教传播的载体，传教士对闽南民系文化的介绍一方面是出于对异质文化的猎奇心态，具有跨文化比较的意涵；另一方面，亦是更为重要之原因，是出于宣传基督教的根本需要。近代基督教在中国区域社会传播，地点的选择非常关键，为什么以厦门为代表的闽南地区成为传教士关注的焦点？主要是因为这里的民风人文吸引了他们眼光，例如四美主教就说："凡此种种，都证明他们（厦门人）是一种特殊的人，道德败坏。对于他们，怎样谴责都不为过；对于他们，正确的观念很难形成。厦门人的道德和社会状况就是如此。现在，福音的旗帜终于在他们之中飘扬起来，赋予生命的真理已经向他们作出宣告"；"不过在另一方面，厦门的人民极其友好，当地官员显然关心和庇护传教士，传教士在当地所赢得的名望和道德影响，都远胜于沿海的各个传教基地。"① 这种看似"矛盾"的说法实际上正好反映出传教士考量异域文化的真实心态：一方面他们对"异教"土地上的民众普遍持一种"蔑视"的心态，以配合基督教文化扩张的需要；另一方面，他们又认为厦门人"宽容"的民风，是进行传教的良好环境。因此，他们对闽南人性格的表述，无疑是其殖民心态与宗教扩张的思想反射。这是我们考察传教士书写闽南民系文化必须明确的深层次文化意涵。

在近代东西方文化交流的历史潮流中，西方传教士扮演着重要角色。他们以独具特色的眼光记述了晚清时期闽南民众的社会生活的基本面貌。他们作为中国社会和文化的局外人，以其旁观者的身份和敏锐的视觉，把中国人习焉不察的文化现象如实地记录下来并进行考究。他们发现了许多中国人作为局内人感受不到的东西，从而为世人拓宽了视野，加深了对闽南民间社会生活的认识，也为今天我们了解近代闽南民系文化提供了不可多得的珍贵资料。他们一方面在为后世留下反映当时闽南民系文化的原始资料素材的同时，另一方面极大地深化和拓宽了东西方文化交流的内涵与视阈。

---

① ［英］施美夫著，温时幸译：《五口通商城市游记》，第388～389页。

八 读后有感

一部充满现实关照的创新力作

——《台湾光复初期教育转型研究（1945～1949）》评介

庄恒恺[*]

所谓台湾光复初期，指的是从国民政府接管台湾到 1949 年底全面败退台湾这一段时期。对于这一时期之政治、经济、文化等诸多领域的研究，近年来已成为两岸学术界的热点。但是与台湾学者相比，大陆学者在台湾光复初期教育史研究方面，起步较晚，重视不够，缺乏系统的研究。因此，吴仁华所著《台湾光复初期教育转型研究（1945～1949）》[①]，可谓是大陆学界在这一领域的开拓性著作。细读之后，笔者认为，作为一本"小切口，大容量"的创新之作，本书具有如下三个特点。

一、重视核心概念的"周边关系"

"台湾光复初期，虽然只有短短的 4 年多，但却是相当复杂的一段时期。"（第 23 页）面对海量的文献和众说纷纭的前人研究成果，作者选取了"教育转型"作为本书的核心概念。这一概念也是贯穿全书的创新点。作者之所以运用教育转型这一视角对台湾光复初期的教育历史进行分析研究，乃是由于"光复后，台湾从日本殖民地转变为中华民国的一个省份，重新与祖国大陆的政治、经济、文化及社会的发展变化紧密联系在一起，由此台湾社会进入了一个根本转型时期。教育转型是台湾

---

[*] 作者单位：福建师范大学社会历史学院。

[①] 福建师范大学教育史专业 2007 年博士论文，经作者修改后由福建教育出版社 2008 年出版。下文引用均据此版本，仅标注页码。

光复初期的一种客观现象，是这一时期社会转型的一个重要组成部分"（第 8 页）。应当说，这个论断是精准的。但是令读者眼前一亮的，是作者并没有局限于"教育转型"这一概念本身，而是在本书的主体部分（第二章至第七章），分别论述了社会与教育基础、政治生态、教育方针、教育制度变革、师资结构变化、教育语言及内容的转化等方面与教育转型之关系。作者运用跨学科的视角，对教育转型与"周边关系"进行论说，创新了研究范式，拓展了研究视野，使得对这一特定时期的区域教育史研究有了整体性的意义。作者认为，"台湾光复初期教育转型，是一个非常特殊的形态"（第 276 页）。就笔者理解，这体现在其空间和时间上的双重特殊。但如同生物的多样性一样，地方经验的多样性可为人们应对各种问题提供更多的选择方案。"区域性研究不仅可以发现中国各区域社会经济发展的特殊性，而且通过对这些特殊性的研究，将有助于更好地说明中国乃至整个人类社会的发展进程。"[1] 通过对台湾光复初期教育转型这一个案的研究，"丰富对教育转型理论的认识，拓展教育史研究的视野"，这是本书价值的重要体现。与此同时，作者也注意到了"整体"的重要性："对这一时期台湾的教育转型与发展，不能孤立地看，必须将之与抗战胜利后全国的政治、经济、文化及教育发展全局联系起来看。"（第 25 页）从这一点出发，才能得出正确的基本认识——"历史的真相是，光复初期台湾社会与整个中国社会的融合是主流。从教育角度看，实行中华民国教育制度是主流。"（第 26 页）

附带言之，关于"周边关系"在社科研究领域的运用，前辈学人亦有佳作。如汪毅夫曾撰《文学的周边文化关系》一文，认为边缘问题、外部制度、圈外事件构成了"文学的周边文化关系"，而这一关系是文学史研究不可忽略的部分。[2] 他并通过语言的转换考察了台湾现代文学的进程。[3]

---

① 陈支平：《史无定法：中国社会经济史研究理论与方法论问题》，载陈支平：《史学碎想录》，福建人民出版社，2012 年，第 216 页。

② 汪毅夫：《文学的周边文化关系——台湾文学史研究的几个问题》，载汪毅夫：《闽台区域社会研究》，鹭江出版社，2004 年，第 357～375 页。

③ 汪毅夫：《语言的转换与文学的进程——关于台湾现代文学的一种解说》，载汪毅夫：《闽台区域社会研究》，鹭江出版社，2004 年，第 335～356 页。

二、史论结合，论从史出

美国汉学家艾尔曼（Benjamin A. Elman）曾说："目前优秀的汉学家，往往将社会科学方法与文献学功底相结合，执于一偏的学者都难有大的成就。"对于社会科学著作而言，材料是最重要的。傅斯年曾谓："史学便是史料学：这话是我们讲这一课的中央题目。"[①] 作者将"系统梳理，弥补缺憾"作为本书的研究目的之一，力图"通过大量史料的收集与分析，系统梳理台湾光复初期教育转型的脉络，弥补目前尚无系统完整研究这一时期台湾教育史的缺憾"（第27页）。通读全书后，读者会发现作者确实是"上穷碧落下黄泉"，系统爬梳了与论题相关的大量档案资料、学者文集、各方人士回忆录、同时期报刊。举例言之。本书中与"二二八事件"直接相关的内容大概只有两节左右，但作者征引了近二十种文献，包括："国史馆"印行的档案史料；台湾省文献委员会、"行政院研究二二八事件小组"所编著的文献辑录、研究报告；事件发生后负责调查的闽台监察使杨亮功的年谱；王晓波、李敖、曾健民、王峙萍等学者关于"二二八"的编研著作；事件亲历者如包天笑等人的回忆录，等等。窥一斑而知全豹，材料来源的广泛，使得本书的叙述丰富而立体，结论扎实而有力。

需要说明的是，虽然作者占有了丰富的史料，但他并没有简单堆砌，更没有过度阐释，而是让史料自己说话，真正践行了"一分材料出一分货，十分材料出十分货，没有材料便不出货"[②]。比如，作者在使用苏新、李纯青等人的时评、游记等材料时，征引的都是其作品中最为精要的几句话。（参见第86~87页）读者看到的是简洁的文字，感受到的是作者精审的眼光和披沙拣金的辛劳。

三、充满现实关照

"影射史学"虽不足为训，但现实关照却是学术研究的应有之义。

---

① 傅斯年：《史学方法导论》，欧阳哲生主编：《傅斯年全集》第2卷，湖南教育出版社，2003年，第309页。

② 傅斯年：《历史语言研究所工作之旨趣》，欧阳哲生主编：《傅斯年全集》第3卷，第10页。

五四时期，年轻的傅斯年就曾在《社会的信条》等时政文章里一展史学家所长。① "九一八事变"后，他又在心焦如焚的情绪下赶写出《东北史纲》，以大量史料证明东北自古以来是中国领土，驳斥了日人"汉蒙在历史上非支那领土"之谬论。② 本书虽然是教育史著作，但没有"为历史而历史"，而是充满了现实关照。特别是做到了客观公正，以史为鉴。客观公正是以史为鉴的前提。对于台湾光复后的历史，岛内学者常出现"据以不同政治立场和政治目的的解读"（第23页）。汪毅夫就曾以台湾学术界热炒的"台湾人的大陆经验"论题为例，指出："实际上，个别台湾学者，包括学术成就很高的学者热心于此并非出于学术的兴趣，而是由于政治的偏见……以此为民进党及其台独路线拉人拉票。"③ 作者在本书绪论中说道："在历史认识中，客观性是主要的，是基础。"（第23页）可以说，这一原则贯穿了全书。例如，在评论台湾光复初期教育转型的实质时，作者写道：

> 我们既不能用单纯的"祖国化"来遮盖"国民党化"，也不能用"国民党化"来取代"祖国化"。因为用"国民党化"取代"祖国化"，将造成对台湾光复初期教育转型的认识完全以政治化为标准，容易形成对这一时期两岸教育融合中的共同文化认同的忽略；将造成认识完全以制度化为视角，容易产生对这一时期教育"祖国化"进程中民众的努力与作用的忽视。同时，也可以防止少数台独立场的学者将光复初期的教育转型与祖国大陆割裂开来，在"去蒋化"过程中恶意排除祖国大陆教育与文化对台湾教育发展的渊源关系。（第262页）

类似客观而中肯的分析，在书中常可见到。例如，作者在本书末章对台湾光复初期教育转型中内在机制和历史局限的分析与思考，就十分有说服力。特别是对于"教育转型理论认识"和"促进祖国和平统一大业"这两方面，作者分别归纳了四点启示，每一点都有深刻的现实

---

① 傅斯年：《社会的信条》，欧阳哲生主编：《傅斯年全集》第1卷，第154～155页。此文作于1918年，傅氏引用文人笔记中关于福建延平未婚妇女殉节的记载，说明了所谓"名教"的残酷性。

② 傅斯年著：《东北史纲（第一卷）》，收入欧阳哲生主编：《傅斯年全集》第2卷。又，岳麓书社2011年、上海古籍出版社2012年分别出版了此书单行本。

③ 汪毅夫：《推动学术进步推动两岸和平发展——在闽台关系研究中心的学术演讲》，载汪毅夫：《闽台地方史论稿》，海峡书局，2011年，第229～230页。

意义。

最后有必要提及本书的文风。毋须讳言，时下一些学术著作，存在着堆砌概念、说车轱辘话等"注水"现象。对于这种作派，钱钟书曾尖锐批评道："眼里只有长篇大论，瞧不起片言只语，甚至陶醉于数量，重视废话一吨，轻视微言一克，那是浅薄庸俗的看法——假使不是懒惰粗浮的借口。"[①] 本书行文逻辑性强，各级标题清晰明了；文字简洁干净，没有钱先生所谓的"废话"。经笔者留心细数，全书共有图表 15幅，清晰直观、一目了然。至于这种文风形成的原因，笔者认为，与作者的学术经历有关。正如有学者所论，一个人的学术风格和研究领域无论如何变化，他早年打的底子却是一眼就可以看出来的。本书作者拥有理科和社会科学的多学科学习背景，应当是本书写作获得成功的支撑因素之一。

---

① 钱锺书：《读〈拉奥孔〉》，载钱锺书：《七缀集》，北京三联书店，2002年，第34页。

图书在版编目（CIP）数据

西岸文史集刊. 第2辑/中国闽台缘博物馆主办. —福州：
福建教育出版社，2013.12
ISBN 978-7-5334-6291-8

Ⅰ.①西… Ⅱ.①中… Ⅲ.①社会科学—文集
Ⅳ.①C53

中国版本图书馆 CIP 数据核字（2013）第 278873 号

西岸文史集刊 第二辑

中国闽台缘博物馆 主办

出版发行	海峡出版发行集团
	福建教育出版社
	（福州梦山路 27 号 邮编：350001 网址：www. fep. com. cn）
出 版 人	黄 旭
印 刷	福建新华印刷有限责任公司
	（福州福新中路 42 号 邮编：350011）
开 本	720 毫米×1000 毫米 1/16
印 张	30.25
插 页	3
字 数	495 千
版 次	2013 年 12 月第 1 版 2013 年 12 月第 1 次印刷
书 号	ISBN 978-7-5334-6291-8
定 价	75.00 元

如发现本书印装质量问题，影响阅读，
请向本社出版科（电话：0591－83726019）调换。